2022–2023
中国服装行业发展报告

2022–2023 ANNUAL REPORT OF CHINA GARMENT INDUSTRY

中国服装协会　编著

中国纺织出版社有限公司

内 容 提 要

本书分为总报告篇、分报告篇、产业链报告篇、专题篇、大事记篇及附录六部分。

总报告篇主要是2022~2023年中国服装行业经济运行发展报告；分报告篇包括2022~2023年中国服装消费市场发展报告、2022~2023年中国纺织服装行业对外贸易发展报告、2022~2023年中国服装电子商务发展报告、2022~2023年中国服装行业资本市场报告、2022~2023年中国消费趋势报告、2022~2023年中国服装行业科技创新发展报告；产业链报告篇收录了2022~2023年中国棉纺织行业发展报告、2022~2023年中国纤维流行趋势发布报告、2022~2023年中国纺织面料流行趋势报告、2022~2023年中国服装印花行业发展报告、2022~2023年中国缝制机械行业经济运行报告；专题篇收录了坚定信心、稳中求进、开启高质量发展新局面，中国服装产业集群发展报告，2022年中国新汉服行业发展白皮书，“双碳”目标下我国服装行业绿色低碳循环经济发展模式及路径探究，中国纺织服装行业ESG现状与发展趋势；大事记篇梳理了2022年中国服装行业大事记，附录则收录了2022年中国服装行业运行数据集总等内容，以备查询之用。

本书旨在总结2022年中国服装行业发展状况、解析行业热点问题，力求全面总结梳理2022年中国服装行业发展特点并展望行业未来；在分析和预测的基础上提出观点和建议，以翔实的数据和一手的资料，为服装企业和相关业界人士提供具有指导性和权威性的参考依据。

图书在版编目(CIP)数据

2022-2023中国服装行业发展报告/中国服装协会编著. --北京:中国纺织出版社有限公司, 2023. 3
ISBN 978-7-5229-0371-2

Ⅰ. ①2… Ⅱ. ①中… Ⅲ. ①服装工业—经济发展—研究报告—中国—2022-2023 Ⅳ. ①F426. 86

中国国家版本馆CIP数据核字(2023)第037520号

责任编辑:张晓芳 郭 沫　　责任校对:王蕙莹　　责任印制:王艳丽

中国纺织出版社有限公司出版发行
地址:北京市朝阳区百子湾东里A407号楼　邮政编码:100124
销售电话:010—67004422　传真:010—87155801
http://www.c-textilep.com
中国纺织出版社天猫旗舰店
官方微博 http://weibo.com/2119887771
北京华联印刷有限公司印刷　各地新华书店经销
2023年3月第1版第1次印刷
开本:889×1194　1/16　印张:16.75
字数:405千字　定价:198.00元

《2022－2023中国服装行业发展报告》课题组

组　长　陈大鹏

副组长　杨金纯　周一奇　焦　培　杨晓东
陈国强

课题组成员（以姓氏笔画为序）
王　玢　王立平　卢　芳　冯炎君　兰　兰
刘　卉　刘　佩　刘　静　刘晓青　齐　梅
齐元勋　闫　博　杜岩冰　李　昕　李　璇
李晓菲　杨　涛　求佳峰　吴吉灵　肖明超
邱　琼　姜　蕊　殷　夏　徐潇源　郭　燕
高宇菲　黄国光　黄宝娣　崔晓凌　彭丽桦
渠梦玮　韩　婧　靳高岭　廖　博

前言 Foreword

2022年以来，中国服装行业面对着比较复杂严峻的形势，全球疫情持续蔓延，经济复苏放缓，滞涨风险上升，市场需求收缩，国内疫情散发多发，以及地缘政治风险等许多超预期、不确定因素，都对行业整体运行带来了比较大的冲击和影响。

我们的确客观地看到了行业发展所面对的困难和压力，但同时也看到了一个市场化产业的韧性、活力和力量。在过去一年行业承压的背景下，依然有一大批优秀的品牌和企业逆势而上，积极研究市场消费的新变化，加快数字化转型和调整创新，把困难压力作为一种磨炼与锻造，取得了良好的发展。从这些优秀的企业身上，我们看到了中国服装产业在困难挑战中一如既往开拓、创新、奋进的产业特质和精神风貌。

正因如此，尽管当前我们面对着大变革中的诸多挑战和压力，但是我们有理由、有底气相信：中国服装产业在数字经济时代转型升级、实现高质量发展的大趋势不会改变；中国实现从世界服装制造强国向时尚强国转变的大趋势不会改变；中国诞生体现产业创新活力、人文精神和中华文化价值的世界级品牌群体的大趋势不会改变。

2022年，党的二十大胜利召开，开启了全面建成社会主义强国的新征程，服装产业的强国建设也必然是其中的重要组成部分。进入新的发展时期，在中国服装产业广袤深厚的沃土上，奔向时尚强国的目标，需要中国服装企业持续坚定地走科技、时尚、绿色之路，把握数字经济时代产业变革的新方向、新特征和新逻辑，在多元的产业和市场赛道中，确定具有核心优势的自我；在不断提升创造客户价值和社会价值的能力中聚焦自身的战略；在关注质量的增强和适应性变化的过程中致力于长期价值的塑造；在持续强化精益管理、组织迭代和文化建设中抵御风险挑战。

今天，我们处在一个百年未有的大变局之中，世界之变、时代之变、历史之变，挑战和困难是必然的。但是，大变革、大调整中也必然蕴含着大转折、大机遇。在国家走向强盛的宏大背景下，步入2023年的中国服装产业需要把握行业发展脉络，整理行装再出发，不断探索打开历史性的市场机遇和多元的价值增量。

对此，中国服装协会编辑出版了《2022-2023中国服装行业发展报告》，希望以翔实的数据、准确的分析、前瞻性的研判，向读者全面展示2022年中国服装行业发展环境和现状，探析行业在新环境下的机遇与挑战，并揭示产业创新发展的重要意义。

报告中难免存在不足与争议，欢迎广大读者给予批评指正。

中国服装协会

2023年1月

目录 Contents

第一部分　总报告篇 …… 3

2022~2023 年中国服装行业经济运行发展报告 …… 4

一、2022 年中国服装行业经济运行情况 …… 4

二、2022 年中国服装行业运行特点 …… 11

三、2022 年中国服装行业运行主要影响因素 …… 14

四、2023 年中国服装行业发展趋势展望 …… 18

第二部分　分报告篇 …… 27

2022~2023 年中国服装消费市场发展报告 …… 28

一、2022 年我国服装消费市场运行情况 …… 28

二、2022 年我国服装消费市场特点 …… 34

三、2023 年我国服装消费市场发展趋势展望 …… 35

2022~2023 年中国纺织服装行业对外贸易发展报告 …… 38

一、2022 年中国纺织服装行业对外贸易主要特点 …… 38

二、2023 年中国纺织服装行业对外贸易趋势展望 …… 42

2022~2023 年中国服装电子商务发展报告 …… 43

一、服装 B2C 网购总体位于增长区间 …… 43

二、B2B 电商助力构建服装产业互联网 …… 46

三、农村电商促进服装消费提质扩容 …… 47

四、跨境电商推动服装外贸高质量发展 …… 48

五、数实融合将成服装电商发展加速器 …… 49

六、绿色环保有望拓展服装电商新空间 …… 50

2022~2023 年中国服装行业资本市场报告 …… 52
一、2022 年分析：疫情影响服装消费短期承压，后续需求复苏方向明确 …… 52
二、后疫情时代现状：疫后市场快速恢复，冬奥及疫情催化催生新需求 …… 59
三、行业趋势：品牌零售需求日益多元化，纺织制造加速产业转移 …… 62
2022~2023 年中国消费趋势报告 …… 68
一、2023 年消费趋势关键词：回暖与期盼 …… 68
二、2023 年八大消费趋势 …… 68
2022~2023 年中国服装行业科技创新发展报告 …… 76
一、服装行业科技创新发展概况 …… 76
二、服装科技发展面临的主要问题 …… 85
三、服装行业科技创新的方向和重点 …… 86
第三部分　产业链报告篇 …… 93
2022~2023 年中国棉纺织行业发展报告 …… 94
一、2022 年棉纺织行业运行情况 …… 94
二、行业发展面临的形势及应对措施 …… 100
三、2023 年行业发展展望 …… 101
2022~2023 年中国纤维流行趋势发布报告 …… 102
一、趋势主题：无界与共行 …… 103
二、发布篇章及发布纤维 …… 104
2022~2023 年中国纺织面料流行趋势报告 …… 122
一、2023 年春夏中国纺织面料流行趋势解读 …… 122
二、2023/2024 年秋冬中国纺织面料流行趋势解读 …… 130

2022~2023 年中国服装印花行业发展报告 …… 140
一、印花设备自动化、数字化、智能化发展迅速 …… 140
二、印花材料创新助力服装印花新产品开发 …… 143
三、数码喷墨印花向绿色低碳发展 …… 144
四、文化 T 恤柔性供应链引领制衣和印花企业转型 …… 146
五、文化 T 恤分类使成衣品种不断扩展 …… 147
六、AI 快速提升服装印花图案设计降本增效 …… 152
七、标准化工作赋能服装印花高质量发展 …… 153
八、与科普相结合开展服饰印花精品评比活动 …… 154
2022~2023 年中国缝制机械行业经济运行报告 …… 156
一、2022 年行业经济发展概况 …… 156
二、2023 年行业发展展望 …… 162
第四部分　专题篇 …… 169
坚定信心，稳中求进，开启高质量发展新局面 …… 170
一、行业工作卓有成效，为经济社会稳定发展做出贡献 …… 170
二、坚定信心，发现机遇，在中国式现代化进程中开新局 …… 173
三、把握重点，系统推进质的有效提升和量的合理增长 …… 175
四、凝心聚力，求真务实，做好 2023 年行业服务工作 …… 177
中国服装产业集群发展报告 …… 181
一、基本情况 …… 181
二、发展特点及创新点 …… 183
三、集群发展的影响因素 …… 186

四、集群升级的指导意见 …… 187
2022 年中国新汉服行业发展白皮书 …… 189
一、中国新汉服行业基本现状 …… 189
二、新汉服行业升级外部机遇 …… 192
三、新汉服“破圈”驱动因素 …… 194
四、新汉服行业发展趋势初探 …… 198
“双碳”目标下，我国服装行业绿色低碳循环经济发展模式及路径探究 …… 200
一、循环经济助力“双碳”目标实现 …… 200
二、“双碳”目标下，中国服装行业绿色低碳循环经济发展模式 …… 201
三、“双碳”目标下，我国服装产业绿色低碳循环发展实现路径及建议 …… 204
四、结论 …… 213
中国纺织服装行业 ESG 现状与发展趋势 …… 214
一、ESG 发展及全球实践概述 …… 214
二、纺织服装行业 ESG 发展现状 …… 215
三、行业 ESG 发展存在的问题和挑战 …… 217
四、行业 ESG 发展趋势及建议 …… 218

第五部分　大事记篇 …… 221

2022 年中国服装行业大事记 …… 222

第六部分　附　录 …… 233

附录一　2022 年中国服装行业运行数据集总 …… 234
附录二　2021 年中国服装行业百强企业名单 …… 238

附录三 中国服装产业集群试点地区名单 …… 243
附录四 2022 年中国服装科技大会奖项授予名单 …… 245
附录五 “纺织服装创意设计试点示范园区（平台）”名单 …… 248
附录六 第四届中国职业装优势企业评价推介活动评审结果 …… 250
附录七 2022 年中国职业装、校园服装设计大赛获奖名单 …… 252

编 后 …… 253

扫码观看数字资源

第一部分　总报告篇

2022~2023年中国服装行业经济运行发展报告

中国服装协会　产业部

2022年是中国服装行业极为艰难、充满挑战和不确定性的一年，同时也是凝心聚力、奋斗拼搏的一年。面对错综复杂的发展环境以及多重超预期因素影响，中国服装行业克服了国内疫情反弹冲击、市场需求减弱、综合成本上涨等交织叠加的困难和压力，坚持创新驱动协同发展，展现出较强的产业韧性和市场活力，行业经济运行基本稳定，数字化转型全面深入推进，在智能制造、渠道拓展、模式创新、供应链协同等多个领域取得了新成效，为稳定经济发展、平衡国际收支、创造就业空间、促进民生改善等方面做出了突出贡献。

2023年是全面贯彻落实党的二十大精神的开局之年，是实施“十四五”规划承前启后的关键一年，同时也是孕育机会和充满希望的一年。尽管全球经济陷入衰退，国际市场竞争加剧，需求收缩、供给冲击、预期转弱三重压力仍将对我国宏观经济发展产生影响，但是中国经济长期向好的基本面不会改变，扩大内需市场全面发力、数字经济加速融合、绿色转型加快落地以及高水平对外开放等积极因素均将推动服装行业平稳复苏，迈向高质量发展新纪元。中国服装行业将立足构建双循环新发展格局，贯彻“稳字当头、稳中求进”的工作总基调，持续推进产业基础高级化和产业链现代化，努力巩固经济运行平稳向好基础，推动服装产业实现时尚强国建设的新跨越，为全面落实党的二十大精神、推进“十四五”规划、建设现代化国家凝聚强大力量。

一、2022年中国服装行业经济运行情况

2022年，受国内外严峻复杂的宏观形势以及多重超预期因素影响，我国服装行业坚持转型升级，稳定释放发展韧性和创新活力，行业经济总体呈现持续放缓、稳中偏弱的运行态势。

（一）服装生产明显下滑

2022年，我国服装行业生产增速持续回落，规模以上企业工业增加值和服装产量均呈现小幅负增长，降幅逐渐加深。服装生产下滑是多重因素叠加作用的结果，既有国内疫情反弹、市场需求减弱以及生产循环受阻的原因，也有全球经济增长放缓、出口数量下滑的影响，还有企业产销衔接不畅、生产经营困难增多等因素。根据国家统计局数据，2022年1~12月，服装行业规模以上企业工业增加值同比下降1.9%，增速比2021年同期下滑10.4个百分点，7月以来各月服装行业规模以上企业工业增加值降幅持续加深。同期，规模以上企业完成服装产量232.42亿件，同比下降3.36%，降幅比上半年扩大1.88个百分点，比2021年同期下滑11.74个百分点。从服装主要品类产量来看，由于机织服装出口数量明显下降，机织服装产量下降幅度高于针织服装。根据国家统计局数据，2022年1~12月，服装行业规模以上企业机织服装产量为88.02亿件，同比下降5.15%，针织服装产量为144.4亿件，同比下降2.24%，分别比2021年同期下滑10.0和13.1个百分点。在机织服装中，羽绒服装和衬衫产量同比分别下降10.0%和0.83%，西服套装产量同比增长5.94%。

从月度服装生产变化来看，在春节期间消费需求增加、“就地过年”倡议等因素的有力推进下，2022年1~2月，我国服装生产延续回升态势，工业增加值实现11.3%的两位数增长；3月由于上海、广东、山东等服装主要生产省份疫情严重，在部分企业停工停产以及市场需求减弱的影响下，一季度服装产量虽同比增长3.39%，但工业增加值增速比1~2月放缓2.6个百分点。年内规模以上服装

企业工业增加值出现两次明显下降，第一次是在4月，上海等多地散发疫情导致物流受限、消费需求减弱，规模以上服装企业工业增加值同比下降0.3%，5月、6月国内疫情对服装行业造成的阶段性影响逐步缓解，行业工业增加值恢复正增长，月度同比增速分别为1.2%和1.5%；服装产量自6月开始呈现持续下降，1~6月服装产量同比下降1.48%。第二次工业增加值明显下降是自7月开始，面对高库存、弱需求叠加部分地区高温限电等生产经营压力，三季度各月规模以上服装企业工业增加值降幅持续加深，分别同比下降0.2%、1.3%、3.7%；前三季度服装产量同比下降1.66%。进入四季度，国内疫情再次多发散发，叠加市场需求不振、出口增速回落以及防疫政策优化后经历大范围病毒感染等不利因素影响，服装生产增速持续放缓，规模以上企业工业增加值和服装产量降幅明显加深，11月、12月工业增加值同比分别下降12.4%和11.4%，1~12月服装产量累计下降3.36%（图1-1）。

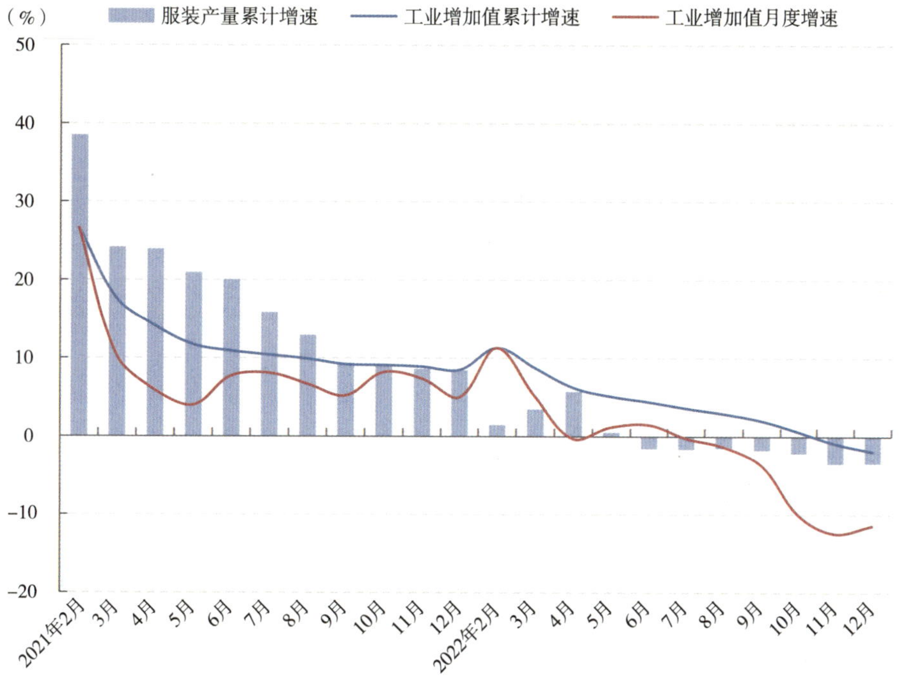

图1-1　2022年服装行业生产增速情况

（**数据来源**：国家统计局）

（二）内销市场持续疲软

2022年，我国服装内销市场明显下滑。根据国家统计局数据，1~12月，我国限额以上单位服装类商品零售额累计9222.6亿元，同比下降7.7%，比2021年同期下滑21.9个百分点。服装内销市场疲弱不振主要有三方面原因：一是疫情导致消费活动、穿着场景受限，消费者的购买行为减少；二是受疫情影响居民收入增长放缓，消费者信心和消费能力均有所下降；三是与日常生活相关的必需品消费上涨，导致服装类可选商品的消费意愿下降。

从月度变化来看，2022年1~2月，在春节假期消费的促进下，限额以上单位服装类商品零售额同比增长3.7%；进入3月，由于本土疫情点多面广频发，波及全国大多数省份，客流减少、物流不畅对国内市场销售造成较大冲击，服装消费恢复进程明显受阻，叠加高基数影响，服装内销市场规模有所缩减，3月、4月和5月限额以上单位服装类商品零售额同比分别下降15.1%、25.6%和20.1%，1~5月限额以上单位服装类商品零售额累计同比下降10.1%，穿类商品网上零售额累计同比下降1.6%。自6月开始，受益于各级政府高效统筹疫情防控和经济社会发展，以及促消费政策发力显效，服装内销呈现改善恢复趋势，限额以上单位服装类商品零售额降幅逐渐收窄，穿类商品网上零售额增速稳步回升。1~9月，我国限额以上单位服装类商品零售额累计同比下降5.0%，降幅比上半年收窄3.0个百分点，穿类商品网上零售额同比增长4.7%，增速比上半年加快2.3个百分点。10月由于疫情反复，服装内销市场再次受到短期冲击，10月、11月当月限额以上单位服装类商品零售额同比下降9.2%和17.1%。12月，虽然全国防疫政策优化宽松，但大部分城市居民处于病毒感染阶段，服装内销市场并未呈现较为明显的复苏趋势，当月限额以上单位服装类商品零售额同比下降14.2%（图1-2）。

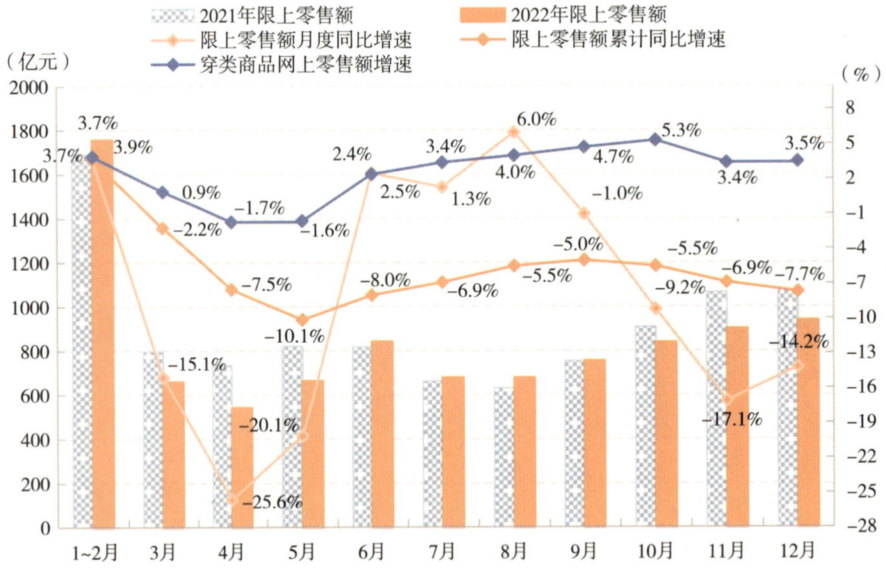

图1-2　2022年国内市场服装销售情况

（数据来源：国家统计局）

线上服装零售保持稳定增长，直播电商成为网上零售渠道的重要力量。根据国家统计局数据，2022年1~12月，穿类商品网上零售额同比增长3.5%，增速比上半年加快1.1个百分点，比2021年同期放缓4.8个百分点。从阿里平台数据看，2022年，淘宝及天猫平台男装、女装、童装、运动鞋服成交额同比分别下降14%、11.2%、9.8%和4.0%，促销力度较大的11月当月男装、女装和童装的成交额下降幅度均超过20%，运动鞋服也同比下降4.2%。越来越多的品牌布局抖音、快手、B站、小红书等内容与直播电商平台，凭借短视频+直播互为助力的组合形式，高效、精准地与消费者发生关联，零售额正在追赶传统电商平台。根据抖音电商发布“抖音双11好物节”数据报告显示，10月31日~11月11日，抖音电商平台参与“双11”活动的商家数量同比增长了86%，直播带货总时长累计达3821万小时，7667个直播间销售额超过百万元。

实体零售渠道持续承压。根据中华全国商业信息中心的统计，2022年1~12月，全国重点大型零售企业服装类商品零售额同比下降14.79%，比2021年同期下滑24.01个百分点，零售量同比下降18.61%，比2021年同期下降25.99个百分点。根据中国纺织工业联合会流通分会数据，2022年前三季度，重点监测的46家纺织服装专业市场成交额9029.08亿元，同比下降5.21%，比2021年同期下滑36.64个百分点。在疫情截断供应链上下游多个节点、打乱了商户正常生产经营节奏的背景下，各大专业市场克服销售额下滑、订单数量锐减、库存压力加大、存货跌价、成本风险提高等多重困难和压力，企业和市场商户积极开展短视频营销、直播探店、私域运营、线上洽谈会等数字化创新，满足个性化消费需求的同时为不同类型电商平台差异化供货，以弥补疫情造成的损失。

（三）出口保持小幅增长

2022年，在国际市场需求恢复、成本上涨推高出口价格等因素的驱动下，我国服装出口在高基数的基础上继续保持增长，创2016年以来服装出口规模的最高纪录。根据中国海关数据，1～12月，我国累计完成服装及衣着附件出口1753.97亿美元，同比增长3.2%，增速比2021年放缓20.8个百分点。从量价关系来看，服装出口量跌价升，出口数量为312.16亿件，同比下降2.6%，出口平均单价4.65美元/件，同比增长10.0%。其中，针织服装及衣着附件出口金额909.42亿美元，同比增长5.33%，出口数量同比下降2.5%，出口单价同比增长7.2%；机织服装及衣着附件出口金额768.74亿美元，同比增长9.87%，出口数量同比下降3.0%，出口单价同比增长13.5%。

整体来看，2022年服装出口增速呈现前升后降的走势。前7个月，受益于国际市场需求相对稳定、国内疫情影响趋弱以及受疫情影响地区迅速复工复产等因素拉动，我国服装出口在订单转移的压力下，凭借完整的产业链、较高的工艺水平和先进的制造能力，展现出较强的发展韧性和出口竞争力，服装出口增速呈现了波动上升的态势，1～7月服装出口保持了12.9%的高速增长，其中5月当月出口增速高达24.9%。但是由于全球经济尤其是欧元区衰退风险加大，导致国际市场消费需求减弱，叠加海外供应链恢复以及中美贸易摩擦等多重因素的影响，下半年服装出口增速明显放缓，下行压力持续加剧。自9月开始月度服装出口转为负增长，10月出口降幅达16.8%，11月、12月在圣诞季促销刺激国际市场需求短期增加等积极因素的拉动下，出口降幅有所收窄，同比分别下降14.4%和10.1%（图1-3）。

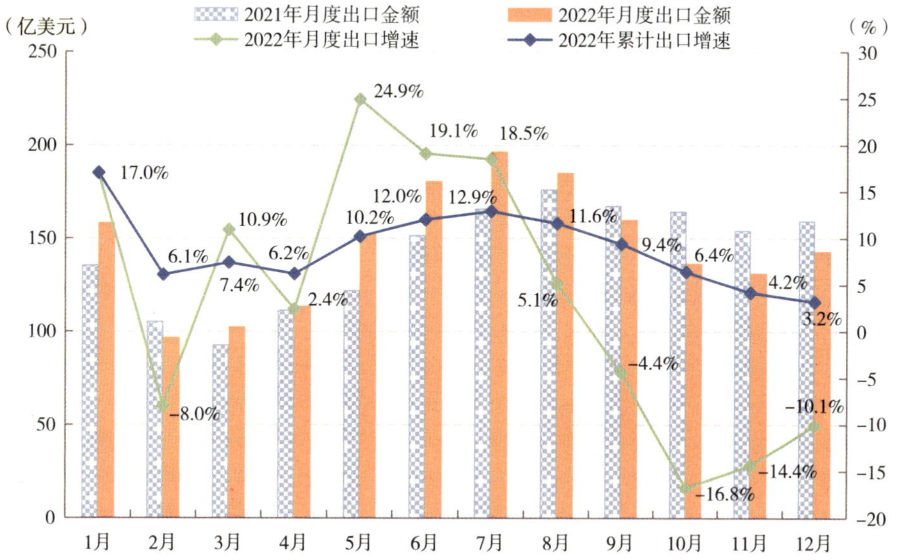

图1-3　2022年我国服装及衣着附件出口情况

（数据来源：中国海关）

棉制服装出口转为负增长，附加值较高的通勤、防寒服、运动服装保持较快增长。根据中国海关数据，1～12月，我国棉制服装出口同比下降1.9%，自8月开始棉制服装出口持续下降，10月、11月棉制服装出口同比降幅达26.2%和24%，8～12月棉制服装出口累计同比下降17.8%；其中，1～12月我国对美国和欧盟棉制服装出口降幅分别为32.7%和35.0%。从出口品类来看，大衣防寒服、西服套装、便服套装和连衣裙等附加值较高的通勤、防寒服装量价齐升，出口数量同比分别增长

16.0%、39.2%、24.1%和6.4%，出口单价同比分别增长5.8%、17.2%、3.7%和3.4%；衬衫以及滑雪、游泳等运动服装出口金额同比分别增长26.5%和18.8%，出口数量同比分别增长26.4%和20.6%，数量拉动作用更为显著。内衣、睡衣类家居服装出口小幅下滑，出口金额和出口数量同比分别下降2.8%和3.6%。另外，我国防疫物资类产品出口大幅下降，塑料和硫化橡胶制手套类产品出口金额同比下降63.2%，化纤制防护服出口金额同比下降50.3%。

我国对传统市场服装出口占比下降，东盟、“一带一路”沿线国家和地区等新兴市场成为拉动服装出口增长的主引擎。根据中国海关数据，1~12月，我国对美国、欧盟和日本三大传统市场服装出口金额合计865.3亿美元，同比增长0.1%，占我国服装出口总额的49.3%，比2021年同期减少1.5个百分点。其中，我国对美国服装出口金额386.1亿美元，同比下降2.2%，增速比2021年放缓38.4个百分点，自8月开始，我国对美国服装出口持续下降，8~12月我国对美国服装出口累计同比下降23.1%，其中9月、10月降幅高达30.4%和34.5%；我国对欧盟服装出口金额333.17亿美元，同比增长3.0%，增速比2021年放缓18.3个百分点，自9月开始，我国对欧盟服装出口持续负增长，9~12月我国对欧盟服装出口累计同比下降24.4%，12月降幅高达30.2%；我国对日本服装出口金额146.12亿美元，同比下降0.3%，增速比2021年放缓6.6个百分点。同期，我国对东盟、“一带一路”沿线国家和地区等新兴市场服装出口合计拉动我国服装出口增长6.5个百分点，成为拉动服装出口增长的主引擎。其中，在RCEP生效实施的利好作用下，东盟超过日本成为我国服装出口的第三大贸易伙伴，服装出口金额169.28亿美元，同比增长23.9%；我国对“一带一路”沿线国家和地区、拉丁美洲服装出口继续保持快速增长，增幅分别为12.9%和17.8%；我国对RCEP除东盟和日本以外的其他成员国服装出口133.75亿美元，同比增长8.3%。另外，我国对英国服装出口同比下降12.6%，对俄罗斯和加拿大服装出口同比分别下降19.4%和16.0%（图1-4）。

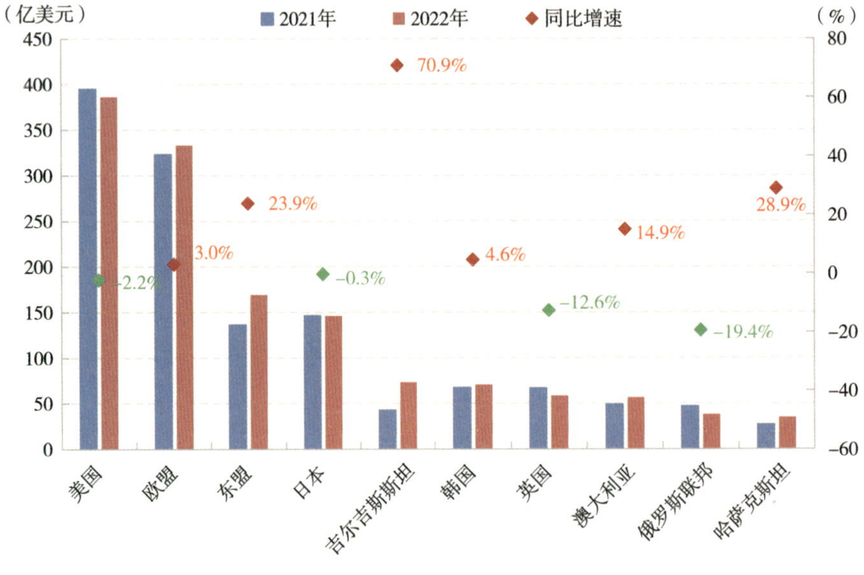

图1-4　2022年我国对部分国家和地区服装出口情况

（数据来源：中国海关）

东部地区仍是我国服装出口主要集中地，但随着我国中西部地区承接沿海产业转移步伐加快，中西部地区服装出口迅速增长，特别是新疆服装出口增势强劲。根据中国海关数据，2022年1~12月，我国服装出口前五大省份浙江、广东、江苏、山东和福建合计完成服装出口1237.1亿美元，同比增长0.4%，占我国服装出口总额的70.5%，比2021年同期减少1.9个百分点。其中，浙江成为我国服装出口第一大省，服装出口金额348.8亿美元，同比增长13.1%；山东省服装出口金额197.4亿美元，同比增长4.6%；广东、江苏、福建服装出口金额同比分别下降7.4%、1.1%和9.8%，占全国服装出口比重分别减少1.9、0.6和1.3个百分点。同期，我国中西部地区服装出口金额合计335.2亿美元，同比增长24.7%，占全国服装出口总额的19.1%，比2021年提高3.3个百分点。其中，新疆服装出口保持快速增长，增幅高达71.8%，超过上海成为我国服装出口第六大省份；江西、湖南、广西服装出口金额同比分别增长21.8%、36.4%和18.4%，而安徽和湖北服装出口金额同比分别下降6.0%和9.2%（表1-1）。

表1-1　2022年我国各省市服装出口情况

省市名称	出口金额（亿美元）	同比（%）	占服装出口总额比重（%）	占比增减（百分点）
浙江省	348.8	13.1	19.9	1.7
广东省	290.1	-7.4	16.5	-1.9
江苏省	239.0	-1.1	13.6	-0.6
山东省	197.4	4.6	11.3	0.2
福建省	161.9	-9.8	9.2	-1.3
前五名合计	1237.1	0.4	70.5	-1.9
新疆维吾尔自治区	104.4	71.8	5.9	2.4
上海市	99.4	0	5.7	-0.2
江西省	50.1	21.8	2.9	0.4
湖南省	41.2	36.4	2.4	0.6
辽宁省	30.9	11.5	1.8	0.1
安徽省	29.9	-6.0	1.7	-0.2
广西壮族自治区	28.8	-9.2	1.6	-0.2
河北省	28.4	18.4	1.6	-1.2
湖北省	27.1	-39.8	1.5	-0.2
四川省	17.3	3.8	1.0	0
前十五名合计	1694.6	3.3	96.6	0.1

（数据来源：中国海关）

（四）运行质效严重承压

2022年前三季度，受疫情扰动、需求减弱、原材料价格高位波动等因素影响，我国服装行业主要效益指标保持小幅增长，但增速逐渐放缓。进入四季度，受国内疫情反弹冲击，行业产销循环受限，企业经营压力加大，营业收入和利润总额累计增速持续负增长，行业经济运行严重承压。根据国家统计局数据，2022年1~12月，我国服装行业规模以上（年主营业务收入2000万元及以上）企业13219家，实现营业收入14538.89亿元，同比下降4.56%，增速比上半年下滑9.01个百分点，比2021年同期下滑11.07个百分点；利润总额763.82亿元，同比下降6.34%，增速比上半年下滑10.34个百分点，比2021年同期下滑20.74个百分点。行业亏损面扩大，运行效率放缓，成本居高不下导致企业盈利难以提升。1~12月，服装行业规模以上企业亏损面达19.37%，比2021年同期扩大2.52个百分点，亏损企业亏损额同比增长12.46%；每百元营业收入含成本85.32元，比2021年同期增加0.48元；营业收入利润率为5.25%，低于2021年同期0.1个百分点；产成品周转率、应收账款周转率和总资产周转率分别为12.52次/年、7.9次/年和1.27次/年，同比分别下降4.87%、4.50%和3.62%（图1-5）。

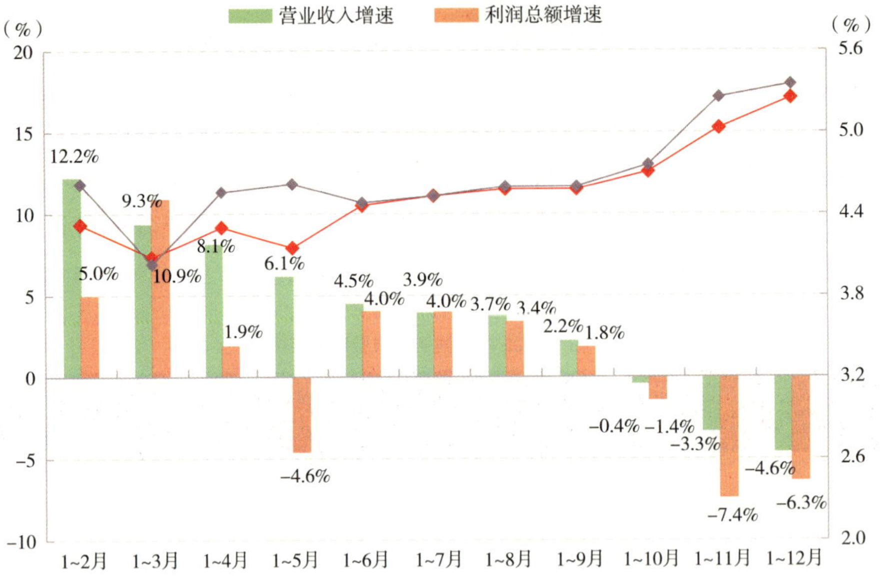

图 1-5　2022 年服装行业主要效益指标情况

（数据来源：国家统计局）

（五）投资实现较快增长

2022 年，我国服装行业固定资产投资保持快速增长态势，显示出在国家稳投资、稳增长等各项政策的有力带动下，各级政府加大产业补链强链投资的支持力度，企业对行业高质量发展的信心逐渐增强，积极扩大自动化设备应用、数字化智能化技术改造升级、商业模式创新以及区域布局调整等领域有效投资，产业转型升级深度推进。根据国家统计局数据，1~12 月，我国服装行业固定资产投资完成额同比增长 25.3%，增速比 2021 年同期提升 21.2 个百分点，高于纺织业和制造业整体水平 20.6 和 16.2 个百分点（图 1-6）。

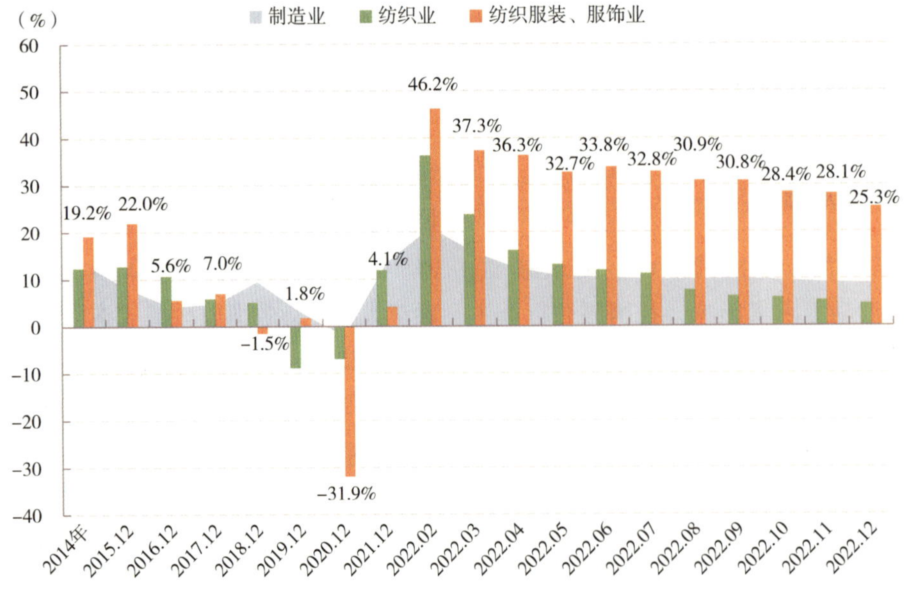

图 1-6　2022 年服装行业固定资产投资增速情况

（数据来源：国家统计局）

二、2022年中国服装行业运行特点

2022年，受世界百年变局加速演进和国内疫情重复反弹的交织影响，叠加需求收缩、供给冲击、预期转弱的三重压力，国内外经济环境变化给中国服装行业发展带来了巨大的冲击和考验。面对新变化新挑战，中国服装行业围绕“科技、时尚、绿色”的发展定位，持续深化供给侧结构性改革，全面推进数字化、智能化转型升级，在智能制造、渠道拓展、模式创新、供应链协同等多个领域取得新成效，不断增强产业链的安全性和竞争优势，为行业实现稳定复苏和高质量发展筑牢坚实基础。

（一）消费市场加速细分

移动互联网的普及应用、智能移动终端的更新迭代不断创造全新的消费场景，Z世代、新中产、银发族等各类新消费群体表现出不同消费倾向和消费理念，以“95后”“00后”为代表的年轻群体注重个性化、小众化、国潮化的消费，规模正在快速扩张的新中产人群追求“质”的进阶型消费，银发族更加侧重于健康化、场景化的补偿性消费。随着个性化、多样化的细分市场逐渐展现出强劲的消费潜力，服装行业在逆境中坚持全面推进转型升级，通过数字技术赋能产品创新、品牌创新和模式创新，从设计研发、生产制造、供应链反应到终端运营等环节加强精细化管理，根据工作、生活、露营、度假等不同场景需求进行匹配，持续推动企业和品牌向个性化、年轻化、高端化发展，以适应消费多元化、细分化的市场形势。

由于我国男装行业具备较强的多品牌运营能力、渠道地域分布较为均衡，疫情对男装市场造成的冲击较弱，尤其是中高端男装呈现了较强的经营韧性。为适应年轻主流群体个性化差异化的消费需求以及日益普遍的“年轻化”着装心理，男装企业持续聚焦多品牌运营和单品类创新，注重新材料、新面料、新工艺、新品牌和新服务的创新，在生产技术及工艺进步、产品研发设计等方面持续进行资源投入，进行产品升级或开发更加年轻、时尚的产品线，并借助年轻化的推广媒介、推广语言，通过节日活动推广、IP联名、新兴业态融合等方式打造品牌影响力，多维提升品牌的文化属性和时尚度，塑造更加年轻时尚的产品调性和品牌形象。同时，男装企业积极构建消费者全渠道智慧零售体系，大力发展柔性制造、大规模个性化定制等智能制造新模式，以智能工厂、智慧门店、智能中后台系统等数字化、智能化技术有效助推全价值链的效率提升。

国内疫情反弹对女装行业造成了严重冲击，从2022年女装上市企业的情况来看，大部分女装企业的营收和净利润均呈现了较大幅度下滑的同时，为满足多层次、细分化的消费需求以及不同年龄的时尚诉求，女装企业坚持跨品类、多品牌的矩阵式运营方式，多元化创新发展，整合多种销售渠道，凝心聚力推动数字化转型。一方面，企业通过社群营销、品牌直播与多平台拓展提升线上销售，弥补疫情下门店无法营业对收入造成的影响，并在新兴城市和优质商圈积极扩张布局，建立云仓商品管理系统，实现商品在全渠道的高效流转，充分满足移动互联时代碎片化、移动化、个性化、多元化的消费诉求，为疫情后的市场反弹打下良好基础。另一方面，企业加大组织内部各体系的数字化建设，通过数据中台、智能营销、柔性供应链等核心项目构建集团数字化平台，打造敏捷型组织，提升企业数字化核心竞争力，以应对外部市场的快速变化和业务模式创新所带来的挑战。同时，汉服、国潮等小众市场需求发展迅速，汉服头部品牌十三余在“双11”期间全渠道商品交易总额（GMV）合计超4500万元，天猫渠道GMV同比增长达55%。

受益于生育政策调整、消费模式升级和新消费群体品牌意识的增强，我国童装消费市场活跃度持续提升，但受疫情影响，2022年童装市场规模呈现小幅收缩态势。为适应新一代父母育儿方式更加注重满足孩子在不同成长阶段的差异化需求，童装产业逐渐趋于高质量、专业化和细分化，企业打造

品牌矩阵进行多年龄段、不同风格特色的全面布局，产品品类呈现出健康化、功能化、精细化、多样化的发展态势。面对疫情的严峻挑战，童装企业和品牌聚焦核心品类发展，持续发力线上渠道，在以抖音为代表的内容电商平台开展品牌直播、门店直播，打造营销事件、IP跨界合作等方式在线上线下全渠道推广，带动产品创新，传递品牌理念。线下渠道方面，企业通过数字化终端布局，将线下门店打造成为集销售、直播、体验为一体的场所，提升消费者互动体验和终端门店的精细化运营能力。

当前，我国休闲运动服装行业正处在需求推动为特征的发展阶段。2022年，运动及户外服装市场规模保持稳定，因其刚性需求和功能属性，疫情趋弱后运动服装市场得到较为快速地修复。但休闲服装市场受疫情影响严重，叠加运动服装的市场挤压，休闲服装市场规模收缩态势愈加明显。休闲运动服装企业持续加大消费者洞察及数字化建设投入，贴合消费者穿着场景进行产品研发，加强全渠道数字化布局以带动消费体验升级，打造更有科技含量、更能表达中国文化自信、专业化、年轻化的产品和品牌，满足消费群体时尚度、功能性兼备的消费需求。同时，健康的生活方式以及全民健身的政策推动使人们运动意愿提升，冬奥会和冬残奥会以及城市马拉松赛事的成功举办，促使越来越多的人开始青睐马拉松、滑雪、户外等体育运动项目，有力激发了专业运动服饰的消费增量，安踏、李宁、特步等国内运动服装品牌加大了对专业、户外运动领域的布局，瑜伽、健身、跑步、骑行、高尔夫等体育运动服饰市场保持较快增长。

（二）转型升级持续推进

2022年，尽管受到疫情冲击，服装企业依然保持数字化、智能化转型方面的科技创新投入，在研发设计、生产制造、产业形态、商业模式、组织形态、企业文化等方面的价值驱动效应明显提升，企业的内生动力正在持续释放。就目前服装行业智能制造的总体情况看，大部分服装中小企业选择“并行推进、融合发展”的跨越式发展范式，基本实现了部分模块的自动化、信息化管理，正在逐步向信息系统与生产、销售、服务等环节全面融合的方向升级；大型企业则处于应用践行和深度应用阶段，初步完成了设计、加工、检测、销售、物流、管理、服务等制造全过程的数字化连接，通过跨环节的数据共享和深度挖掘，不断强化精益生产、柔性制造，推动生产经营的全链路数字化、智能化升级；龙头企业以及产业集群的工业互联网平台建设逐步进入实质性应用阶段，产品研发借助数字化技术向高端化升级，生产制造持续推动智能车间、智能工厂建设，销售运营运用大数据构建精准营销体系，基本实现了企业内部以及产业链供应链相关企业资源的优化配置与智能管控，构建更加高效协同、安全可控的产业生态体系。例如，红豆集团有限公司是服装行业的龙头企业，建设了集数字化生产、经营、管理一体化的工业互联网平台，已有产业链上下游数百家企业入驻，带动入驻企业进行数字化转型和智能化升级，促进全链条、跨领域、跨区域的融合发展，无锡市红豆男装有限公司的项目“红豆男装5G全连接工厂”入选工业和信息化部2022年工业互联网试点示范名单。又如，目前青岛市即墨区已引导多家中小企业完成工业互联网改造，企业的平均生产效率提高51%、能源消耗下降23%，工业互联网改造正在成为推动中小企业创新发展的强势动能。

在新一代信息技术与先进制造技术深度融合发展的新时期，服装行业正在由单纯的制造环节向先进制造和现代服务融合的方向发展。企业层面，利用大数据技术推动企业向价值链两端延伸，从大规模流水线生产转向个性化定制生产，从以产品为中心转向以客户为中心，通过提高数字化效率实现价值创造，通过舒适服务为消费者带来颠覆性的体验，有效推动企业重塑产业形态，在“制造+服务”上创造新活力。平台层面，通过工业互联网服务平台重构产业链供应链网络架构，为企业提供技术研发、生产制造、检验检测、品牌推广、人才培养等创新服务，实现信息资源的精准对接和专业技术共享，为产业升级与可持续发展提供支撑。2022年，在工业和信息化部发布的第四批服务型制造示范名单中，服装行业有4家企业入选示范企业、3家企业入选示范平台。其中，依文服饰股份有限公司、江苏红豆实业股份有限公司、赢家时装（赣州）有限公司、大杨集团有限责任公司入选示范企业，中电望辰科技有限公司申报的中电福建鞋服行业服务型制造平台、于都昭虹网络科技有限公司申报的梧桐台——原创服饰供应链服务平台、比音勒芬服饰股份有限公司申报的比音勒芬高尔夫服饰定制平台入选示范平台。

（三）营销渠道更加多元

为适应疫情下消费习惯和消费方式变革，服装企业和品牌借助新一代信息通信技术的深入应用，对线上、线下以及海外渠道进行整合优化，逐步构建集聚全链路资源和私域运营于一体的多维度、广覆盖的营销网络，从公域流量到私域运营，从线上线下的一体化融合到用户和品牌的人性化交互，内容产业链和传播链的重构使营销渠道和零售模式呈现多元化发展特征。线上新零售模式日渐成熟，企业的营销渠道逐步从淘宝、京东等传统电商平台向短视频、社区团购、社交平台扩散，线上销售比重也在持续增加。根据国家统计局数据，2022年实物商品网上零售额占社会消费品零售总额的27.2%，比2021年提高2.7个百分点。从2022年前三季度服装上市公司数据来看，线上营收在全渠道比重明显增加，森马服饰、安正时尚、七匹狼、牧高笛等品牌的线上营收比重均超过40%，汇洁股份、安踏、太平鸟、李宁、红豆等品牌的比重在30%左右，其中森马服饰、七匹狼、汇洁股份、太平鸟、红豆、报喜鸟、歌力思等品牌的线上营收比重均比2021年同期有所增加。深圳市影儿时尚集团有限公司早在2016年开启私域运营，通过视频号、小程序等线上化运作，结合AI智能和标签、会员系统，更高效、精准地触达流量并进行转化，目前粉丝数量超过千万，其中导购在小程序商城GMV中的贡献达到80%。

具体来看，直播电商成为线上服装零售的新常态。2022年，服装企业加速推进在拼多多、抖音、快手、微信视频号、小红书、微博小店等渠道的拓展，通过“短视频+直播”带货、品牌自播的直播营销以及社群营销、公众号推文等新模式，与明星、微博大V、关键意见领袖（KOL）、网络红人及专业MCN机构等开展合作，充分挖掘内容营销、商品企划和活动推广的广度和深度，满足不同年龄段的消费习惯以及不同平台的差异化消费需求，提高用户购买力以及品牌的传播力和影响力。线下渠道方面，实体门店智慧营销系统正在推进，企业积极应对疫情后部分商圈转移、消费场景变迁等情况，持续优化门店布局，强化门店的数字化、精细化运营管理，通过打造超级体验店、智慧门店，为消费者提供沉浸式、数字化的消费体验。例如，波司登股份有限公司在会员数字化创新方面，通过对用户进行精准分层运营，以高质量的数字化内容触达消费者，并为每名导购建立企业微信的导购营销助手，使用数据中台为终端导购匹配互动内容模板，通过千店千面的云店小程序提升消费者购物体验及离店销售。与此同时，疫情催动全球化、线上化的产品交易快速发展，电商平台加速海外布局，并把国内的直播经验复制到跨境电商中，通过直播电商把品类丰富、高性价比的商品与全球消费者链接在一起。中国快时尚跨境电商SHEIN全球首家实体门店“SHEIN Tokyo”在日本东京正式营业；拼多多、阿里巴巴等平台也相继推出了跨境电商平台，商品涵盖了男装、女装等多个品类。为迎合全球年轻消费群体对多元化内容、科技感视觉和沉浸式虚拟娱乐的喜爱，越来越多的服装品牌选择利用虚拟偶像进行直播带货，以“虚拟+现实+互动”的虚实融合电商形式为消费者带来全新的创意体验和更加丰富的应用场景。

（四）供应链数字化协同优势初显

为应对新冠肺炎疫情和中美贸易摩擦的双重冲击以及产业分工日益细化，服装企业在5G、工业互联网、人工智能等新一代信息技术推动下，加强内部互联互通的同时更加注重供应链上下游的紧密合作，从单个工厂单个部门的业务创新扩展到涵盖客户、供应商、分销商和其他合作伙伴的整个产业链供应链的资源优化与协同，带动了产业研发设计、面辅料采购、生产制造、仓储物流、营销运营等关键环节的精益化、数字化、智能化升级，整个供应链系统的柔性供应和快速反应机制明显提升，为促进服装行业复工复产以及新模式新业态更好发挥作用和价值提供坚实有力的支撑。2022 年，服装跨境电商、市场采购贸易、跨境直播等新业态新模式蓬勃发展，出口额保持强劲增长。中国海关总署数据显示，上半年中国跨境电商出口额达 6036 亿元，同比增长 44.1%，服装类商品的出口增速快于全国跨境电商整体增速。快时尚跨境电商企业 SHEIN 凭借着强大的数字化供应链能力迅速发展，从产品打板设计到生产上架只需 14 天。SHEIN 不断深化对供应商企业规划和建设的赋能，加大投入支持供应商引入更多先进的智能化设备，通过数字化建设使前端到后端各环节协同运作，逐步建立了大规模应用“小单快反”的柔性供应链模式，实现了高效供给。另外，女装品牌子不语、母婴童装 PatPat、泳装 Cupshe、快时尚品牌 Cider 以及赛维时代等跨境电商品牌依托国内供应链优势，瞄准海外市场逐步发展壮大。

在疫情暴发期间，服装企业开展了产业链全流程的数字化创新，通过物联网、移动互联网等信息技术将供需两端连接起来，人工智能技术对接上游面辅料生产、下游零售渠道和终端市场需求数据进行深度分析，能够更精准地掌握用户需求，更好地设计满足消费者需求的产品，并基于数字孪生、智能制造的高度柔性重构服装生产系统，实现高性价比的个性化大规模定制，缩短研发和生产周期，加快新产品的上市速度和市场匹配度，为国内外不同类型服装品牌和设计师提供系统增值服务，助推企业稳定运营和高质量发展。宁波太平鸟时尚服饰股份有限公司持续推进数据驱动的商品供应全链路变革，带动产业链上下游 200 多家企业深度合作，有效增强各环节配合紧密度，不仅提高了设计的准确度和营销的精准度，也提高了供应链的智能化决策和运营水平，进而提升供应链整体的反应速度和经营效率。青岛酷特智能股份有限公司发布的三季度报告显示，2022 年前三季度，营业收入和净利润同比分别增长 5.22% 和 46.01%，成绩的取得主要受益于企业在服装 C2M 产业互联网平台上持续深耕，建立了企业内部和产业链全流程的数字化治理体系，并为国外的服装品牌商、服装创业者、时尚设计师和服装经营者等产业客户提供服装定制和柔性化彻底解决方案，实现了海外市场的高增长。

三、2022 年中国服装行业运行主要影响因素

（一）国际市场需求减弱趋势明显

2022 年以来，受疫情不断反复、地缘政治冲突爆发、供应链瓶颈持续、大宗商品价格上涨等多重因素影响，大规模的粮食与能源危机加剧全球通货膨胀形势，主要发达经济体加快收紧货币政策，抑制消费和投资需求，全球经济增长态势受阻。根据国际货币基金组织最新报告数据，2022 年全球通胀率从 2021 年的 4.7%升至 8.8%，全球经济增长速度将由 2021 年的 6.2%降至 3.4%，大部分经济体的经济增速出现较大幅度的回落，美国 GDP 增速从 2021 年的 5.9%下降到 2022 年的 2.0%，欧元区从 5.3%下降到 3.5%，全部发达经济体平均增速从 5.4%下降到 2.7%，新兴市场和发展中经济体的平均增速从 6.7%下降到 3.9%。

在世界政治局势复杂演变、全球经济衰退风险加大等制约因素增多的形势下，国际市场复苏乏力，欧美等发达国家消费预期下降，服装零售商面临高库存压力，市场需求减弱趋势明显增强。12 月，美国 CPI 同比增长 6.5%，仍处于历史高位，密歇根大学消费者信心指数为 59.7，比年初下降 9.1 个百分点；服装零售保持小幅增长，但增速明显放缓，市场需求疲软，1~12 月美国服装和配件

零售额同比增长 6.7%，增速比上半年放缓 4.1 个百分点，服装服饰商店库存/销售比率持续高企，11 月为 2.18。欧盟 12 月通胀率仍高达 10.4%，消费者信心指数为-23.6，高通胀拖累实际收入，消费者购买力急剧下降，12 月，欧盟零售贸易量同比下降 2.5%，非食品零售贸易额同比下降 0.9%。生活成本上升挤压服装消费空间，10 月法国、德国纺织服装类商品零售额同比分别下降 2.8%、5%，荷兰服装零售额同比微增 0.1%。日本消费增长乏力，12 月消费者物价指数同比上涨 4%，创近 41 年来新高，家庭消费者信心指数降至 30.3；1~12 月，日本纺织服装及附件零售额同比增长 1.1%，较疫情前同期仍下降约 20.8%（图 1-7）。

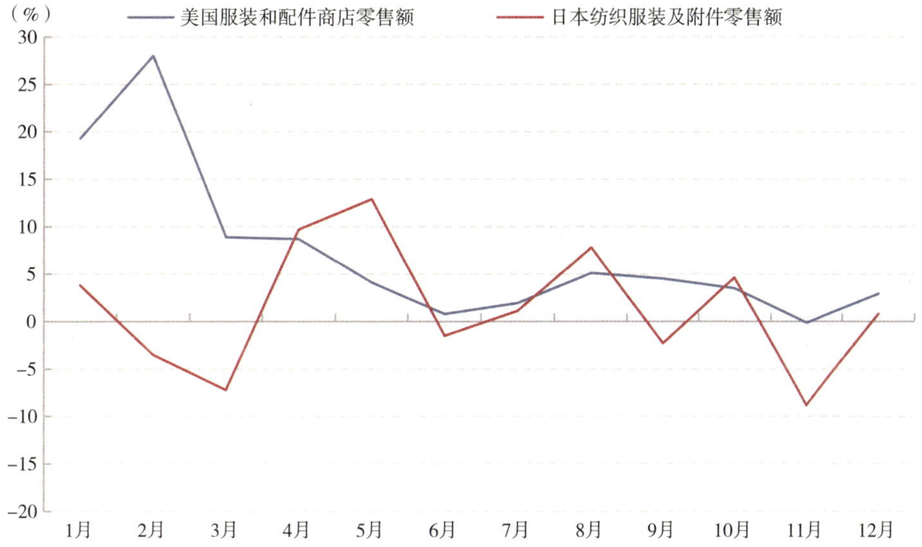

图 1-7 2022 年美国和日本服装相关商品零售额增速情况

（数据来源：美国商务部、日本财务省）

（二）全球供应链布局加速调整

在国际市场需求收缩的情况下，越南、孟加拉国等国家的服装产业快速恢复以及部分西方国家推行采购“去中国化”策略，助推全球服装供应链格局发生新一轮演变，国际市场竞争加剧、外贸环境风险上升均对我国服装出口造成较大压力。在主要货币对美元贬值和生产要素成本持续上涨的背景下，很多国际服装集团和品牌加快在东南亚国家投资建厂，提高在东南亚生产代工比例，以应对通胀高企和供应链安全风险。从越南、孟加拉国相关服装出口统计来看，2022 年以来，越南、孟加拉国服装类产品出口均呈现两位数高速增长，1~11 月，越南纺织品成衣出口 346.5 亿美元，同比增长 18.9%；孟加拉国服装出口同比增长 38.3%。

另外，从美国、欧盟和日本主要市场的服装进口数据来看，中国在美国、欧盟和日本的市场份额呈下降趋势，而越南、孟加拉国、印度、柬埔寨和缅甸等国家的市场份额均有所提升，且进口增速均高于中国。1~12 月，中国在美国市场份额减少 2.29 个百分点，而越南、孟加拉国、印度、印度尼西亚和柬埔寨的市场份额分别增加 0.65、0.99、0.55、0.53 和 0.20 个百分点；1~11 月，中国在欧盟市场份额减少 0.5 个百分点，孟加拉国、印度、越南、巴基斯坦和柬埔寨的市场份额分别增加 3.39、0.15、0.39、0.31 和 0.51 个百分点，值得注意的是欧盟自缅甸服装进口金额同比增长 86.04%，所占市场份额增加 0.88 个百分点；1~12 月，中国在日本市场份额减少 1.40 个百分点，越南、孟加拉国和柬埔寨的市场份额分别增加 1.48、0.55 和 0.27 个百分点，日本自缅甸服装进口金额同比增长 93.17%，所占市场份额增加 1.49 个百分点（表 1-2）。

表 1-2　2022 年美国、欧盟和日本服装主要进口国份额变化情况

美国（1~12 月）			欧盟（1~11 月）			日本（1~12 月）		
国别	比重（%）	比重增减（百分点）	国别	比重（%）	比重增减（百分点）	国别	比重（%）	比重增减（百分点）
中国	21.75	-2.29	中国	30.68	-0.50	中国	54.41	-1.40
越南	18.26	0.65	孟加拉国	20.78	3.39	越南	15.57	1.48
孟加拉国	9.75	0.99	土耳其	10.95	-0.50	孟加拉国	5.14	0.55
印度	5.69	0.55	印度	4.79	0.15	柬埔寨	4.57	0.27
印度尼西亚	5.61	0.53	越南	4.33	0.39	缅甸	4.12	1.49
柬埔寨	4.36	0.20	巴基斯坦	3.81	0.31	意大利	3.08	-0.18
洪都拉斯	3.19	-0.31	柬埔寨	3.45	0.51	印度尼西亚	3.16	0.06
墨西哥	3.16	-0.07	缅甸	2.98	0.88	马来西亚	1.75	-1.88
尼加拉瓜	2.85	0.41	摩洛哥	2.89	-0.22	泰国	1.73	-0.25
巴基斯坦	2.75	0.03	突尼斯	2.18	-0.07	印度	0.94	0.01

（**数据来源**：美国商务部、欧盟统计局、日本海关）

（三）内销市场提振乏力

2022 年，我国宏观经济顶住压力持续恢复，国内生产总值同比增长 3.0%，其中各季度国内生产总值同比增速分别为 4.8%、0.4%、3.9% 和 2.9%，经济恢复向好的态势明显。受国内新冠肺炎疫情反复、极端天气等因素冲击，国内消费市场严重承压，线上零售增速明显放缓。根据国家统计局数据，1～12 月，社会消费品零售额同比下降 0.2%，商品零售总额同比增长 0.5%，分别比 2021 年同期放缓 12.7 和 11.3 个百分点；全国实物商品网上零售额同比增长 6.2%，增速明显低于 2021 年同期 5.8 个百分点。12 月，制造业采购经理指数（PMI）中的新订单指数为 43.9%，自 7 月开始连续六个月处于收缩区间，反映出市场需求持续减弱。

国内消费市场整体疲软，疫情反复导致失业率上升、居民收入增速放缓，消费信心不足，消费能力和消费水平有明显下滑，作为可选性和改善型消费的服装市场需求复苏相对更为缓慢乏力。根据国家统计局数据，2022 年 12 月，消费者信心指数为 88.30，同比下降 26.29%；全国城镇调查失业率为 5.5%，31 个大城市城镇调查失业率为 6.1%，分别比 2021 年同期提高 0.4 和 1.0 个百分点。2022 年全年我国人均居民收入同比增长 2.9%，人均消费支出同比下降 0.2%，增速分别 2021 年同期放缓 5.2 和 12.8 个百分点；人均衣着消费支出 1365 元，同比下降 3.8%，增速比 2021 年同期下滑 18.4 个百分点。其中，城镇居民人均衣着消费支出同比下降 5.8%，农村居民人均衣着消费支出同比增长 0.5%，分别比 2021 年同期下滑 17.8 和 20.1 个百分点（图 1-8）。

（四）多重困难叠加导致企业经营压力增大

在国际形势复杂严峻、国内新冠疫情反弹、大宗商品价格上涨等多重因素影响的背景下，我国服装企业面临着疫情管控影响、市场需求不足、产业链、供应链接续不畅、生产要素成本上涨、融资难度大等多重困境，生产经营压力持续加大，尤其是小微企业受冲击程度更加严重。根据国家统计局数据，2022 年制造业小型企业 PMI 指数全年均在枯荣线以下，持续处于收缩区间，12 月降至 44.7%，是继 2020 年 2 月以来的最低点。

一方面，全球经济走弱、通胀高企以及疫情在国内局地散发频发等因素增加了国内外市场需求复苏的不确定性，产业链、供应链断链压力加速了海

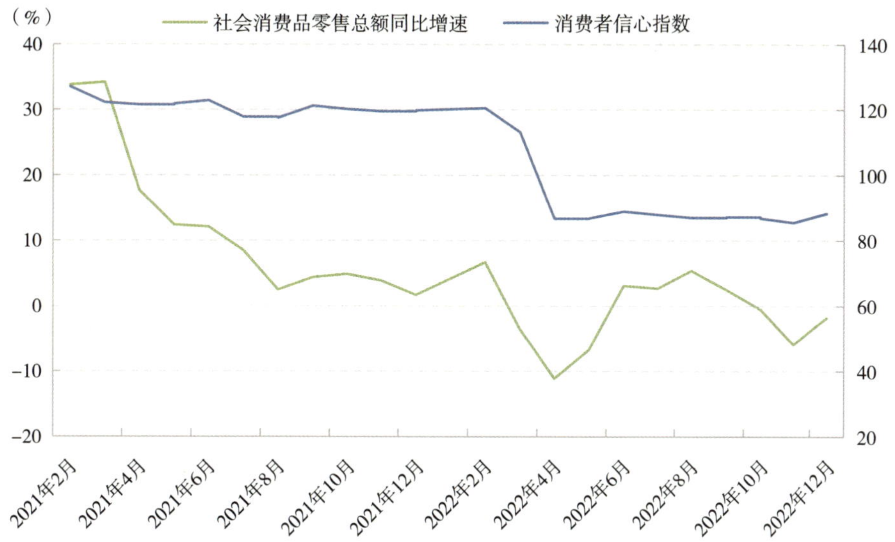

图 1-8　2022 年我国社会消费品零售总额增速和消费者信心指数情况

（数据来源：国家统计局）

外订单外移，销售下滑以及回款滞后严重影响企业资金流，尤其是在中小企业融资渠道不畅情况下，不仅对服装企业的生产、销售造成较大冲击，还在一定程度上影响企业对投资和发展的预期。另一方面，俄乌冲突导致能源危机、大宗商品价格上涨推高中间产品价格，自上而下的价格传导具有滞后性，给终端服装行业带来原材料成本上涨的压力，叠加用工成本以及汇率波动等因素影响，行业成本压力普遍增大。根据国家统计局数据，虽然 2022 年各月纺织业工业生产者出厂价格指数呈现了明显下降态势，但是从累计价格变化来看，2022 年 1～12 月纺织业工业生产者出厂价格同比增长 3.6%，而年内各月服装行业工业生产者出厂价格指数呈现较为平缓的上涨，1～12 月服装行业工业生产者出厂价格同比仅增长 1.3%，低于纺织业整体水平 2.3 个百分点，显示出服装企业盈利空间严重收窄（图 1-9）。

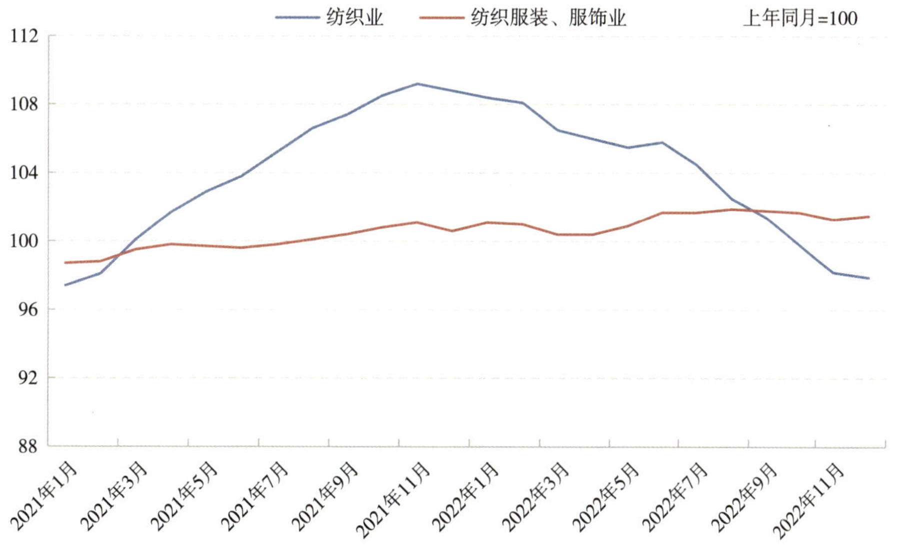

图 1-9　纺织业和服装行业工业生产者出厂价格指数变化情况

（数据来源：国家统计局）

四、2023年中国服装行业发展趋势展望

党的二十大报告及中央经济工作会议都明确指出，要以高质量发展推进中国式现代化建设，这为未来服装行业的发展指明了方向。在百年变局持续深化的新时期，我国服装行业将遵循构建双循环新发展格局的要求，坚持数字经济与绿色发展理念的引领，坚持创新驱动协同发展，着力构建高端化、智能化、绿色化的现代产业体系，深入推进服装行业科技、时尚、绿色的高质量发展。

（一）2023年服装行业面临的发展环境

1. 全球竞争加剧给服装产业造成新压力

2023年，全球经济将由“滞胀”向衰退演变，主要经济体均将增长疲弱，并在较长时间内处于低增长和高通胀叠加的困境。特别是新冠肺炎疫情与俄乌冲突加速了地缘政治格局的分化和重组，国际环境的复杂性、严峻性和不确定性明显上升，对全球经济增长态势、贸易、投资和产业链供应链带来深远影响。近期，多家国际机构下调了2023年全球经济增长预期。世界银行在2023年1月发布的《全球经济展望》中预测2023年全球经济增长1.7%，比前期预测下调了1.3个百分点，是近30年来第三低水平，其中发达经济体、新兴市场和发展中经济体经济将增长0.5%和3.4%，分别下调了1.7和0.8个百分点。国际货币基金组织最新预计2023年的全球经济增长将从2022年的3.4%下降至2.9%，全球通胀率将从2022年的8.8%降至2023年的6.6%，高于疫情前水平，九成的发达经济体很可能将出现经济萎缩。随着全球经济增速下行，在高通胀和加息等因素的影响下，个人可支配收入增长也将受限，消费者信心指数将处于低位，主要经济体消费增速将逐渐放缓，国际市场消费需求增长面临较大压力，将对包括中国在内的出口导向型经济体带来较大外溢影响。世界贸易组织（WTO）预测2023年全球商品贸易增速仅为1%，大大低于前期预测的3.4%。同时，全球产业链供应链加速调整，越来越朝着区域化、近岸化、本地化的方向演变。在中美贸易摩擦、生产要素成本上涨的背景下，部分跨国企业为应对通胀高企和供应链安全风险，选择采取“中国+N”的多元采购策略，逐渐将部分产能和生产环节转移至东南亚和南亚等国家。在国际市场需求走弱、全球化竞争加剧的影响下，我国服装行业发展面临的形势将更加严峻复杂，面临的不利因素将进一步增多，对我国服装对外贸易形成较大冲击，也对服装产业及整个产业链条的发展韧性和抗风险能力提出了更高要求。

2. 扩大内需市场为服装产业释放新红利

尽管当前我国经济恢复的基础尚不牢固，仍将面对需求收缩、供给冲击、预期转弱三重压力，但我国经济韧性强、潜力大、活力足，各项政策效果持续显现，2023年我国经济运行将实现总体企稳回升。国际货币基金组织（IMF）在最新发布报告的中大幅上调了2023年中国经济增长预期至5.2%，高出此前预测值0.8个百分点。中央经济工作会议把扩大内需列为2023年重点经济工作任务之一，并强调要从增强消费能力，改善消费条件，创新消费场景等多方面恢复和扩大消费。2022年12月14日，中共中央、国务院印发《扩大内需战略规划纲要（2022—2035年）》，随后国家发展改革委印发《“十四五”扩大内需战略实施方案》，两份文件围绕全面促进消费、加快消费提质升级等提出了具体举措，消费品零售行业将迎来优化消费供给推动消费下沉、数字技术推动消费业态和模式创新、丰富消费场景推动绿色消费方式等发展机遇，推动经济发展加速回到正常轨道并实现整体性好转。以Z世代、新中产、银发族和小镇青年为代表的消费主力军需求各异，个性化、多样化、圈层化需求特征突显，正在持续激发新消费市场的经济活力。随着收入结构优化、城市群建设以及新型城镇化和乡村振兴战略持续推进，消费市场格局正在加速重构，各大电商平台加速布局下沉市场，县城和农村地区的电商交易规模将进一步扩大。同时，互联网、云计算和数字化等新技术快速发展，直播电商、社群营销

等新模式助推消费潜力持续释放，绿色消费、健康消费、文化消费活跃度不断提升。服装行业要借助平台经济的力量，加快产品创新、品牌创新、模式创新，挖掘新消费群体以及农村市场、下沉市场潜力，以更高质量的供给满足人们对美好生活的向往，推动内需市场提质扩容、创新重塑，助力产业转型升级和高质量发展。

3. 数字经济为服装产业现代化孕育新动能

数字经济是国家应对新冠肺炎疫情冲击、加快经济社会转型的重要选择，以 5G、人工智能、物联网、工业互联网为代表的新型信息技术与实体经济融合发展，已经成为助推经济增长以及产业现代化建设的新引擎。党的二十大报告指出要“坚持把发展经济的着力点放在实体经济上”“促进数字经济和实体经济深度融合”，国家发改委、工信部等国家部委出台了多项落实文件和政策举措，发起“数字化转型伙伴行动”，推行普惠性“上云用数赋智”服务。数字经济正在以信息化引领、开放化融合、泛在化普惠深度渗透到各个行业，搭建数字化、网络化、智能化服务平台，实现大量数据资源的开放、共享与汇聚，促进组织内部不同部门之间、价值链条上不同企业之间、跨产业链跨行业的不同企业之间开展大规模协作和融合，推动产业数字化升级的同时实现价值链的优化与重组。同时，《“十四五”国家信息化规划》指出，要“深入推进绿色智慧生态文明建设，推动数字化绿色化协同发展”“以数字化引领绿色化，以绿色化带动数字化”，明确了数字技术与传统产业融合将进一步推动产业数字化和绿色化转型，释放全领域数据价值，提高全过程生产效率，降低全链条能源消耗，实现生产效率和能源效能的双提升。现阶段，服装企业数字化转型正在由消费领域快速向制造领域拓展渗透，推动绿色低碳发展理念和绿色技术逐渐融入从原材料、研发、制造到循环回收等产业价值链的各个环节，通过建立消费者数据平台打通线上线下全渠道，通过智能改造、单件流水、柔性化生产等智能升级供应链体系，为服装产业现代化体系建设孕育新动能。

4. 高水平对外开放为服装产业国际化创造新机遇

党的二十大报告提出，“中国坚持经济全球化正确方向，推动贸易和投资自由化便利化，推进双边、区域和多边合作，促进国际宏观经济政策协调，共同营造有利于发展的国际环境，共同培育全球发展新动能”。截至目前，我国积极发展与“一带一路”沿线国家的经济合作伙伴关系，推动《区域全面经济伙伴关系协定》（RCEP）生效实施，已成为 140 多个国家和地区的主要贸易伙伴，货物贸易总额稳居世界第一，吸引外资和对外投资居世界前列，形成了更大范围、更宽领域、更深层次对外开放格局。随着《区域全面经济伙伴关系协定》（RCEP）、《全面与进步跨太平洋伙伴关系协定》（CPTPP）等大型区域自贸协定的签署和实施，不同区域内的经济贸易合作正在增强，各自的产业链供应链网络也变得更加紧密。RCEP 生效实施一年来，中国与各成员国实现了更高水平的贸易自由化便利化，企业运用 RCEP 政策的意愿更加强烈，成员国之间贸易往来也更加密切，区域产业链、供应链合作日益稳定。面向未来，中国将以 RCEP 为新起点积极推进更高水平的对外开放，与更多贸易伙伴商签自贸协定，扩大面向全球的高标准自由贸易区网络，并进一步提高货物贸易、服务贸易和投资市场开放水平，更好服务构建以国内大循环为主体、国内国际双循环相互促进的新发展格局，推动我国经济高质量发展。在这种趋势下，服装行业既要强化与传统市场的经贸合作，也要深度拓展中东、东盟、非洲等新兴市场，调整优化产业链、供应链、价值链布局，推动服装产业从“产品走出去”向“产能走出去”“品牌走出去”“资本走出去”加速迈进，打造多层次、多方位的全面开放合作新格局。

（二）2023 年服装行业发展趋势预测

2023 年，全球经济增长放缓，国际市场需求复苏前景存在较高的不确定性，国内经济增长内生动力将不断积聚增强，总体回稳向好的趋势不会改变。在此背景和趋势下，我国服装行业在经历了阶段性下降后将进入恢复性、常态化发展周期，基于2022年行业运行的低基数效应和国内大循环的有力支撑，预计2023年行业经济运行整体好转，“韧性增长，稳步恢复”的发展趋势明显。

从国际市场来看，在国际市场需求不足、海外订单转移、中美贸易摩擦、人民币升值等因素的影响下，2023年我国服装出口面临较大的下行压力，整体将呈现增速前降后平、规模明显收缩的趋势。我国服装出口面临多重挑战，一是全球经济因高通胀和加息影响可能处于明显的经济增长收缩期，甚至会引发一些发达国家和新兴经济体经济陷入衰退或低迷，导致个人可支配收入增长受限，消费者信心指数处于低位，国际市场消费需求增长放缓，叠加品牌零售商库存压力持续高企，均将对我国服装出口产生巨大的抑制作用；二是由于东南亚、南亚国家服装产业逐渐恢复，替代效应消退以及部分西方国家采购策略的“去中国化”调整将加速海外订单转移，供应链竞争加剧使我国服装出口下行压力进一步增大；三是地缘政治冲突导致服装外贸环境较为严峻，人民币汇率高波动增加企业汇兑风险，均将对我国服装出口产生不利影响。但是也要看到，随着海外零售商和品牌集团的去库存结束以及通胀得到遏制，市场消费需求和补库需求逐渐修复，海外订单或将在下半年有所回升，服装出口形势将随之转好。同时，“一带一路”和RCEP等贸易合作协定持续推进，“平台引流+内容种草+直播带货”新型营销方式促进跨境电商加速发展，将助推行业转型升级，提升服装产业链现代化水平和综合竞争实力，推动服装外贸出口实现高质量发展。

从国内市场来看，我国经济整体好转为服装内销市场复苏创造了良好的条件和基础，叠加低基数因素，预计2023年我国服装消费市场将持续恢复，消费规模将稳步提升。服装内销市场复苏的重要支撑因素：一是随着疫情防控政策更加优化，在经历了大规模的流行期之后，预计二季度社会生产生活秩序加快恢复，经济复苏带动就业扩大和居民收入提升，线下接触型、聚集型消费增加，居民消费能力和消费意愿不断增强，消费需求加速释放，内销市场修复有望在二季度出现拐点；二是2022年发布实施的各项扩内需促消费政策持续显效，2023年国家和各级政府还将继续加大宏观政策调控力度，坚定实施扩大内需战略部署，存量政策和增量政策叠加发力促进内需市场提质扩容；三是随着新一代数字技术在制造领域、零售终端的深度融合应用，服装行业在研发设计、柔性制造、供应链协同、销售渠道优化等关键环节的创新能力大幅增强，比如工信部发布的《数字化助力消费品工业“三品”行动方案（2022—2025年）》进入推进阶段，这将持续推动新业态、新场景、新产品、新品牌蓬勃发展，从供需两端助力服装内销市场回归正增长轨道。

总体来看，2023年，面对严峻复杂的外部环境和艰巨繁重的改革发展稳定任务，我国服装行业保持恢复性增长的压力依然较大，坚持深化转型升级，提高产业韧性和抗风险能力，仍是行业发展的核心。服装行业将全面贯彻落实党的二十大精神和国务院的决策部署，坚持“稳中求进”的工作总基调，围绕“科技、时尚、绿色”的产业发展定位，全面深化改革开放，大力实施消费品工业“三品”战略，推动企业智能化升级和产业链现代化建设，增强产业核心竞争力，以创新驱动引领行业高质量发展取得新成果。

（三）2023年服装行业重点发展方向

需求重塑、技术突破、产业调整、政策升级等多重变革力量交织汇聚，云计算、人工智能、5G、区块链、元宇宙等新技术加速升级迭代，日益成为推动生产力跃升的驱动力量。在全球产业变革的大趋势下，我国服装行业将持续强化数字经济与实体经济的融合创新，全力推进行业智能制造和工业互联网平台建设，深度践行文化自信与绿色发展，聚合新技术、新模式、新业态的发展势能，驱动行业加速向智能化、高端化、绿色化跃迁，推动中国服装行业迈向全球产业链价值链新高度。

1. 转型升级全面提速，产业复苏进程持续加快

三年疫情给服装行业的生产、销售以及产业链供应链均造成了严重冲击和巨大压力，也助推了产业的数字化变革加速推进，设计智能化、生产自动化、管理精益化水平不断提升。在全新的发展阶段，中国服装行业紧跟科技潮流，积极应对从发展理念、组织方式到管理方式、消费者触达方式等时代变革，加快企业数字化转型的集成创新，促进新零售业态和品牌样式的蓬勃发展，持续推动企业和品牌继续向年轻化、高端化、时尚化发展。

随着国潮消费、男装行业升级趋势的日益增强，品质化、个性化兼顾功能性和运动休闲属性的男装市场空间将持续释放，市场竞争也将更加激烈。男装企业将顺应国内市场消费升级与市场下沉的发展趋势，整合各类可触达消费者的渠道资源，创新供给模式与传播内容，建立全链路精准、高效、可衡量的立体营销体系；在产品设计方面，灵活响应消费者的差异化需求，加强与设计师协作，以中华传统文化为底蕴捕捉设计元素，打造高品质感的服饰美学，提升品牌的文化属性和时尚度。同时，企业要进一步推进数字化、智能化技术的应用，如智能工厂、智慧门店、射频识别（RFID）技术、5G、云仓、智能中后台系统等新技术、新架构，有效助推男装企业全价值链的效率提升。在定制服装方面，男装、职业装的个性化大规模定制将继续保持快速增长，并加速扩展至时尚女装、童装和运动装领域，产品也将越来越向功能性、专业性、时尚性、细分性发展。

随着我国女性社会地位和受教育程度的提升，女装是我国服装行业中市场活跃度最高、市场规模最大、需求变化最复杂的子行业，女装市场份额将持续提升，尤其是中高端女装行业将在“她经济”“悦己”消费的浪潮中迎来更大的发展空间。疫情改变了消费者消费习惯，女装品牌企业将更加注重全渠道的扩张与效率提升，通过互动性强、覆盖率广、精准度高的新推广媒介为品牌发声，打造独特的品牌故事进行内容营销和私域运营，通过精准会员营销，向年轻消费群体推广时尚的生活方式，全方位提升消费者对品牌的认知度、好感度，深入引起情感共鸣，将进一步拉近与年轻消费群体的距离，强化品牌输出和会员黏性。同时，女装企业和品牌将继续倡导可持续时尚和绿色消费理念，推进衣物智能回收专柜向更多城市扩展，大部分产品包装实现可回收、可循环使用。

受益于消费升级、新中产崛起以及国家支持生育、减轻家庭养育负担政策等积极因素的拉动，我国童装市场将恢复至快速增长轨道，品牌集中度进一步提升，健康化、功能化、精细化、多样化的发展趋势将显著增强。童装企业和品牌将继续强化产品研发和品牌矩阵建设，增强产品品类的扩充与优化，并持续向儿童的家居用品、洗浴用品和玩具文具等品类延伸；通过加码线上营销和渠道扩展，加大电商直播力度和社群私域的建设，调整实体门店功能向“体验+服务”转变，提升终端运营效能和精细化服务能力。为更好地与新生代消费群体互动沟通，童装企业将通过 IP 跨界联名、人文主题活动、虚拟形象代言人等方式带动产品创新，传递和展示品牌理念，提升品牌的影响力和竞争优势。巴拉巴拉创新性推出全球首个儿童数字人“谷雨”，以“虚拟人”+“社交互动”结合的全新体验方式，或将成为引领童装行业元宇宙科技的新风潮。

我国休闲运动服装企业积极适应消费习惯和消费方式变迁，从品牌、产品、制造、零售等多方面深化数智化升级，体育产业加速转型、消费群体年轻化以及国潮文化消费趋势延续，均将促进产业释放新动能，推动行业整体快速恢复，国潮、国货品牌持续巩固壮大，原创小众品牌、黑科技产品以及元宇宙相关产品也将成为助推市场增长的新生力量。休闲运动服装企业将继续在产品功能研发与科技创新方面深耕发力，为消费者提供更具专业性、功能性且融合时尚元素的产品，并借助大数据及信息科技，以数字化技术强化营销布局，触及更广泛、更多层次的消费者群体，增强多元化的互动交流和消费体验升级，扩大品牌的关注度和市场影响力。运动品牌将进一步加强与高端运动品牌的合作，优化对专业、户外运动领域的布局，持续推进

多品牌、全渠道、高端化的发展策略。

2. 数字驱动深度融合，产业整体素质持续增强

以数字化、网络化、智能化为核心的新科技革命正在推动数字技术与产业全要素、全产业链、全价值链融合发展，从单环节的数字化到“研、产、供、销”全链路的智能化，重塑产业发展模式和产业生态。服装行业将进一步提高两化深度融合和综合应用水平，大规模推广三维量体、三维设计、智能自动裁剪、吊挂输送、自动模板缝制等智能制造技术和装备，加强研发设计、加工制造、企业管理、市场营销、仓储物流、客户服务等各环节智能模块化单元的集成应用，加快建立智能生产线、智能车间、智能工厂，提升服装产业的智能化水平；并以龙头企业、大型企业以及互联网平台企业为主导，强化智能制造、工业互联网、精益生产管理等数字化系统开发和应用，通过软件定义实现人、机、物等企业资源的互联互通和智能管控，持续推进智能化制造、个性化定制、共享制造、供应链管理等服务型制造新模式、新业态发展。

服装行业的中小微企业比例超过90%，大部分中小服装企业的数字化转型面临着人才缺乏、资金不足等多方面的困难。行业将依托工业互联网平台的支撑作用，运用5G、云计算、数字孪生等数字技术，加快服装“产业大脑”的建设与应用，聚焦中小企业智能化改造、设备上云等重点环节，提升中小企业的数字赋能水平，助力企业实现柔性化定制生产和供应链高效协同。一方面，与第三方软件企业合作开发满足不同场景需求、使用便捷、成本低廉的中小企业数字化解决方案，积极推动中小企业生产制造、检验检测、技术标准、企业管理等应用信息上云、上平台，带动中小企业数字化能力提升。另一方面，通过多种形式深入培育工业互联网平台，支持产业集群参与建设产业大脑，引导“链主”“骨干”企业率先开展新一代信息技术集成应用创新和全业务数字化转型，并将业务流程与管理体系向上下游中小企业延伸，加快实现平台企业在订单、库存、计划、生产、交付、物流等关键环节的数据互通、网络协同，为中小企业的设计制造协同、生产管理优化等提供有力支撑，提高产业链协作效率和供应链可靠性，全面提升产业整体素质。

3. 协同创新稳步推进，产业核心竞争力持续提升

在新一轮科技革命和产业变革突飞猛进的背景下，科技创新已经成为重塑产业生态、引领产业升级的核心要素，而跨产业链、跨领域的协同融合创新是推进产业基础高级化、产业链现代化的原动力。服装行业将进一步完善产业科技创新体系，不断强化骨干企业、科研院所、高等院校科研力量等创新主体对集聚创新要素、激活创新资源、培养创新人才、转化创新成果的引领作用，加强行业技术创新中心、创意设计平台、产业技术创新联盟、产学研用联合体等跨领域创新平台的建设和使用效率，推进新材料、新技术、新模式、新业态在行业的转化应用和资源共享，构建从纤维面料、产品制造到终端服务的全产业链协同创新生态。

培育先进产业集群是提升产业链现代化水平、打造竞争新优势的重要途径。行业将依托集群优势，加强与高等院校、科研院所联动，合力搭建创新平台，聚焦先进的创意研发、生产制造、质量标准、管理运维等新技术，形成完善的技术创新体系和宽容宽松的创新文化氛围。围绕产业链、创新链和价值链构建专业高效的分工协作机制，集群外部要打破行政边界限制，在不同区域、不同类型、不同产品特色的产业集群之间加快构建优势互补、协同创新的跨区域融合发展格局，实现技术、产品的高质量引进和高水平输出；集群内部要发挥龙头企业、重点企业的牵引带动作用，深度整合上下游要素资源，以点带线、以线扩面，进行产业链上下游垂直整合和跨领域产业链横向拓展，带动提升上下游中小企业创新协同能力，逐渐形成“链主”企业引领带动、上下游专精特新中小企业紧密配合的组织网络，使产业链供应链更加灵活和富有韧性，构建协同创新的产业链上下游和产供销融合发展新生态。

4. 时尚创新双向赋能，品牌发展势能持续集聚

在国家走向强盛、民族日益复兴的时代背景

下，传统文化底蕴与现代元素的碰撞，在数字技术的加持下使中国品牌的时尚内涵与产品的东方美学价值不断显现，正在成为消费市场认同的价值根源。面对新一代消费群体的时尚趋势，国内服装消费市场将迎来两个新维度赛场的全面竞放。一是国潮品牌，行业将更深入地挖掘中华优秀文化价值，将先进技术、流行趋势、多元文化融入产品设计、传播流通、商业模式等多个关键环节，通过文化创意赋予品牌和产品新的精神与情感共鸣，促进时尚文化与产业深度融合。二是元宇宙时尚消费，行业将加速运用大数据、云计算、AI 智能设计、虚拟主播、跨界游戏等新技术和元宇宙科技，研究定位目标消费群体的市场需求，在品牌与消费者之间建立深层次链接通道，实现从线上互动到线下快闪，以数实融合的场景呈现产品新的商业价值，在数字资产、数字体验、游戏、平台、虚拟世界等方面赋能品牌发展，促进服装产业数字化进一步向纵深发展。

2022 年 7 月，国家发展改革委等七部门联合发布《关于新时代推进品牌建设的指导意见》，鼓励消费品行业发展个性定制、规模定制，在纺织服装等领域培育一批高端品牌、专精特新企业，国家政策的支持为服装行业品牌的高端化、现代化发展带来了新的机遇。立足消费品牌、制造品牌、区域品牌三大领域，注重提升消费品牌的文化承载力、时尚引领力与国际影响力，提升制造品牌的先进制造能力、快速响应能力与产业链协作能力，提升区域品牌的集成创新能力和协调发展能力，打造服装产业品牌发展新势能。消费品牌方面，行业将加强东方文化研究、流行趋势预测、精准数据营销，提升品牌时尚创意能力和产品设计水平，创新终端零售模式和服务形态，培育一批文化特色明显的“国风服饰”品牌、富有文化特色内涵的原创品牌以及具有国际竞争力的跨境电商品牌，加速构建多元化的品牌体系。制造品牌方面，行业将继续以提升制造业数字化、网络化、智能化发展水平为方向，以创新创意、工艺提升、质量管理为重点，扩大先进纺织材料、绿色制造技术、智能制造技术在服装领域的深度应用，促进技术创新与原创设计能力的持续提升，打造一批创新引领、竞争力强的现代服装制造新族群。区域品牌方面，行业将持续推动区域品牌合理化布局，加强区域品牌差异化定位和规划，重点打造一批具有全球影响力的科技中心、品牌中心和文化高地。

5. 绿色低碳不断深化，可持续发展迈上新台阶

党的二十大报告提出，要积极稳妥地推进碳达峰、碳中和。当前，绿色低碳成为全球共识，正深刻影响着产业的成本结构、竞争优势与价值逻辑，决定了未来全球科技进步、产业布局的基本走向。作为推进碳达峰、碳中和的重要领域，走绿色发展之路是服装产业转型升级的内在要求和必然选择，绿色低碳正成为引领服装行业高质量发展的新风尚。绿色制造是未来服装产业的发展模式，须将绿色低碳理念贯穿生产管理的各环节、全领域，加快健全绿色标志体系，完善产品从设计、制造、消费、回收到再利用的全生命周期绿色标准，带动绿色产品设计、绿色供应链、绿色产业园协同发展。

在产品端，服装企业要始终以消费者需求为核心，不断加强产品创新，通过选用天然环保面料、可降解助剂等方式把绿色化融入产品全生命周期，以绿色引领产业高端化发展；在生产端，要把绿色转型与数字化转型有机结合起来，打造 5G+服装工业互联网智慧工厂，依托自动化、信息化和数字化实现车间设备和现场人员的优质管理，探索打造服装服饰产业云平台，构建全产业链生态体系；在市场端，要积极拓展销售渠道，多维度开发小程序电商、直播电商、团购内购等销售模式，多触点精准对接消费者，推动服装绿色消费，同时加强服装的市场化转售、回收和工业化再利用对接，逐步建立线上线下一体化的旧衣回收、交易网络，加快互联网平台与资源循环利用融合发展，推进服装循环再利用体系建设。当前，服装二手电商平台快速发展，品牌和零售商也正在推动二手商品交易，快时尚零售商 SHEIN 推出了 SHEIN Exchange，释放出循环时尚、转售加速的积极信号。落实“双碳”目标既有助于服装产业及全产业链的高质量可持续发展，加速形成以绿色、低碳、循环为特征的新经济形态，也能够提升绿色经济形态下中国服装行业的参与度与话语权。

6. 产业布局优化调整，全球竞争新优势持续夯实

在应对全球产业链发展新趋势的背景下，加快构建以国内大循环为主体、国内国际双循环相互促进的新发展格局，是塑造国际合作和竞争新优势的必然选择。疫情和贸易保护主义叠加催动全球产业链供应链向区域化、本土化、短链化加速重构，跨国公司在产业链布局上实施多元化战略，以减少对单个经济体的依赖，强化供应链的韧性和产业链的抗风险能力。中美经贸摩擦叠加国内要素成本上升，致使一些国内服装企业陆续在东南亚国家投资建厂，将部分产业转移至海外。我国服装产业在全球供应链中的低成本竞争优势已经弱化，正在以强大的市场空间、完善的产业链配套能力、日益增强的科技创新能力和蓬勃发展的数字经济构筑产业链供应链竞争新优势，产能在全球范围内重新布局已经成为我国服装企业战略发展的重要内容。

首先，在国内循环上，要对接京津冀一体化、长三角洲一体化、粤港澳大湾区、长江经济带等国家战略，充分利用东中西部的比较优势，持续推进服装产业的梯度转移和区域协调发展。东部地区成熟产业集群发挥科技创新和产业链配套优势，运用现代技术提升智能制造、精益制造、绿色制造水平，培育国际水平的研发中心、设计中心和品牌中心，建设一批具有世界领先的创新能力、制造能力和可持续发展能力的世界级产业集群，打造具有全球影响力的时尚策源地和品牌集聚地；中西部新兴产业集群以产业园区为载体，与东部地区紧密协同发展，发挥龙头企业跨区域布局的作用，带动中西部中小企业融入全球服装产业供应链，建设现代服装产业制造基地。其次，在国际循环上，要充分利用国际、国内两个市场，整合全球优势资源，全面推进服装产业国际化战略，深度嵌入全球服装产业链价值链。一方面，顺应全球供应链分散化布局的大趋势，有序推进制造产能在东南亚地区和“一带一路”沿线国家建立多元化布局，构建起更紧密的供应链网络，并依托国内强大的供给能力和需求市场，进一步夯实中国服装产业在亚洲乃至全球供应链中的深度主导地位；另一方面，持续加大国际品牌并购和研发投入，通过多种方式与国际知名设计师、研发中心、品牌推广等机构合作，布局建立全球研发体系，提升我国服装产业的核心研发能力。

第二部分　分报告篇

2022~2023年中国服装消费市场发展报告

中华全国商业信息中心　殷夏

2022年春季、秋季疫情多点散发，给服装消费市场带来较大冲击。线下消费场景受损，实体店服装销售出现回落。网上“穿”类商品零售额实现正增长，但增速较2021年有所放缓。尽管2022年服装消费市场下行压力较大，但其高质量发展的步伐依然坚定，市场中依然可以呈现出网购模式不断创新完善、户外运动品牌消费实现较快增长、年轻化、个性化消费趋势明显、可持续时尚消费理念不断深化、细分场景结合细分功能成为创新热点等一系列亮点，给予人们对新一年服装消费市场提质增量的希望。

2022年12月召开的中央经济工作会议，把着力扩大国内需求放在2023年经济工作的首要任务，提出要增强消费能力，改善消费条件，创新消费场景，这极大地增强了消费品市场恢复增长和高质量发展的信心。在各地各部门高效统筹疫情防控和经济社会发展，切实抓好稳经济各项政策举措落实的推动下，2023年服装消费特别是线下服装消费市场将有望恢复正增长，且呈现出服装消费的品牌、价位、时间将更加集中，元宇宙时尚将得到市场更多关注，国潮品牌将巩固壮大其全球市场份额，品牌将从多维度构建市场非情绪化思维等发展趋势。

一、2022年我国服装消费市场运行情况

2022年，在各品类商品零售市场中，服装市场受到疫情冲击的影响相对较大，其中又以可选商品消费为主的百货店服装销售最为明显。限额以上零售业单位中的百货店商品零售额、全国重点大型零售企业服装零售额均不及上年同期。网上服装消费受疫情影响远小于实体店，网上“穿”类商品零售实现同比正增长，但增速较2021年有所放缓。从全年运行情况来看，服装市场在春季和秋季的下行压力较为明显，主要原因是这两个季度我国疫情出现反复，影响人们正常的外出活动和社交需求。虽然服装销售的总量受到影响，但品牌消费更加集中，且原材料等成本较2021年有所上涨，推动2022年服装消费均价持续提升。

（一）疫情反复持续影响服装消费市场

1. 服装消费降幅较大

2022年限额以上单位服装商品零售额规模较2021年有所下降。国家统计局数据显示，2022年前11月，限额以上单位服装类商品零售额实现8294.6亿元，较2021年同期减少6.9%。2022年前11月，限额以上单位商品零售额同比增长2.1%，服装零售增速低于商品零售平均增速9个百分点。尽管2022年服装零售额同比出现负增长，但相比2020年还是有一定程度的增长。经测算，2022年前11月，限额以上单位服装类商品零售额较2020年同期增长7.2%，反映出疫情三年，虽然服装消费受到较大冲击，但在服装品牌、零售渠道的积极应对和灵活调整下，服装市场的韧性有所增强（图2-1）。

2. 服装消费价格持续小幅上涨

在原材料等成本价格上涨、消费品质提升、品牌高端化等因素推动下，服装消费价格实现持续小幅上涨。2022年前11月，服装消费价格累计上涨0.6%，涨幅较2021年提高0.2个百分点，低于居民消费价格涨幅1.4个百分点（图2-2）。

（二）实体店服装消费受到较大冲击

1. 实体店消费受损程度较大

经测算，2022年前11月，网下商品零售额同比下降1.8%，增速较2021年大幅回落13.5个百分点，低于商品零售额增速2.3个百分点（图2-3）。

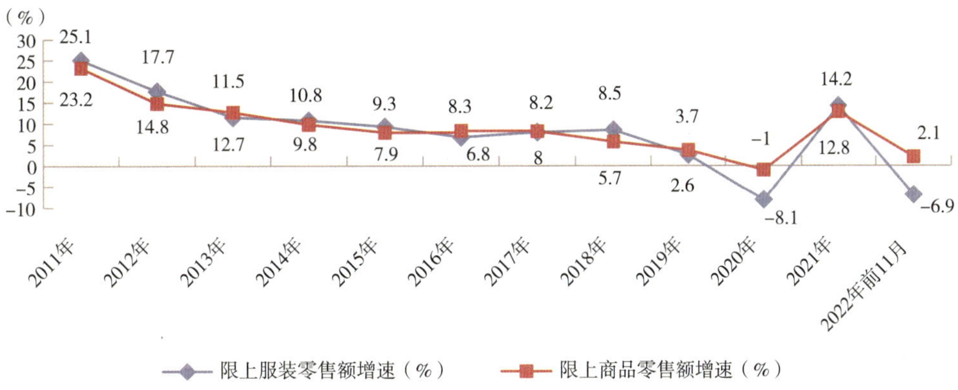

图 2-1　2011~2022 年前 11 月限额以上单位服装商品零售额增速

（数据来源：国家统计局）

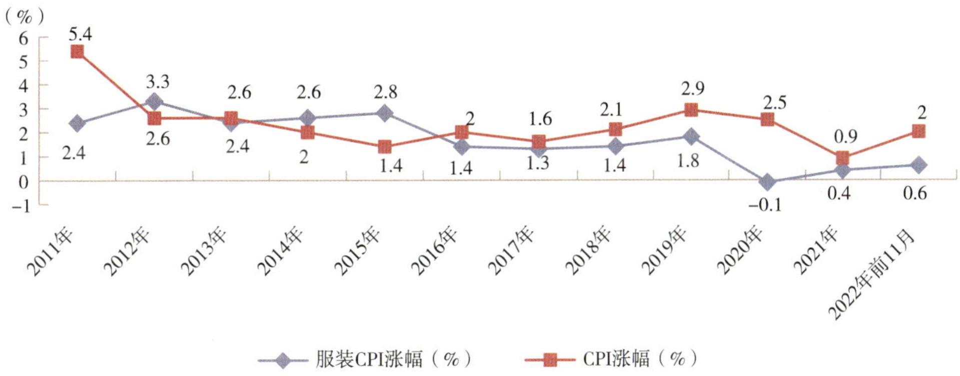

图 2-2　2011~2022 年前 11 月服装类居民消费价格涨幅

（数据来源：国家统计局）

图 2-3　2015~2022 年前 11 月网下商品零售额同比增速

（数据来源：国家统计局）

2022 年前 11 月，以可选商品消费为主的百货店受到疫情冲击最为明显，限额以上零售业单位中的百货店零售额同比下降 8.0%，而超市、便利店、专业店零售额均为正增长。2022 年前 11 月，以百货为主的全国重点大型零售企业零售额同比下降 8.1%，增速较 2021 年大幅回落 17.5 个百分点（图 2-4）。

2. 全国重点大型零售企业服装销售遇冷

2022 年前 11 月，全国重点大型零售企业服装零售额同比下降 12.3%，增速较 2021 年回落 21.5 个百分点，降幅大于全国重点大型零售企业商品零售额 4.2 个百分点（图 2-5）。

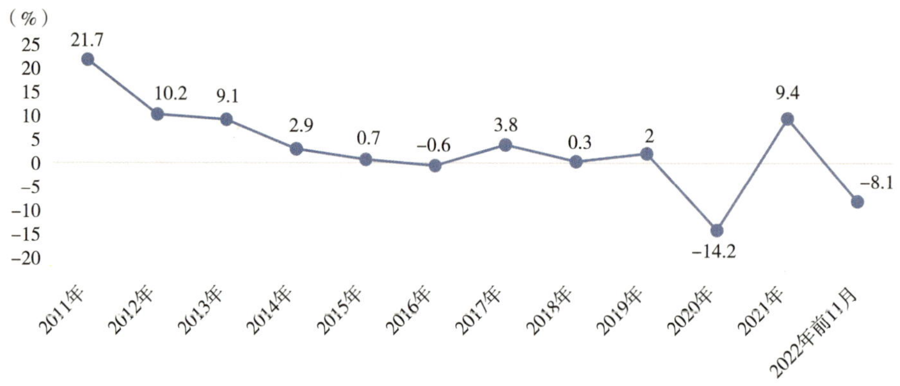

图 2-4　2011~2022 年前 11 月全国重点大型零售企业零售额增速

（数据来源：中华全国商业信息中心）

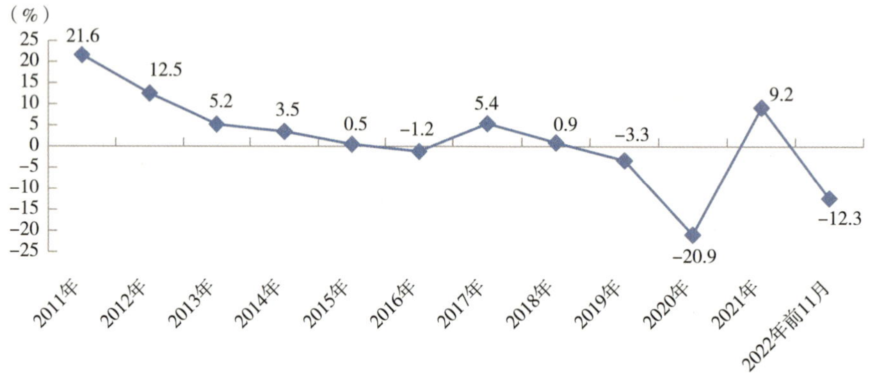

图 2-5　2011~2022 年前 11 月全国重点大型零售企业服装零售额增速

（数据来源：中华全国商业信息中心）

其中，男装、女装和童装零售额同比分别下降 15.3%、17.2%、12%。因消费者外出场合减少，社交需求降低，女装增速回落幅度较大，增速较 2021 年大幅回落 27.7 个百分点（图 2-6）。

2022 年前 11 月，全国重点大型零售企业服装零售量同比下降 16.2%（图 2-7）。其中，男衬衫、女装、牛仔服、西裤等服装品类销量降幅相对较大，T 恤、防寒服销量降幅相对较小（图 2-8）。

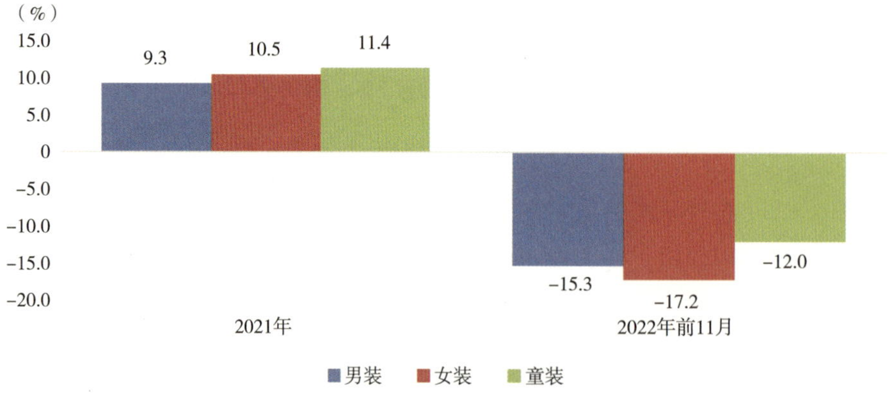

图 2-6　2021 年、2022 年前 11 月全国重点大型零售企业男装、女装、童装零售额增速

（数据来源：中华全国商业信息中心）

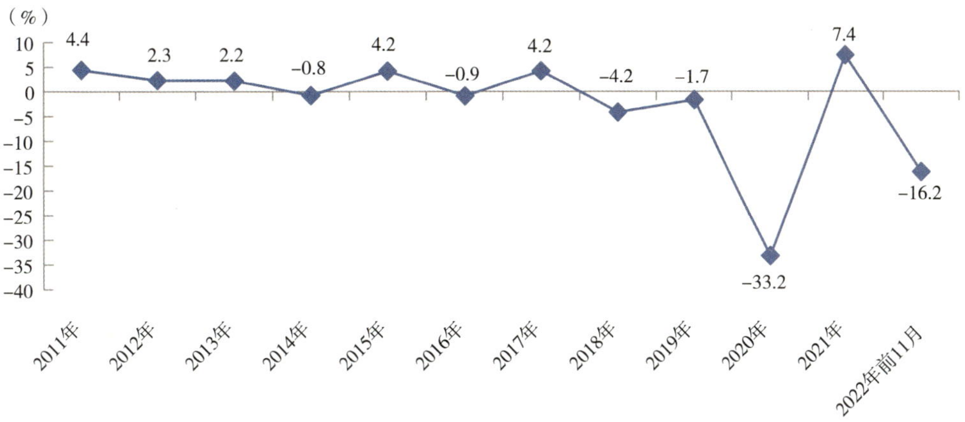

图 2-7　2011~2022 年前 11 月全国重点大型零售企业服装零售量增速

（数据来源：中华全国商业信息中心）

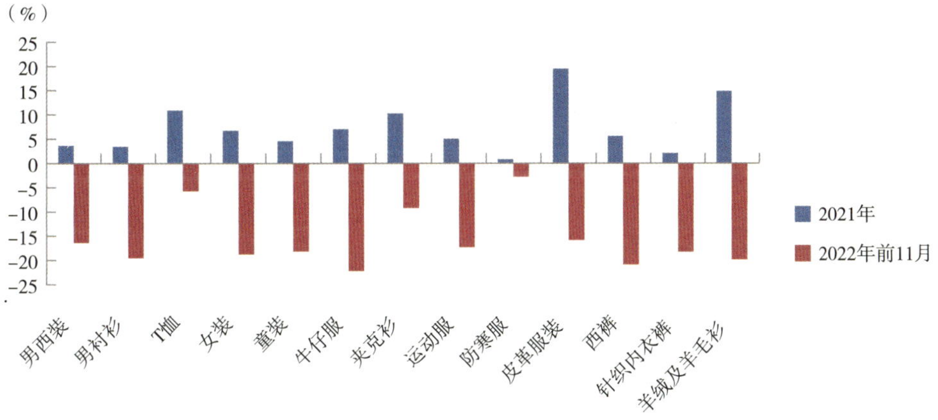

图 2-8　2021 年、2022 年前 11 月全国重点大型零售企业各品类服装零售量同比增速

（数据来源：中华全国商业信息中心）

3. 全国重点大型零售企业服装消费均价涨幅扩大

尽管大型零售企业服装消费总量有所回落，但产生的服装消费更加集中在中高档品牌，大型零售企业的服装消费均价呈现出持续上涨态势，且涨幅有所扩大。2022 年前 11 月，全国重点大型零售企业服装消费均价同比上涨 4.7%，涨幅较 2021 年扩大 3 个百分点（图 2-9）。

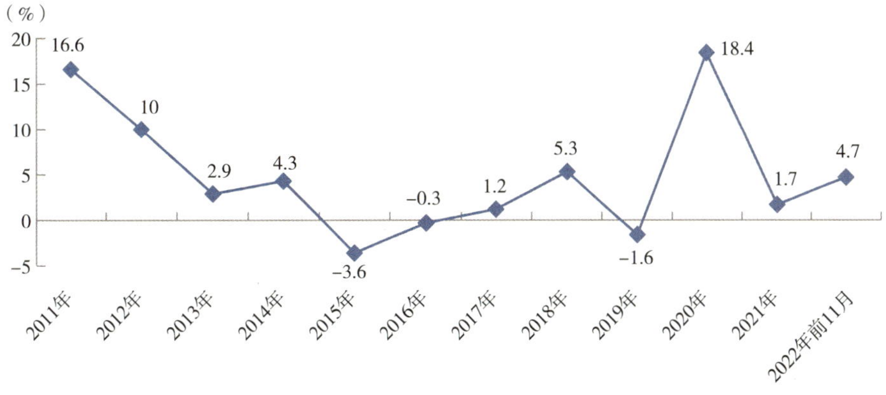

图 2-9　2011~2022 年前 11 月全国重点大型零售企业服装消费均价涨幅

（数据来源：中华全国商业信息中心）

4. 各品类服装前十品牌市场集中度普遍提高

由于疫情冲击，实体店服装消费减少，且部分服装品牌消费向线上转移，导致实体店品牌消费更加集中。根据中华全国商业信息中心统计，2022年前10月，男西装、男衬衫、T恤衫、夹克衫、保暖内衣、羊毛衫、女性内衣、运动服、童装、羽绒服、皮革服装的前十品牌市场集中度均高于2021年同期（图2-10）。

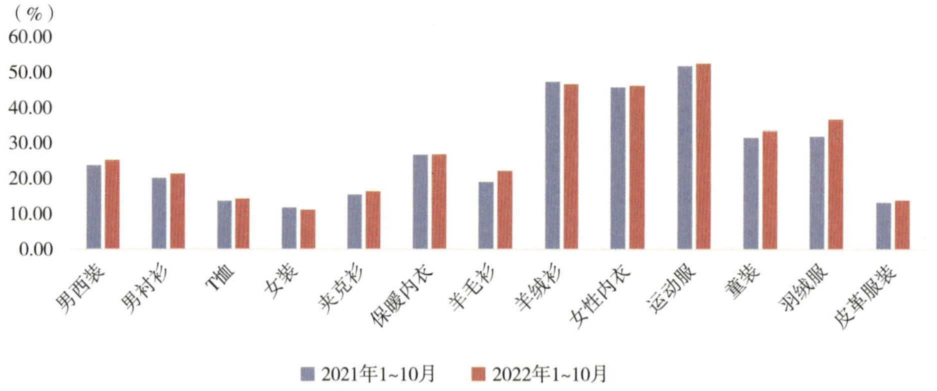

图2-10　2021年前10月、2022年前10月全国重点大型零售企业各服装品类前十品牌市场综合占有率

（数据来源：中华全国商业信息中心）

（三）网上“穿”类商品零售增速放缓

1. 网上消费实现个位数增长

2022年前11月，实物商品网上零售额实现108098亿元，同比增长6.4%，增速快于商品零售5.9个百分点，快于网下商品零售额8.2个百分点。实物商品网上零售额占社会消费品零售总额的比重达到27.1%，比重较2021年提高2.6个百分点（图2-11）。

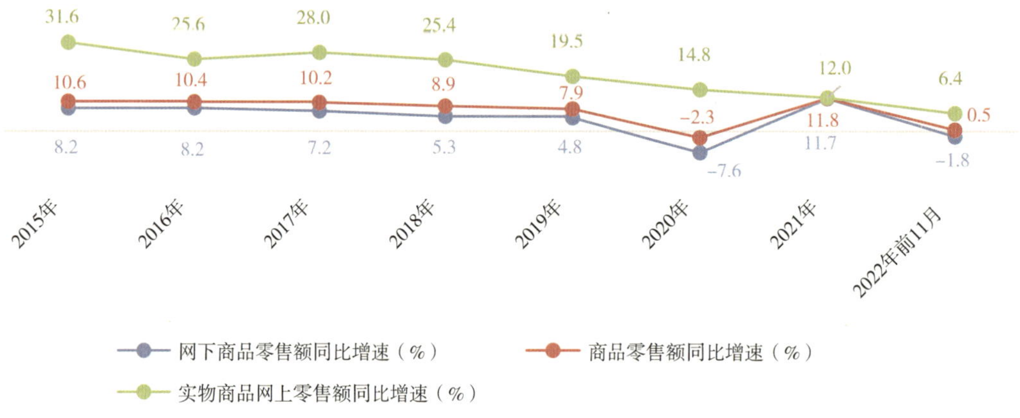

图2-11　2015-2022年前11月商品零售、实物商品网上零售、网下商品零售额增速

（数据来源：国家统计局）

2. 网上“穿”类商品零售增速放缓

2022年前11月，“穿”类商品网上零售额同比增长3.4%，增速较2021年放缓4.9个百分点。“用”类商品网上零售同比增长6.1%，增速较2021年放缓6.4个百分点。“吃”类商品网上零售同比增长15.1%，增速较2021年放缓2.7个百分点。相比之下，“吃”类商品零售增速高，放缓幅度相对较小。而在居民消费更加谨慎的情况下，“穿”类商品零售增速放缓幅度相对较大（图2-12）。

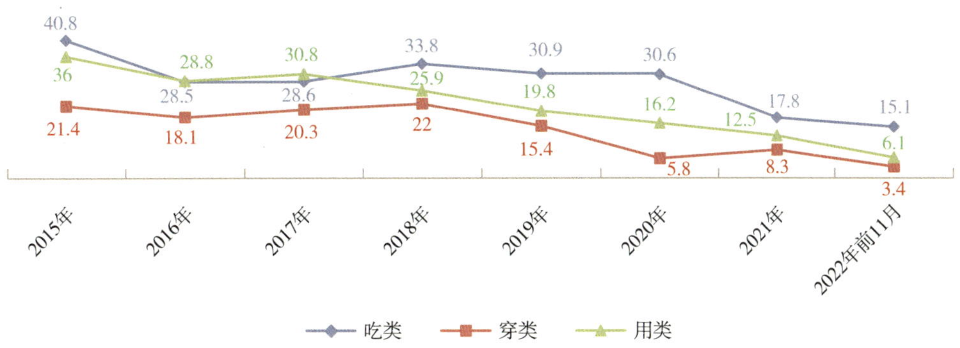

图 2-12　2015~2022 年前 11 月网上吃、穿、用类实物商品零售额增速（%）

（数据来源：国家统计局）

虽然受到疫情反复、物流受阻的冲击，网上“穿”类商品零售额 4 月、5 月累计增速出现负增长，但随着流通体系的快速修复完善，零售额自 6 月开始重回正增长，且累计增速持续加快。尽管 11 月累计增速出现放缓，但总体来看，疫情对线上服装消费的影响远小于实体店服装消费（图 2-13）。

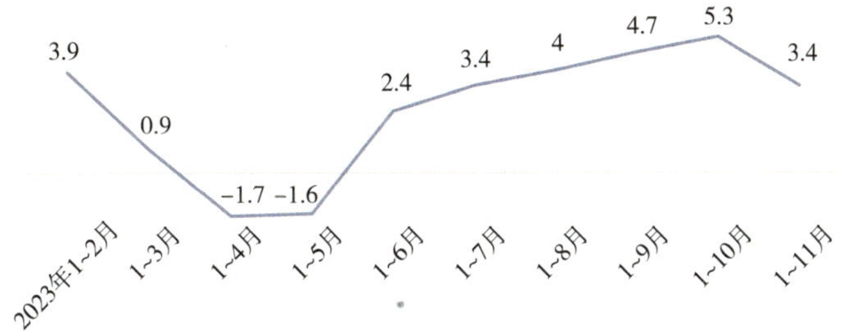

图 2-13　2022 年 1~11 月网上“穿”类商品零售额增速（%）

（数据来源：国家统计局）

（四）春季、秋季服装市场下行压力较大

服装消费与疫情起伏情况密切相关。1~2 月，服装市场迎来开门红，限额以上单位服装零售额同比增长 3.7%。3~5 月，上海暴发疫情期间，限额以上单位服装零售额连续负增长，且降幅在 4 月、5 月超过两成。6~8 月，夏季疫情有所缓解，服装市场恢复活力，连续三个月实现正增长。进入 9 月后，多地疫情出现反复，特别是 11 月无症状病例骤然增多，使限额以上单位服装零售额降幅持续扩大（图 2-14）。

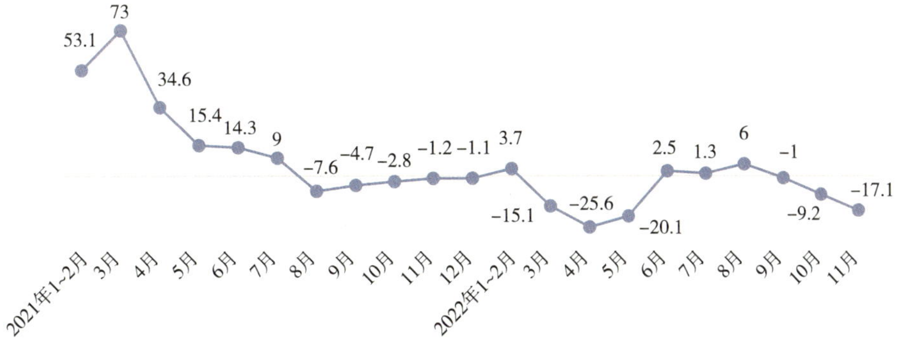

图 2-14　2021 年 1 月 ~2022 年 11 月限额以上单位服装商品零售额同比增速（%）

（数据来源：国家统计局）

重点大型零售企业服装销售趋势与限额以上单位服装零售趋势基本一致。2022 年 1～2 月，重点大型零售企业服装零售额同比增长 6.7%。但进入 3 月以后，服装零售额、零售量骤然下降。6 月以后，降幅逐渐收窄，8 月服装零售额重回正增长。但 9～11 月，重点大型零售企业服装销售再次遇冷（图 2-15）。

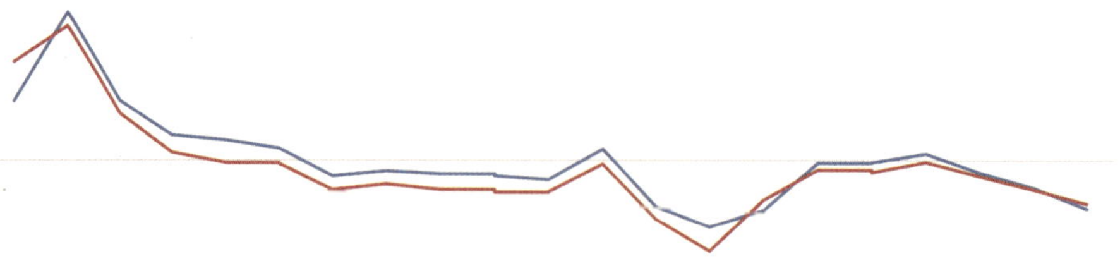

	2021年											2022年									
	1~2月	3月	4月	5月	6月	7月	8月	9月	10月	11月	12月	1~2月	3月	4月	5月	6月	7月	8月	9月	10月	11月
服装零售额	35.4	88.7	35.6	15.1	12.0	7.1	-9.3	-6.4	-8.1	-9.3	-11.5	6.7	-27.8	-39.9	-29.9	-1.6	-1.2	4	-7.3	-16.3	-29
服装零售量	58.8	80.3	28.1	4.7	-1.5	-2.1	-17.6	-14.2	-17.5	-19.1	-18.8	-2.3	-35.4	-54.5	-23.7	-5.8	-7.2	-1.1	-9.4	-17.4	-26

图 2-15　2021 年 1 月～2022 年 11 月全国重点大型零售企业服装零售增速（%）

（数据来源：中华全国商业信息中心）

二、2022 年我国服装消费市场特点

2022 年，从疫情对服装市场的影响角度，服装消费呈现两个特点：一是网购服装成为主流的服装消费习惯之一，线上内容平台也成为消费者获取时尚资讯、服装搭配建议等影响购买决策的重要信息来源，在实体店消费场景受损的情况下，网上服装消费对市场的重要意义进一步凸显；二是健康成为人们的重点需求，居民运动从传统的健身活动升级到马拉松、滑雪、户外等更加多元化、专业化的运动项目，推动户外、运动品牌服饰消费实现较快增长。

从新时代消费理念变化的角度，服装消费也呈现出两个特点：一是各年龄层消费者的服装需求均呈现年轻化、个性化、国际化的发展趋势，在此推动下，服装品牌营销呈现出将潮流、理念、内容、性价比相融合的发展特点；二是年轻消费者对绿色、环保、可持续的认同度不断提升，服装品牌不断地为消费者提供更加舒适、健康、环保的可持续时尚价值。

从产品创新角度，消费者越发理性、务实，服装新品主要围绕细分场景、细分功能开拓新面料、新功能，以此带动消费者的购买热情。

（一）网购平台成为服装消费的主流渠道之一

在网购用户规模不断扩大、网上消费行为日渐成熟、网上零售模式持续创新等多因素的推动下，网购服装成为主流的服装消费习惯之一，网上消费对服装消费市场的拉动作用不断凸显。根据中国消费者协会的相关调查数据显示，受疫情影响，线上消费越发受到消费者欢迎。其中，近六成的受访消费者表示线上消费超过线下消费，70.6%的消费者表示疫后在线上消费的比例同比有所提升。根据艾媒咨询数据显示，2022 年，消费者选择线上渠道购买服饰产品的比例为 62%，线下消费比例为 38%。此外，线上内容平台也成为消费者获取时尚资讯、服装购买建议的重要渠道。根据抖音数据显示，76.8%的服饰消费者表示抖音等内容平台是他们了解时尚资讯的重要渠道之一，并且有 42.6%的用户表示观看“时尚博主的搭配心得分享”会被种草并产生购买想法。

（二）户外、运动品牌服饰消费实现较快增长

一方面，健康成为居民的重点需求，居民运动

意愿持续提升，并从传统的体育运动升级到马拉松、滑雪、户外等更加多元化、更加专业化的运动项目，由此带动户外休闲、健身运动相关消费实现较快增长。另一方面，户外、运动服饰的功能升级可以很好地满足消费者对新场景、新功能、新品质的需求，因此，近年来功能性服饰加大科技属性、功能属性的迭代速度，持续推出轻薄、防风、智能锁温、防污等新概念产品，以凸显科技感的新产品不断制造市场热点，刺激消费需求。根据2022年前三季度上市公司财报，户外、运动品牌上市公司营收实现较快增长，部分品牌实现两位数的高速增长，反映出即使在服装消费整体低迷的大环境下，户外、运动市场依然充满活力。

（三）服装消费年轻化、个性化趋势明显

我国消费者的消费理念已经发生转变，各年龄层消费者的服装需求均呈现出年轻化、个性化、国际化的发展趋势。其中，中老年群体在丰富的社会活动的推动下，自我意识快速觉醒，其服装消费已经从功能需求、价格需求转变到类似年轻人的悦己、时尚、美学等精神需求。而年轻消费者随着信息接受面的不断扩大，对服装消费的品质、个性、创新、体验、价格等要求持续提升，并希望能与品牌建立共鸣和情感链接，通过服装品牌、服装商品来表达自己的生活理念。在消费年轻化、个性化的趋势推动下，服装品牌营销呈现出将潮流、理念、内容、性价比相融合的发展特点。

（四）可持续时尚消费理念不断深化

随着碳达峰、碳中和目标要求全面融入中国经济社会发展中长期规划，以绿色、低碳为主的可持续时尚发展理念已经渗透到服装市场的研发、供给、流通、营销、需求等各个环节，对于众多立志打造国际品牌的中国服装品牌而言，可持续时尚已经成为实现高质量发展的应有之意。此外，年轻消费者对绿色、环保、可持续的认同度不断提升，根据埃森哲报告显示，83%的中国受访者认同“整个社会，包括组织和个人，都应该开始朝可持续方向转变”。43%的受访者愿意为环保产品支付溢价，且收入水平越高，为环保特质付费的意愿越强。因此，越来越多的服装品牌不仅自身践行可持续发展理念，更是通过科技力量，为消费者提供更加舒适、健康、环保的可持续时尚价值。

（五）细分场景结合细分功能成为创新热点

三年疫情使市场需求越发理性、务实，这给服装品牌等时尚产业创新提出较大挑战。在社交需求、时尚需求暂时受到抑制的情况下，细分着装场景结合面料、工艺、设计等功能性创新成为引爆服装消费热点，满足广大消费者实用主义与精致生活两者兼得的消费心理。例如，围绕室内运动场景，细分出瑜伽、跑步、专业训练等多个具体项目，并有针对性地推出柔软、速干、支撑性好的创新面料。围绕露营、登山、滑雪、越野等户外运动场景，细分出防寒、防风、防潮、透气、恒温等创新功能，以此带动消费者购买热情。

三、2023年我国服装消费市场发展趋势展望

2023年，稳经济、扩内需、促消费政策的出台力度与实施效果，以及疫情的发展情况依然是影响我国服装消费的主要因素。随着中央稳经济、稳地产金融、稳预期政策陆续出台、防疫措施持续优化，我国宏观经济将呈现企稳向好的恢复势头，特别是线下消费场景将得到有效修复，有利于推动实体店服装消费早日恢复活力。与此同时，市场需要正视和应对三年疫情给居民消费心理带来的“疤痕效应”，人们的消费行为将依然偏谨慎、目的性强，服装消费的品牌、价位、时间将更加集中，调整品牌战略、把握消费节奏将有利于品牌巩固扩大已有的市场份额。值得期待的是，在传统的国内消费市场之外，服装品牌开辟了两个新维度的赛场，一是元宇宙时尚消费市场，未来在技术不断成熟、行业更加规范的促进下，元宇宙时尚将持续创造和满足虚拟世界的审美需求、符号价值需求；二是国潮品牌加快出海步伐，通过亮相国际时装周、开设海外

旗舰店、开展海外线上平台营销等多个渠道，向全球市场展现中国文化的魅力与自信。最重要的是，国产品牌亟须与健康、自然、专业等价值形成根深蒂固的联系，并通过新渠道、新科技、新场景、新思想、新文化等多维度不断地赋予消费者有序的情感价值，以此牢牢守住品牌的顾客群体。

（一）线下服装市场元气将有所恢复

随着中央《扎实稳住经济的一揽子政策措施》、19项稳经济接续政策措施、稳地产“金融16条”等一系列稳经济、稳预期政策出台，2023年我国宏观经济将延续企稳向好的恢复势头，消费对经济发展的基础性作用将得到进一步增强。同时，随着优化防控措施的落地，线下消费场景将逐步修复，居民社交活动将有序增多，各地将高效统筹疫情防控和经济社会发展，重点抓住节假日契机，通过丰富多彩的促消费活动，有力提振消费者信心，形成消费良性循环，服装消费市场将有望迎来反弹。此外，实体店更新换代力度不减，首店经济方兴未艾，营销活动创新发展，有利于推动线下服装消费市场尽快恢复往日的活力。

（二）服装消费的品牌、价位、时间将更加集中

尽管服装市场有望恢复，但疫情三年对居民消费习惯、消费结构产生的影响依然深刻存在，经济增长和居民收入增长恢复需要循序渐进。和疫情前相比，人们的消费行为将依然偏谨慎，消费目的性更强，对物有所值的考量更加充分。因此，服装消费将呈现出三个集中的特征：一是服装消费的品牌将更加集中，头部品牌的市场份额将更大，从中华全国商业信息中心统计出的前十品牌市场集中度可以看出，大部分服装品类消费的市场集中度高于上年，未来这一趋势将延续；二是服装消费的价位档次将更加集中，高附加值的高端品牌和高性价比的平替商品的市场将持续扩大，而中档服装消费将相对困难一些；三是服装消费的时间将更加集中，由于疫情的不确定性因素依然存在，所以脉冲式的消费节奏将依然明显，节假日对服装消费的促进作用也将更加突出。

（三）元宇宙时尚将得到市场更多的关注

服装是具有很强符号价值的商品，而符号价值来自审美层次、社会属性、文化素养、知识内涵等多方面精神价值的认同。虚拟世界既是独立于现实世界的社交空间，又是映射出现实需求的真实存在，因此，符号价值在虚拟世界依然有市场需求。随着5G、人工智能、增强现实、虚拟现实等数字技术走向应用，网络社交空间将极大丰富，元宇宙正在一步步成为现实，而对应的时尚需求也将随之而来。2022年，已经出现许多传统时尚品牌、专注虚拟时尚的独立品牌开始布局元宇宙市场，未来将有更多元宇宙服饰品牌和商品进入大众视野，颠覆人们对时尚的传统认知。与此同时，为避免虚假炒作乱象扰乱行业的健康发展，《数字化试衣、虚拟服装用术语和定义》国家标准已于2022年11月正式实施，未来也将有更多细化标准出台，为推动元宇宙时尚行业可持续发展发挥重要作用。

（四）国潮品牌将巩固壮大全球市场份额

在中国品质、国潮特色与多元文化有机结合的促进下，国货品牌加快“走出去”的步伐，既有在纽约、巴黎、米兰、伦敦时装周闪亮登场，又有在大阪、伦敦等海外国际都市开设旗舰店，还有自创电商平台获得海外年轻消费者的青睐，以及与Facebook、YouTube等海外社交平台合作展开网络营销。国潮服装品牌在深耕时尚文化和传统文化多年后，于近年来全面出击，带动海外新消费潮流，不仅在国际市场占据一席之地，更是向世界展现了中国文化的魅力。2023年，多家机构预测海外需求将有所回落，这对中国制造业出口来说将产生一定的冲击。但对于国潮品牌而言，走出去的不仅是商品，更是品牌和文化。因此，市场上将出现更多有底蕴的国潮品牌加入国潮出海的行列，进一步巩固壮大全球市场份额，并随着出海的步伐影响着全球时尚。

（五）品牌将从多维度构建市场非情绪化思维

情绪价值对当前消费者而言非常重要，有的品牌通过节假日促销让消费者产生购买欲望，有的品牌则通过社交媒体制造热点，调动消费者的情绪，提高市场关注度。但相比因为情绪波动产生的短期市场热度，品牌与健康、自然、专业等某个价值形成根深蒂固的联系，并具备特征鲜明的品牌基因，则是促使消费者对品牌产生非情绪化思维，最终克服外界环境波动，实现长期稳定增长的关键。例如，代表专业篮球运动的品牌、代表极寒保暖的品牌、代表绿色低碳的品牌、代表中产美好生活的品牌等。未来，将有更多的服装品牌，通过新渠道、新科技、新场景、新思想、新文化等多维度不断地赋予消费者有序的情感价值，从而构建市场非情绪化的品牌消费思维。

2022~2023年中国纺织服装行业对外贸易发展报告

中国国际贸易促进委员会纺织行业分会、中国纺织工业联合会国际贸易办公室　崔晓凌

2022年全球形势发生重大变化，世界进入复杂动荡的新变革期。俄乌冲突下，地缘政治风险进一步加剧，国际能源供应、粮食危机等外溢影响不断显现。各主要经济体受全球通胀扰动，经济复苏进程放缓。面对复杂严峻的外部形势，我国外贸进出口顶住重重压力，质量稳步提升，规模再上新台阶。2022年，全国货物进出口总值超过42万亿元，同比增长7.7%，为我国经济稳健发展提供了坚强有力支撑。

在这种宏观背景下，我国纺织服装行业直面外需走弱、成本上升等压力挑战，2022年纺织品服装进出口贸易总额实现3460亿美元，同比增长0.9%，稳中有进，持续显现发展韧性与抗风险能力。其中全年纺织品服装出口3235.7亿美元，同比增长2.7%，在较高基数水平上再创历史新高；进口224.3亿美元，同比下降19.1%；行业创造贸易顺差3011.4亿美元，同比扩大4.8%，占全国货物贸易顺差比重的34%。

一、2022年中国纺织服装行业对外贸易主要特点

回顾2022年，中国纺织服装行业对外贸易基本情况以及呈现的主要特点如下。

（一）纺织品服装出口增速呈现“前高后低”特征，四季度同比显著回落

2022年行业出口贸易呈现良好开局，上游纺织纱线及面料上半年出口同比涨幅超过20%。服装出口在二季度伊始受国内疫情影响增速放缓，随后快速恢复了稳定回升态势，上半年同比增长12%。但下半年以后，受国际复杂局势和外部环境影响，海外主要市场购买力和消费结构发生明显变化，行业保持出口增长面临较大压力。三季度末，全国纺织品服装出口开始走弱，随着全球经济下行风险增加，海外需求进一步收缩，叠加高基数效应影响，我国纺织品服装四季度出口增速显著回落。据中国海关统计，从行业主要大类产品全年出口情况看，2022年我国纺织品出口共计1481.4亿美元，服装出口1754.3亿美元，分别同比增长2.1%和3.2%（图2-16）。

（二）东盟超越美国成为我国服装行业最大出口市场，对稳外贸发挥积极支撑作用

随着中国—东盟经贸合作日益加深，同为RCEP

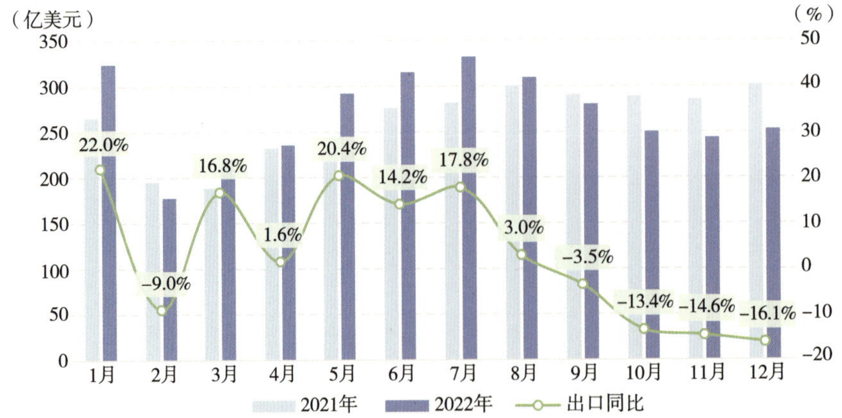

图2-16　2021~2022年中国纺织品服装月度出口额及同比增速

（数据来源：中国海关）

成员国，双方贸易额持续增长，投资自由化便利化水平不断提升，纺织产业链供应链合作也更加紧密。2022年双方继续互为最大贸易伙伴，同时，东盟也首次超越美国成为我行业第一大出口市场。全年中国对东盟出口纺织品服装562.6亿美元，同比增长14.7%，高于行业整体出口增速12个百分点。此外，东盟拉动了我国纺织业对RCEP地区出口的增加，2022年我国对RCEP其他14个成员国出口纺织品服装953.1亿美元，同比增长9.7%（表2-1）。

表2-1　2022年中国纺织业对部分国家/地区出口贸易统计

类别	全球	东盟	美国	欧盟	日本	韩国	澳大利亚	RCEP
中国出口纺织品服装合计（亿美元）	3235.7	562.6	532.8	465.5	199.8	103.0	78.0	953.1
纺织品服装出口同比（%）	2.7	14.7	-5.3	-0.9	-0.2	2.6	14.5	9.7
其中：中国出口纺织品（亿美元）	1481.4	391.9	149.6	132.2	53.6	32.2	21.4	502.0
纺织品出口同比（%）	2.1	10.8	-10.8	-9.6	-0.1	-2.3	12.4	8.5
中国出口服装（亿美元）	1754.3	170.7	383.2	333.3	146.2	70.8	56.6	451.1
服装出口同比（%）	3.2	25.0	-3.0	3.1	-0.3	5.0	15.2	10.9

（数据来源：中国海关）

（三）全年纺织品服装进口规模有所减少，服装进口额近五年来首次下降

受实际收入增长放缓等因素影响，过去一年我国消费者信心指数降至低位区间，居民衣着消费支出减少，进口服装规模有所下降。2022年我国自全球进口服装105.4亿美元，同比缩减12.3%，为近五年来首次负增长。其中，自意大利和法国进口的高档服装金额同比下降8.5%和7.4%，进口数量（按件数统计，下同）减少约16%；同期，我国自越南、孟加拉国和印度尼西亚进口服装金额同比分别下降0.7%、4.6%和9.7%，进口数量同比则减少20%~30%（图2-17）。

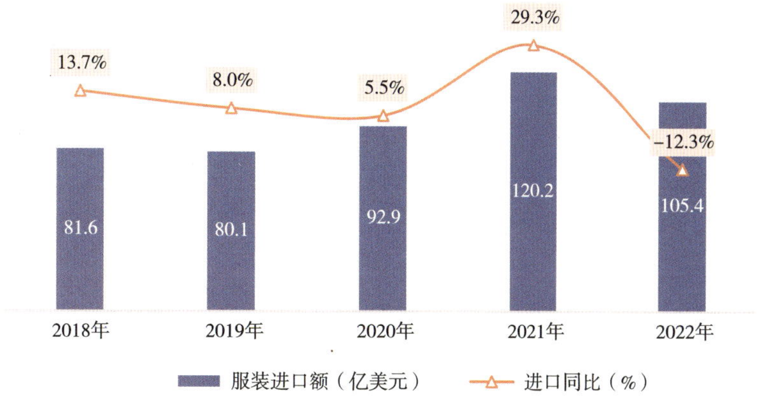

图2-17　2021~2022年中国进口服装金额及同比增速

（数据来源：中国海关）

纺织行业外贸出口承压也导致对上游纺织原料产品进口需求的减少。2022年，我国进口纺织品118.9亿美元，同比下降24.3%。其中，纺织纱线（主要为棉纱，见表2-2）进口52.8亿美元，主要来自越南、巴基斯坦、乌兹别克斯坦和印度等国。全年我国进口纱线金额及数量同比分别下降34.6%

和39.5%，进口单价上涨8.2%。同时进口纺织织物33.2亿美元，纺织制品32.9亿美元，较上年同比均减少13%以上。

表2-2　2022年中国自全球及部分国家进口棉纱贸易统计

进口来源国家/地区	进口金额（亿美元）	进口数量（万吨）	进口单价（美元/千克）	金额同比（%）	数量同比（%）	单价同比（%）
全球	36.0	117.6	3.07	-39.1	-44.0	8.9
越南	21.1	67.5	3.13	-21.4	-27.4	8.3
巴基斯坦	4.7	14.5	3.27	-37.5	-47.8	19.8
乌兹别克斯坦	2.6	8.7	3.01	-60.8	-66.5	16.7
印度	2.0	5.7	3.58	-79.3	-82.1	15.9
马来西亚	1.9	6.5	2.95	8.5	1.1	7.3

注：进口棉纱包括HS5205（按重量计含棉量≥85%的棉纱线）和HS5206（按重量计含棉量<85%的棉纱线）。

（**数据来源：**中国海关）

（四）纺织纱线、织物产品竞争力较强，对新兴市场出口保持连续增长态势

由于我行业上游纺织纱线及织物等纺织品生产和贸易具有较强国际竞争优势，对东南亚、南亚和美洲等服装业快速发展的国家/地区出口贸易额呈稳定增长态势。海关数据显示，2022年我国向全球出口纺织纱线150.4亿美元，出口织物715.5亿美元，在上年较高增速水平上分别实现8.8%和7.3%的连续增长。其中，越南是我纺织原料最大出口市场，全年对其出口纺织纱线及织物128.4亿美元，同比增长8.8%，占对全球出口比重的14.8%。此外，2022年我国纺织纱线和织物对东南亚的印度尼西亚、柬埔寨、缅甸，以及对南亚的孟加拉国、印度和巴基斯坦等出口均保持较快增长（图2-18），对巴西和墨西哥的出口也呈现18%~28%的较高增速。

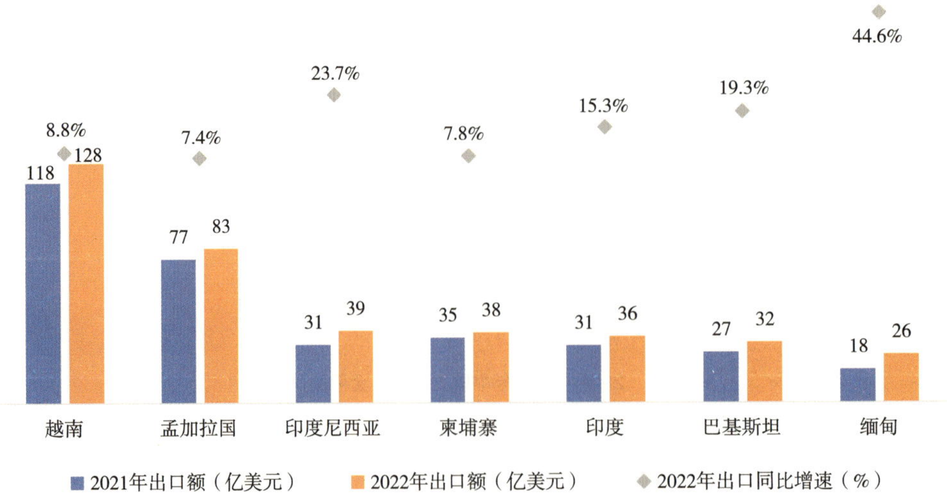

图2-18　2022年中国对部分国家出口纺织纱线及织物贸易统计

（**数据来源：**中国海关）

（五）服装出口面向部分发达经济体有所回落，对东盟和中亚增长较快

当前我国服装出口面临较大外部环境压力，全球消费市场需求持续疲软的同时，海外订单也在向东南亚、南亚等地区的竞争国别转移。据中国海关统计，2022 年我国服装出口 1754.3 亿美元，同比增长 3.2%，增速较上年大幅回落 20 个百分点。其中对主要目标市场美国出口服装 383.2 亿美元，同比下降 3.0%；对欧盟出口 333.3 亿美元，同比增长 3.1%；对日本、英国、加拿大等市场的出口金额同比均有所减少（图 2-19）。

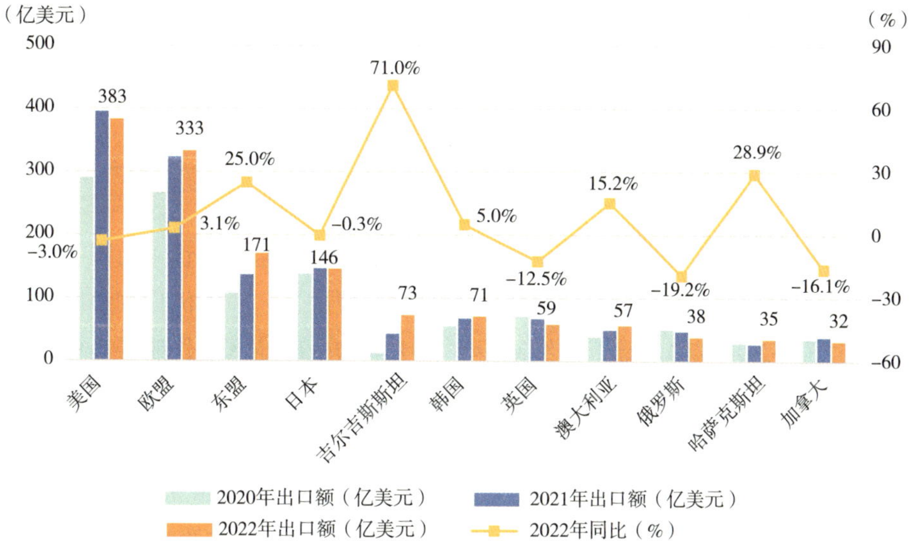

图 2-19　2020~2022 年中国对部分国家出口服装对比统计

（**数据来源**：中国海关）

近几年我国服装产品在美欧等发达经济体进口市场份额逐步缩减，越南、孟加拉国等服装出口与我产业已形成追赶之势。据美国商务部数据，2022 年美国自全球进口服装 1031.8 亿美元，同比增长 21.4%，其中进口额的 22.5% 来自中国，同比增长 8.5%，增速远低于美国同期自越南（↑26.8%）、孟加拉国（↑36.3%）、印度（↑34.9%）和印度尼西亚（↑35.6%）的服装进口同比。过去 5 年，中国在美服装进口市场的份额下降了 11.3 个百分点，在此期间东盟占比从 25.3%提高到 30.3%，孟加拉国占比从 6.3%提高到 9.5%，均对我国服装行业出口形成一定替代。

另外，行业外贸结构也在不断优化，出口市场的多元化对减轻外部需求冲击起到积极作用。2022 年我国服装产品对东盟出口呈积极增长态势，近三年出口额平均增速达 26%。同时，对部分中亚国家也实现大幅增长，2022 年我国对吉尔吉斯斯坦出口服装 73.3 亿美元，同比增长 71%；对哈萨克斯坦出口服装 34.8 亿美元，增长 28.9%。此外，“一带一路”倡议提出 9 年来，我国纺织业与沿线国家贸易额持续攀升。2022 年我国对“一带一路”沿线国家出口纺织品服装 1265.3 亿美元，同比增长 11.4%。其中，对沿线国家出口服装 468.6 亿美元，同比增长 13.4%，高出对全球出口平均增速 10.2 个百分点。

（六）棉制纺织品服装外贸出口承压，进入国际供应链受阻

2022 年 6 月 21 日以来，美国海关针对所谓《维吾尔强迫劳动预防法案》展开执法行动，基于该举措的负面影响，我国棉制纺织品服装进入美国及国际供应链受阻。根据中国海关测算，2022 年我国对全球出口棉制纺织品服装 1027.2 亿美元，同比下降 3.6%，出口额在上年已减少

14.6%的基础上进一步下滑。其中，棉制纺织品出口384.8亿美元，同比下降9.6%；棉制服装出口642.4亿美元，微增0.4%（表2-3）。

表2-3 我国棉制纺织品服装出口贸易统计

年份	出口全球（亿美元）	同比（%）	棉制纺服出口额占行业出口额比重（%）	出口美国（亿美元）	同比（%）	棉制纺服对美出口占对全球出口比重（%）
2020年	1247.5	38.7	42.9	249.2	64.1	20.0
2021年	1065.2	-14.6	33.8	179.8	-27.8	16.9
2022年	1027.2	-3.6	31.7	166.4	-7.4	16.2
其中：上半年	524.2	8.5	33.5	90.2	19.1	17.2
下半年	503.0	-13.6	30.1	76.2	-26.8	15.1

（数据来源：中国海关）

美国作为我国服装行业棉制品最大的单一出口国别，2022年中国对其出口棉制纺织品服装166.4亿美元，在上年同比下降27.8%的基础上继续减少7.4%，降幅超过同期对全球出口该类产品平均水平。2022年6月21日美国海关执法落地后，叠加市场消费需求疲软等因素影响，下半年我国棉制纺织品服装对美出口额同比大幅减少26.8%。

与美国涉疆法案相呼应，2022年9月，欧盟委员会发布所谓《关于在欧盟市场禁止强迫劳动产品法规提案》草案，旨在欧盟范围内开展禁止强迫劳动的统一执法行动，避免含有强迫劳动成分的商品出现在欧盟市场或从欧盟出口。虽然目前该草案仍需经欧洲议会和欧盟理事会审议通过后生效，并且生效两年后施行，但从近期贸易趋势看，我国棉制纺织品服装对欧盟出口同样面临较大下行风险。据中国海关统计，2022年我国向欧盟出口棉制纺织品服装130.6亿美元，同比减少9.6%。

二、2023年中国纺织服装行业对外贸易趋势展望

2023年行业对外贸易形势依然严峻。当前全球经济正在减速，尽管年初国际货币基金组织发布经济展望认为，中国优化调整防疫政策等因素将改善中国和全球经济增长前景，但受地缘政治局势紧张、欧洲央行和美联储进一步收紧货币政策等因素影响，今年世界经济预计将陷入衰退，从而给企业在贸易投资等方面带来更多压力挑战。WTO预测也表示2023年全球商品贸易将大幅放缓。今年海外主要消费市场服装零售继续承压，国际供应链格局也在加速重构，预计2023年上半年，我国纺织品服装对外贸易将面临较大压力。

但挑战与机遇并存，随着我国纺织服装企业获取海外订单的渠道快速恢复，将有利于企业在全球市场化的激烈竞争中，充分发挥行业的全产业链优势和产品开发、高效生产等方面的快速反应能力，国际市场份额有望保持稳定。与此同时，我国对“一带一路”沿线国家等新兴市场的纺织品服装出口潜能还将进一步释放，成为推动行业外贸发展的重要动力。

2022~2023年中国服装电子商务发展报告

中国国际电子商务中心　邱琼

2022年，服装市场受新冠肺炎疫情影响面大、持续时间长、关联品类多，网络零售市场增速明显回落，特别是传统电商市场增长乏力，下半年形势总体好于上半年，全年整体处于上行区间。品牌服装流媒体直播、内容电商、社交电商等新型电商模式加持下取得较好发展，特别是Bosie、SMFK、粒子狂热等新锐品牌实现线上线下市场联动发展良好局面，农村电商、跨境电商继续保持强劲增长态势，推动国内市场服装电商进一步下沉、国际市场服装外贸高质量发展，加快构建服装产业互联网新发展格局。B2B电子商务继续发挥数据、信息、知识等新生产要素作用，架构起涵盖从消费者—零售商—供货商—制造商—原材料供应商等全流程的数字化供应链体系，形成了如凌迪科技、飞榴科技等数字化供应链平台，推动服装产业“数实融合”加快落地，催生出如品牌云店、C2M定制、元宇宙时装秀等产业互联网新场景，电子商务对服装产业由营销渠道驱动向内部供应链管理驱动转变，正在向产业链外部端到端的全链条协同驱动迈进。党的二十大报告指出，加快发展数字经济，促进数字经济和实体经济深度融合，打造具有国际竞争力的数字产业集群。展望2023年，“数实融合”仍将是服装电商发展主线，随着元宇宙科技与服装产业创新加快、融合加深，绿色环保、元宇宙直播、数字时尚藏品（NFT）、数字供应链等将引领服装电商新发展赛道。

一、服装B2C网购总体位于增长区间

2022年，服装零售市场规模明显回落，前11个月限额以上企业服装鞋帽、针纺织品零售额为11688亿元，同比下降5.8%，降幅比上半年收窄0.7个百分点。传统电商平台受制于流量天花板增长乏力，抖音、快手、小红书等新型电商平台在网络直播、内容营销、社交社群等新型营销方式推动下保持较好增长态势，但服装网络零售市场增速总体处于回落态势，整体位于增长区间。

（一）服装网络零售额增速波动回落

2022年，服装线上零售市场复苏较为缓慢，前11个月全国实物商品网上零售额108098亿元，同比增长6.4%，占社会消费品零售总额比重为27.1%，较上年提高2.6个百分点。其中，穿类商品增长速度明显低于吃类和用类商品，总体保持“前低、中高、后低”发展态势；自春节后国内疫情多点局部暴发，前4个月下降1.7%，5月、6月随着气温回升市场有所好转，上半年增长2.4%，比吃类和用类商品分别慢13.3和2.7个百分点；下半年复苏力度逐步扩大，前三季度增长5.8%，增幅比上半年扩大3.4个百分点，但10月以来国内疫情多点频发，市场增速又处于回落区间，前11个月增长3.4%。总体而言，预计2022年中国服装市场B2C交易额比2021年略有增长至2.2万亿元（表2-4、图2-20、图2-21）。

表2-4　2022年全国网络零售穿类商品月度增长变化

时间	穿类商品网上增速	吃类商品网上增速	用类商品网上增速
1~3月	0.90%	13.50%	10.60%
1~4月	-1.70%	12.90%	6.30%
1~6月	2.40%	15.70%	5.10%
1~7月	3.40%	15.70%	5.00%
1~8月	4.00%	16.50%	—
1~9月	5.80%	—	—
1~10月	5.30%	16.70%	6.50%
1~11月	3.40%	15.10%	6.10%

（数据来源：国家统计局）

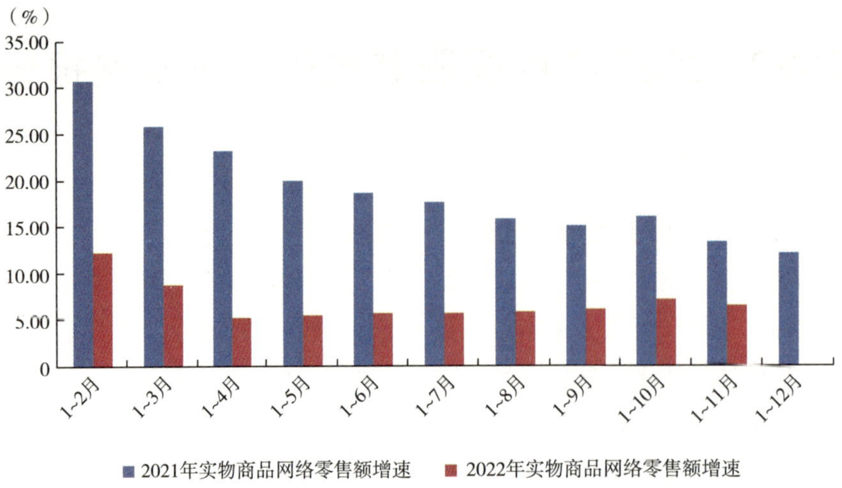

图 2-20　2022 年全国网络零售额增速月度变化

（数据来源：国家统计局）

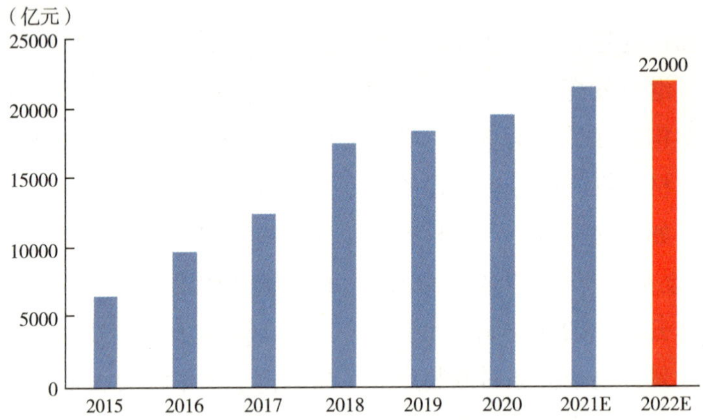

图 2-21　2022 年中国 B2C 市场服装交易规模预测值

（数据来源：CIECC 研究院综合国家统计局、商务部等权威数据和网络资料预测得出）

（二）品牌服装线上渠道稳步发展

品牌服装线上渠道受疫情冲击明显弱于实体渠道，天猫、京东、唯品会等传统渠道增长较为乏力，而抖音、快手、小程序等新型电商平台增长迅猛，推动品牌服装线上渠道占比继续提升。前三季度，青岛库特智能实现营业收入 4.52 亿元，同比增长 5.22%；扣非净利润 4763.21 万元，同比增长 59.31%。戎美股份实现营业收入 6.14 亿元，同比增长 12.08%；扣非净利润 1.02 亿元，同比下降 4.81%。上半年，李宁、安踏、红豆、比音勒芬等品牌线上渠道营业收入同比分别增长 19.2%、26.6%、18.6%和 47.8%，占总营收比重分别提高至 28.5%、34.2%、24.9% 和 6.3%。前三季度，歌力思、海澜之家等传统品牌线上渠道占总营收比重分别提高至 14.5%和 16.4%，较 2021 年上半年分别提高 4.4 和 3.2 个百分点。总体而言，服装网络零售市场渗透率维持在 45%左右（图 2-22）。

（三）直播带货是核心增长力量

流媒体直播、短视频等新型营销方式已成为服装电商主要增量市场。2022 年春节期间，抖音电商交易额同比增长 166%，而天猫京东 GMV 同比仅增长 10%，相比 2021 年同期增速明显放缓；占天猫京东比重为 23%，服装服饰交易额占比已超越天猫京东。2022 年“双 11”期间（10 月 31 日～11

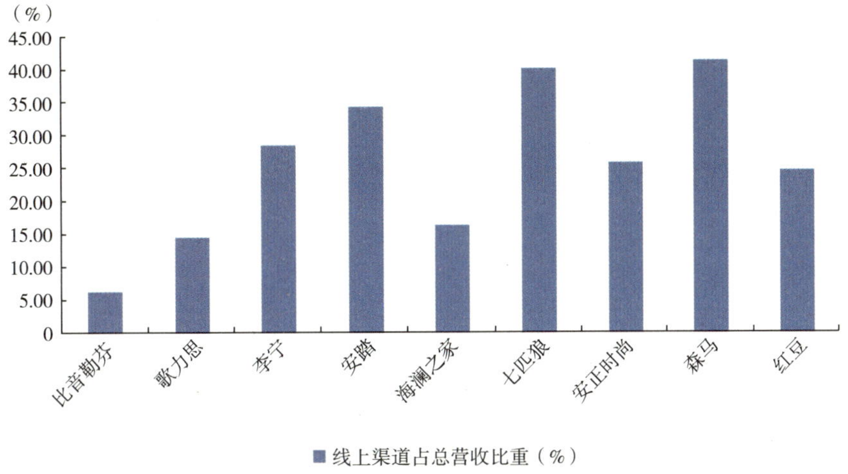

图 2-22　2022 年上半年传统国产服装品牌线上收入增长情况

（**数据来源：**CIECC 研究院综合上市公司财报等网络资料绘制；其中，歌力思、海澜之家为前三季度数据）

月 11 日），抖音平台商家数量同比增长 86%，直播带货总时长累计达 3821 万小时，7667 个直播间销售额超过百万元。2022 年上半年，快手电商女装行业交易额同比增长 30%以上，年销破亿商家达 150 家以上，破千万商家达 1500 家以上。七匹狼、比音勒芬、李宁等品牌通过小红书种草、抖音、微信小程序等方式，将线下优质 VIP 客户进行线上引流，充分发挥高黏性客群和高复购率品牌优势，实现线上渠道高速增长。上半年，七匹狼抖音渠道整体业绩同比增长超过 100%，361°、特步、贵人鸟、回力、安踏等品牌直播间观看人数超 6 位数。

（四）新锐品牌成市场增长亮点

Bosie、SMFK、粒子狂热、幸棉、玛伊娅等新锐品牌通过打造契合 Z 世代年轻消费者气质的品牌文化，建立先进的供应链体系和高度数智化生产经营模式，成为服装市场增长亮点。这些新锐品牌采用“线下+线上”双渠道融合模式，在各大社交网站“种草”，构建“社区+电商”运营模式，迎合用户消费习惯由“搜”到“逛”的转变，在短时间内完成对品牌快速塑造。据京东数据，7 月 22 日~23 日，国潮运动品牌整体销售额同比增长超过 280%。无性别服饰 Bosie 等众多服装潮牌大力布局体验店、品牌集合店、快闪店、首店等线下实体店，国潮品牌线下实体店逐渐成为消费者一站式潮流打卡地。数据显示，Bosie 连续三年收入增速超过 200%，目前已开出近 30 家线下实体店，利润率超过 20%。粒子狂热与 3M、国际羊毛局等世界顶级功能材料厂牌合作进行工艺创新，其产品设计前卫且满足多功能、多场景消费者需求，目前粒子狂热拥有 5 家线下门店，估值已超 10 亿元。

（五）小程序电商是线上引流重要手段

2022 年，随着私域流量工具组件逐步完备，微信、支付宝、百度等互联网平台从技术防护、性能提升、营销场景、合规监管、售后服务等多方面升级私域流量场景服务，公域私域联动性加强，小程序商业能力进一步释放，越来越多品牌商基于小程序生态搭建有效私域，全面覆盖多场景需求，打造 DTC（直接面对消费者）营销模式，提升用户体验。据微信 2021 年财报披露，微信小程序 DAU（日活跃用户数量）突破 5 亿，微信生态从业者超过 3000 万。阿拉丁研究院基于小程序数据库和公开资料测算，2022 年上半年，微信、支付宝、抖音、快手等多个平台小程序数量累计超过 750 万，日活超过 7.8 亿。截至 2022 年 10 月，衣邦人 APP 预约用户超 400 万，在全国先后开设 66 个直营定制体验中心，能为全国 1337 个区县客户提供免费上门量体服务。

二、B2B 电商助力构建服装产业互联网

2022 年，服装 B2B 电商在 5G、工业互联网、人工智能等新一代信息技术推动下，以数据为核心的服务体系逐步发生聚变裂变，对服装产业由营销渠道驱动向以批发交易为核心的内部供应链驱动转变，正在向产业链外部端到端的全链条协同驱动转变，带动服装产业研发设计、面辅料采购、加工制造、仓储配送、尾货库存等多个环节电子商务得到广泛应用，构建起覆盖全产业链的数字化产业生态闭环，逐步形成以数字化产业中台服务为核心的服装产业互联网。国家统计局数据显示，2021 年全国 B2B 电子商务交易额为 24.8 万亿元，同比增长 18.8%；预计 2022 年纺织服装 B2B 电子商务保持稳定增长态势。

（一）综合电商平台打造数字化产业带

阿里巴巴、抖音、快手等综合电商平台依托多年积累的供应商资源和数字化服务能力，构建起以数字技术为牵引、协同共享为底座的互联互通的数字化基础设施，带动代运营、人才培训、电商物流、带货 MCN 等数字化服务机构集聚发展，并逐步集聚 ERP 管理、数据分析、数字营销等数字化服务企业，通过云端将优质品牌、优质商家、优质商品推荐给消费者与采购商，为中小企业构建基于新型生产关系和异地协同制造新模式。研究发现，数字化产业带每增加 1%供应商，线上交易规模增加 3.4%。例如，“1688 平台”以产地“小二”为链接，为中小企业构建基于阿里平台生态网络的供应链资源，跨平台精准对接天猫淘宝、淘特等平台资源，2021 年“1688 平台”数字化产业带交易额同比增长超过 15%。湖州织里童装产业在 1688 等电商平台赋能下，目前集聚有电商企业 8700 余家，2021 年各类童装 15 亿件（套），年销售额超 700 亿元，其中线上交易额突破 200 亿元；汕头内衣产业依托“1688 平台”以网络直播、社群营销、云展览等数字化手段，构建供应链立体服务生态，实现玩美之城从地面市场至云端全面品牌升级，跃升为百亿元交易规模的数字化产业带；河北高阳毛巾产业带拥有电商 2000 余家，跨境电商 600 余家，累计实现网上交易额 155 亿元以上。

（二）垂直电商平台构建数字化供应链

批批网、百布网、搜布网等垂直电商平台依托多年积累的产业链资源，构建起以供应商资源库为核心、以数据驱动的数字化供应链服务体系。例如，“批批网”将视频直播与 B2B 电商有机结合，上游对接广州十三行、杭州四季青等多地批发商圈货源，下游对接全国各地二三级采购商，通过互联网手段打通服装产业链供应链，搭建起服装纺织行业专属 B2B 直播模式，培养适用于 B 端平台的服装纺织直播达人，形成“批发商—达人—采购商”三方协作平台。“百布网”构建“AI+大数据+智能硬件”平台，通过百布“对布机器人”进行快速匹配。“旺加旺服装供应链大数据交易服务平台”集合货物仓储、产品展示、下单交易、快递信息采集和打包揽货等数个支点功能，研发出供应链云仓系统、产品展示系统、下单交易系统、财务结算支付系统、物流快递系统和研发定制六大核心闭环子系统，整合生产商及供应商达到 2000 多家、网店 500 多家，交易价值达 20 亿元，营业收入超过 5000 万元，运营成本减少 20%~30%。

（三）服装产业互联网平台初具雏形

以致景科技、飞榴科技、阿里云犀牛制造等为代表的产业互联网企业整合服装产业链供应链资源，围绕服装纺织数智化转型全面推进，构建起服装产业链外部端到端的产业互联网。例如，致景科技以“百布”平台作为桥梁连接“一批商”与下游中小服装制造厂，通过飞梭智纺、对布机器人、易菲等产品及系统，将数智化渗透到产业链各环节，仅飞梭智纺服务织厂超 9000 家，累计接入织机超 60 万台。凌笛科技凭借 Style3D 线上协同和研发设计系统，打造一个高仿真、可编辑、可制造的服装产业数字化载体，构建全链路在线协同的服装

产业链生态圈。智布互联、辅料易等B2B电商平台以数字化服务为核心深耕服装产业链各环节市场主体需求，为设计师、品牌商、贸易商、加工商、辅料采购商等提供全流程数字化解决方案。飞榴科技将AI算法技术植入服装生产制造，为服装制造企业提供从专业咨询、数据分析、精益管理、实施运维等AI生产全流程服务。阿里云犀牛智造通过构建端到端全链路体系化数字化解决方案，实现供需精准匹配和动态平衡，为包括针织、机织、羽绒、牛仔在内的超过70%服装类目提供一站式柔性快反供给能力，与全国300多个服装产业集群和商家达成合作，已服务超过200个品牌企业，实现批量“小”、交付“快”、质量“稳”、库存“零”。

三、农村电商促进服装消费提质扩容

2022年，国家在电子商务进农村综合示范工作基础上开展了县域商业体系建设行动，农村地区网络基础设施进一步完善，农村电商保持高质量发展态势。2014年以来，累计支持建设县级物流配送中心1212个，村级电商快递服务站14.8万个；宽带建制村通过电信普遍服务实现全覆盖，通光纤比例提升至100%，平均下载速率超过100Mb/s，基本实现与城市同网同速。农村电商进一步畅通了工业品下乡渠道体系，带动农村地区服装服饰、家电家居等工业品网购需求稳步扩张，助力农村市场服装消费提质扩容。前11个月，全国农村地区消费品零售额增长0.2%，而同期城镇地区下降0.1%；前三季度，全国农村居民衣着类消费支出增长3.5%，而同期城镇居民衣着类消费支出下降3.3%。

（一）农村地区直播电商氛围浓厚

2022年5月，中共中央办公厅、国务院办公厅印发《乡村建设行动实施方案》，提出要推进数字技术与农村生产生活深度融合，持续开展数字乡村试点。短视频以独特的视听体验、符号化情感连接、短平快传播等特点，成为农村地区流量热点。截至2022年6月，我国短视频用户规模达9.62亿，较2021年12月增长2805万，占网民整体91.5%；农村网民规模为2.93亿，农村地区互联网普及率为58.8%，较2021年12月提升1.2个百分点。短视频促进农村由“乡村记忆”向“乡村经济”转化，助力服装电商进一步下沉农村。据统计，截至2021年底，“三农”短视频平台粉丝量过万，日均播放量超42亿次，创作者超4万人，催生出如费启明、“山城小月月”、陈和一等大批农村网红达人。2022年，抖音平台“三农”电商达人数量同比增长252%，农货商家数量同比增长152%，不仅是农货产品与全国消费者的桥梁，进一步促进了农村消费者电商化规模。

（二）农村地区服装电商稳步增长

2022年，城乡一体化继续推进，“小镇青年”不断扩容，农村地区服装电商保持良好增长态势。商务大数据显示，2022年前三季度，全国农村网络零售额达1.498万亿元，同比增长3.6%；其中服装鞋帽针织品仍为农村电商消费第一品类，占比25.3%，较2021年全年萎缩4.1个百分点；而全国服装鞋帽针织品网络零售额占全国实物商品网络零售额比重为21.5%，较2021年全年萎缩5.8个百分点。预计2022年农村地区服装网络零售额增长速度略高于农村整体网购市场，约增长4%。

（三）县域服装品牌培育力度加大

电子商务通过广泛的链接和网络效应推动农村地区服装企业供应链、交易、生产过程等标准化，推动产品品牌、企业品牌、区域公共品牌协同培育，诞生出一批以县域服装产业带为载体的服装品牌，如西柳服装品牌、新塘牛仔品牌、汕头内衣品牌、织里童装品牌、高阳毛巾品牌等。辽宁西柳服装城荣获“中国服装品牌孵化基地”，“酷尔司迪”“东北胖小子”“胖雨胖妞”三个自主品牌荣获2022年度“中国服装成长型品牌”，截至目前辽宁西柳服装城已有56个地产品牌获得“中国服装成长型品牌”。广东汕头卡拉美拉公司旗下品牌

Caramella，已成为国内袜子领域原创设计标杆性品牌；“鑫立发”是一家集“研发、生产、销售”于一体的大型高端内衣企业，电商收入占公司产值30%左右。浙江湖州“奇瑞德泽”“木朵爸爸”“男生女生”“孩优美”等童装品牌备受消费者青睐。

四、跨境电商推动服装外贸高质量发展

2022年，我国服装外贸环境在俄乌冲突、中美贸易摩擦、新冠肺炎疫情等多重因素叠加作用下加剧动荡，服装产业链供应链暴露出一定脆弱性，但在跨境电商、市场采购贸易、跨境直播等新业态新模式推动下，服装外贸出口保持强劲增长态势。中国纺织品进出口商会数据显示，前11个月，我国纺织服装累计出口19736.3亿元人民币，增长7.0%；其中，纺织品出口9058.3亿元人民币，增长6.9%，服装出口10678亿元人民币，同比增长7.0%。跨境电商作为全球贸易最前沿、最活跃、应用最广泛的贸易新形态，对保障中国服装外贸产业链、供应链稳定贡献巨大，是中国服装外贸高质量发展的重要引擎。

（一）服装跨境电商出口持续高速增长

服装是我国跨境电商出口重点类目，占全国跨境电商出口额10%以上。目前英、美、德等发达国家服饰电商渗透率达到20%以上，越南、墨西哥、印度、泰国等新兴发展中国家服饰电商市场年复合增长率保持30%~60%。跨境电商成为各地外贸出口增长的主要推动力。各地海关统计数据显示，前三季度，浙江企业通过海关跨境电商管理平台出口793亿元，增长1.5倍；江西企业通过海关跨境电商管理平台进出口同比增长2.4倍；广西跨境电商进出口额同比增长66.9%；广东跨境电商进出口总额突破3000亿元，数量位居全国第一。海关总署数据显示，上半年中国跨境电商进出口额达8867亿元，同比增长28.6%；其中，出口6036亿元，增长44.1%；进口约2831亿元，增长4.6%。2022年跨境电商纺织服装品类出口额仍将快于全国跨境电商整体增速。

（二）服装跨境电商独立站蓬勃发展

独立站通过站点运营全面掌握流量数据，不断迭代产品和营销方式，大幅提升购买率和复购率，成为跨境电商营销主要渠道。据不完全统计，加拿大建站平台Shopify商家入驻量约400万家，独立站市场规模占海外电商市场约40%。服装服饰是独立站模式覆盖最广、应用最深、成效最好的跨境电商品类。知名服装独立站服装品牌Shein连续三年登上BrandZ中国全球化品牌50强榜单，2022年排名上升至第10位，目前已位列全球独角兽企业TOP20，同时入选《时代》杂志评选全球百大最具影响力企业；截至2022年上半年，Shein以2240万下载量成为美国第一大电商购物App，今年上半年实现销售额160亿美元（折合人民币1107.2亿元），同比增速达50%。以泳装、大码女装、男装等为主的时尚品牌独立站Zaful启动20个国家站的本地化运营，同时打造出家居、配饰等时尚衍生商品在内的优势品类，至2022年6月30日，总注册人数增加到5532.32万。

（三）跨境电商与市场采购贸易融合发展

自2013年商务部等7部门开展市场采购贸易试点以来，构建了“一划定、三备案、一联网”市场采购贸易监管体系，至2022年开展第七批扩大至39个市场，其中纺织服装类专业市场超过10个。2022年，随着跨境电商、市场采购贸易等政策力度加大，各地市场积极促进跨境电商与市场采购贸易方式实质性融合，助力中国外贸出口提质增效。浙江义乌、山东临沂、江苏海门等地探索开展“市场采购+跨境电商”拼箱转关运输，四川成都、江苏徐州等地采用“市场采购+中欧班列”模式助力小商品走出国门。商务部数据显示，2021年我国市场采购贸易方式出口达到9304亿元，2022年前8个月实现5813亿元，其中仅义乌市实现2070.0亿元，增长17.8%。2022年上半年，安徽

蚌埠中恒商贸城市场采购贸易报关单共计2106票、货值17.92亿元，同比分别增长5.7倍、4.7倍；其中，市场采购叠加跨境电商实现报关单554票，货值3.24亿元。

（四）跨境电商直播产业生态逐步成型

流媒体直播凭借引流效应强、交互体验好、转化率高等优势在服装外贸领域广泛普及，“平台引流+内容种草+直播带货”新型营销方式逐渐占据主流。亚马逊、Wish、速卖通等传统跨境电商平台纷纷推出直播业务，Amazon live成为亚马逊平台卖家重要流量来源，个别产品搜索量提升超过20%。菲律宾、越南、马来西亚、印度尼西亚、泰国等国网红直播经济蓬勃发展，社交媒体渗透率均达到70%以上，东南亚便成为中国MCN机构出海聚集地。Wahool为500余个中国品牌提供海外达人主播带货、广告营销、进出口代理等服务；吃鲸拥有海外网红库超15.6万个，外籍KOL网红超1万名；杭州卧兔跨境直播累计沉淀超1000万+海外网红，为Shien、完美日记等2000+知名品牌提供全方位品牌出海营销服务。抖音、快手等短视频平台通过引进虚拟主播加大流量推广，打造云宇宙直播间提供沉浸式消费场景，“抖音萌芽熊”“快手WAIC”“京东小美”等二次元虚拟主播在网络空间快速走红，为国内品牌服装出海赋能。

五、数实融合将成服装电商发展加速器

面对复杂严峻的国际经贸环境、多点复发的国内新冠肺炎疫情形势，电子商务在激发消费活力、创新消费场景、畅通供需桥梁等方面作用进一步显现，实体产业数字化发展步伐加快。中国信通院研究报告显示，2021年我国数字经济规模达到45.5万亿元，占GDP比重达到39.8%；产业数字化规模达到37.18万亿元，同比名义增长17.2%，占数字经济比重为81.7%，占GDP比重为32.5%。2023年，随着数字经济和实体经济融合程度加深，服装产业数字化进一步纵深发展，以品牌云店、快闪店、品牌集合店、C2M定制、元宇宙电商等“数实融合”场景全面渗透服装产业，将引领服装电商发展新方向，成为服装电商发展加速器。

（一）品牌云店、快闪店等融合线上线下全场景

品牌云店打通线上线下商品数据、库存数据、会员数据，搭建一个全新的直营社交新零售平台，是融合线上线下“人、货、场”数据统一商业平台❶，线下门店成为线上服务线下履约体验店，云店是品牌DTC模式重要载体。2022年上半年，银泰百货已完成线下商场、云店、喵街App、全平台直播（淘宝、抖音、喵街）、支付宝小程序、微信小程序、社群与导购分佣等多元化全渠道布局，线上线下融合云店已突破100家。品牌快闪店通过打造线下新奇互动体验，引导线上流量私域转化，是品牌互动式营销、建立消费者价值链接最好表现形式，也成为天猫、京东、唯品会等电商平台为品牌赋能主要营销方式。研究❷显示，1个优质快闪店的聚客效果相当于1个IP展览、2个影院或6个连锁餐饮。报告❸显示，2020年服饰鞋包类快闪店数量达到192家，近两年仍以蓬勃发展态势吸引众多服装品牌入局。2022年5月14日至8月13日，位于北京新街口金鹰国际购物中心的“PYE派×三体快闪店”吸引许多年轻消费者来打卡；10月8日，全球高端外套品牌MACKAGE快闪店入驻北京SKP，携以全新极简概念与独家系列产品。未来几年，品牌云店、快闪店通过构建线上线下全场景消费链接，进一步弥补线上市场短板，有望成为服装电商市场增长主要力量。

---

❶ 消费者可从微信生态内的众多数字触点以及线下二维码入口，云店订单可通过LBS定位到附近的连锁门店进行一小时内闪送发货。

❷ 资料来源：《中国快闪店研究报告》，睿意德。

❸ 资料来源：《中国快闪店行业白皮书》，前瞻产业研究院。

（二）品牌首店、集合店等线上线下联动发展

近年在新冠肺炎疫情、需求疲软等因素制约下，“扩内需、稳增长、促消费”是国家宏观经济调控重要内容，各地纷纷将首店经济首发经济作为各地扩内需、促消费的重要手段，品牌首店成为国际消费中心城市重要招商对象。2022 年 3 月 29 日，无性别服饰品牌 AURA WORLD 全国首家实体店落地成都银泰中心 in99；4 月 30 日，INXX 旗下国产原创设计师、无性别服饰 TOFOURTH 品牌落地杭州湖滨银泰 in77。据联商网零售研究中心不完全统计，2022 年上半年新开全国首店 130 家，服饰首店数量 49 家，占比 38%；其中，无性别服饰和户外运动服饰引领了服装首店最新潮流。2022 年“双 11”银泰百货有近 200 个品牌同比增长超过 30%；旗下中国原创包袋设计师品牌集合店 In Collection 每月以 10%速度增长，“双 11”销售额同比增长 25%；国货潮牌集合店“答案有限 AnswerLimited”集聚 OSCILL、ENSHADOWER、TGNS、NOHOMME BLUE、RED CHARCOAL 等十几个潮牌，“双 11”销售额环比前一周增长 21%。2023 年，疫情后时代“扩内需、稳增长、促消费”仍是全国各地经济发展的重要内容，品牌首店、集合店等新业态联动线上线下两个市场，为服装产业“数实融合”增添新色彩，将带动服装电商进一步扩容。

（三）C2M 定制服装精准高效匹配供需

电子商务以平台为核心，高效集成供给端和需求端数字资源，以智能算法精准匹配对接供需两端，有效激发潜在消费需求，助力企业构建“小单快反”数字化供应链，加快实现高水平供求动态平衡。京东为超过 1000 家制造企业打造 C2M 反向定制供应链，实现产品需求调研时间减少 75%，新品上市周期缩短 67%。阿里云犀牛工厂以数字化构建按需制造，服装定制化生产领域已实现 100 件起订 7 天交货的快反生产能力。快时尚品牌 Shein 采取“预售+试销+快反”C2M 模式形成强大的数字化供应链能力，能准确捕捉爆品同时淘汰滞销品。据公开资料显示，Shein 平均每日上新 7000 件，年库存周转次数 4.6 次，从产品设计到打板上架仅需要 14 天，所有单品爆品率为 50%，所有运营指标均远优于同行品牌。

（四）元宇宙科技全方位赋能服装电商

元宇宙科技通过跨界游戏、3D 时装、虚拟模特、数字人主播、线上时装周等新技术新品牌，与消费者建立紧密联结，构建数字世界与虚拟世界随时切换的入口通道。例如，“虚拟模特走秀”“3D 打印服装”“数字时尚藏品”等一批数字时尚产品亮相北京时装周期间的“2023 春夏系列时装秀”，为海内外观众打造科技感十足的时尚盛宴。Nike 发布旗下 Nike Cryptokicks 推出首款数字藏品运动鞋“RTFKT x Nike Dunk Genesis CryptoKicks”；李宁尝试将数字藏品实体化，将 BAYC 家族“无聊猿# 4102 号”打造成为快闪店主理人；巴拉巴拉创新性推出首个儿童数字人“谷雨”，以“虚拟人”+“社交互动”结合全新体验方式，掀起童装市场数字化转型浪潮。亿云发通过室内吊装高清智能数字投影机+纳米投影膜（门店玻璃内侧贴膜），打造新型智能橱窗投影广告。AR 时尚平台 Zero10 与 Crosby 工作室合作推出全球首家元宇宙快闪店。据麦肯锡报告显示，2021 年全球虚拟产品消费达到 1100 亿美元，其中 30%用于虚拟时尚消费；预计未来 2~5 年虚拟服饰销售额占比超过 5%，品牌服装将在数字资产、数字体验、游戏、平台、虚拟世界等方面与服装产业实现深度融合，全面为服装电商赋能。

六、绿色环保有望拓展服装电商新空间

2022 年，全国各地绿色电商行动加快推进，电子商务引领服装产业从需求端倒逼研发设计、生产加工、商贸流通、面料应用等全流程绿色可持续发展。国家发展改革委、商务部、工业和信息化部《关于加快推进废旧纺织品循环利用的实施意见》（发改环资〔2022〕526 号）提道：“多部门将积极

发展互联网+回收，让回收箱进社区进商场。到2025年，废旧纺织品循环利用体系初步建立，废旧纺织品循环利用率达到25%。”2022年11月，国家发展改革委等五部门在河北省张家口市、辽宁省大连市等10个地区联合开展首批数字化绿色化协同转型发展（双化协同）综合试点，服装电商绿色发展方向进一步明确。

（一）电商平台二手服装增长潜力巨大

随着绿色循环经济积极推进，越来越多消费者优先选择较为环保的衣物，不直接丢弃闲置物品，更愿意选择改造利用、捐赠或者二手买卖，服装二手电商快速发展。报告❶显示，2022年上半年，二手电商交易规模约2401.2亿元，预计2022年底达4802.4亿元，增长20%；二手电商用户规模约为2.43亿人，预计2022年底达2.63亿人，增速为17.93%。中古商品作为二手商品主要品类，近年来取得爆发式增长。天猫平台数据显示，截至2022年9月底，中古潮奢交易额实现103%增长。红布林（Plum）采用C2B2C模式，2021年四季度月活均值呈逆势上涨态势，2022年完成1亿美元C轮融资。据中国资源综合利用协会数据显示，预计到2030年我国每年丢弃的旧衣数量将上升到5000万吨，平均每人每年将产出16件废旧衣物，全中国每年大约会产生千万吨级“时尚垃圾”，以转手价格5000元/吨测算，1000万吨旧衣服将产生500亿元年销售。

（二）“互联网+智能回收”将成服装电商亮点

衣物智能回收箱作为服装二手市场发展的重要载体，近年在全国各地“互联网+垃圾回收”工作推进下，衣物智能回收专柜蓬勃发展。2022年6月，银泰百货成立“可持续时尚品牌联盟”，安踏、爱慕、爱慕儿童、IncollecTion、Answer Limited、爱慕先生、伊芙丽、MQD、雅戈尔、比音勒芬、九牧王、杉杉、报喜鸟、XEE、德鲨、滨波等16个品牌率先加入，建设近60个专柜❷，目前在杭州、宁波、绍兴、金华、温岭等浙江省内多个城市落地，未来将向更多城市扩展。专业旧物回收平台以环保公益为手段为服装领域绿色可持续发展增添亮点，如“白鲸鱼”平台每1小时就有62kg衣服通过快递员传递到白鲸鱼手上，实现旧衣服资源可循环利用；“飞蚂蚁”平台用户达到近200万，年回收旧衣物超过100吨。2023年，随着消费者绿色循环消费意识增强，衣物智能回收专柜覆盖面进一步扩大，将进一步探索完善的末端分类处理设施，利用科学分类方式、智能回收设备、信息化监控手段，通过前端、中端、末端等方式齐力推进衣物回收智能化发展。

（三）电子商务将引导构建服装绿色供应链

2022年1月，国家发展改革委等8部门印发《促进绿色消费实施方案》通知指出，要推动电商平台和商场、超市等流通企业设立绿色低碳产品销售专区；提出鼓励推行绿色衣着消费。推广应用绿色纤维制备、高效节能印染、废旧纤维循环利用等装备和技术，提高循环再利用化学纤维等绿色纤维使用比例，提供更多符合绿色低碳要求的服装。全球时尚购物平台LYST采取B2B2C导购模式，通过社交互动引导消费购物，消费者可按类别、颜色材质和价格等进行商店筛选，倒逼品牌服装产业链面料、涂料等绿色化供给，2022年以来LYST平台纯素皮革产品销量同比增长178%，植物染色产品搜索量同比增长131%。未来几年，电子商务将继续发挥需求发现和价值挖掘优势，加之元宇宙科技、区块链、大数据等技术赋能，服装产业绿色供应链将逐步建立，构建起研发设计、生产加工、面辅料供应、商贸流通、终端消费等全流程产业链供应链，助力服装产业链供应链绿色循环可持续发展，成为服装电商增长新亮点。

---

❶ 资料来源：《2022年（上）中国二手电商市场数据报告》，网经社电子商务研究中心。

❷ 消费者进入银泰百货内支持旧衣物智能回收的品牌专柜，使用支付宝扫码，将旧衣物放入回收箱，即可实现智能称重。

2022~2023年中国服装行业资本市场报告

申万宏源证券　王立平　求佳峰　刘佩　李璇

一、2022年分析：疫情影响服装消费短期承压，后续需求复苏方向明确

（一）板块行情复盘：纺织服饰整体跑赢大盘，相对收益位于行业中游

2022年纺织服饰板块主要由主题催化驱动股价表现。一季度为冬奥催化叠加春节降温，冰雪户外领域关注度大幅提升，1~2月服装零售环比大幅改善，全板块迎来短暂反弹。二季度人民币贬值、关税减免预期催化下，纺织业出口数据新高，4月纺织制造板块跑赢市场，但华东地区疫情形势加重，海外通胀压力加剧了市场对外需走弱的担忧，4~5月板块回调明显。三季度国内疫情形势好转，618电商大促开启，7~8月国内零售触底回暖，8月起人民币又一轮大幅贬值，汇兑收益增厚报表利润，但外需走弱的市场预期较为强烈，纺织制造板块依旧跌势。四季度以来全国各地疫情散发，零售业短暂复苏之后再度承压，但12月防疫政策优化调整后，市场对后续销售回暖信心增强，带动全板块触底反弹（图2-23）。

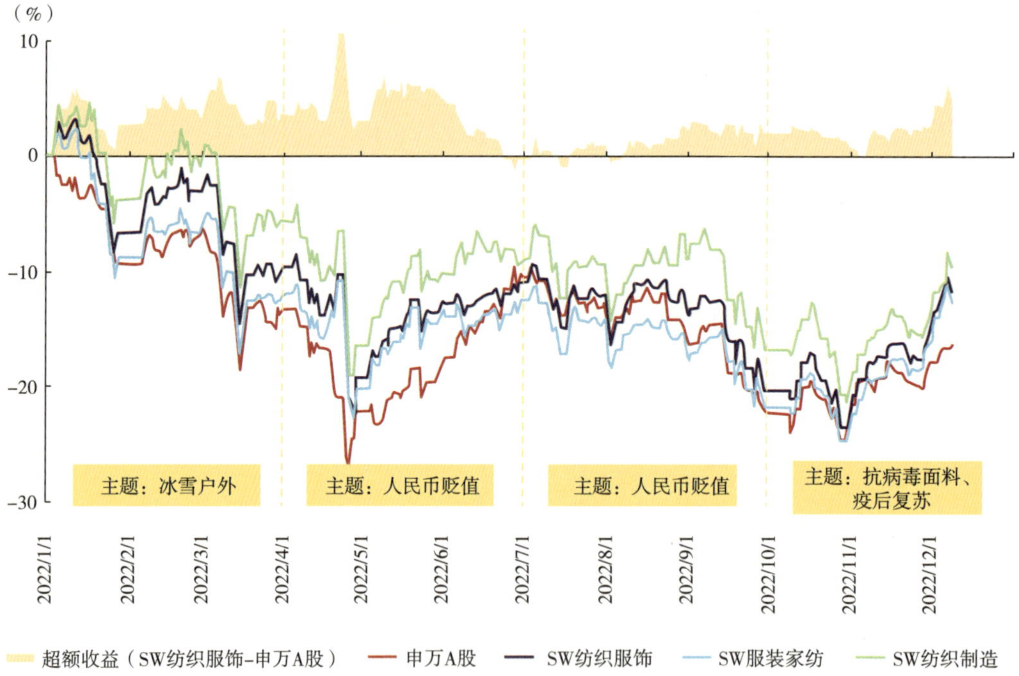

图2-23　2022年纺织服装板块行情复盘

（**数据来源**：wind，申万宏源研究；统计截至2022/12/27）

纺织服饰相对收益率整体跑赢大盘，位居全行业中游。2022年初至12月10日，申万纺织服饰绝对收益率为-11.8%，相对申万A股指数跑赢4.7个百分点，相对收益列全行业第13位，处于所有申万一级行业的中游。其中，申万二级行业服装家纺绝对收益-12.7%，相对收益+3.7%；纺织制造绝对收益-9.7%，相对收益+6.8%（图2-24）。

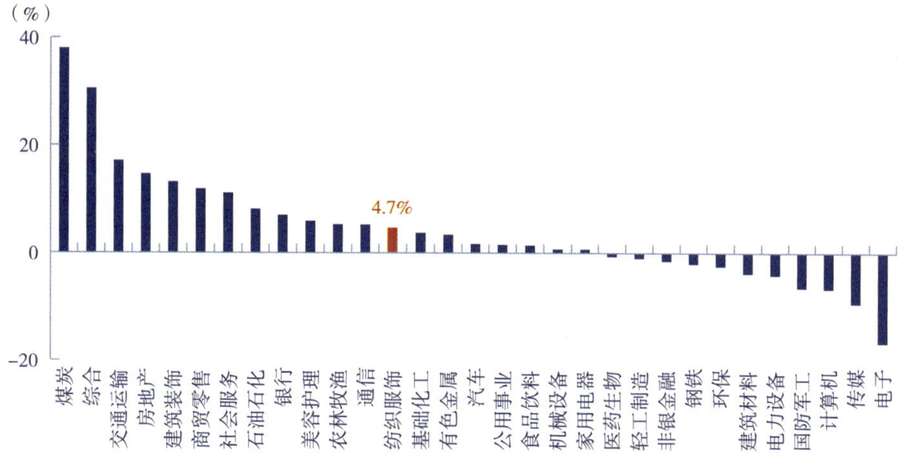

图 2-24　2022 年申万一级行业累计超额收益（相对申万 A 股指数）

（**数据来源**：wind，申万宏源研究；统计截至 2022/12/9）

（二）行业销售表现：内需复苏于波折中前行，出口增速高位回落

2022 年受国内疫情反复、需求不足等因素影响，行业发展面临一定压力，服装消费总体呈下降趋势。2022 年 1~11 月服装鞋帽零售额为 11688 亿元，同比下降 5.8%，其中，3~5 月受上海及周边地区疫情影响，线下门店、线上物流受干扰，零售端下滑明显。6 月以来疫情防控优化，物流供应链恢复，叠加 618 促销活动致使终端需求回暖，6~8 月终端零售逐步恢复增长。9 月以来由于各地疫情反复，线下门店闭店率上升，终端零售再度下滑，11 月服装鞋帽零售额为 1276 亿元，跌幅扩大至 15.6%。整体而言，2022 年预计服装销售呈下降趋势，但随着疫情管理政策优化调整，后续客流及消费场景恢复，销售回暖方向明确（图 2-25、图 2-26）。

图 2-25　限额以上企业服装鞋帽当月零售总额及同比增速

（**数据来源**：国家统计局，申万宏源研究）

图 2-26　限额以上企业服装鞋帽累计零售总额及同比增速

（**数据来源**：国家统计局，申万宏源研究）

海外需求回落背景下，纺织服装出口增速高位回落。2022 年 1~11 月中国纺织服装出口金额 2983 亿美元，同比增长 4.5%。但从近几个月的增速表现看，8 月纺织服装出口额 310 亿美元，同比增长 2.8%，相比 7 月的 17.5%的增长，增长势头开始走弱，随后 9~11 月均处于下滑状态，主要因为海外市场通胀压力导致鞋服可选消费被部分挤出，而此前积极采购又导致终端库存偏高，目前仍在消化存量库存的过程中，叠加国内部分订单加速回流东南亚以及 2021 年下半年的出口高基数所致（图 2-27）。

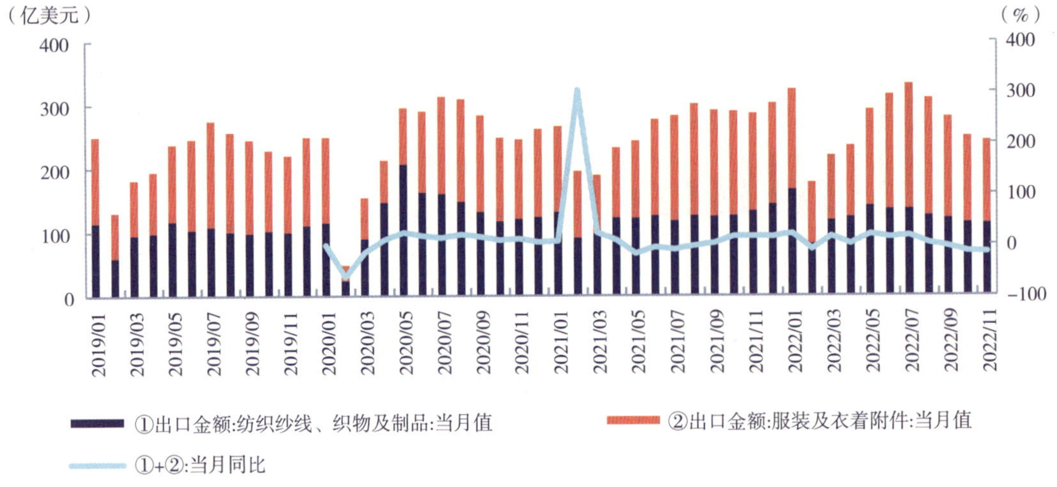

图 2-27　我国纺织业出口规模

（数据来源：Wind，海关总署，申万宏源研究；2022 年 11 月同比数据为计算值，其他同比数据为披露值）

汇率和棉花价格是影响出口的重要因素，棉花价格在经历了 2021 年的迅速上涨后已从高位回落，对于纺织制造企业而言，此前因棉花成本上行而带来的利润损失将逐步得到修复。就汇率而言，出口国货币相对进口国货币贬值利于本国产品出口，年初至今人民币相对美元已有明显贬值，拉动了中国纺织服装产品的出口，并在一定程度上增厚了报表端的汇兑收益。同时，中国企业在越南、柬埔寨等东南亚国家也有一定产能布局，部分产品直接从东南亚出口至欧美等发达国家，年初至今越南盾、柬埔寨瑞尔等东南亚国家货币相比美元也有较大幅度的贬值，均在一定程度上拉动了本地的纺织服装出口增长（图 2-28、图 2-29、表 2-5）。

图 2-28　中国棉花价格及期货指数

（数据来源：Wind，申万宏源研究）

图 2-29　国际棉花价格及期货指数

（数据来源：Wind，申万宏源研究）

表 2-5　美元兑主要纺织出口国货币汇率变化

当月末汇率	美元兑人民币	美元兑越南盾	美元兑柬埔寨瑞尔	美元兑孟加拉国塔卡	美元兑斯里兰卡卢比
2021/01	6. 47	23160	4065	84. 8	192. 1
2021/02	6. 47	23130	4069	84. 8	194. 8

续表

当月末汇率	美元兑人民币	美元兑越南盾	美元兑柬埔寨瑞尔	美元兑孟加拉国塔卡	美元兑斯里兰卡卢比
2021/03	6.57	23244	4045	84.8	199.8
2021/04	6.47	23158	4048	84.8	197.9
2021/05	6.37	23135	4072	84.8	200.4
2021/06	6.46	23178	4075	84.9	200.1
2021/07	6.46	23180	4072	84.8	200.7
2021/08	6.47	23130	4080	85.2	201.9
2021/09	6.49	23162	4079	85.5	200.8
2021/10	6.39	23131	4066	85.7	200.8
2021/11	6.38	23139	4069	85.8	200.8
2021/12	6.38	23145	4074	85.8	200.8
2022/01	6.37	23099	4066	86.0	200.8
2022/02	6.32	23140	4066	86.0	200.8
2022/03	6.35	23100	4050	86.2	293.9
2022/04	6.62	23140	4046	86.5	353.5
2022/05	6.66	23057	4062	89.0	360.8
2022/06	6.71	23110	4070	93.5	361.4
2022/07	6.74	23176	4099	94.7	362.8
2022/08	6.29	23219	4107	95.0	363.2
2022/09	7.10	23400	4119	104.6	364.5
2022/10	7.18	23695	4141	103.7	365.9
2022/11	7.18	23665	4122	102.3	366.5
2022/12/23	6.98	23631	4114	103.9	366.3
较2022年初汇率变动	9.5%	2.1%	1.0%	21.1%	82.5%
较月初汇率变动	-2.7%	-0.1%	-0.2%	1.6%	-0.04%

（**数据来源**：各国央行，申万宏源研究）

（三）板块业绩回顾：业绩短期承压，但后续复苏方向明确

根据申银万国行业类（2021）分类标准，纺织服饰为一级行业分类，包含纺织制造、服装家纺、饰品3个二级行业，其中，服装家纺包含运动服装、非运动服装、家纺、鞋帽及其他4个三级子行业，报告主要选取3个二级行业进行板块业绩表现分析。

1. 营业收入

2022年前三季度，上游纺织制造板块受益于海外需求旺盛、人民币贬值等利好因素，业绩表现较好，收入端同比增长8.1%。服装家纺板块受疫情反复影响，线下客流受损，线上物流发货短暂受阻，收入端表现体疲软，前三季度板块收入下滑

2.7%，饰品保持3.4%的小幅增长。随着12月疫情防控政策的优化调整，后续客流恢复及消费场景复苏方向明确，预计在2023年消费回暖下，板块收入表现也将迎来明显改善（图2-30）。

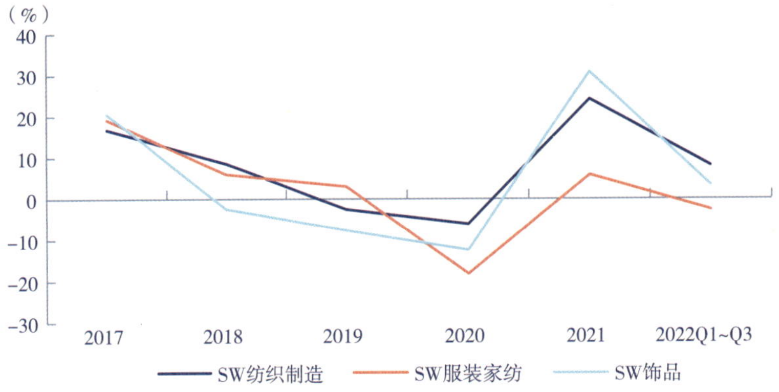

图2-30 纺织服饰细分板块收入合计及增速

（数据来源：wind，申万宏源研究）

2. 净利润

2022年前三季度，纺织服饰板块净利润整体下滑，其中，上游纺织制造板块小幅下降2.8%，主要受疫情影响工人出勤及开工率及三季度以来海外需求回落、产能利用率下滑等因素影响。服装家纺板块受疫情反复终端需求下滑，品牌方加大折扣力度促销，叠加线下门店租金、员工薪酬等费用刚性，净利润下滑明显，前三季度板块净利润同比下降29.1%，饰品板块下滑11.4%。预计后续随零售回暖、费用摊薄等拉动，业绩将逐步修复（图2-31）。

3. 盈利能力及营运指标

2022年前三季度，上游纺织制造板块盈利能力小幅提升，毛利率同比提升1.8个百分点达到18.46%，净利率小幅提升0.3个百分点达到7.94%，预计主要由于原材料价格相较于2021年从高位回落，带动毛利率回升有关。服装家纺板块盈利能力整体呈下降趋势，毛利率同比下降1.5个百分点达到41.37%，净利率同比下降1.3个百分点达到6.29%，主要因为疫情影响终端零售下滑，同时门店租金、人员成本等费用支出较为刚性，服装家纺板块存货及应收账款周转速度相比2021年均有所放缓，营运能力略有下降（图2-32、图2-33、表2-6）。

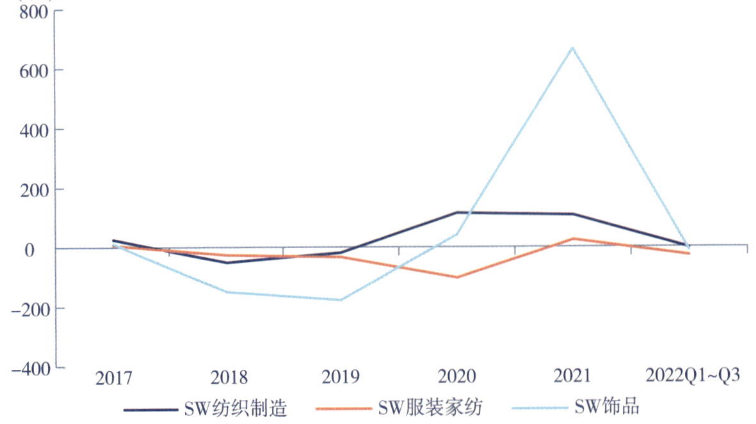

图2-31 纺织服饰细分板块净利润合计及增速

（数据来源：wind，申万宏源研究）

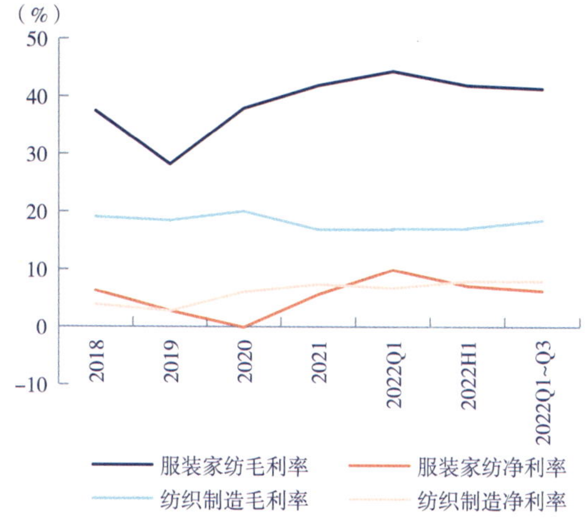

图 2-32　近年来 A 股服装家纺板块盈利能力表现

（数据来源：wind，申万宏源研究）

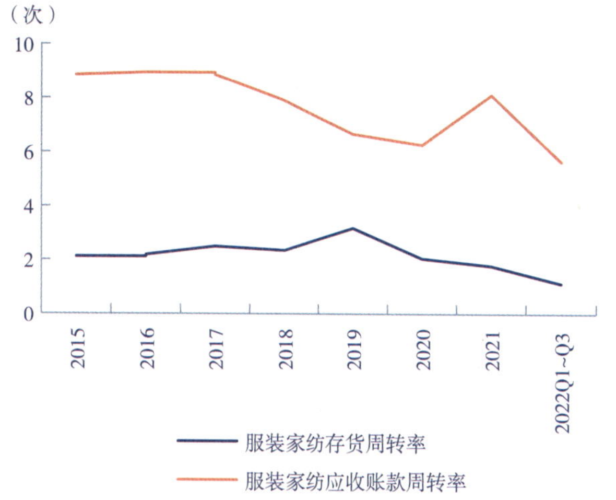

图 2-33　近年来 A 股服装家纺板块营运能力表现

（数据来源：wind，申万宏源研究）

表 2-6　纺织服装行业 22Q1～Q3 业绩汇总

子行业	证券代码	公司简称	营收增速				归母净利润增速			
			22Q1	22Q2	22Q3	22Q1～Q3	22Q1	22Q2	22Q3	22Q1～Q3
运动服饰	2022. HK	安踏体育	10%～20%高段	中个位数	中单位数	—	—	—	—	—
	2331. HK	李宁	20%～30%低段	高个位数	10%～20%中段	—	—	—	—	—
	1368. HK	特步国际	30%～35%	中双位数	20%～25%	—	—	—	—	—
大众服饰	600398. SH	海澜之家	-5%	-7%	3%	● -3%	-14%	-32%	19%	● -15%
	002563. SZ	森马服饰	0%	-27%	-6%	● -11%	-41%	-133%	-40%	● -71%
	603877. SH	太平鸟	-8%	-26%	-15%	● -16%	-6%	-127%	-87%	● -72%
	301088. SZ	戎美股份	-10%	-3%	72%	● 12%	-9%	-32%	74%	● -2%
中高端服饰	002832. SZ	比音勒芬	30%	-14%	20%	● 13%	41%	-13%	30%	● 25%
	002154. SZ	报喜鸟	16%	-14%	4%	● 2%	14%	-27%	14%	● 5%
	003016. SZ	欣贺股份	-7%	-22%	-12%	● -13%	-34%	-62%	-43%	● -47%
	603587. SH	地素时尚	-9%	-28%	-8%	● -15%	-23%	-48%	-25%	● -32%
	603808. SH	歌力思	17%	-4%	0%	● 4%	-50%	-96%	-46%	● -67%
家纺	002293. SZ	罗莱生活	-2%	-9%	-9%	● -7%	-13%	-36%	-19%	● -20%
	603365. SH	水星家纺	12%	-7%	2%	● 2%	7%	-74%	-12%	● -27%
	002327. SZ	富安娜	7%	-2%	-5%	● 0%	14%	-10%	8%	● 3%
纺织制造	300979. SZ	华利集团	11%	29%	23%	● 22%	12%	28%	25%	● 22%
	605138. SH	盛泰集团	31%	20%	15%	● 21%	43%	2%	97%	● 34%
	300888. SZ	稳健医疗	2%	58%	41%	● 31%	-26%	91%	4%	● 13%
	002003. SZ	伟星股份	34%	17%	11%	● 19%	45%	29%	28%	● 30%
	603558. SH	健盛集团	29%	45%	-8%	● 19%	74%	74%	10%	● 48%
	603908. SH	牧高笛	56%	55%	56%	● 60%	73%	137%	-5%	● 82%
	605080. SH	浙江自然	47%	13%	-1%	● 21%	38%	18%	-45%	● 9%
	300577. SZ	开润股份	36%	31%	44%	● 37%	3%	-94%	-63%	● -54%

续表

子行业	证券代码	公司简称	营收增速				归母净利润增速			
			22Q1	22Q2	22Q3	22Q1～Q3	22Q1	22Q2	22Q3	22Q1～Q3
纺织制造	603055. SH	台华新材	28%	0%	-22%	• -2%	17%	-24%	-50%	• -21%
	601339. SH	百隆东方	5%	-3%	8%	• 3%	55%	32%	8%	• 31%
	603889. SH	新澳股份	40%	9%	6%	• 16%	47%	38%	14%	• 32%
	605189. SH	富春染织	44%	-4%	-2%	• 7%	-33%	46%	-66%	• -14%

（**数据来源**：wind，申万宏源研究；港股季度增速为流水增速）

（四）板块估值分析：估值处于历史低位，板块性价比凸显

经过前期的回调，目前纺织服饰板块估值处于历史低位。截至 2022 年 12 月 10 日，申万一级行业纺织服饰的 PE（TTM）为 23.6 倍，处于 2017 年以来的 31%的分位数水平，服装家纺、纺织制造估值分别是 24 倍、22.9 倍，分别均处于 20%、35%分位水平（表 2-7、图 2-34）。

表 2-7　A 股纺织服装板块 PE（TTM）统计

PE（TTM）	SW 纺织服饰	SW 服装家纺	SW 纺织制造
最大值	39. 6	45. 5	52. 2
最小值	16. 6	16. 8	15. 2
当前值	23. 6	24. 0	22. 9
分位数	31%	20%	35%

（**数据来源**：wind，申万宏源研究；统计周期为 2017/1/1 至 2022/12/10）

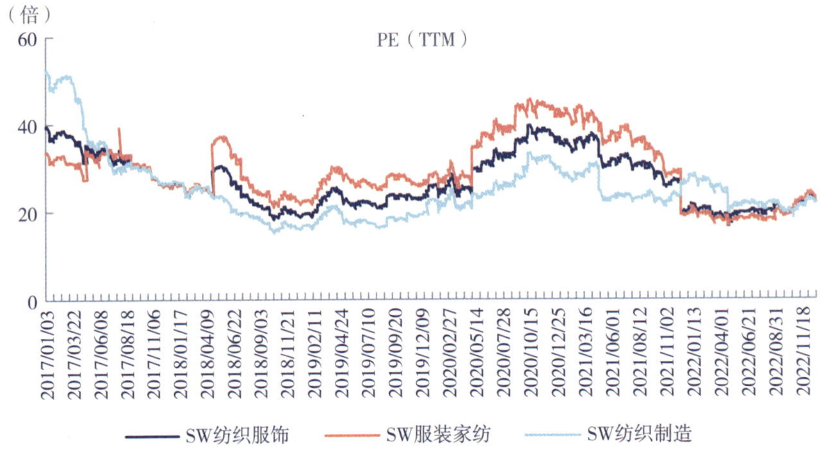

图 2-34　A 股纺织服装板块 PE 走势

（**数据来源**：wind，申万宏源研究；统计周期为 2017/1/1～2022/12/27）

港股主要代表公司估值当前同样处于历史低位，前期港股市场受到国内疫情反复扰动线下零售、海外持续加息下市场情绪波动等影响，股价跌幅较大。12 月以来受到国内疫情防控政策优化调整影响，市场信心大幅增强，股价低位反弹，但当前估值仍处于相对低位，截至 2022 年 12 月 9 日，安踏体育、李宁、申洲国际的 PE（TTM）估值回落至历史中枢以下水平（表 2-8、图 2-35）。

表 2-8　H 股纺织服装龙头的 PE（TTM）统计

PE（TTM）	安踏体育	李宁	申洲国际
最大值	83. 6	117. 6	51. 4
最小值	19. 2	13. 7	19. 3
当前值	31. 2	33. 4	31. 7
分位数	30%	31%	18%

（**数据来源**：wind，申万宏源研究；统计周期为 2017/1/1～2022/12/10）

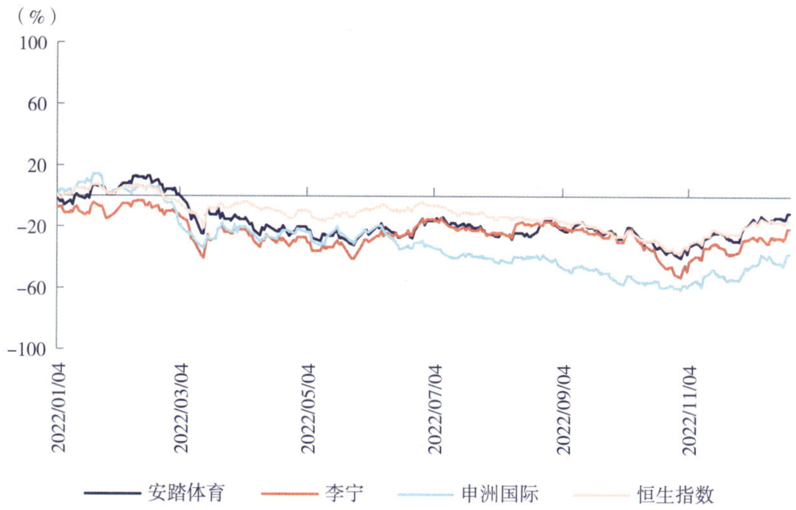

图 2-35 港股代表纺织服装行业上市公司 2022 年初至今累计涨跌幅走势

（**数据来源**：wind，申万宏源研究；统计周期为 2022/1/1~2022/12/23）

二、后疫情时代现状：疫后市场快速恢复，冬奥及疫情催化催生新需求

（一）运动装：冬奥举办提振市场热度，国货崛起为大势所趋

服装行业是我国经济的重要产业之一，2021 年市场规模恢复快速增长，相比疫情前再创新高。根据 Euromonitor 数据，2021 年我国服装市场规模达到 19648.9 亿元，同比增长 17.4%，其中男装占比约 30%，女装占比约 60%，童装占比约 10%，预计 2022~2026 年服装市场规模复合增速为 4.6%。

运动服饰是服装板块中最具景气度和需求韧性的细分赛道，中国运动市场的增速在全球均处于领先水平，2021 年中国运动市场规模达到 3718 亿元，同比增长 19.1%，2019~2021 年中国运动装市场规模的复合增速为 7.8%，高于全球的 2.7%。随着政策推动打造运动强国，全民健身上升为国家战略，未来行业有望继续保持快速增长，预计 2022~2026 年市场规模复合增速为 12.3%，高于全球 7.5% 的增长水平（图 2-36）。

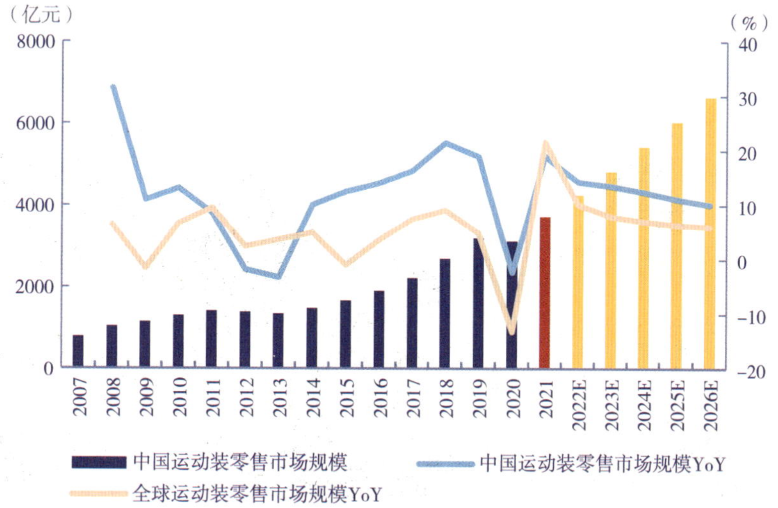

图 2-36 2022 年我国运动服装市场规模达到 3718 亿元

（**数据来源**：Euromonitor，申万宏源研究；按公司口径计）

从竞争格局上看，中国运动市场集中度高，竞争格局优质，近年来国货崛起趋势明显。2021 年运动市场 CR10 为 84%，前十大公司中中国本土品牌占据四席，包括安踏、李宁、特步、361 度。其中，安踏在 2021 年首次超过 Adidas，跃升为中国市场第二大运动品牌，而 Nike、Adidas 的市场份额在 2021 年分别下降 0.9 和 2.5 个百分点，国货崛起趋势继续强化（表 2-9）。

表 2-9　2021 年中国运动服饰零售市场前十大品牌份额（品牌口径）

排名	品牌	2012	2016	2021	2012~2021 变化	2016~2021 变化	2020~2021 年变化
1	Nike	13.7%	16.9%	19.1%	5.4%	2.2%	-0.9%
2	Adidas	12.4%	14.9%	13.0%	0.6%	-1.9%	-2.5%
3	李宁	7.0%	6.3%	7.7%	0.7%	1. 4%	1.3%
4	安踏	6.1 %	6.8%	7.3%	1.2%	0.5%	0.5%
5	斐乐	0.7%	2.3%	6.9%	6.2%	4.6%	0.3%
6	Skechers	0.4%	3.0%	6.6%	6.2%	3.6%	0.7%
7	特步	7.9%	5.5%	4.4%	-3.5%	-1.1 %	-0.1%
8	Jordan	1.1%	2.0%	4.0%	2.9%	2.0%	0.4%
9	Converse	2.1%	2.3%	2.2%	0.1 %	-0.1%	0.0%
10	361 度	5.4%	3.7%	2.2%	-3.2%	-1.5%	-0.1%
CR10		56.8%	63.7%	73.4%	16.6%	9.7%	-0.4%

（数据来源：Euromonitor，申万宏源研究）

2022 年初北京冬奥会的成功举办，使滑雪、户外运动逐渐走入大众视野，京东发布的《冰雪运动消费报告》显示，2022 年春节期间，冰雪运动相关品类成交金额同比增长 135%。行业快速发展之下，国货运动品牌顺势而为，加大户外运动领域布局，安踏作为北京冬奥会的官方合作伙伴，为 15 个大项的 12 支中国国家队提供比赛装备，推出联名服饰。李宁推出全新滑雪品类，并打造李宁“䨻”科技，已广泛应用至飞电、绝影跑鞋，驭帅篮球鞋产品上，有效减震回弹性能，提高穿着者的赛场表现。特步早在 2019 年便推出动力巢科技，使跑步鞋更具减震、回弹、轻质的性能，160 系列跑鞋在马拉松领域广受欢迎。

疫情催化带动精致露营热潮，逐渐成为大众休闲的新选择。精致露营是在疫情导致民众跨境及跨省出游相对不便的情况下，逐渐催生本地化休闲娱乐的新方式，不同于传统露营以探索自然为目的，对美观和舒适程度要求较低，精致露营更重视露营装备精致齐全和环境的舒适度，以景色宜人、娱乐活动丰富为特色，满足放松心情、促进关系、体验生活的多重需求，逐渐成为家庭度假、朋友小聚、白领休闲与社交娱乐的新方式（图 2-37）。

图 2-37　精致露营更强调用户体验与社交属性

（资料来源：牧高笛微信公众号，牧高笛小红书官方账号，申万宏源研究）

（二）男女童装：市场规模超越疫情前水平，龙头公司地位稳固

男装市场疫后快速复苏，用户品牌忠诚度相对更高，竞争格局相对稳定。2021 年我国男装市场规模 6029.5 亿元，同比增长 18%，市场规模已超过疫情前的水平。从竞争格局上看，男装市场集中度相比女装、童装均更高，2021 年行业 CR10 为 21.7%，其中海澜之家稳居市占率第一，占比为 4.4%，安踏、Nike 位居第二和第三，占比分别为 3.0%和 2.6%（图 2-38）。

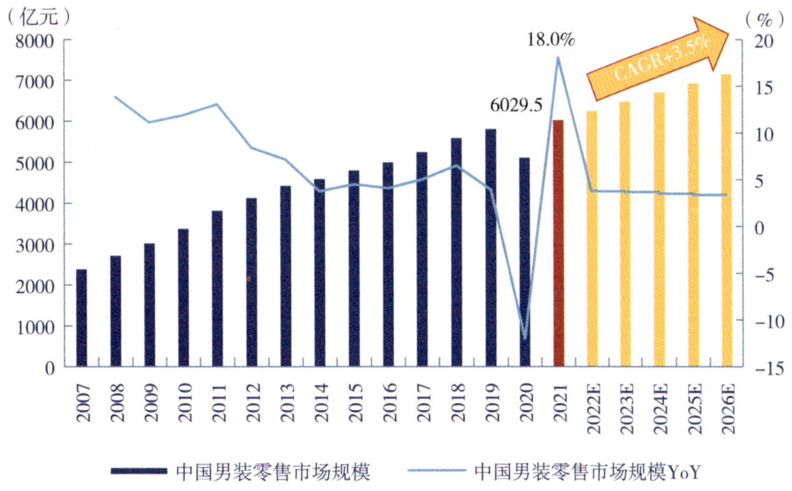

图 2-38　2007~2021 年我国男装市场规模

（数据来源：Euromonitor，申万宏源研究）

女装市场为最大细分服装领域，占比达到服装行业规模的一半以上，疫情后市场规模快速恢复增长，2021 年我国女装市场规模 11055.8 亿元，同比增长 17.5%。但行业集中度较低，2021 年 CR10 为 9.9%，最大的迅销公司市场份额仅为 1.6%，竞争格局较为分散。由于女性对于品牌多样性、服饰风格变化要求较高，女装市场多品牌布局是必然的发展趋势（图 2-39）。

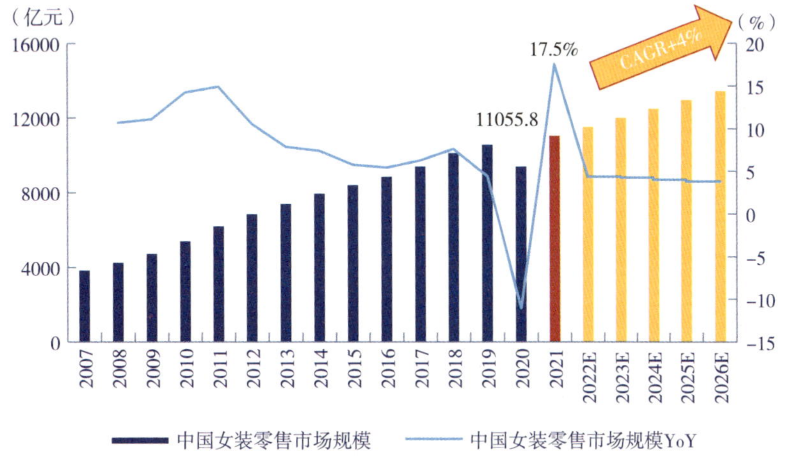

图 2-39　2007~2021 年我国女装市场规模

（数据来源：Euromonitor，申万宏源研究）

童装市场增速相对更快，龙头市场地位稳固。2021 年童装市场规模为 2563.6 亿元，同比增长

15.6%，2016~2021 年市场复合增速达到 10.3%，保持着明显领先于服装大盘的增长水平。从竞争格局上看，2021 年行业 CR10 为 15.8%，其中，森马旗下的巴拉巴拉品牌龙头地位稳固，2021 年市场占有率达到 7.1%，安踏和 Adidas 位居第二、第三，市场占有率分别为 2.0%和 1.33%（图 2-40）。

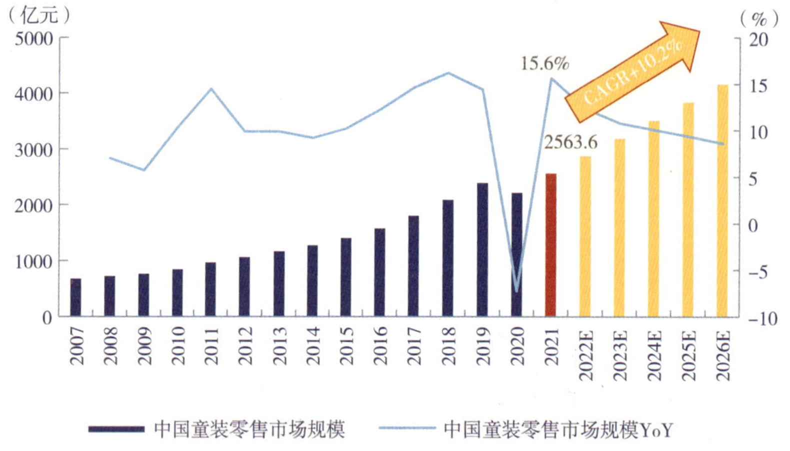

图 2-40　2022 年我国童装市场规模达到 2563.6 亿元

（数据来源：Euromonitor，申万宏源研究）

三、行业趋势：品牌零售需求日益多元化，纺织制造加速产业转移

（一）疫后经济 K 型分化，高端奢侈与大众品牌有望率先复苏

海外国家相比中国更早地进行了疫情防控政策的调整，参照海外市场疫后消费复苏的规律，能够更好地理解中国市场消费复苏的后续演绎。美国劳工部工作报告显示，美国疫情后经济恢复速度呈现不平衡，低工资企业和低收入工人受疫情影响的冲击最大，在复苏阶段，企业数量及就业人口的恢复速度也最慢，而高工资企业和高收入群体受疫情影响较小，收入预期也更为稳定，由此可能造成消费分层化现象，高端消费与高性价比消费均存在较好的增长机会（图 2-41）。

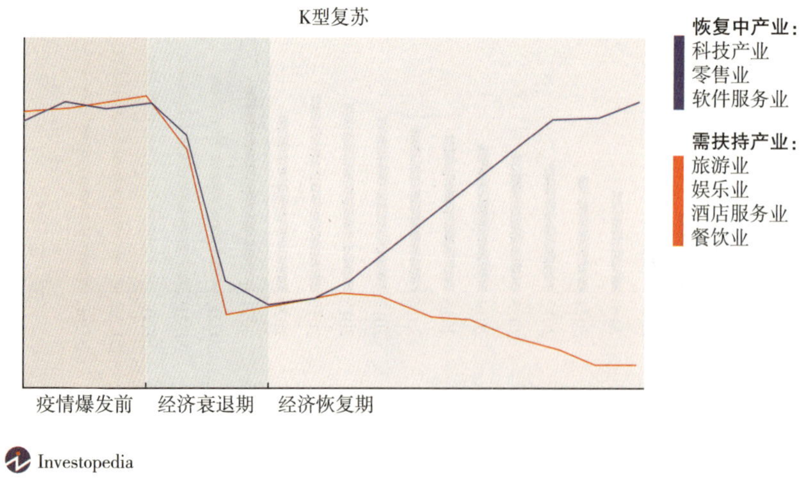

图 2-41　美国疫后经济 K 型复苏

（数据来源：Investopedia，申万宏源研究）

参照美国消费复苏经验，预计后续中国经济复苏也会呈现这一趋势，短期消费分层化的格局演绎下，高端奢侈品牌与大众品牌有望率先复苏，居民对性价比的高度关注，也为品牌以物美价廉的产品打动消费者提供了有利契机。从中长期而言，消费升级的趋势仍然是支撑中国服饰市场快速增长的最大红利之一，麦肯锡报告预测，到 2030 年中国个人消费规模将达到 65.3 万亿元，其中超 66%的增长将来自三线及以下城市、县乡市场，下沉市场的消费升级也为品牌提供了战略纵深，短期消费分层化与长期消费升级并存，共同孕育多元化的市场发展机遇。

（二）户外露营热潮兴起，社交及功能属性产品受追捧

疫情催化下居民健康意识提升，叠加 2022 年冬奥会、世界杯等大型赛事催化，滑雪、冲浪、骑行等多样化的户外运动方兴未艾，疫情下远途旅行的诸多不便催生了精致露营热潮，叠加政策利好频出，全方位引导露营、户外体育行业高质量发展，未来市场空间依旧广阔。2020 年中国户外用品市场规模为 1693 亿元，预计至 2025 年有望达到 2410 亿元，从渗透率的角度看，2021 年中国户外运动参与人数达 4 亿人，测算渗透率约为 28%，相比英美等发达国家，未来仍有较大空间，市场仍在发展初期，未来有望持续释放增长红利（图 2-42、图 2-43）。

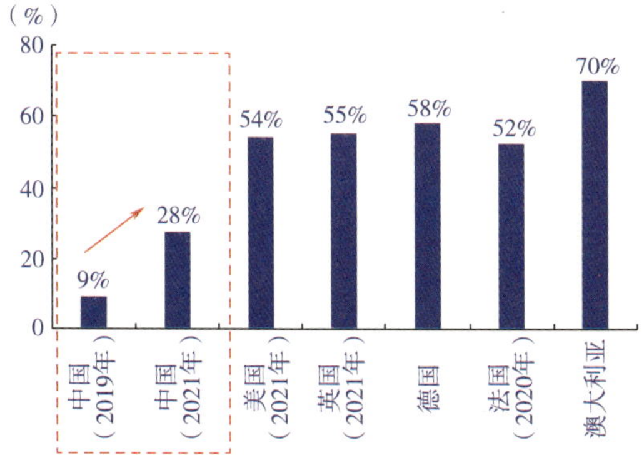

图 2-42　2021 年中国露营户外运动的渗透率约为 28%

（数据/资料来源：国家体育总局，美国户外行业协会，Statista，户外运动中心联盟，申万宏源研究）

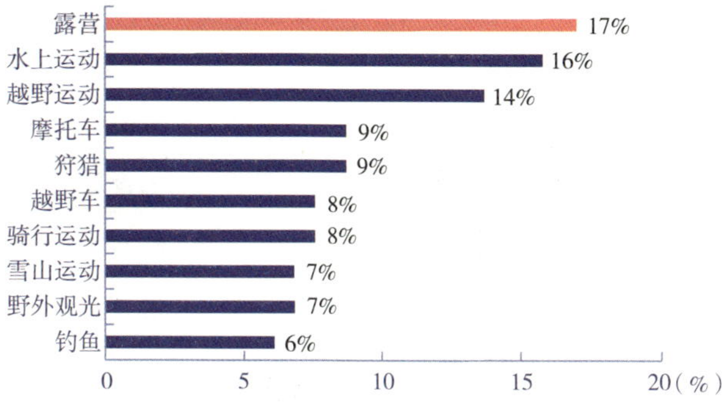

图 2-43　2020 年中国露营参与率约为 17%

（数据来源：美国户外行业协会，申万宏源研究）

从服装消费的风格属性上看，大致可以分为运动、休闲和社交三大类。近年来随着消费者更加重视运动健康和社交体验，服饰消费也逐渐呈现出运动社交化的趋势，处于运动和社交之间的品牌，如比音勒芬、始祖鸟、迪桑特均取得快速发展，既能满足消费者运动时对产品的功能性需求，又能在日常社交中保持较好舒适性和穿着体验，预计未来这类兼具运动和社交属性的品牌依然能保持较好的增长势头（图 2-44）。

（三）线上化率持续提升，社交电商分羹传统电商份额

在疫情影响线下客流及销售的情况下，线上渠道已经成为企业销售的重要抓手，持续推动国民消费线上化。2022 年 1~11 月实物商品网上零售额同比增长 6.4%，明显优于社会消费品零售总额大盘下滑 2.9%的表现，实物商品网上零售占比 27.1%，同比进一步提升 2.6pct，其中，穿类商品网上零售额同比增长 3.4%，同样优于同期服装鞋帽零售额同比下降 5.8%的销售表现，疫情扰动之下，线上渠道越来越成为企业平滑线下扰动、稳定产品销售的重要渠道（图 2-45、图 2-46）。

家纺电商销售占比保持高位，品牌服饰线上零售进一步提升。由于家纺产品主要为标品，适合在线上进行销售推广，因而电商占比相比其他服饰品类更高，2021 年罗莱、水星家纺、富安娜线上营收占比分别达到 28%、52%和 42%，在服装领域处

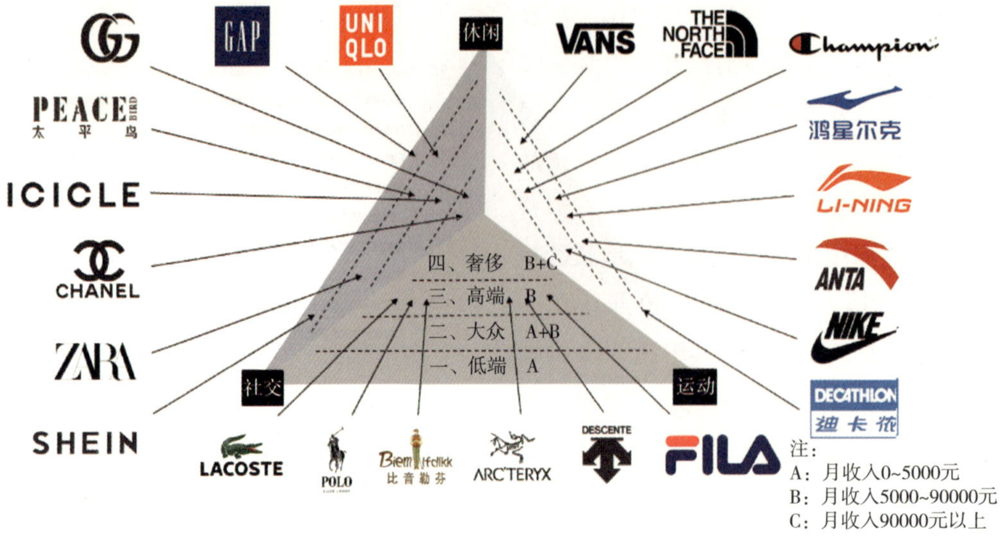

图 2-44 中国市场代表性服饰品牌矩阵

（数据来源：阿福先生公众号，申万宏源研究）

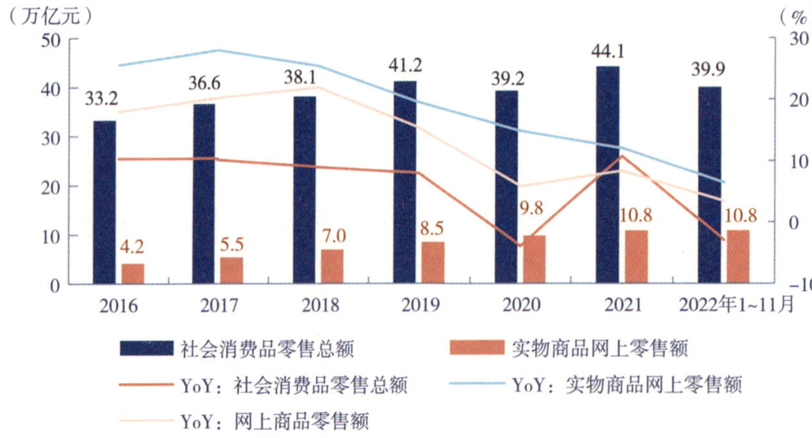

图 2-45 社会消费品及实物商品网上零售额、同比增速

（数据来源：国家统计局，申万宏源研究）

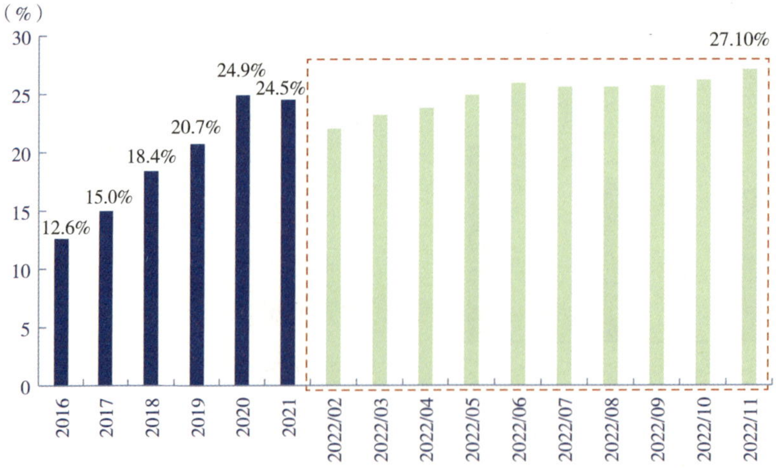

图 2-46 实物商品网上零售额占社会消费品零售总额的比重（累计值）

（数据来源：国家统计局，申万宏源研究）

于绝对领先位置。大众服饰领域中，海澜之家、森马服饰 2021 年线上收入占比分别为 14%、42%，相比 2020 年均有进一步提升。运动服饰景气度较高，线上销售持续保持较快增长，李宁、安踏、特步 2021 年线上收入占比分别达到 28%、29%、30%，2022 年 618、双十一大促表现优异，尤其是在双十一电商大盘整体表现平淡的情况下，李宁、安踏、特步线上全渠道增速分别为双位数增长、接近 30% 和 30%，展现出自身强劲的增长韧性，推动线上占比进一步提升（图 2-47）。

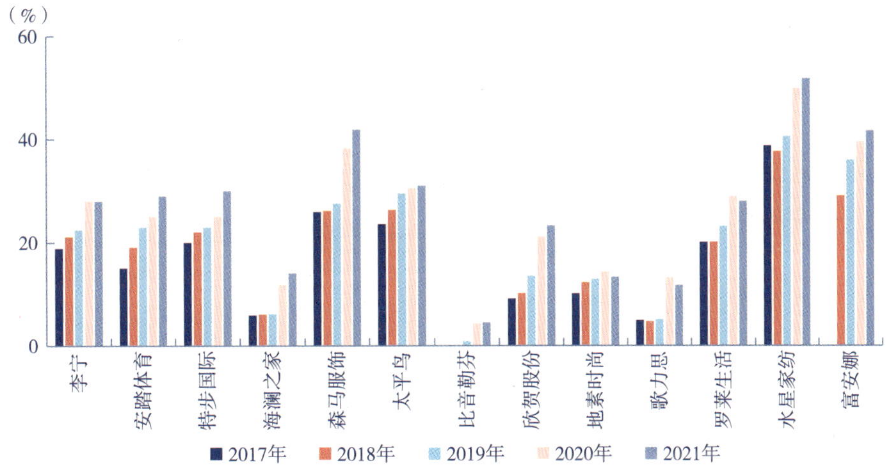

图 2-47　主要服饰公司线上收入占比持续提升

（数据来源：各公司公告，申万宏源研究）

中国互联网电商行业发展 20 余年，社交电商逐渐成为新的发展趋势，从传统货架式发展到如今以短视频、直播等为载体的兴趣电商，从“人找货”到“货找人”，推荐算法的准度在不断提升，消费网购体验在不断优化，基于用户浏览内容挖掘用户消费需求的兴趣电商已成为电商行业发展的重要渠道（图 2-48）。

据网经社数据，2021 年我国直播电商用户已达到 4.3 亿人，同比增长 18%，直播电商市场规模近 2.4 万亿元，同比增长 84%，是目前增长速度最快、增长规模最大的用户类型。凭借讲解全面、互动即时、娱乐休闲等优势，以直播电商为代表的新零售模式正加速迭代传统电商，流量结构的转变有望给商家带来新的消费场景，也为线上服装销售打开新客流渠道（图 2-49、图 2-50）。

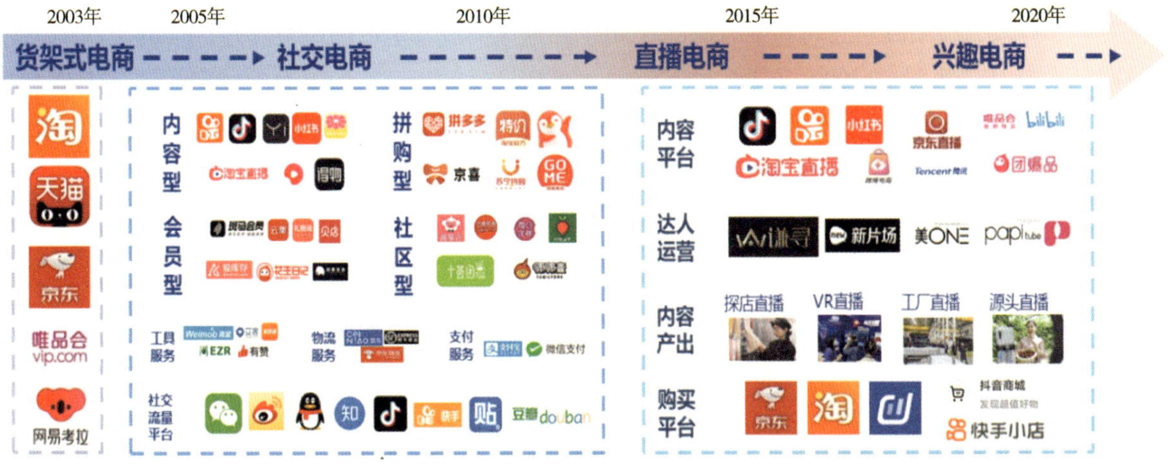

图 2-48　电商行业发展历程图

（资料来源：国家统计局，申万宏源研究）

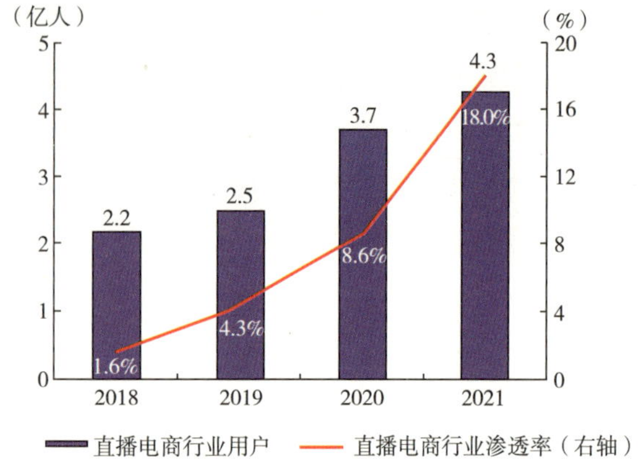

图 2-49　2018~2021 年中国直播电商行业用户

（资料来源：网经社，申万宏源研究）

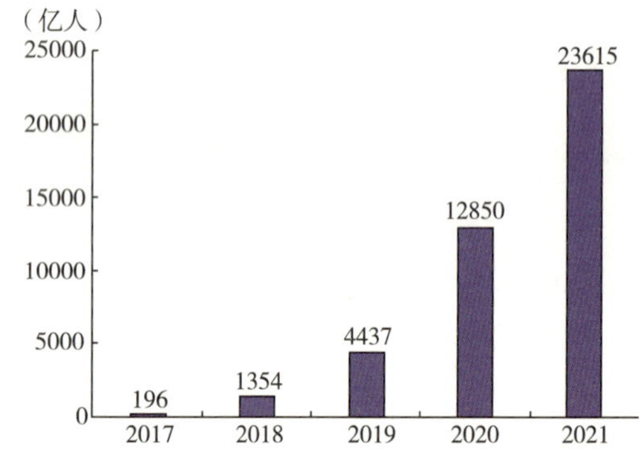

图 2-50　2017~2021 年中国直播电商行业市场快速增长

（资料来源：网经社，申万宏源研究）

在兴趣电商火热发展的趋势下，品牌方顺势而为，加强线上多平台布局，建立专门的直播基地，重点发展自播业务，通过多平台布局发展新兴增长点。根据抖音电商发布的《2022 抖音电商商品发展报告》，过去一年，抖音平台年销破亿元的商品已有 175 个，如爆款产品波司登风衣羽绒服在超品活动日期间，单品销售量破 3000 万元；蕉下防晒服“618”期间销售额破 4000 万元，抖音日益成为新品推广、爆品打造的优势平台，越来越多品牌、商家将抖音等兴趣电商作为新的经营阵地，一条全新的线上零售赛道初具规模。

（四）纺织制造抢滩东南亚，供应链重构加速进行

纵观纺织服装全产业链，既包括下游品牌商和零售商，也包括上游原材料供应商和中游制造商，产业链各环节分工明确、紧密合作，共同形成了优秀品牌、大型制造商和优质原料供应商共生共赢的产业生态，奠定了中国纺织服装产业在全球的优势地位。2001 年中国加入 WTO 后，凭借便利的贸易条件和较低的人力成本，迅速成为全球纺织业中心。但随着中国人力成本的上升和产业链的加速升级，目前纺织制造环节已逐步从中国大陆向东南亚进行转移，尤其是人力密集型的制造环节率先进行，开启了新一轮供应链重构的进程（图 2-51）。

从历史上看，全球纺织业至今经历了四次重大产业转移。最初是在工业革命后，英国和德国凭借机械化生产率先成为全球纺织中心，19 世纪末 20 世纪初，美国棉花的大规模量产，全球纺织业的中心从欧洲转移至美国。第二次世界大战后至 20 世纪 50 年代，日本凭借更低的人工成本和技术上的改进，成为新一轮的全球纺织业中心，自此，亚洲地区主导的全球纺织业发展格局开始形成。20 世纪 70 年代后，日本日益上升的人力成本使纺织业利润下降，韩国、中国台湾贸易开放和人力成本优势明显，全球纺织中心开始从日本向韩国、中国台湾和香港转移。2001 年中国加入 WTO，人力成本和贸易便利优势更为突出，全球产业链转移至中国大陆，目前正在进行的是第五轮从中国大陆向东南亚进行迁移的过程。

从历史上产业迁移的规律来看，每一轮转移周期持续 20~30 年，背后的核心驱动在于追求更低的生产成本，因而方向上是从成本相对较高的国家和地区向成本更低的国家和地区转移，次序上往往是先转移较为灵活的人力生产环节，其次是机器设备投资的跟进，最终推动本土化产业向更高附加值的方向发展。

连续三年的疫情考验使下游品牌对自身供应链的安全性更为重视，对制造商的稳定生产、如期交付提出了更高的要求。在此背景下，制造龙头加速进行供应链多元化布局，提升供应链的稳定性和成本优势。东南亚地区凭借全球贸易便利、充足且低成本的劳动力供应和较低的关税税率，成为中国纺织企业产业链转移的战略要地。

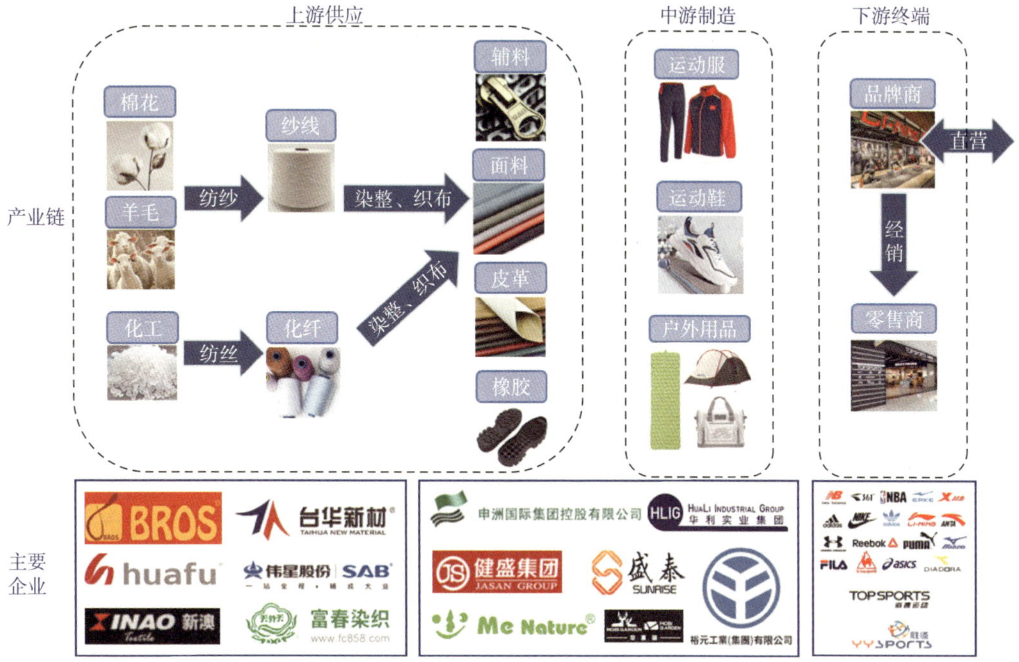

图 2-51　运动产业链全景

（资料来源：申万宏源研究）

服装代工龙头申洲国际自 2005 年投建了首个柬埔寨成衣工厂，此后越南、柬埔寨产能占比不断攀升，目前面料产能在国内和海外各占 50%，成衣产能在国内和海外分别占比 60% 和 40%。鞋类代工龙头裕元、丰泰早在 20 世纪 80 年代末就启动全球化布局，普遍选择当时基础设施领先的越南南部建厂，而华利自 2005 年起开始境外布局，战略性地选择越南北部大规模设厂。2021 年，华利越南产能占比已达到 99%，裕元在越南和印度尼西亚的产能占比达到 83%，丰泰在越南、印度尼西亚和印度产能占比 88%。随着东南亚地区铁路、物流等基础设施的不断完善，越来越多的纺织服装企业持续扩大海外产能，提升全球化比例，新一轮的全球产业链重构正加速进行，为全行业发展孕育出更多成优势互补，共同发展的新机会（表 2-10）。

表 2-10　截至 2021 年末成衣制造龙头预计产能结构

产能结构		国内	海外	产能出海历程
申洲国际	面料	50%	50%	自 2005 年投建首个柬埔寨成衣工厂，此后越南、柬埔寨产能占比不断攀升
	成衣	60%	40%	
鲁泰 A	面料	83%	17%	自 2014 年设立柬埔寨、缅甸公司，2016 年成立越南工厂，至今形成越南、柬埔寨、缅甸的海外产能布局
	成衣	47%	53%	
晶苑国际	成衣	20%	80%	当前海外产能遍布越南、柬埔寨、孟加拉国、斯里兰卡等地
盛泰集团	面料	50%	50%	自 2011 年收购中国香港新马集团，2019 年收购罗马尼亚工厂，至今形成越南、柬埔寨、斯里兰卡、罗马尼亚的海外产能布局
	成衣	30%	70%	

（资料来源：各公司公告，申万宏源研究）

2022~2023 年中国消费趋势报告

知萌咨询机构　肖明超

2022 年，已经在疫情政策的全面放开中悄然离去，所有人对于 2023 年的到来，都充满期待和带着憧憬，消费的烟火正在升腾，无论是经济还是消费市场，都正在进行一场“渐进式回暖”。

2023 年的消费趋势会朝什么方向发展？对于商业创新、品牌规划和营销而言，应该如何把握新的趋势，在 2023 年更好地与消费者建立连接？对此，报告总结提炼了 2023 年的趋势关键词和八大消费趋势。

一、2023 年消费趋势关键词：回暖与期盼

2023 年，稳中求进依然是经济发展的主基调，随着经济的温和复苏，中国消费者也在期盼并准备着工作和生活回归常态，消费市场也将在 2023 年实现“渐进式回暖”。在对 2023 年的关键词的描述中，消费者更多希望疫情能够快点结束，自己可以有更好的收入，以及自己和家人都身体健康，回归生活常态成为共同需求。

同时，消费者也希望在 2023 年更多陪伴家人和朋友、赚更多的钱、更健康地生活和发展更多的兴趣爱好等（图 2-52）。

通过数据可以看出，消费者都在期盼着把过去三年没有实现的目标，在这一年尽快付诸实践，把这三年慢下来的蛰伏和思考转化为新的能量和方向。调研呈现出的美好愿望将会让蛰伏许久的消费热情被激发出来，成为 2023 年的新的消费“潜流”而呈现于消费市场。

2023 年，中国消费者定会在韧性中前行，推动“渐进式回暖”。

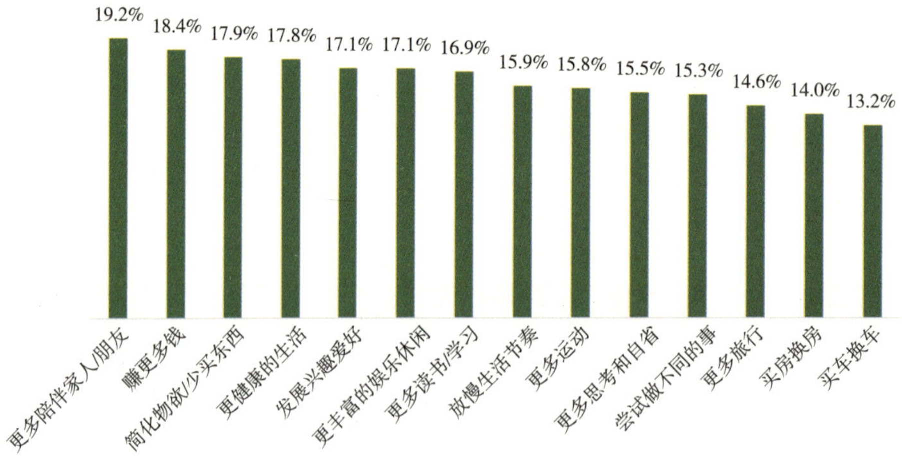

图 2-52　2023 年消费者为了更好的生活所做出的努力（可多选）

二、2023 年八大消费趋势

“韧性向前，渐进回暖”。知萌咨询机构经过深度研究，预见了 2023 年将会呈现的八大消费趋势，分别是：理智随兴、氛围怡情、精微极质、纯粹主义、国潮新境、绿色风尚、信任复利、虚实共振。

（一）趋势一：理智随兴

疫情打乱了很多人的生活节奏，行为受到限制，生活节奏变慢，人们对生活有了更多思考。消

费者不再像过去那么容易被鼓动，消费决策变得更加慎思笃行，理性逻辑指引“随兴”消费，购买产品不只是功能性价值满足，更是希望产品为生活带来惊喜感、意义感、价值感和满足感。

数据显示，不盲目购买打折促销商品，控制热爱的产品的欲望以及定期清理不必要的物品等成为正在践行的消费理念，在这样的消费理念的驱动下，消费者将会理性衡量消费抉择，审慎计划支出；另外，也会更加关注所购买的产品的实际价值和能够给生活带来的改变（图 2-53）。

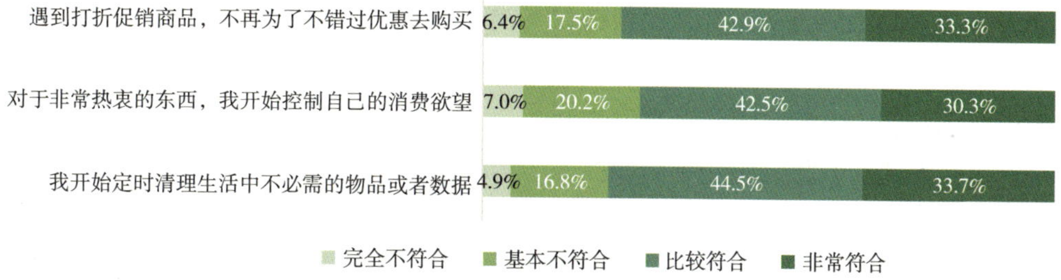

图 2-53　消费理念描述

为了更好地做出决策，消费者也在通过当下最流行的短视频平台主动学习消费知识，更好地做出理性的消费决策。来自巨量算数的年度调研显示，71.6%的人主动学习消费知识做出理性决策，将抖音作为主要消费知识获取平台的受访者占比也达到了 83%。

在理智消费理念的驱动下，消费者也在不断增长消费的智慧，临期食品在 2022 年成为消费新宠、抖音端各类“平替”内容逐渐火热，京东以旧换新订单量大幅增长等，都可以看到消费者希望获得更合适的价格、更有品质的生活，在省钱和精致之间找到新的平衡点。

理性生活并不意味着降低对质量的要求或舍弃个人偏好选择替代品。相反，消费者在每个价位都想获取更好的产品，确保每次购物都正确合理，所买东西都是物有所值，而在自己真正需要、有着更大消费满足感的必要消费上，消费者却不惜重金。“理性消费，感性生活”成为基本面，从需要、想要到必要，从追求物质的功能满足转向追求物质、精神和趣味的三重满足，成为最重要的消费理念的变化。

对于越来越理智的消费者，品牌应该更多地去挖掘兴趣消费，在功能的基础上为消费者提供附加值，使消费者在每一次消费中获得最大程度的惊喜感、意义感、价值感和满足感。

例如，鸿星尔克被消费者“野性消费”之后还能留住消费者，离不开自身的实力与企业担当。因在人民遇难时倾囊相助，消费者们看到了鸿星尔克这个依旧默默发力的民族企业，为企业的举措而感动，开始以购买产品的行为来表达对品牌的支持。在“野性消费”热潮退去之后，大家也发现鸿星尔克是真正有品质的并且有担当的国货品牌。鸿星尔克洞察消费者对户外产品要求行动便利、安全可靠的需求，采用防风、防水、超轻、耐磨的材料，以专业户外科技承载惊鸿而出的创意。应用 100%可回收的环保杜邦纸，践行可持续发展理念；鸿星尔克还把家国情怀转化为对传统文化的挖掘与传承，并融入产品研发的经营格局，让自身科技新国货的形象更加饱满；另外，鸿星尔克青年共创设计大赛面向 Z 时代发出邀请，并将年轻设计师们的获奖作品带上品牌大秀，为他们的梦想提供舞台和机会。鸿星尔克以自身对品质和文化的坚守，对社会和国家的回馈，做到了中国品牌为国民，中国品牌为中国。

当消费者不像过去那么容易被鼓动，在审慎消费与兴趣消费双线并行的趋势下，产品需要思考如何给消费者生活带去新的惊喜和意义，同时，需要用更加朴实细腻的内容与消费者进行沟通，才能触达心灵。

（二）趋势二：氛围怡情

“心灵有时应该得到消遣，这样才能更好地回到思想与其本身。”—— 费德鲁斯。消费者的生活重心更加转向内在小世界，氛围感、情绪价值和内心舒适度对于消费体验变得尤为重要，提升产品氛围力，创造出新氛围空间，成为产品升级和开辟新赛道的切入点。

随着疫情时代即将告一段落，消费者更加关注自身精神的舒适度，在购买的物品和所处的空间上都需要无形的氛围感的加持，才可以开启完美的一天，从而改变心情。例如，做一件事之前，打造一个沉浸式的环境释放情绪，或者在时刻变化的环境中创造氛围，获得片刻的愉悦。调研数据显示，52.9%的消费者在2022年选择了愉悦身心，放松自我。从而也催生出一系列为了营造“氛围感”而产生的消费，巨量算数的数据显示，42.2%的抖音用户会将户外休闲活动作为重要的娱乐方式，如通过逛公园、垂钓、露营、徒步、爬山、冲浪等方式放松心情，而38.5%的用户表示一年有6次以上会在周末或闲暇时安排徒步、爬山、露营等户外活动，为自己营造松弛的精神氛围感。

当对户外的“松弛消费”成为大众选择时，也激发了“轻户外”这一生活方式消费市场。时尚业也敏锐捕捉到这一趋势，从奢侈品牌、设计师品牌到各类运动品牌，各类联名、户外主题副线层出不穷。例如，Gucci与The North Face推出联名跨界；Prada推出户外特别系列“Prada Outdoor意趣花园”，并在荣宅打造了一座私人花园，用吊床、野餐篮、飞盘、瑜伽垫围绕产品打造了“Glamping露营”风的场景组合。

除此之外，消费者还通过购买氛围感的物品装点家居，打造心悦空间。例如，购买创意摆件、音箱、茶具、萌宠公仔、台灯、插花、烛台等氛围物品，塑造属于自己的快乐、舒适“小天地”（图2-54）。

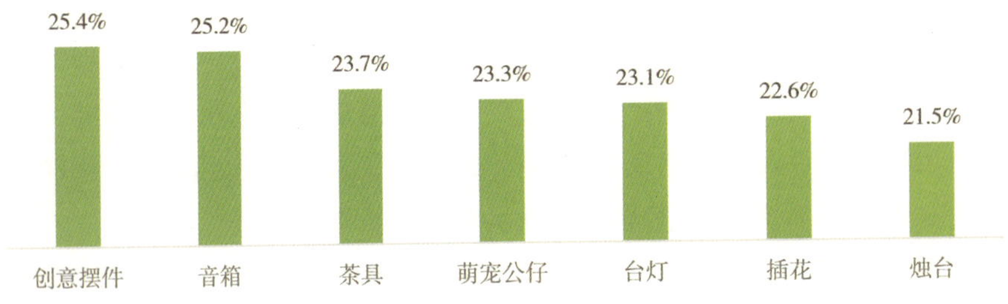

图2-54　消费者购买比较多的氛围感物品（可多选）

消费者对氛围感的追求日渐增加，驱动着企业对于氛围场景的挖掘，如何打造产品的氛围力成为新的机会，无论是从服装的“疗愈”设计风格，还是橱窗从如何满足氛围的角度，服装行业也在顺应这一趋势进行着创新。例如，爱马仕诚邀法国艺术家皮埃尔·阿尔杜文（Pierre Ardouvin）呈现“上海爱马仕之家”全新春季橱窗“春意盈至”，Pierre通过浪漫诗意的视觉语言构造出艺术家的画室空间，描绘了明媚轻快的春日绮景，诠释出爱马仕2022年主题“轻盈的心”，艺术家为春季橱窗特别创作了八幅作品，大自然、花卉、蝴蝶和鸟类等经过组合及修饰，从画面中向外延伸，橱窗中的镜子像万花筒一样呈现出多样和反转的视角，尽显乐观轻盈之感。透过Pierre的画作，奇趣的景色唤起人们对于旅程的无限想象，也让精神得到放松。

如今，氛围构成了生活体验的基底，消费者始终在特定的氛围中生活、感知、思考和行动，氛围具有空间性，却又有情感作为其主导因素。因此，氛围创造也是一种创造审美价值和新消费趣味的营销策略。

（三）趋势三：精微极致

如今，高性价比、高颜值已不再是品牌产品的竞争利器，对消费者的新生活方式、生活理念以及更加细分的场景需求进行细微的观察，通过技术创新和极致的产品体验，找到可感知的差异化价值，成为“成熟品类的革新者”和“新品类的定义者”的领先密码。

想要用户有更好的消费体验，进行消费细分是必须的。随着人们对内在生活质量要求的提高，人们在购买产品时，面对同样产品功能，不同人群在不同的场景下会有不一样的需求。以智能产品为例，来自京东的数据显示，智能化产品在2022年的搜索度和购买率都有较大的增长，其中，能够解放人们双手的洗地机、能够让人们足不出户就可以精致护肤的美容仪以及在家就可以畅玩的游戏电视等，成为消费者的首选，同时也展现了智能化、健康化、精细化的消费趋势（图2-55）。

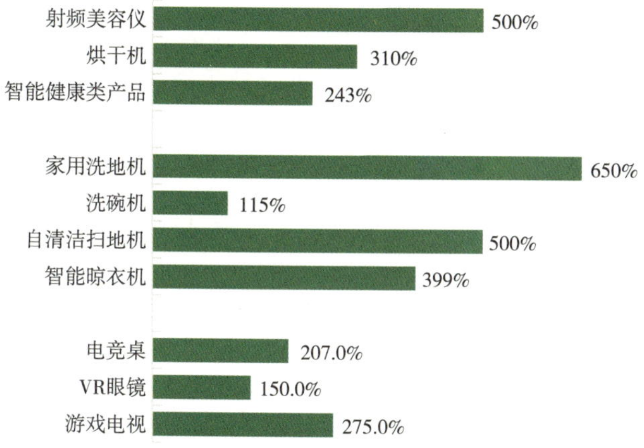

图2-55 场景触发需求，电竞桌、洗地机等同比涨幅

（**数据来源**：2022年《百度×京东618消费趋势洞察报告》）

通过对于2022年资本比较关注的消费赛道的观察，越是做到精致化、极致化的产品，越拥有更大的潜力和活力。品牌需要塑造更加精细化的产品满足不同的消费者需求，让品牌与消费者的消费质量同时升级。

例如，持续稳居内衣行业第一的Ubras，即是凭借对“舒适”的极致钻研，为消费者带来完美的产品体验，实现品牌的持续发展。Ubras抓准女性内衣经常尺码摸不准，但又不支持贴身衣物退换的问题，推出舒适自由、倡导悦己理念的黑科技面料的无尺码内衣，打造内衣差异化，最终达成年营收15亿元的好成绩。Ubras正是凭借从无尺码内衣这一细分品类的切入，击中了女性用户对内衣产品舒适性的痛点，并最大化解决女性选购时的“尺码焦虑”，实现了对“前浪”们的弯道超车。

品牌通过精细聚焦到不同人群，挖掘人群痛点，配以精密入微产品定位，以满足功能的极致让用户感受完美的产品体验，同时，硬核的制造科技也必不可少。精微极质的产品创新时代已经到来。

（四）趋势四：纯粹主义

过去的一年，涉及食品安全的事件频发，不仅让相关企业形象受损，还让消费者更加警惕，更加关注食品的健康和安全。因此，进入2023年，消费者对健康安全的追求再度升级。从成分表到配料表，从透明可见到科学消费，消费者正在追求更好、更极致、更简单、更可掌控的“纯粹”。

消费者对纯粹主义的追求，对成分、配料、材质的关注。首先，体现在安全健康的关注场景拓展。从化妆品护肤品的“成分党”，到家具装修的“材料党”，再到关注食品饮料领域的配料，消费者研究成分和配料的热情只增不减，也让很多的工艺、材料、成分开始跨界。例如，食物入妆，将食物成分加入化妆品；或是“美容食补”，为食品增加美容养颜的功效；或是衣着成分，关注植物基面料。其次，消费者对纯粹主义的追求体现在可掌控和可溯源，可掌控是指无论工艺、用料、包装都需要“至纯”，可溯源则代表，食物从产地到餐桌的每一个环节都能被消费者看到，都能接受消费者监督。可掌控和可溯源意味着消费者健康安全饮食3.0时代，也就是成分裸感时代，在成分裸感时代，材料要纯、工艺要精、包装要简（图2-56）。

图2-56 消费者查看配料表的频次

在女性内衣市场，也涌现出了依靠面料触感引领趋势的品牌，有棵树就定位“植物内衣更健康”，以植物健康的形象占领消费者心智，将“植物基”的概念与有棵树环保理念天然契合，与其他内衣品牌形成区隔。在用好材质、好科技打造出好产品之后，有棵树还在传播方面下足功夫，占领心智。2022年5月，有棵树联合分众传媒，运用“双微一抖一分众”的品牌战略打法触达全国70多个城市，让“有棵树有植物、植物做的肉肉杯”这一品牌主张牢牢刻画在消费者心智中。

健康的消费、味蕾的满足、舒适的体验，都驱动着产品创新与升级。提供消费者不需要掌握科学知识也能放心选择的产品，才是优秀企业的标准。

（五）趋势五：国潮新境

近几年，传统文化的创新表达也成为“国潮”文化的组成部分，传统正在时尚，古典正在流行，基于中华优秀传统文化的内容不断出现，引发了社会大众的整体共鸣，让国潮所依托的传统文化因素，激发了强烈的内在情感共振与审美认同。

从国潮的跨界创新和年轻化，到国风设计创新，国潮已经成为一种消费文化和产品风尚，更代表着中国品牌在设计、文化与科技上的全面跃升，从审美迭代走向新的竞争场域。2022年，中国消费者对国货的消费热情持续高涨，知萌趋势调研数据显示，在过去一年中，有56.7%的消费者表示自己在国货产品的消费上面有增加，各大代际国货消费热情都比较高，以“00后”为代表的新世代消费者热情最高（图2-57）。

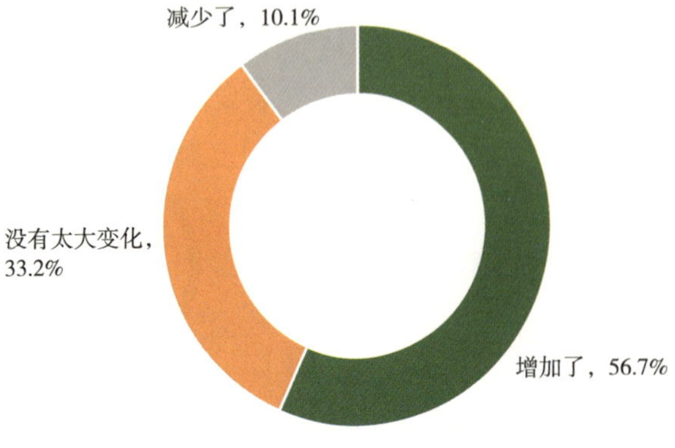

图2-57　过去一年国货产品的消费变化

同时，随着近几年国潮的发展，国潮文化元素也在被消费者更多地认知，在这些元素中，汉服的认知度最高，汉服不仅展现出中国传统文化的气韵，而且产品本身也富含东方美学元素。除此之外，很多中华传统技艺和元素也被认知，如双面绣等。国潮的发展也反过来促进了年轻人对于传统文化进行深度了解的兴趣，从而反向推动国潮化创新。

国潮将传统优秀文化与当代先进科技、审美需求碰撞融合创新出新国货、新品牌，国潮今天已经成为一个融合了科技、文化、美学、时尚、生活的集合体，接下来将迎来一个科技创新、技术赋能、国货美学的崛起时代。

如今，中华文化及传统技艺也正被越来越多的服装品牌关注。随着时间的流逝，许多珍贵的面料变得越来越稀有，而其中独特的手工技艺也正面临着被失传、被忽视的风险，因为无法工业化而逐渐被时代遗忘。为此，江南布衣携手融设计图书馆，开启了为期5年的织物调研实验——“布尽其用”。此项目主要研究对象为传统技艺，深入研究织物中的传统工艺细节以及相关的手工技术，并且尝试与现代技术相结合进行再造，最后通过多元化的新媒体方式将研究成果传递给大家。当前，“布尽其用”项目已经探索了浏阳夏布、大利侗布、乌镇竹编三项传统技艺，未来“布尽其用”项目还将进行各类传统编织技艺的探索、印染和纳绣技艺的研究，力求在织裁之间融合再创新型面料成果。未来，江南布衣将在“坚定文化自信自强”的浪潮中迎头而上，依托“布尽其用”图书馆、相关出版物、线上平台等多种形式呈现调研成果，为行业留存系统的织物研究成果，为专业设计师提供素材灵感，为社会相关爱好者打造知识空间，为中国传统织物技艺和现代时装的融合发展提供思考路径，为中国服装品牌在国际舞台的崛起助力添砖。

国潮就是品质国货和现代生活的融合，从模仿到创新，从平替国际品牌到成为消费者首选，国潮发展的下一阶段是美学的升级、技术的领先和文化的超越。

（六）趋势六：绿色风尚

近年来，国家积极推动经济社会全面发展绿色转型，在党的二十大报告中对“绿色”着墨较多。随着政策红利的到来，绿色低碳无疑会成为2023年众多行业发展的热点，无论是企业的供给侧，还是消费者的需求侧，都越来越关注绿色、低碳、可持续的行为。

在消费人群中，随着绿色低碳宣传的加强，环保型消费和极简主义消费不断涌现，越来越多的消费者更加关注环保行动和购买决策，选择简约适度的消费模式，以少而精的物质满足生活需要。据巨量算数的年度调研数据，88.9%的抖音用户表示自己更愿意选择环保地购买或处置商品；知萌的年度消费趋势调研显示，81.1%消费者愿意做一位极简主义的践行者。

伴随绿色发展理念的迅速升温，绿色生活方式兴起，消费者们对于绿色产品和品牌有了更多的关注，并且主动选择。知萌的年度消费趋势调研显示，有73.8%的消费者会在日常生活中优先选择绿色、环保的产品或品牌。相比起普通产品，绿色产品更加符合安全健康、环境友好的生活追求，因此在面对绿色产品产生的溢价时，大部分消费者表示接受绿色产品的价格高于普通产品，占比达到68.9%（图2-58）。

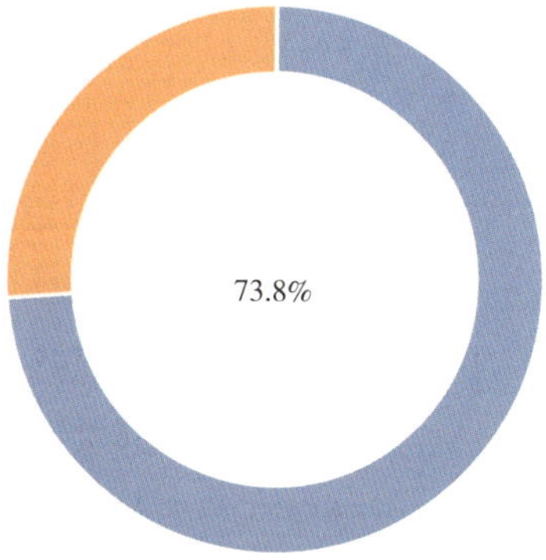

图2-58　消费者在日常生活中优先选择绿色、环保产品/品牌

当下，绿色低碳成为共同追求，绿色生活方式渐入人心，企业想要能够长期发展、被消费者认可，应该将绿色发展升级为企业战略，加大绿色产品的供给，满足消费者的需求；在营销时，应突出绿色和可持续发展的理念，获得消费者的认同；为了更多促进绿色发展，可以推出产品以旧换新、包装回收等活动或计划，与消费者共同协同推进绿色消费；此外，在产品包装中增加与突出绿色标签，更容易让消费快速感知到产品的绿色特性，方便做出选择。

服装行业品牌也在践行绿色环保发展理念，为实现碳中和努力。例如，海澜之家采用循环再生技术生产的再生聚酯纤维面料，比常规生产方式节省近80%的能源，实现低碳减排，为我们的生活与未来筑起一道绿色的城墙。同时，海澜之家集团旗下童装、家居服等产品采用天然水果汁扎染布料的水果染技术，不添加任何化工染料助剂，且不产生化学废水，结合100%纯棉面料，细腻触感，柔软透气，环保亲肤。海澜之家关注用户对健康生活、环保低碳的追求，并将其作为产品的研发动力，不仅让用户以实惠价格享受到了绿色健康生活，也为品牌的可持续长期发展注入新的能量。

绿色之美，相融共生，从推广绿色消费理念，到打造绿色供应链和生产链，生产绿色环保产品，再到寻找绿色增长引擎，都将成为企业实现可持续发展的路径之一。

（七）趋势七：信任复利

数字化传播环境驱动着消费者主权的觉醒，品牌从抢夺认知红利、人心红利，进入创造信任红利的时代，品牌需要从认知加固到信任加固，不断构建声望壁垒，创造消费者拥护的复利效应。

在这样一个信息嘈杂的时代，品牌依然是让消费者获得确定性选择的关键。数据显示，78.1%的消费者在购买时重视品牌，相信知名品牌的力量，接近七成的消费者认为拿不定主意的时候会优先选择品牌知名度高的，六成的消费者认为好的品牌要始终保持活力，持续向消费者传递品牌形象（图2-59）。

在不确定的环境下，领军品牌始终引领着消费趋势。而一个品牌要得到赞赏、喜爱或者敬仰，必

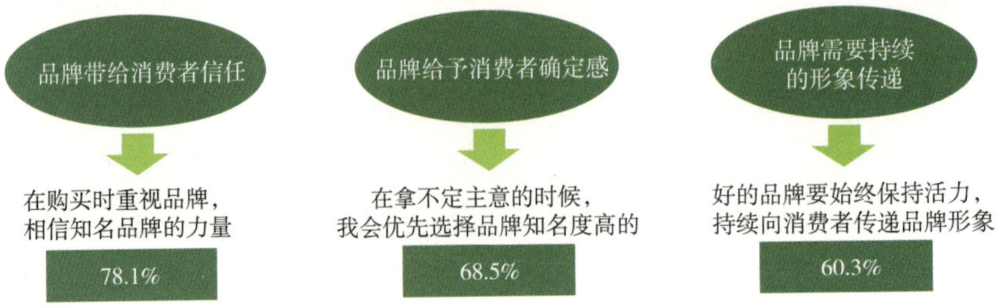

图 2-59　品牌认同（可多选）

须建立信任，信任既是品牌建设的基石，也是品牌能够产生长线效应的引擎。调查显示，51.3%的消费者认为诚信宣传、信息透明的品牌值得长期信任；49.0%的消费者认为品牌形象一直保持稳定的品牌值得长期信任；48.9%的消费者认为品牌真心实意对待消费者的品牌值得长期信任。

自从品牌形成差异化形象抢占消费者心智开始，品牌就从产品的质量、性能、诚信度等方面对消费者做出了承诺，随着品牌在生活和社会中的作用不断扩大，人们对品牌的期望也在不断扩展，品牌必须提供可靠的产品和有价值的客户体验。

例如，创立于 1927 年的恒源祥，长期以来充分重视品牌权益保护，品牌是恒源祥集团的财富。世界营销大师弥尔顿·科特勒先生，国际品牌联盟副主席、可口可乐首席顾问弗朗西斯·麦奎尔先生，均给予了恒源祥品牌高度评价。恒源祥继成为 2008 年北京奥运会赞助商、2009~2012 年中国奥委会合作伙伴、2013~2016 年中国奥委会赞助商、2019~2022 年国际奥委会正装供应商后，恒源祥成为北京 2022 年冬奥会和冬残奥会官方正装和家居用品赞助商，五次牵手奥运。恒源祥与奥运的深度绑定，为品牌赢得强大的背书，品牌知名度和美誉度持续提升。

正是通过品牌势能的持续累积建立了长期的消费者信任，通过信任复利从而引领着行业趋势，保持品类领先。有了信任，品牌与消费者的关系才会更牢固更持久，在信息爆炸的时代，传递信息容易，建立信任难。甚至，信任有时坚如磐石，有时脆弱如冰，唯有持之以恒真诚积累，才能让品牌力加固，形成更强的护城河。

（八）趋势八：虚实共振

2022 年依然是元宇宙持续火热的一年，无论是 Roblox、Meta、微软等推出的各种产品，还是 AR/VR（增强现实/虚拟现实）、NFT（非同质化通证）……元宇宙概念和产品层出不穷，元宇宙刮起的商业旋风，正从上游加速传导至下游，在细分的商业赛道上竞相落地。

这一年，元宇宙概念真正开始面向市场，走进人们的生活当中。越来越多的行业参与者进入其中，不断丰富元宇宙的产业链，让虚拟与现实场景结合，实现元宇宙概念的真正落地。知萌调查显示，消费者对于元宇宙应用场景有着广泛的兴趣，其中包括：沉浸式在线学习、模拟旅游观光、线上演唱会、虚拟场景考察、多人线上聚会等。随着元宇宙概念不断进入消费者的认知，虚拟技术与现实场景的结合成为大众的期待，完美实现这些元宇宙应用场景，将能够为消费者带来全新的体验和便利（图 2-60）。

在很多元宇宙场景中，用户可建立自己的数字分身，随时开启线上交流、实时同步虚拟表情。数据显示，接近八成的消费者期待“数字分身”。其中，“90 后”“00 后”更为期待，对于数字分身的特征，接近六成的消费者希望和现实中的自己一样，四成的消费者希望重新设定自己的角色。

虚拟和现实的日渐融合，让人们的生活重心不断地向虚拟世界转移，人们希望“在线”的世界更真实，需要进入一个更智能的数字空间，可以做更多的事情。数据显示，七成消费者希望打造一个自己的元宇宙数字空间，同样年轻一代的“90 后”

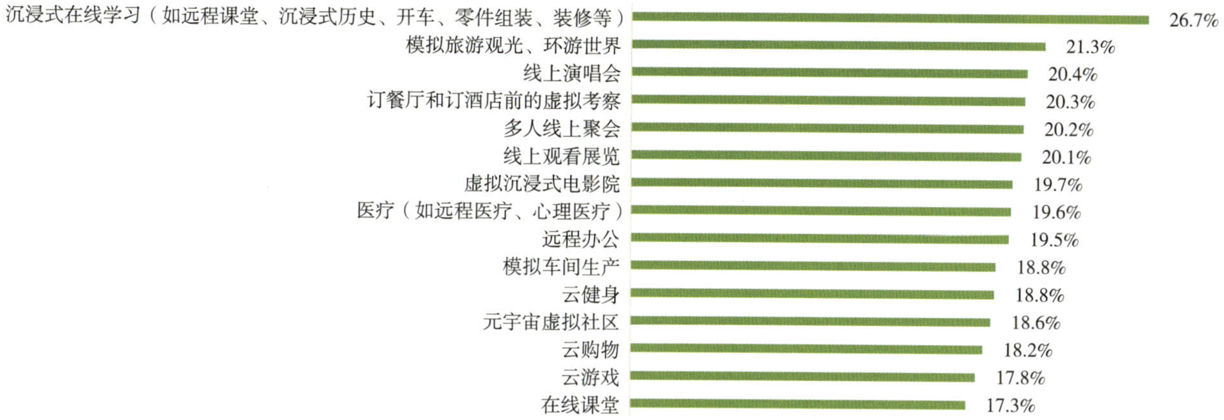

图 2-60　消费者感兴趣并想马上实现的元宇宙应用场景（可多选）

和“00后”是最期待的群体。因此，元宇宙如何打通物理世界、数字世界、人脑世界，让消费者可以用数字身份，并建设自己的数字资产，这也将成为产业下一阶段的发展方向。

元宇宙经历了概念炒作和部分基础业务的探索，如何为消费者带来新体验价值成为关键，无论是个体的数字分身、协作工作与学习平台、沉浸式的五感体验、品牌数字空间等，都需要进一步地落地和深化。

在服装行业，各方纷纷探索与元宇宙的结合，通过超高的数字化技术，打破场景的局限性，根据年轻用户的需求构建消费场景。“元宇宙时装秀”“虚拟服装”“虚拟数字人”等在服装行业掀起风潮，帮助品牌实现虚实共振的新景象。

例如，安踏携手百度和 Style 3D，打造虚拟时装秀，亮相 SS23 中国国际时装周，以国家队装备科技启迪未来，突破现实边界，重塑运动想象。安踏以“重新想象运动”为主题，重组跑步、训练、滑雪、户外机能等多种运动鞋服，突破常规时尚概念、传统布料的限制，打造虚实结合的设计叙事风格，以及未来感、运动感十足的虚拟运动套装，探索在虚拟空间的运动服装发展方向。由百度 AI 数字人希加加身着安踏最新发布的虚拟时装，领衔 Style3D 虚拟模特队伍呈现了一场时尚虚拟 T 台秀，为大家带来全新视角与场景的虚拟走秀体验。安踏还将核心的国家队装备科技“氮科技”，以及国家队装备科技“炽热科技”融入虚拟时装中，展示品牌强大的科技实力。此外，安踏还将其与清华大学美术学院共同举办的全球运动装备创新设计大赛获奖选手的作品纳入走秀，帮助更多优秀的年轻设计师走上中国国际时装周这个广阔的舞台。

元宇宙产业未来需要向更多的应用场景拓展，加速与各行各业的融合，从“听起来很美”“看上去很酷”转向“用起来很好”，脱实向虚，虚实共振才是元宇宙为行业和消费者带来价值的关键。

当消费回暖，营销也将回归本质，当我们经历了人口红利时代，流量红利时代，我们正在进入一个连接心域的时代和价值驱动的时代。唯有匠心对待产品，对待品牌，对待每一次与消费者的对话和沟通，才能拔得头筹。同时，我们更需要把握新的消费趋势，勇于成为消费趋势的造浪者，不断去创造新的消费需求，才能领先于对手，领先于行业。

数据来源：知萌咨询机构 2022 年 12 月针对北京、上海、广州、重庆、成都、武汉、南京、郑州、西安、厦门、青岛、沈阳、合肥、太原、昆明共计 15 个城市 20~60 岁消费者进行的在线调查，$N=3000$。

2022~2023年中国服装行业科技创新发展报告

中国服装协会　韩婧　杜岩冰

回顾中国现代服装产业发展的几十年，产业一路砥砺前行、风雨兼程，从小到大、从弱到强，从一个传统劳动密集型产业走出了一条科技、时尚、绿色的全新发展之路。如今的中国服装产业，在生产能力和国际贸易规模上稳居世界首位，成为全球供应链不可或缺的一环，特别是在服装科技发展方面，行业创新能力不断增强，数字化、智能化的转型和业态、模式上的创新都已走在了世界同行的前列，中国服装产业为支撑世界服装工业体系平稳运行和推动全球经济文化合作治理发挥了重要作用。

2022年以来，全球疫情持续蔓延，经济复苏放缓，滞涨风险上升，国内疫情散发、多发，以及许多超预期、不确定因素，都给行业发展带来比较大的冲击和影响，但中国服装产业前三季度行业固定资产投资完成额同比增长30.8%，增速较2021年同期提升27.7个百分点，显示出行业企业技术改造、强链补链、区域布局的优化，更体现出行业创新升级、高质量发展的不断推进。

一、服装行业科技创新发展概况

新一轮科技革命和产业变革对服装行业的生产方式、发展模式和产业生态等方面带来了重大影响，为服装产业的升级发展带来了前所未有的历史机遇。随着行业科技创新工作的不断推进，行业科技创新动力显著增强，智能制造取得了突出成绩，企业装备水平、信息化建设明显进步，全产业链上下游生态体系不断优化，高效协同的行业创新体系日渐形成。

（一）行业技术创新动能显著增强，科技创新活动不断深入

近年来，中国服装行业在由大转强必然的锻造过程中，全行业对于科技创新有了深刻的认识，并进行了一系列富有成效的实践，行业以信息化与工业化深度融合为主线，以提质增效为目标，以数字化转型、智能制造和品牌质量提升为主攻方向，科技创新工作取得了开创性进展，推进了制造技术、制造系统和制造范式的产业革新，加快服装设计、生产、营销、服务和价值创造方式的转变，行业运行发展质量得到了明显提升。2022年，我国服装行业获得有效专利数量13691件，其中授权发明专利1015件，实用新型专利12676件，有效发明专利数量较2021年提升近16%。

中国服装协会近年来在全行业积极推动创新驱动发展战略，2022年先后组织开展了中国服装行业工业互联网平台的建设、《中国服装数字化转型供应商选型目录》的编制、2022年中国服装行业专利奖的征集评选等工作，并围绕行业科技发展的关键点，组织召开了“2022中国服装科技大会”“2022年数智化转型万里行高峰论坛温州站”“2022年数智化转型万里行高峰论坛南京站”“中国服装数字化转型思享汇”等行业活动。其中，“2022中国服装科技大会”以“新技术·新产品　科技驱动新发展”为主题，聚焦数字化转型、智能制造和产业创新发展，通过一场开幕大会和三场主题论坛，分享国内示范企业实践与成果，构建多元且开放的行业科技交流与合作平台，大会表彰了中国服装行业专利金奖、银奖和优秀奖共16项，正式发布了《中国服装数字化转型供应商选型目录》入选产品62项（图2-61）。

此外，由中国服装协会和中国服装智能制造技术创新战略联盟发起成立的“中国服装数字化转型创新中心”在“2022中国服装科技大会”上成功揭牌，“创新中心”汇集全行业优质科技资源，致力解决服装行业数字化转型的共性技术难点。通过

图 2-61 “2022 中国服装科技大会”主会场

各项工作搭建的行业科技资源平台，加强了行业内外的广泛合作，推进了产品创新迭代，从更宽领域、更深层次挖掘服装行业科技创新潜能，促进了协同研发，有力地引导和推进了行业工业化和信息化的深度融合。

（二）行业科技创新体系日渐形成，协同创新迈向新起点

服装行业是多学科交叉应用行业，近年来，行业积极贯彻落实中央关于工业转型升级、供给侧结构性改革、中国制造 2025 等战略部署，积极推进创新体系建设，不断增强行业转型升级发展的科技创新驱动力，在科技创新体系建设方面取得了一系列成绩，行业企业建成一批产业创新联盟、企业技术中心等，部分已得到国家和省级认定。

服装产业创新资源主要分布在高校、科研院所和大型企业。为解决行业科技创新资源较分散、共性技术供给不足等的问题，2016 年，中国服装协会在国家工信部的支持和推动下，牵头成立的中国服装智能制造技术创新战略联盟，对科技创新领域的资源配置优化、跨界协同创新和成果加速应用，发挥了重要的引领和推动作用。2022 年，中国服装智能制造技术创新战略联盟共发展了歌力思、影儿、劲霸、布易科技、亘星智能、浙江理工大学等 11 家行业骨干新成员，承办了“2022 中国服装科技大会”“2022 年数智化转型万里行高峰论坛”“中国服装数字化转型思享汇”等多项行业重大科技活动。依托中国服装智能制造技术创新战略联盟成立的中国服装科创研究院（图 2-62）聚焦服装科技创新领域，致力于服装科技创新领域的成果研发，着力建设中国服装 AI 大数据、5G 智能柔性生产、快反供应链、智能可穿戴、中小企业 SaaS（软件运营服务）应用等研发中心和咨询培训、供应链协同、技术合作等服务平台，深入开展人工智能、大数据、智能零售、AI 设计、绿色材料、区块链等技术的研究和应用，将加快以政、行、产、学、研、用相结合的方式，开展推动成果扩散应用的资源优化配置、信息交流传递、实践教育培训等服务，逐步成为服装行业科技创新体系的核心，带动服装行业整体进入科技自主转型创新的崭新起点。

图 2-62 中国服装科创研究院

（三）大数据带动产品研发创新，3D 虚拟技术引导设计变革

国家工业和信息化部于 2021 年 11 月发布了《“十四五”大数据产业发展规划》，提出 2025 年我国大数据产业测算规模突破 3 万亿元，年均复合增长率保持 25%左右。将大数据相关信息技术理论应用于服装研发环节，是服装企业应对市场消费需求不断转变的一大趋势。大数据时代的服装研发工作利用信息技术手段，革新传统服装设计思维及品牌管理理念，优化服装研发模式，可引导服装企业规避市场风险，防止盲目开发，提高企业对市场突发状况的反应能力。杭州知衣科技运用大数据图像识别、数据挖掘、智能推荐等技术，自主研发了知衣、知款、美念等一系列服装行业数据智能 SaaS 产品，为服装企业和设计师提供流行趋势预测、设计赋能、款式智能推荐等核心功能，帮助服装企业

快速挖掘爆款，快速准确地预判时尚风向（图2-63）。在为品牌UR大数据爆款挖掘与趋势分析系统中，通过智能化和数据化的市场大盘报表、深层次的商品爆款分析等技术手段赋能风格、年龄段、价格带等维度，提高了UR的选款、选品能力，促使UR动销率提升至95%。

图2-63 知衣科技电商大数据爆款挖掘与趋势分析系统

数字化服装设计方式已成为服装设计的主导方式，实现了从三维人体测量、人体点云数据处理、人体建模、2D衣片模拟、3D虚拟缝合到虚拟试衣的完整个性化设计流程。3D服装仿真渲染技术将2D-CAD板片进行虚拟缝合，通过3D人模生成功能，可在真实试穿效果的模拟下，调整服装的面料、辅料和配色，数字孪生技术助力实现无限次的贴图生成、裁开织物、制作褶裥、缝制刺绣、翻印图案、添加面料层数、模拟蒸汽熨斗对面料的拉伸和收缩，形成3D服装。此外，智能三维图形引擎，在本地和云端同时提供各种驱动数字样衣所需的服务，通过扫描及测试设备，获取面料的各种物理属性参数与表面纹理特征，实现设计过程的云端在线协作，为服装设计和板型制作节省了时间，提升了整体设计效率（图2-64）。

图2-64 凌迪 Style3D 时尚产业3D数字化服务平台

（四）智能算料保控成本，智能裁剪高效精准

为避免积压过多库存或出现面料短缺，确保最大的面料使用效率，基于几何图形算法的智能算料系统通过自定义计算条件，能够快速、准确地评估面料需求并优化管理排料处理流程，适应不断变化的生产活动，并通过并行计算和自主选择返回时间来管理周期性高峰、平衡工作量和生产计划，处理大批量面料采购和预生产活动，从而优化组织工作量。例如，上海百琪迈的超级用料核算系统，运用智能几何图形的算法与人性化的系统功能创新解决了人工排唛架对熟练工的依赖，原料使用率节约2%~5%，排唛架计算效率提升50%，可节约人工成本50%（图2-65）。

图2-65　百琪迈 Super Nest 超级用料核算系统

智能裁剪系统有效解决了传统制造环节中裁剪效率低、误差大、用料率低、质量输出不稳定、裁剪工艺覆盖不全等问题，实现了针机织面料横条纹对条裁剪、数码印花面料轮廓识别裁剪、衬衫条格及西服明格的对条对格裁剪等，通过特殊规划算法、刀频控制算法，实现智能调速、临界降速、智能识别内外角，有效提高面料利用率，并通过刀智能纠偏技术保证裁剪的精准度，实现近乎“0”误差的高精度裁剪。宁波经纬推出的精准对条对格裁剪系统，最小可识别至10mm×10mm条格，一次性加工小于15mm的小多层面料。智能服装裁剪流水线系统从铺布、排料到裁剪完成，可比传统手工处理时间减少约12倍（图2-66、图2-67）。

（五）智能化装备主导生产，缝制工作站取得突破

在两化深度融合和自主创新的推动下，服装企业与关联产业企业紧密合作协同创新，推动了机电一体化、精密传感、工业机械手、计算机图像识别和云计算、大数据分析等技术在缝制机械的集成创新应用，服装生产设备的单元自动化和智能化水平

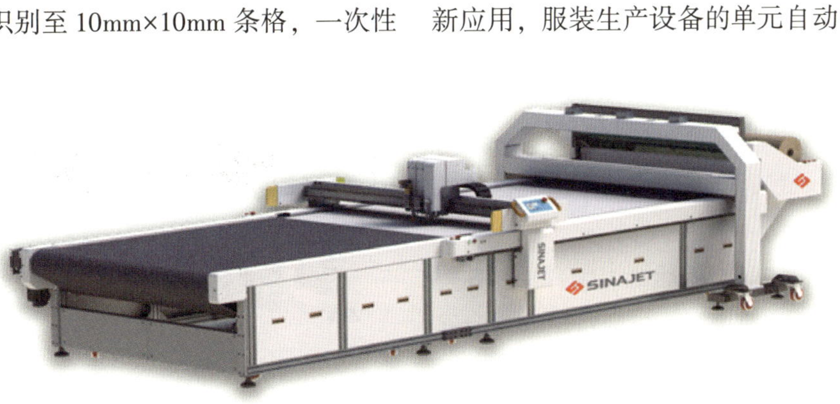

图2-66　纳捷 DS 系列智能裁剪系统

图 2-67 百琪迈 Super Jeans 多层裁床

明显提高，在单机智能化层面取得了众多创新成果。智能缝制单机在优化电子送布技术、过梗检测技术、伺服驱动抬压脚技术的基础上，运用物联网技术打通吊挂控制系统、生产 MES 系统等，实现缝纫机屏、吊挂屏、生产屏的统一，并在底层实现了缝纫机数据、吊挂数据、MES 数据的融合，通过智慧软件、物联网等技术高效排产，为传统服装制造业数字化改造提供了新方向（图 2-68）。

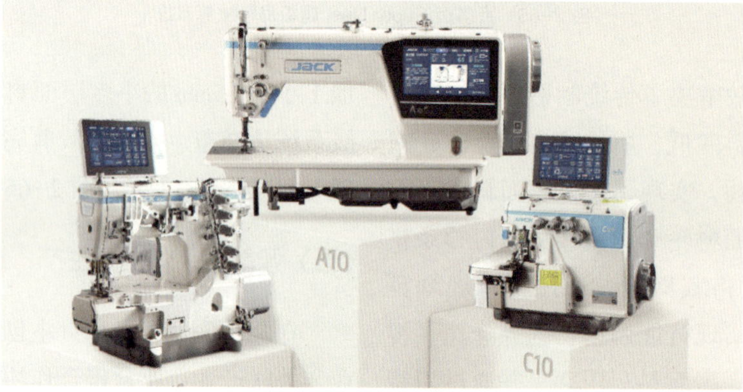

图 2-68 杰克 IoT 三屏合一智能物联设备

通过机器视觉技术与传动机构的协同，智能缝制工作站不断取得突破性进展。各类基于机器人协作技术的自动缝制工作站将缝制单元中的数道独立工序整合成一个联动工序，减少取料、缝制、放料及缝制过程的人工干预，极大地提高了生产稳定性（图 2-69）。

匡敦科技针对机织衬衣的袖口工序开发了五合一联动设备，将袖口暗线缝制、反袖口、袖口明线缝制、钉扣、开锁眼五道工序进行集成，综合使用裁片夹取、机械手传送、快速换模、定制钢模技术，每小时可完成 62 对部件生产，部件质量一次

图 2-69 匡敦 qonvolv WS004B 袖口单元缝制系统

通过率达99%以上。上海威士将衬衫锁眼机、钉扣机、贴袋机、六工位袖克夫缝纫机、袖衩机、袖领缝切机、三夹领等缝制工序集成，开发了衬衣自动缝制单元，实现了衬衣门襟、前片、袖口、领的自动缝制，一个工人可操作3台机器，缝制精度高。此外，上海威士研发的袖克夫机器人工作站，集合运动控制技术、机器视觉定位技术、机械臂抓手技术等，以一人代替四人，可自动进行袖克夫熨烫、明线缝制、锁眼、钉扣等四道工序动作，实现了衬衫袖克夫加工工艺的全流程智能化（图2-70）。

图2-70　上海威士WS-8001袖克夫机器人工作站

2022年，智慧吊挂生产线的数字孪生技术已上线，以3D+图表的形式展现数字孪生赋能平台，集合MES系统、企业级数据库和管理系统、RFID射频技术、工业自控技术、机械传动技术，代替原有生产过程中的人工搬运、记录、统计等流程，实现生产流程的信息化与高效有序作业。裁片可在衣架上按照工序实现自动流转，将缝纫工人的动作固化为取片—缝纫—按键，增加工人的有效缝纫时间，解决同工序不同员工的效率差异问题，达到生产效率平衡，将企业的生产效率、产品质量及生产管理水平整体提升约30%。阿里巴巴犀牛智造工厂应用的衣拿“棋盘式”（多层立交）吊挂，通过物联网+人工智能技术，可将吊挂衣架自动分配至相对空闲的工位，解决了吊挂单向流转、容易堵塞的问题，各部门可明确掌握订单交货期，实时查询每个订单、每个工位的生产动向，为小单快返、高级定制业务发挥了巨大优势（图2-71）。

图2-71　衣拿TS系列云端直控吊挂系统

（六）后整系统进一步集成，智慧仓储无缝衔接

智能后整系统集合了智能整烫系统和智能高效分拣系统，在整烫流程采用隧道式整理技术，通过蒸汽、热风等一系列自动运转程序，实现了智能熨烫及后处理，在解决“干燥防潮”难题的同时，减少了人力投入；智能分拣系统集合了提升装置、动态暂存装置、自动投入装置及智能分拣系统装置，将成衣挂在设有RFID自动识别设备的衣架上，提升至高空轨道，再通过投入口安装的读写器，快速采集单件服装信息，并传递给控制系统。控制系统对每件导入的服装进行数据关联，将服装流水号分配到对应的包装线上，实现了自动配对分拣，快速分拣、精准装箱，出货效率和准确性得到大幅提升（图2-72）。

智能仓储软件系统通过与客户工厂MES的无缝对接，根据最高效率出库算法为商品分配存储位置，将调度信息与RFID信息绑定，通过自动传送线将各楼层串接起来，实现了生产线、验针区、分拣线、仓储区和包装区之间的连通。再通过在包装区工位机选择需要执行的任务，系统将根据任务对应的装箱清单，从仓储区将商品按排序筛选出来，送到对应的包装工位。智能仓储系统解决了传统仓储存放无序、空间利用率低、拣选费时费力、浪费巨大等痛点，出入库和盘点数据清晰透明，实现了无纸化作业（图2-73）。

图 2-72　威士 GFCS-B3900 服装物流分拣仓储输送数字化系统

图 2-73　上海英内服装仓储整体解决方案

(七) 业务流程优化再造，信息化解决方案不断涌现

服装行业通过基础制造装备改造和各环节管理信息系统的优化集成应用，提高了系统功能与企业业务流程再造的适应度，基本实现 CAD、CAM、FMS、WMS、SCM、MES、ERP 等信息系统的无缝连接，初步实现服装企业数字化、信息化、网络化。此外，“互联网+”技术应用加快，线上线下全渠道融合发展在行业企业普及；企业级数据中心、知识库、供应链平台快速推进，设备的数据采集与控制技术得以应用，设备运维云平台、PLM 云服务平台、“系统+物联网+MES”管理平台等服务云平台不断涌现。

产品生命周期管理（PLM）是企业产品管理的基础平台，链接与产品相关的活动和人员，为内部核心业务团队提供数据共享和协同作业的数字化管理，简化从概念到零售的全产品生命周期业务流程。赛趋科软件 PLM 数字化管理平台，通过将端到端的理念拓展到消费者平台，帮助企业协同涵盖商品财务规划、范围规划、分销规划、选品组货、门店配补调、需求预测在内的整体计划流程，提高全渠道业务绩效、产品销售和上市速度。可缩短 15%～50%的产品上市周期，减少 5%～15%的销售成本，提高 10%～50% 的管理和开发效率（图 2-74）。

深圳博克科技开发的以智能样板为核心的服装柔性化生产系统方案，集成了从前端量体下单到后端工厂智能样板、分床排料、工艺及生产的全流程数字化，通过参数化的 CAD 系统建立参数化的智能样板，实现板型修改的数据驱动和实现各类规格的精准推放，适用于小单快反、团体定制及个性化定制等生产类型，在赢家服饰的应用中实现了智能化设计与柔性化生产，产品研发周期缩短了 30%以上，生产效率提升 20%以上，整体运营成本降低 20%以上（图 2-75）。

图 2-74　赛趋科 PLM 数字化管理平台

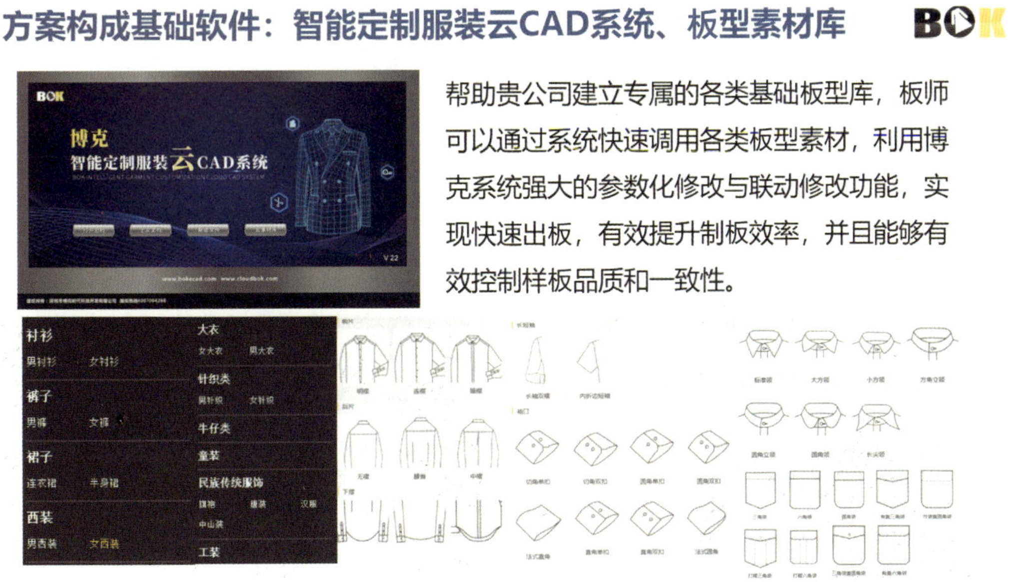

图 2-75　博克科技以智能样板为核心的服装柔性化生产系统方案

在跨越“人货场”鸿沟的数字零售方面，企业中台系统基于云原生架构体系和互联网技术，帮助企业布局全渠道零售业务，打造数字化韧性供应链，完善业财融合管理体系，实现零售行业数智化转型升级。百胜 E3+企业产品，利用云原生架构把后台应用在技术平台之上进行封装和重构，着重融合与复用，形成面向业务场景的应用服务，支撑业务的快速迭代；志华软件 X2 企业中台系统，对接全渠道销售场景，通过线上线下会员 / 订单 / 库存一体化管理，为歌力思实现线上+全渠道业绩从 33% 到 44% 的增长，为日播时尚集团对接 SAP 系统全面支撑门店终端（自营及加盟）体系运转，实现全国终端门店全渠道库存共享及结算（图 2-76）。

（八）“黑科技”面料不断破圈，功能性产品备受青睐

消费者对服装功能性的需求越发看重，促使服

图 2-76　志华软件 X2 企业中台

装产品快速向科技“破圈”。在 2022 年北京冬奥会上，中国短道速滑队的比赛服采用了空气湍流控制减阻和边界滑移减阻技术，相比普通滑冰服，减阻力能提升 5%～10%，同时，高弹防切割面料可以将运动员的肌肉牢牢包裹，避免身体晃动造成对比赛的影响，Dyneema 防切割技术将原来的双层结构改为单层全身防切割，防切割强度可以达到钢丝的 15 倍，为运动员提供了全方位的防护（图 2-77）。

图 2-77　北京冬奥短道速滑队

（来源：网络图片）

此外，安踏研发的北京冬奥会制服装备，从设计、面料、工艺等方面拥有诸多科技创新，在冬奥赛时制服上运用了两大自主研发的面料科技——炽热科技和防水透湿科技。炽热科技通过锁住热量，有效防止人体热量流失，防水透湿科技则能在防止衣服淋湿的同时，及时导出人体排出的湿气，避免穿着者产生低温寒冷感觉，同款炽热科技应用到安踏 2021 年底上市的“中国冰雪系列”服装中。

波司登将多个“首次”科技功能应用在服装中，在基础的保暖性能上，波司登登峰 2.0 系列采用了中国航空智能调温材料，首次将航空技术材料运用于服装领域，即使处于极寒和极热环境，也能维持 31～33℃的恒温体感温度。该系列产品同时融合北斗卫星导航定位技术和 5G 通信技术，可以连接智能手机，绑定紧急联系人，当在户外身遇险境时，及时发送求救信号（图 2-78）。

图 2-78　波司登登峰 2.0 系列羽绒服

（来源：网络图片）

雅戈尔在旗下服装品类也应用了汉麻纺织材料技术和 DP 免熨技术两大“黑科技”。其中，汉麻纺织材料技术可令面料拥有吸湿、抗菌、透气、柔软亲肤等特点，可以广泛应用于亲肤类纺织服装面料中；DP 免熨技术能使服装面料具有抗皱、免熨的功能，经过四次自我技术迭代，在环保性、免熨效果、长效耐洗、舒适度等各个领域都表现良好，广泛应用于衬衫、西服、裤子等需要保型抗皱的品类中。

二、服装科技发展面临的主要问题

近年来，中国服装产业科技创新工作取得了一系列成绩，但从整体上看，行业在科技基础性研究、创新体系建设、均衡发展、人才建设等方面仍存在一些问题。

（一）基础性研究和共性关键技术开发存在薄弱环节

经过多年的发展，我国服装行业的基础性研究取得了长足进步，整体水平显著提升，但与建设现代化强国的新任务新要求相比，短板、瓶颈仍然突出。科技创新能力与先进国家依然存在较大差距，自主创新及集成创新能力不足，很多企业对产业本源的、基础的、有些甚至是非常核心的环节重视不够或者构筑不实，中小企业由于资金、人才的缺乏，创新能力更为薄弱。基础性研究和共性关键技术开发薄弱，影响了行业科技发展及应用整体水平的提升。

（二）行业科技创新机制仍待完善

服装行业是多学科交叉应用行业，服装产业创新资源主要分布在高校、科研院所和大型企业，近年来也建立了一批产业创新联盟、企业技术中心等，但由于行业科技创新机制仍不完善，科技创新资源较分散，共性技术供给不足，未能形成整体合力，难以针对行业共性关键技术进行协同和集成创新。此外，由于技术、管理等方面的限制，企业内外部资源缺乏有效整合，产业链各环节协同能力不足，产业各环节间沟通不顺畅，各系统集成后的运行不稳定，存在信息孤岛。

（三）中小企业科技发展水平不均衡

由于服装属于基础性产业，准入门槛低，我国服装企业数量多、规模差距大。随着生产方式的转变及人力资源成本的不断上升，服装企业普遍认识到数字化转型对企业发展的重要作用，开始积极投入新技术改造。大企业对资源的控制能力强，数字化转型工作不断推进，涌现出了众多的科技成果；而数量众多的中小企业普遍以提高生产效率为首要目的，缺乏整体规划，对数字化转型工作参与较少，针对中小企业的科技创新成果和解决方案匮乏，导致中小企业科技与大企业间两化融合发展形成明显的不平衡。

（四）企业内部数字化转型矛盾点较为突出

随着产业发展的信息基础和环境得以快速加强，海量数据持续产生，不断推进技术、资本、市场等要素互联互通的进程，行业企业的理念、认识不断提升，数字化转型已经逐步从“不得不”的被动接受转变为“一定要”的内在需要，成为行业企业创新发展模式、强化发展质量的主动战略。虽然大多数企业已经认识到数字化转型的重要性并已着手实施，但仍有不少企业处于“不敢不动，更不敢乱动”的纠结中，企业在推动转型过程中面临由于技能不足和机制不足交织在一起形成的固有难点，企业管理者、业务管理者、技术管理者对于数字化转型的理解及需求不一致，缺乏清晰的路径，难以评估数字化转型带来的实际业务价值，造成转型的困扰。

（五）人才支撑能力存在不足

随着信息基础设施和新制造方式、商业模式不断叠加，新技术、新业态、新机制不断涌现，行业人才结构和素质不能完全适应新时代行业高质量发展的需求，服装专业教育与企业生产经营实际联系不紧密，深层次自动化、智能化技术与服装专业脱离，技术研发人员远远不能满足企业的生产需求，高素质复合人才严重缺乏，导致技术和业务无法有效衔接，严重影响了行业的科技应用能力。

三、服装行业科技创新的方向和重点

2023年，随着疫情影响的消退，服装行业将掀开高质量发展的新篇章，以提质增效为主要目标，以数字化转型、智能制造和质量品牌提升为主攻方向，行业企业持续创新能力将持续提高，数字经济时代具有国际竞争新优势的新型产业生态必将形成。

（一）发挥科技创新体系的支撑作用，加强成果转化

随着行业科技创新工作不断深入，行业科技创新体系日渐完善，推动行业形成以科技创新带动全面创新的新局面。中国服装智能制造技术创新战略联盟将进一步增强对行业科技创新工作的推进和引导作用，与中国服装科创研究院形成合力，整合科技创新资源，完善各类科技创新主体紧密联系并有效互动的科技创新体系；开展应用研究及基础标准制订，推动产业链标准体系建设，完善服装行业标准化支撑体系；建立行业科技创新资源平台，加强企业科技创新活力，鼓励企业进行新技术研发及应用；建立自主创新的基础支撑平台，提高企业自主创新与集成创新能力，搭建成果转化服务平台，组织开展新技术培训和科技成果推广交流活动，促进科技成果转化。

（二）突破关键技术升级，打造集成应用硬实力

不断提升技术实力是服装行业科技创新的本源，行业将进一步加快服装工业技术软件化、打造服装智能模块化缝制单元集成生产线、提高两化深度融合和综合应用水平；推进交互平台技术、模块化设计、便携式三维人体测量技术和装备、服装3D虚拟现实技术下的设计与技术研发，推动生产需求获取、敏捷设计、人体数据采集、虚拟试衣、样板和工艺的自动生成、柔性生产加工的无缝连接；通过工艺优化、流程再造，进一步突破高精度轻型机械手或机器人衣片抓取、传送、操作，以及与缝制单元设备协同加工技术，研发服装设计、裁剪、缝制、整烫、仓储等各环节的智能模块化单元，推进各环节智能模块化单元的集成应用，实现大类服装主要部件无人化加工；加强兼顾智能制造、工业互联网、精益生产理念的MES系统开发和应用，通过软件定义实现人、机、物等企业资源的互联互通和智能管控，实现企业线上线下深度融合发展，以行业龙头企业、互联网平台企业为主导，有序建立智能生产线、智能车间、智能工厂；加快实施行业绿色制造工程，突破节能关键技术装备，健全绿色标准体系，完善产品从设计、制造、使用、回收到再制造的全生命周期绿色标准。

（三）推进工业互联网平台建设，推动制造整体素质提升

服装行业工业互联网建设具有横向产业链协同特点，也具有纵向的数据采集、数据管理、数据应用等特点。自动识别技术和无线通信设备将加快物联网缝制设备的互联和数据采集，推动企业研发设计、生产制造、检验检测、技术标准、工程服务、数据管理等应用信息上线上云；5G、大数据、云计算、边缘计算、人工智能、区块链、数字孪生成为工业互联网平台建设的有力支撑，企业生产经营各环节的资源集聚与连接能力增强，以新型工业操作系统和工业APP架构为核心的智能服务生态初步构建，工业互联网平台将支持服装行业信息化管理，推动服装工业要素、价值链和产业链重构，服装制造整体素质大幅提升，逐步形成大中小企业各具优势、竞相创新、梯次发展的数字化产业格局。

（四）理顺企业转型思路，提升中小企业创新能力

以疫情为契机，以企业所处的转型阶段为出发点，正确面对并解决企业在转型过程中面临的困难，综合利用各种数字技术，与业务模式转型相结合，为企业解决问题、创造价值。梳理企业底层的业务逻辑、系统架构，以及业务与系统间的衔接，制订符合企业自身需求的转型方案，稳步有序地实现以客户为中心、以智慧分析为大脑的领先数字化

企业。

鼓励中小企业从数字化转型需求迫切的环节入手，加快推进线上营销、生产管控、在线设计、产能共享等应用；开发适合中小企业需求的低成本、轻量化、平台型、见效快的数字化解决方案，积极推动中小企业上云、上平台，降低技术和资金壁垒，加快企业数字化转型；搭建孵化平台，使产业链相关且具备创新能力的中小企业在平台上共享龙头企业在研发、创新、管理、市场、供应链、专业服务等方面的优质资源，支持更多中小企业向专业化、精细化、特色化、新颖化方向发展。

（五）加强人才培养，调整培养机制和结构

科技创新的最终服务对象是人，人才是科技创新发展的核心竞争力，是科技创新过程中最为关键的因素。为满足行业企业科技创新的人才需要，培养并建立数字技能人才发展机制，是未来服装行业企业科技创新发展的重要课题。未来将根据行业科技发展的实际需要，调整人才培养的知识结构，建立基于全产业链的教育培训体系，注重培养信息技术与服装工艺、制造装备结合的复合型技术、管理人才；依托骨干企业，建设行业人才培训和实习基地，进一步提高人才培养的针对性和适用性；加强对企业内部人员的组织培训，尤其要引导传统企业员工思想转型，加强数字化、信息化理念的培训；加大对优秀人才的表彰和奖励力度，开展职业技能竞赛和职业技能培训，拓展行业人才成长渠道。

展望未来，中国服装产业在数字经济时代转型升级、实现高质量发展的大趋势不会改变。2023年，随着国家防疫政策的不断开放及优化，服装行业将全面贯彻落实党的二十大精神，蓄势待发，稳中求进，加快建设现代化产业体系，大力推动企业转型升级和创新发展，加快科技产业深度融合，围绕“科技、时尚、绿色”的产业发展定位，以创新驱动发展，大力实施消费品工业“三品”战略，不断提高产业竞争力，实现行业科技实力从量的积累迈向质的飞跃、从点的突破迈向系统能力的提升。

中国服装好设计

CHINESE
CLOTHING
GOOD
DESIGN
SEASON
THREE

主 办
中国服装协会
海宁市人民政府

联合主办
海宁中国皮革城

联系人
侯 亮 13391663338 章之倚 15706705592

好设计
中国服装好设计
GOOD DESIGN FOR CHINESE CLOTHING

中国服装优质制造商联盟
FASHION
PARK
国家队
联系人：季明
联系电话：13520447467
地址：上海市嘉定区江桥镇景域大道88号

第三部分　产业链报告篇

2022~2023 年中国棉纺织行业发展报告

中国棉纺织行业协会　徐潇源

在经历了 2021 年的艰难复苏后，2022 年世界经济再次步入危机边缘。通货膨胀、粮食、能源、安全等问题复杂严峻，单边主义、保护主义上升，全球产业链供应链受到冲击，消费者对食品和能源之外的非生活必需品需求缩减，纺织服装消费压力加大。我国经济在“三重压力”和超预期冲击叠加下，运行保持基本平稳，但恢复势头边际放缓，巩固经济回升的基础仍面临不少挑战。在复杂严峻的环境下，棉纺织行业持续负重前行。

一、2022 年棉纺织行业运行情况

（一）生产情况

中国棉纺织行业协会（以下简称“中棉行协”）跟踪的重点企业（以下简称“重点企业”）数据显示，截至 10 月，纺纱、织造设备利用率分别为 91.6%和 89.0%，同比分别下降 3.1 个和 2.9 个百分点。其中，纺纱设备利用率高于 85%的企业占比 77%；织造设备利用率高于 85%的企业占比 67%。纱和布产量同比出现明显下降，尤其是纱产量，持续处于负增长状态。在“金九银十”旺季预期下，市场在 9 月经历了一波短暂的订单潮和去库存后，10 月市场需求再度降温。1~10 月，“重点企业”纱产量同比下降 5.40%，布产量同比下降 2.34%（图 3-1）。

产业集群方面，中棉行协跟踪的重点产业集群（简称“重点集群”）数据显示，“重点集群”与“重点企业”的变化情况基本一致。1~10 月，“重点集群”设备利用率平均 76%，同比下降 5.6 个百分点，其中规上企业在 77%左右。1~10 月，“重点集群”各类纱线产量同比下降 4.8%，其中，规上企业同比下降 4.9%；布产量同比增长 4.4%，其中，规上企业同比增长 3.1%。“重点集群”布产量同比增长的主要原因，一方面是 2022 年部分产业集群增加了织布产能；另一方面，与 2021 年布产量的基数较低相关。

分析“重点企业”和“重点集群”的数据可以看出几个特点：一是 2022 年以来，“重点企业”的纺纱和织造设备利用率均较 2021 年同期明显下降；二是“重点集群”的开机率整体低于“重点

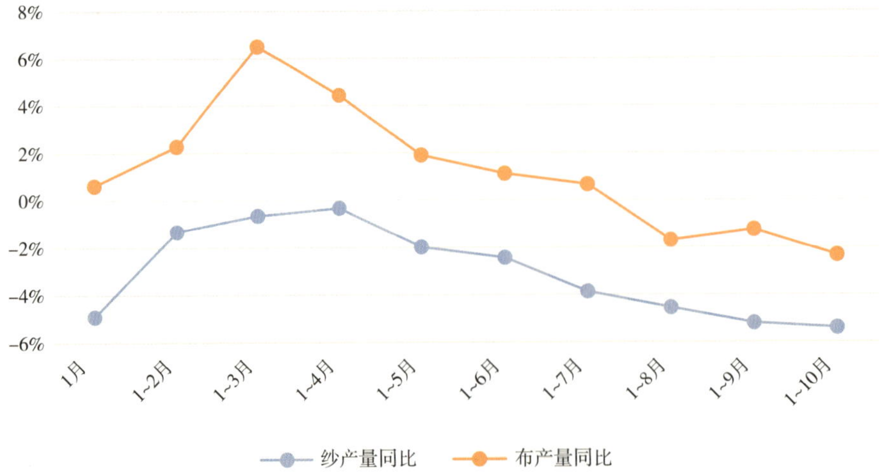

图 3-1　2022 年跟踪重点企业纱、布产量同比变化

（数据来源：中国棉纺织行业协会）

企业”；三是“重点企业”中，纺纱设备利用率高于织造设备利用率；四是“重点集群”中，规模以上企业设备利率高于规模以下企业。说明，越往下游生产情况越差，中小企业相对更加困难。另外，尽管从终端销售和订单的角度看，2022 年旺季的表现甚至比受限电影响的 2021 年还要疲弱，但在纺纱和织造环节，9～10 月整体的运行情况相对仍然较为积极，设备利用率出现明显攀升。

（二）市场情况

1. 原料价格

棉花价格大幅波动，内外棉价差波动剧烈。2021 年 10 月至 2022 年 6 月中旬，国内棉价持续在 20000～23000 元/吨的区间高位振荡，处于近十年高位，6 月下旬跌破 20000 元/吨关口，之后开启了震荡下跌走势，10 月底价格跌破 13000 元/吨。与 2022 年初相比，截至 10 月底，国内标准级棉花价格下跌了 34%。从图 3-2 可以看出，2022 年以来，国内棉价整体呈振荡下跌走势，国际棉价强势上涨后下跌，内外棉价差波动剧烈。3 月是需要关注的时间节点，国际大宗商品价格 3 月以来快速走高，3 月下旬开始，国际棉价反超国内棉价，内外棉价差倒挂，最高时超过 6700 元/吨。但棉花市场的需求显著不足，尤其随着北半球棉花供应逐步增加，国际棉价延续跌势，10 月底，内外棉价差倒挂幅度在 2100 元/吨左右。

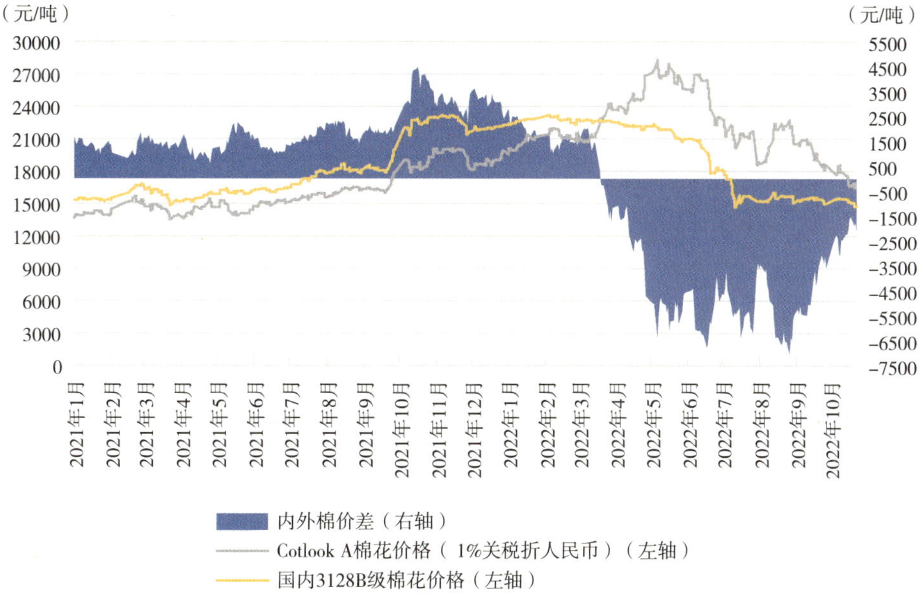

图 3-2 国内外棉花价格及价差走势

（**数据来源**：中国棉纺织行业协会）

黏胶短纤价格波动幅度较大，涤纶短纤价格相对平稳。6 月下旬，黏胶短纤价格达到 2022 年以来的高点，与棉花价格基本相当，较年初时上涨 25%。支撑黏胶价格的强有力因素主要是成本和预售量，与 2021 年相比，黏胶短纤的原料成本（浆粕）和制造成本的上涨幅度均超过 1000 元/吨，并且预售量较好。但是，进入 7 月后，下游需求一直处于低迷状态，多数商品大幅下跌，尤其是棉花和涤纶的超预期大跌，黏胶短纤难以独善其身，进入下跌通道。虽然黏胶短纤和涤纶短纤的价格均在波动，但 2022 年以来棉花与黏胶短纤、涤纶短纤的平均价差处于历史高位，1～10 月差分别达到 5300 元/吨和 11000 元/吨左右（图 3-3）。另外，从下游纱线价格看，纯棉纱价格跌幅最大，化纤纱以及混纺纱的价格跌幅相对较小，而且下游化纤产品订单情况要好于纯棉，叠加涉疆问题，棉纺织企业调整产品结构，增加使用非棉纤维，生产差异化产品。

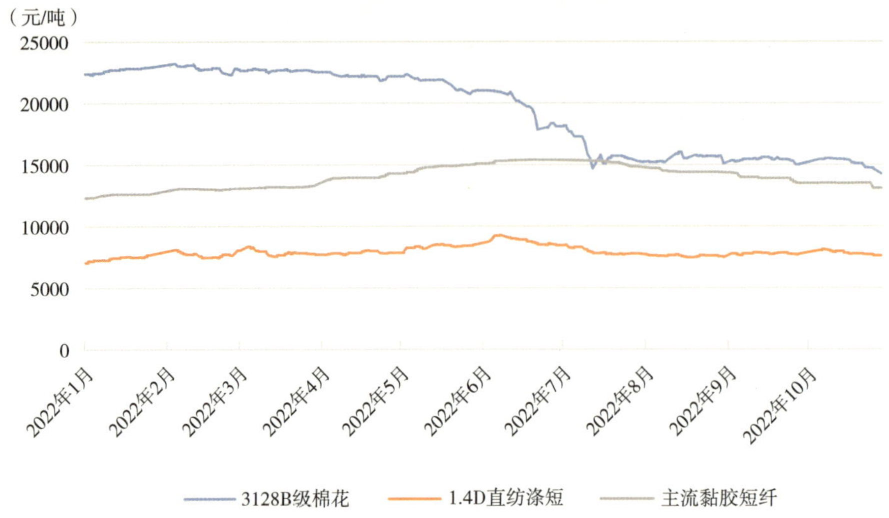

图 3-3　主要棉纺织原料价格走势

（**数据来源**：中国棉纺织行业协会）

2. 纱、布产品价格

棉纱和棉布价格走势与棉花基本保持一致。棉花价格下跌，下游纱、布产品价格随之进入下跌通道。32 支纯棉纱价格从 1 月初的 28100 元/吨下跌至 10 月的 22930 元/吨，跌幅 18.4%；纯棉坯布（32 英支×32 英支，130 根/英寸×70 根/英寸，2/1 斜纹，幅宽 47 英寸）价格从 1 月初的 6.3 元/米下跌至 10 月的 4.7 元/米，跌幅 25.3%。从下跌幅度看，纯棉纱和纯棉布的下跌幅度小于棉花，但从价格的实际变化看，棉花价格呈波动状态，有跌也有涨，而棉纱和棉布价格基本处于持续下跌状态，跌幅不断加深，并且棉布的跌幅大于棉纱，说明市场运转不顺畅（图 3-4）。

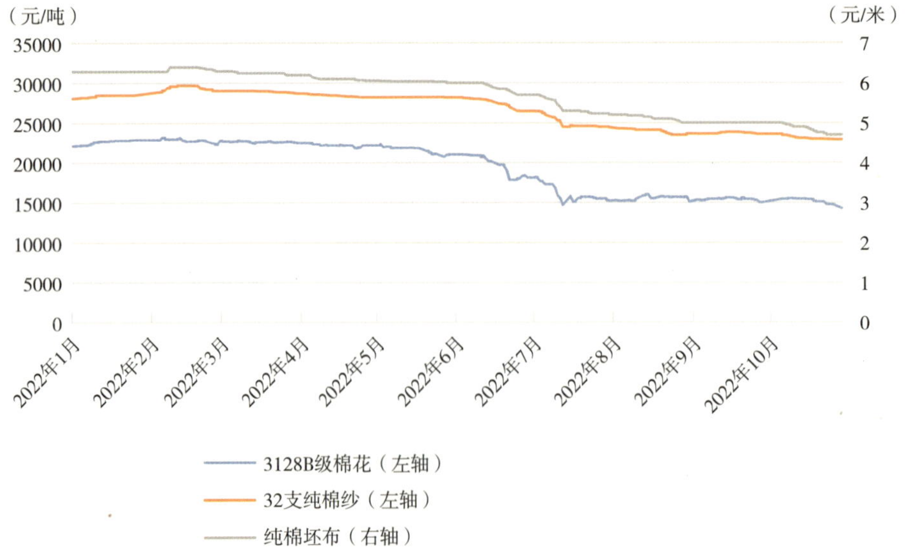

图 3-4　棉纺织代表产品价格走势

（**数据来源**：中国棉纺织行业协会）

3. 储备棉轮入价格

除了原料和产品价格外，储备棉轮入价格也是市场关注的焦点。在新疆棉滞销、价格不断下行的压力下，7 月 13 日，国家开启了储备棉轮入，计划轮入数量30万~50万吨，设置轮入竞买最高限价18600元/吨。截至11月11日，第一批轮入停止，累计成交8.67万吨，成交率17%。84个工作日计划挂牌采购50.3万吨，实际仅有42日出现成交，成交均价在15800元/吨左右（图3-5）。市场反映，18600元/吨的熔断机制对市场上方空间形成压制，储备棉轮入从量、价两方面来看均不及预期。

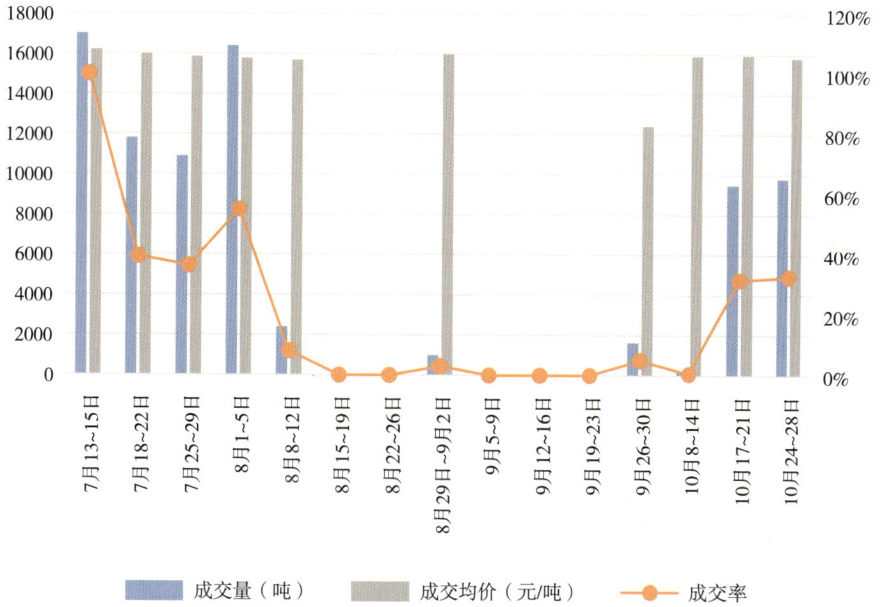

图3-5　2022年中央储备棉轮入成交量、价变化

（数据来源：中国储备棉管理有限公司、全国棉花交易市场）

（三）运行质效

1. 主要经济指标情况

面对大幅波动的原料价格、弱需求、高库存，棉纺织企业盈利压力显著，主要经济指标增速放缓，利润下降，亏损面扩大。中棉行协跟踪数据显示，1~10月，“重点企业”营业收入同比由正转负，下降0.7%；利润总额同比下降30%；亏损面在9月达到2021年以来的最高值，10月有所收窄，但仍处于高位，同比扩大18个百分点（图3-6）。

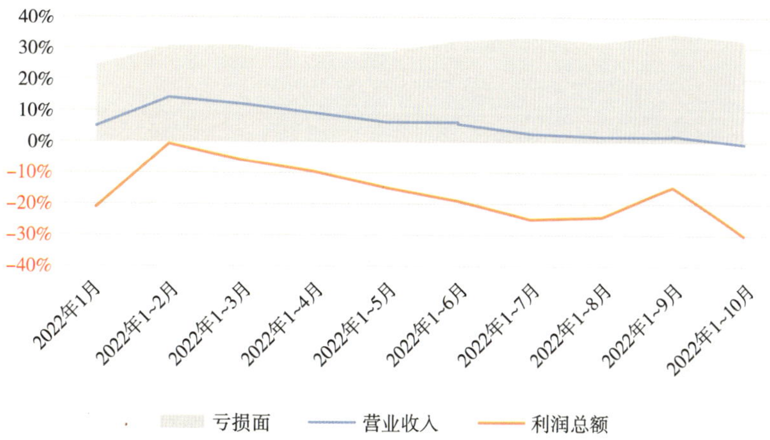

图3-6　跟踪重点企业营业收入、利润总额同比及亏损面变化

（数据来源：中国棉纺织行业协会）

从跟踪的“重点集群”情况看，主要经济指标同比变化走势与“重点企业”基本一致。1~10月，“重点集群”营业收入累计同比下降3.6%，利润总额同比下降35.4%。整体看，“重点集群”营业收入和利润总额的同比降幅均小于“重点企业”，产业集群运行压力较大（图3-7）。

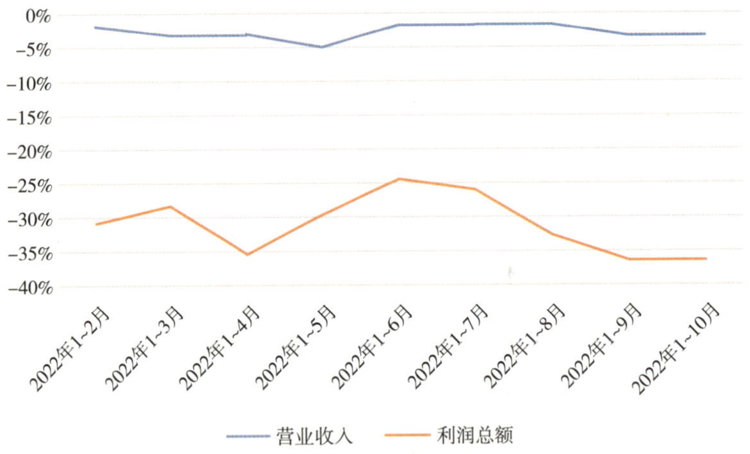

图3-7　跟踪重点集群主要经济指标同比变化

（数据来源：中国棉纺织行业协会）

2. 景气指数

中棉行协发布的中国棉纺织景气指数显示，2022年以来，景气指数持续位于枯荣线下方。9月景气指数回升至49.7，接近枯荣线水平，达近一年最高值，10月出现回落，构成中国棉纺织景气指数的7项分类指数均较9月下降，其中产品库存指数连续3个月位于枯荣线上方，原料采购指数、生产指数、产品销售指数、产品库存指数、经营指数、企业信心指数均位于枯荣线下方（图3-8）。原料端价格维持弱势，企业采购谨慎，终端市场销售缓慢，虽然开机下降，但产品库存仍持续累积。

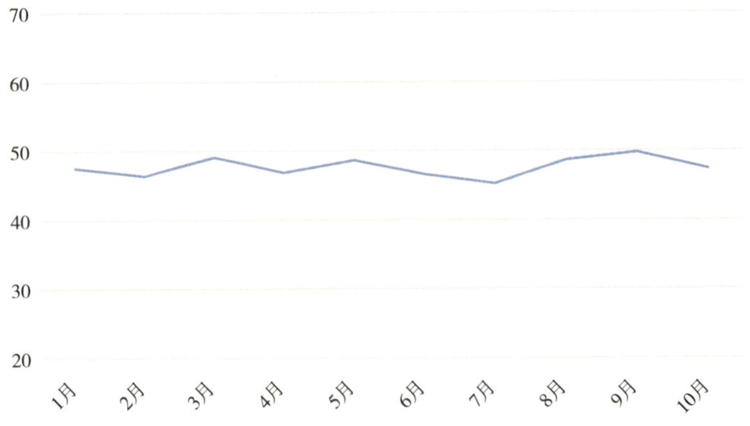

图3-8　2022年中国棉纺织景气指数变化

（数据来源：中国棉纺织行业协会）

（四）进出口

1. 棉花进口情况

受内外棉价差持续倒挂、国内棉花消费需求减弱等因素影响，2022年我国进口棉市场整体表现弱势。据海关总署数据，1~10月，我国累计进口棉花159万吨，同比下降17%。近几年国家除了发放89.4万吨关税内配额，每年均发放一定量的滑准税配额。3 月 9 日，国家发展改革委发布公告，发放 2022 年第一批棉花进口滑准税配额，数量为 40 万吨，限定用于加工贸易方式进口（图 3-9）。企业反映，相对于发放加工贸易配额，更喜欢不限定贸易方式，这样灵活性更高，更能符合企业的生产需要。2021 年和 2020 年国家均发放了 40 万吨滑准税配额，但均使用了一半左右。从贸易方式看，一般贸易排在首位，1~10 月占比 62%。从进口来源国看，美国、巴西、印度排在前三位，尤其是进口美棉占比远超 2021 年；正值巴西棉集中上市，进口量增加明显；印度棉因大幅减产可进口量较少，占比较 2021 年明显萎缩。

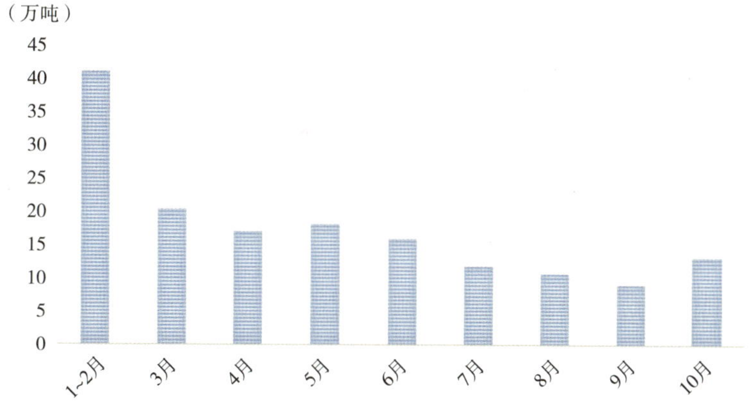

图 3-9　2022 年 1~10 月我国棉花进口量变化

（数据来源：海关总署）

2. 棉纱进口情况

内外纱价差逐步缩小，4 月底出现倒挂，最高时倒挂超过 2000 元/吨，截至 10 月底价差倒挂 1100 元/吨左右。据海关总署数据，1~10 月，我国累计进口棉纱 101.9 万吨（图 3-10），同比下降 44.1%。从进口来源国看，越纱仍占据最大份额。前三季度，越南、巴基斯坦、乌兹别克斯坦和印度排名位于前四位，进口量合计占比 83%。

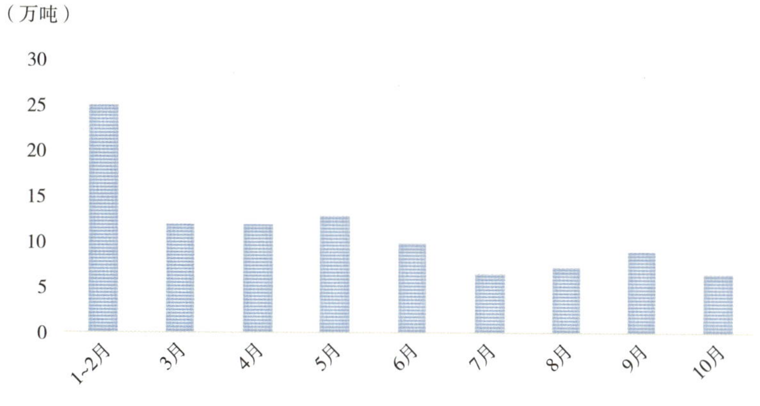

图 3-10　2022 年 1~10 月我国棉纱进口量变化

（数据来源：海关总署）

3. 棉纱、棉布出口情况

由于内外纱价差倒挂，叠加部分外贸订单对原料产地提出要求，1~10 月，棉纱累计出口 23.1 万吨，同比下降 4.0%。从出口国看，前三季度，孟加拉国、越南、俄罗斯和巴基斯坦排在前四位。外贸订单走弱，棉布月度出口量同、环比连续 3 个月均出现下降。1~10 月，棉布累计出口量 55.5 亿米，同比下降 10.9%。从出口国看，前三季度，孟加拉国、越南、尼日利亚和菲律宾排在前四位（图 3-11）。

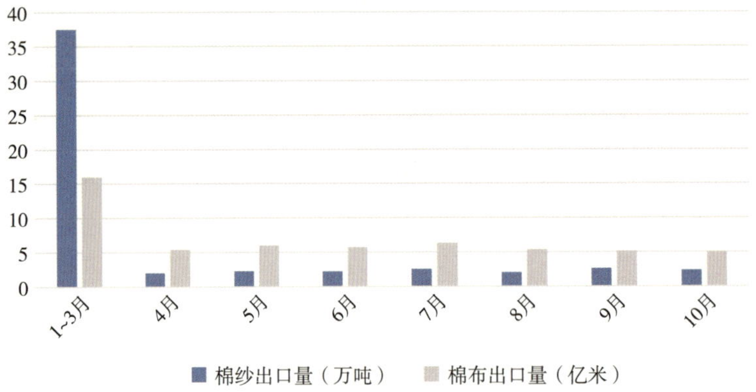

图 3-11　2022 年 1~10 月我国棉纱、棉布出口量变化

（数据来源：海关总署）

二、行业发展面临的形势及应对措施

（一）面临的形势

1. 消费复苏节奏缓慢

国际局势变化莫测，中美贸易摩擦，新冠肺炎疫情，地缘冲突长期化，供求矛盾加剧，大宗商品价格快速上涨并传导至消费品价格，通胀压力持续上升，对世界经济增长前景和方式带来了深远的影响。全球货币政策步入紧缩周期，经济面临增长放缓甚至衰退的风险，居民个人实际可支配收入下降，对消费形成抑制。

2. 外贸形势愈加严峻复杂

全球疫情的蔓延严重冲击着国际贸易，令我国外贸陷入接单难、履约难、国际物流不畅、贸易壁垒增多等诸多困境，同时，海外订单向东南亚、南亚等国家转移趋势明显，外贸形势更加复杂严峻，影响了我国棉纺织行业的恢复和发展。此外，内销需求释放不足，整体规模继续下滑，对棉纺织行业发展带来较大压力。

3. 产业链供应链安全稳定面临挑战

严重的通胀及预期，突显了制造业在竞争力中的核心地位，也使各国重构其国家发展战略和产业结构，各国发展模式和产业政策发生较大的转变，制造业的竞争和对抗加剧，生产要素的安全保障以及产业链的稳定可控成为棉纺织行业发展安全的重要内容。

4. 生产成本上升

在人口老龄化、劳动力成本上升两大不可逆趋势下，制造业人口红利的消退已是不争的事实。尤其是近两年，受新冠肺炎疫情影响，棉纺织企业的生存空间进一步被挤压，除了人工成本之外，原材料、物流运输等成本也在持续增加，我国棉纺织产品的价格竞争优势逐渐被削弱。

（二）应对措施及建议

面对复杂严峻的形势，棉纺织企业需要从以下几方面做好风险防范，尽可能做好风险对冲：一是修炼内功，提升管理水平；二是提高警惕，提前做好应对预案，以应对未来可能发生的不利情形；三是提升行业生产的连续化、自动化和智能化水平，推动行业设备提升和技术改造；四是加大非棉纤维的推广和利用等，以规避风险。

针对行业面临的问题及困难，中棉行协多次行文至国家有关部门，提出相关建议。配额发放方面，建议足量增发棉花进口配额，由企业自由选择贸易方式，以应对市场变化；推动棉花进口加工贸易改革，采用总量核销，降低落棉补税的关税税率；推动棉花滑准税改革，取消滑准税率计算公式并固定税率。储备棉轮入方面，建议明确储备棉轮入的目的，如果托市，建议公开放大收储量，提振市场信心。另外，针对新疆棉滞销的情况，建议推动中国棉花出口等。

三、2023年行业发展展望

展望2023年，我国经济恢复的基础尚不牢固，需求收缩、供给冲击、预期转弱三重压力仍然较大，外部环境动荡不安，给我国经济带来的影响加深。除了经济增长放缓带来的需求下降，2022年棉花产量增加，加上2021年棉花库存大量结余，棉市供大于需的格局仍将持续，棉花价格上行的压力较大。还有涉疆法案的影响，除美国、欧盟外，越南、孟加拉国、巴基斯坦等东南亚国家输入美国的纺织产品也被要求提供相同的凭证，使疆棉禁令的影响仍在持续扩大，接单疲软的趋势未见起色。但是，仍然存在一些利好因素，我国经济韧性强、潜力大、活力足，中美经贸摩擦影响总体可控，G20领导人峰会等国际会议传出积极信号；各项政策效果持续显现，最大限度减少疫情对经济社会发展的影响，生产生活秩序有序全面恢复，纺织企业信心有所增强；“RCEP”和“一带一路”贸易合作持续深化，为行业的外贸发展提供新动能；国内棉价低于国际棉价，叠加人民币贬值，利好出口等。我国棉纺织行业将稳步释放发展韧性，不断激活高质量发展潜力，行业运行有望总体回升。

展望2023年，纤维应用方面，随着消费需求升级和化纤工业的技术进步，加上棉花与非棉纤维之间的价差不断加大，企业增加使用非棉纤维，规避风险，叠加涉疆问题，非棉纤维的应用将持续增长。据中棉行协测算，2021年非棉纤维使用量占比已经达到66%。原料保障方面，棉花体制改革继续推进，有利于保障棉纺织行业的稳定发展，国内外环境、国家政策、棉花质量、非棉纤维推广应用等是需要关注的重点。我国棉纺织行业技术进步加快，行业将逐步向智能化、自动化和绿色化发展。

2022~2023 年中国纤维流行趋势发布报告

中国化学纤维工业协会　杨涛　靳高岭

化纤工业是我国具有国际竞争优势的产业，是纺织工业整体竞争力提升的重要支柱产业，也是战略性新兴产业的重要组成部分。为了打造“中国纤维”品牌，提升“中国纤维”在国际市场的整体形象和竞争力，2012 年，由工信部牵头，中国化学纤维工业协会、东华大学、国家纺织化纤产品开发中心共同组织的“中国纤维流行趋势”活动拉开序幕。历经十年的培育和发酵，对纤维流行元素及应用进行了系统调研分析，深刻阐释了中国纤维的发展内涵，逐渐形成了具有中国特色的纤维品牌建设推进体系。时至今日，中国纤维流行趋势已然成为化纤行业发展的风向标，引领着中国纤维产业在科技创新、绿色发展、匠心精神等诸多方面实现全方位提升，使产业链整体竞争能力不断增强。

中国纤维流行趋势 2022/2023 的主题是“无界与共行”，围绕该主题，发布了纤 · 自然本源、纤 · 蝶变新生两个篇章及入选入围纤维。本文重点解读中国纤维流行趋势 2022/2023 发布的主题篇章及发布产品（表 3-1、表 3-2）。

表 3-1　中国纤维流行趋势 2022/2023 入选产品

篇章	入选纤维	产品名称
纤 · 自然本源	高品质生物基化学纤维	中空聚乳酸纤维
		柔软抗老化双组分复合聚乳酸纤维
		抗原纤化莱赛尔纤维
		抗原纤化抑菌莱赛尔纤维
		莱赛尔长丝
	多元抑菌纤维	PA/PHBV 共混纤维
		艾草改性抑菌聚酯纤维
		咖啡碳细旦聚酰胺 6 纤维
		稀土抑菌再生纤维素纤维
	差异化循环再利用化学纤维	循环再利用 PET/PTT 双组分复合纤维
		仿麂皮循环再利用聚酯纤维
		抑菌阻燃循环再利用聚酯纤维
		可追溯循环再利用再生纤维素纤维
纤 · 蝶变新生	低温易染纤维	钛系阳离子可染聚酯纤维
		阳离子循环再利用聚酯纤维
	保暖纤维	蓄热保暖仿羊绒聚酯纤维
		远红外聚酰胺 6 纤维
	舒弹保型纤维	抑菌氨纶
		低旦数氨纶
		温感形状记忆氨纶
		双组分复合聚酯弹性纤维

续表

篇章	入选纤维	产品名称
纤·蝶变新生	安全防护纤维	光谱发热抑菌阻燃聚酯纤维
		阻燃高强聚酰胺 6 纤维
		高强抗紫外聚酯工业丝
	专用型高性能纤维	毫米级超高分子量聚乙烯超短纤维
		HF40T 高强中模碳纤维
		QM4050 高强高模碳纤维
		原液着色间位芳纶
		高强高伸对位芳纶

表 3-2　中国纤维流行趋势 2022/2023 入围产品

品类	产品名称	品类	产品名称
差异化循环再利用化学纤维	内饰专用原液着色循环再利用聚酯纤维	健康防护纤维	抑菌消臭再生纤维素纤维
	毛纺专用原液着色循环再利用聚酯纤维		凉感抑菌再生纤维素纤维
	原液着色循环再利用高强低伸聚酯纤维	舒感纤维	细旦全消光聚酯纤维
	阳离子染色循环再利用聚酯纤维		异形多孔超细旦聚酯纤维
	原液着色循环再利用腈纶		超细旦超密聚酯纤维
原液着色化学纤维	原液着色聚酰胺 6 纤维		吸湿排汗聚酯纤维
	涡流纺专用原液着色聚酯纤维		相变调温再生纤维素纤维
保暖纤维	中空保暖抑菌聚酯纤维		异形导湿聚乙烯纤维
	保暖隔热聚酯纤维		蛋白改性聚丙烯腈纤维
仿真纤维	超仿棉聚酯纤维	低温易染纤维	亲水易染聚酯纤维
	细旦仿真丝聚酯纤维		细旦深染聚酯纤维
	异组分高收缩仿棉聚酯纤维	安全防护纤维	高强原液着色循环再利用聚酯工业丝
	多孔超细聚酰胺 6 纤维		无熔滴阻燃聚酰胺 6 纤维
健康防护纤维	石墨烯改性细旦聚酯纤维	高性能纤维	易扩展耐磨超高分子量聚乙烯纤维
	石墨烯改性聚酯纤维		25K 碳纤维原丝
	负离子抑菌聚酯纤维		耐高温芳砜纶
	抗紫外聚酰胺 6 纤维		—

一、趋势主题：无界与共行

（一）无界

1. 时空无界

溯洄于时光至深处，纤维温暖了岁月，溯游在山川风物间。纤束沟通了万象，穿行在华夏璀璨的人类文明银河，“纤”动心弦。五千年，一刹那，纤绕成了裳，丝聚成了路，情寓成了感 。

2. 万物无界

纤束延展前行，锐意鼎新，想象力总被已有的场景所触发。天然到化纤、石油基到生物基、废旧资源再利用——蝶变新生。天然矿物、植物精粹、神奇的碳材料、逆袭的纳米材料——融合跨界。抑菌、阻燃、导电、保暖、吸湿、凉感——功能引领。储能、智能、信息、仿生、计算、物联网——智慧交互。打破惯性，冲破界限。纤动生活、纤动幸福，日新月异，流畅了传承，创意了表达，点亮了畅想。

3. 视野无界

总在不经意中，求闳约而发深美。动与静、快与慢、运动与休闲、安全与防护，陪伴我们一生。致广大而尽精微，舒适的高铁座椅、轻量化碳纤维汽车、先进的水处理膜、坚固的建筑墙体……纤维身影随处可见。总在万分感动时，极高远而道朴实以纤为盾，助力抗疫医疗、国防安全、航天事业，从强到更强，不断刷新对人类的贡献力。

（二）共行

1. 科技共行

中国纤维以科技为支持，以创新为动力，与绿色智能技术、多元创新并行。模块化、柔性化、精准化、快速响应，纤维产业变革加速演进，从跟跑、并跑到领跑。每一次向上的磅礴伟力，迎来了高质量内涵式发展。

2. 时尚共行

中国纤维以时尚为舞台，展开旺盛的生命力，在趋势中吸足了养分爆发更加潮流的多元文化。绚烂的色彩、初生的功能、匠意的品质、绿色的关怀，从源头为充满张力的高级审美，提供实用、功能、高端化、多样性输出。激活创造潜力，点亮消费需求。

3. 绿色共行

中国纤维以绿色为标签，应对全球气候变化新挑战，助力“双碳”目标。从可再生材料到废弃资源再利用，从风能到太阳能，开发多元化原料。从摇篮到摇篮，实现多级多次闭合循环。从绿色产品设计到绿色技术应用，再到绿色可持续消费引导，驱动全产业链韵律减碳和循环经济发展。探寻自我突破的绿色转型，建设和谐自然美丽中国。

二、发布篇章及发布纤维

（一）发布篇章之“纤·自然本源”

蓝天白云、绿水青山、空气水源，我们生活在大自然的馈赠之中。将自然资源的生命周期延长，反哺和谐环境，工业时代下天然元素得到延续。农、林、海洋废弃物、副产物资源，在纤维载体上塑造新的定义；植物精粹、纳米生物质碳、稀土矿物质元素，赋予纤维全新动能。废旧聚酯、废旧纺织品再利用后，叠加新技术变废为宝、传承新生，实现质的飞跃。人工合成淀粉，人工合成蛋白质……每一个分子都在演绎对自然的绿色承诺。珍惜自然馈赠，生物基、循环再利用宣言引领全球纺织品新消费趋势，创建环保可持续的精彩世界。

1. 发布品种之高品质生物基化学纤维

生物基原料，“吸碳”效应显著，“恰逢其时”，助力“双碳”。生物基化学纤维废弃后降解成二氧化碳和水，实现从自然来再回到自然的生命轮回。高光纯乳酸原料国产化，融合中空截面、柔软设计、抗老化技术实现聚乳酸纤维新品种再造。赋予莱赛尔短纤的抗原纤化、抑菌特性，解决莱赛尔织物起毛起球问题。突破莱赛尔长丝生产技术，品质媲美蚕丝，以崭新的应用价值蓄力高端纺织品的斑斓意境（表3-3）。

表3-3　高品质生物基化学纤维推荐品种及品牌

推荐品种	品牌
中空聚乳酸纤维	柠檬树　Lemon Tree
柔软抗老化双组分复合聚乳酸纤维	绿纶　PLON
抗原纤化莱赛尔纤维	元丝　ORICELL 绿纤　G-FIBER
抗原纤化抑菌莱赛尔纤维	瑛赛尔　Incell
莱赛尔长丝	龙赛尔　LONGCELL

（1）中空聚乳酸纤维。

推荐理由：聚乳酸纤维品种再创新，实现玉米、秸秆等农作物到乳酸、丙交酯再到中空聚乳酸纤维全产业链国产化制备，提升产品附加值、拓展应用领域。

①制备技术：将玉米、木薯淀粉，经酶转化成葡萄糖；或将秸秆纤维素通过物理、化学方法转化成葡萄糖。葡萄糖经发酵生成乳酸，再裂解酯化制得丙交酯，最后开环聚合制备聚乳酸。根据聚乳酸物性指标，设计专用“C”型喷丝板，经熔融纺丝工艺制得中空聚乳酸纤维（图 3-12）。

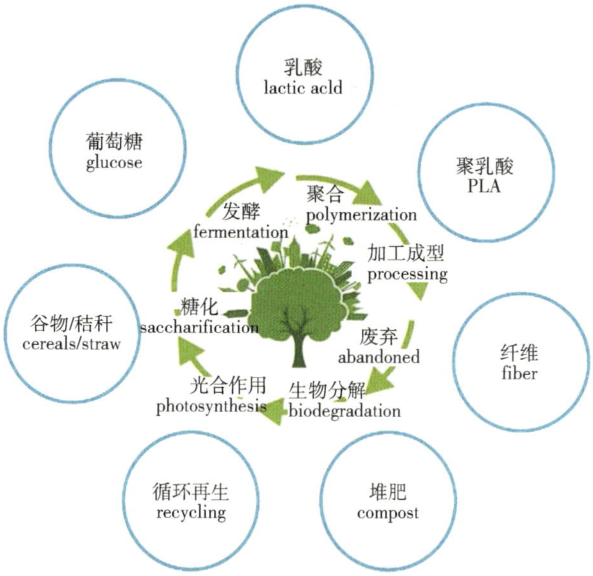

图 3-12　生态循环示意图

②主要规格：短纤维，（1.33～22.22）dtex×（38～51）mm，中空和实心，本色和有色。

③性能及制品特点：

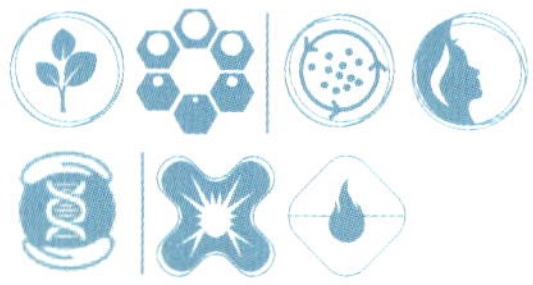

- 生物基原料，绿色环保，可生物降解。
- 保暖、亲肤透气、回潮率低。
- 具有良好的生物相容性。
- 抑菌、抗螨；阻燃性好、燃烧无黑烟。

④应用领域：休闲服、家居服、婴儿服等服装领域（图 3-13）；填充物等家用纺织品；医用纺织品、卫生纺织品、过滤产品等产业用纺织品。

（2）柔软抗老化双组分复合聚乳酸纤维。

图 3-13　中空聚乳酸纤维应用领域

推荐理由：皮层为低熔设计，具有自黏合作用，替代传统黏合剂，环保安全。对纤维进行柔软及抗老化改性，提高制品柔软度及强度保持率，主要应用于卫材领域，拓展了聚乳酸应用价值。

①制备技术：以改性低熔点聚乳酸树脂为皮，柔软抗老化改性纺丝级聚乳酸树脂为芯，经皮芯复合纺丝工艺制备而成。

②主要规格：短纤维，（1.11～3.33）dtex×（38～51）mm。

③性能及制品特点：

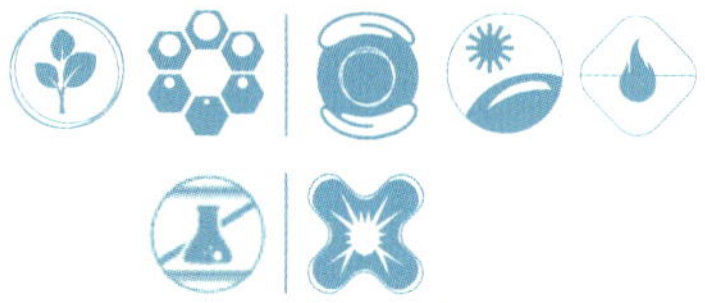

- 生物基材料、可生物降解。
- 柔软亲肤、抗老化，具有阻燃特性。
- 无须化学黏合剂，能自黏合成布，安全环保。
- 纤维天然弱酸性，与人体亲和，具有较好的抑菌性能。

④应用领域：休闲服、家居服、贴身内衣、服装里料等服装领域；床上寝具、地毯、毛巾、玩具等家用纺织品；医用纺织品、卫生纺织品、面膜、口罩等产业用纺织品（图 3-14）。

（3）抗原纤化莱赛尔纤维。

推荐理由：攻克莱赛尔纤维原纤化难题，采用无醛复合交联剂，绿色环保，有效解决织物起毛问

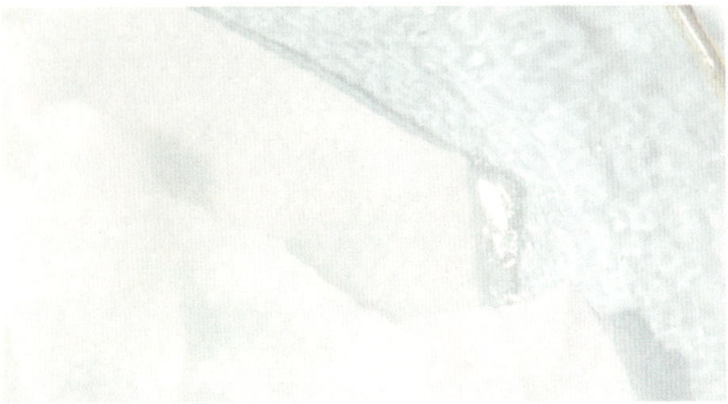

图 3-14　棉柔巾

题，后加工适应性强，在针织品领域得到很好的应用。

①制备技术：将纤维素浆粕溶解于 NMMO/水的溶剂体系中，制成纤维素溶液，经干喷湿法纺丝和无醛复合交联技术制得抗原纤化莱赛尔纤维。

②主要规格：保定天鹅（1.1～2.0）dtex×（38～52）mm，中纺绿纤（0.9～1.67）dtex×（4～38）mm。

③性能及制品特点：

• 生物基材料、绿色环保、可生物降解。

• 抗原纤化能力强，纤维后加工适应性强，织物耐磨性强。

• 可染性好、染色均匀性高、染色后色彩鲜艳。

• 织物手感柔软、吸湿透气、亲和舒适、保形性优良。

④应用领域：休闲服、运动服、家居服、婴儿服、西装等服装领域（图 3-15）；床上寝具等家用纺织品。

（4）抗原纤化抑菌莱赛尔纤维。

推荐理由：对抑菌剂、交联剂进行复配，实现抑菌效果的同时，降低纤维的原纤化倾向，提高使用次数和耐磨性，实现性能功能双升级。

①制备技术：将纤维素浆粕溶解于 NMMO/水

图 3-15　抗原纤化莱赛尔纤维应用领域

的溶剂体系中，制成纤维素溶液，采用干喷湿纺丝工艺进行纺丝，经切断后采用交联剂、抑菌剂对其进行后整理，再利用微波催化和交联固化，增强功能添加剂的附着力，最后经上油、烘干工序制得。

②主要规格：短纤维（图 3-16），1.33dtex×38mm。

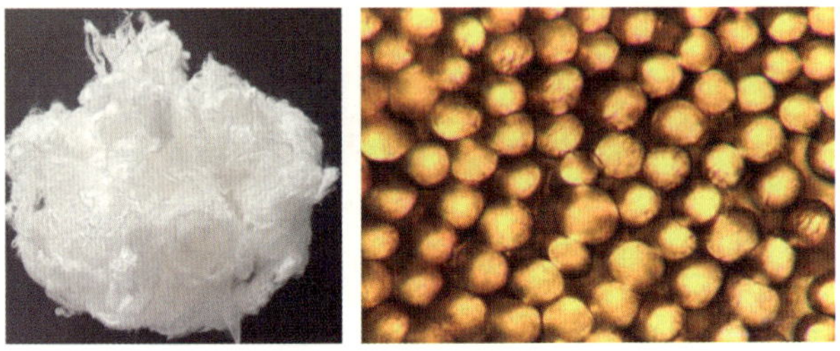

图 3-16　短纤维示意图

③性能及制品特点：

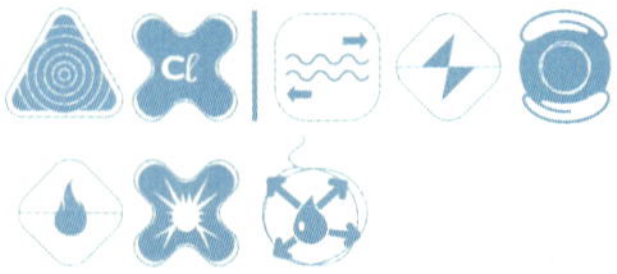

• 生物基材料、绿色环保、可生物降解。

• 抗原纤化能力强，解决织物起毛、起球问题，使织物更加耐磨。

• 抑菌性能良好，效果持久。

• 可染性好、织物颜色光鲜亮丽。

• 织物手感柔软、吸湿透气、保形性优良。

④应用领域：休闲服、牛仔、贴身内衣、袜子

等服装领域；窗帘、毛巾等家用纺织品；面膜、卫生纺织品等产业用纺织品。

（5）莱赛尔长丝。

推荐理由：攻克高分子量浆粕溶解、高品质原液制备技术，开创莱赛尔纤维新品类，拥有莱赛尔长丝技术自主知识产权，品质可媲美蚕丝。

①制备技术：将高分子量纤维素浆粕溶解于NMMO/水的溶剂体系中，制成高均匀性纤维素原液，经干喷湿法纺丝工艺制备。

②主要规格：长丝（图3-17），（33.3~333.3）dtex/（20~150）F。

图 3-17　莱赛尔长丝示意图

③性能及制品特点：

- 生物基材料、绿色环保、可生物降解。
- 易染色，色牢度高。
- 悬垂抗皱、亲肤舒适，耐用性和手感均可媲美天然的桑蚕丝面料。

④应用领域：休闲服、婴儿服、西装、牛仔、箱包、衬衣等服装领域；床上寝具等家用纺织品；汽车内饰及配件、医用纺织品等产业用纺织品。

2. 发布品种之多元抑菌纤维

从繁复造作到纯粹自然，随着生活本质和健康理念的回归，多元抑菌纤维已经成为必然之选。纤维融入天然本征抑菌元素，如以淀粉为原料经发酵技术制备的 PHBV、植物活性成分、纳米咖啡碳、非溶出型的天然稀土矿物……抑菌纤维天然亲肤、安全友好、抗病毒、远红外保健等，为消费者搭建健康纤之“盾”（表3-4）。

表 3-4　多元抑菌纤维推荐品种及品牌

推荐品种	品牌
PA/PHBV 共混纤维	禾素时代　BIOsericaERA
艾草改性抑菌聚酯纤维	百草　Byherb
咖啡碳细旦聚酰胺 6 纤维	凯邦　KaiBang
稀土抑菌再生纤维素纤维	镧鹰　LARAYON

（1）PA/PHBV 共混纤维。

推荐理由：生物基 PHBV 天然本征抑菌成分共混添加，赋予聚酰胺 6 纤维优异的抑菌及抗病毒性能，产品竞争优势明显。

①制备技术：将聚酰胺 6 切片与 PHBV 按质量比 10：1~100：1 共混，根据混合比例和特性黏度调整合适的纺丝温度，经熔融纺丝工艺制备。

②主要规格：长丝（图3-18），（22~82.5）dtex/（12~68）F（DTY、FDY）。

图 3-18　PA/PHBV 共混纤维示意图

③性能及制品特点：

- 生物基抑菌成分添加、绿色抑菌。
- 抑菌性能优异、消除异味效果持久。
- 良好的消杀病毒性能，对 H1N1、H3N2 病毒的抗病毒活性均在 95%以上。

④应用领域：休闲服、运动服、袜子、衬衣等服装领域（图3-19）；床上寝具等家用纺织品；医用纺织品、面膜等产业用纺织品。

（2）艾草改性抑菌聚酯纤维。

推荐理由：天然植物活性成分提取，生物资源高质利用。高效抑菌，对三种常见菌种抑菌率均达

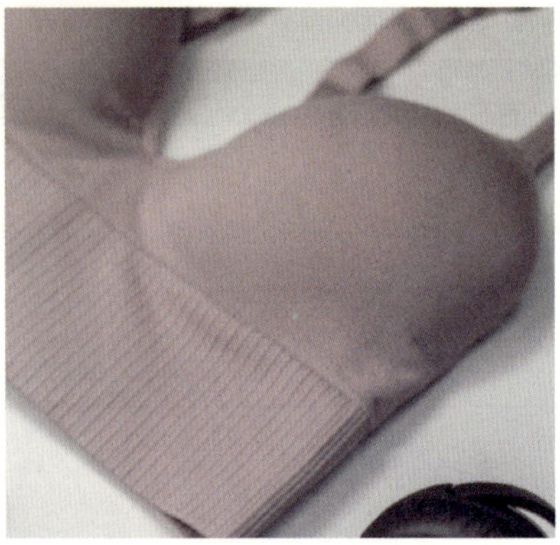

图 3-19　PA/PHBV 共混纤维应用领域

99%以上，生态安全，与人体亲和。

①制备技术：运用超临界 CO_2 萃取技术，从艾草植物中萃取活性分子，通过溶胶—凝胶法制备分子巢技术对艾草活性成分进行装载保护。将含有艾草活性成分的分子巢与分散剂、抗氧化剂制备成含功能母粒，与聚酯切片共混，经熔融纺丝工艺制备。

②主要规格：短纤维（图 3-20），(1.32~3.3) dtex×38mm；长丝，55dtex/72F、165dtex/48F。

图 3-20　艾草改性抑菌聚酯纤维示意图

③性能及制品特点：

- 生物活性成分提取、绿色环保。
- 植物抑菌，对三种常见菌的抑菌率大于99%、功效持久、抗氧化。
- 织物悬垂挺括、耐水洗、保形性优良。

④应用领域：休闲服、运动服、西装、牛仔等服装领域；地毯、沙发布、填充物、毛巾等家用纺织品；过滤产品、户外用品等产业用纺织品（图 3-21）。

图 3-21　艾草改性抑菌聚酯纤维应用领域

（3）咖啡碳细旦聚酰胺 6 纤维。

推荐理由：纤维柔软蓬松、手感轻柔滑糯、悬垂性好、色泽柔和，咖啡渣生物碳材料添加使其兼具优良的除臭、升温保暖、吸湿透气等多重功效，满足消费者对纺织品环保、健康、舒适功能的需求。

①制备技术：利用咖啡渣经分段高温煅烧制成生物碳材料，再研磨成纳米粉体，经高比例共混制备咖啡碳母粒，最后通过共混熔融纺丝工艺制备（图 3-22）。

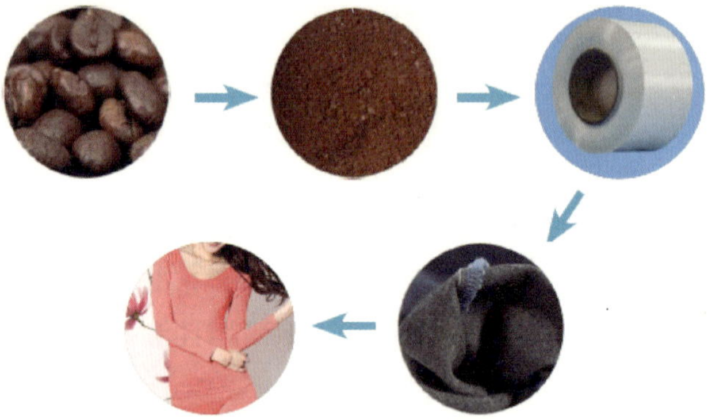

图 3-22　咖啡渣变身咖啡碳纤维做服装

②主要规格：长丝，22dtex/24F（FDY、DTY）。

③性能及制品特点：

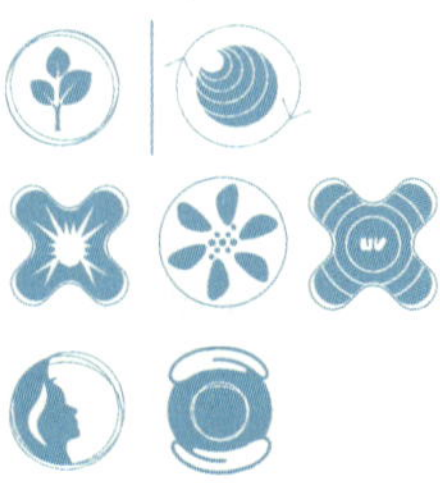

- 生物质碳材料添加。
- 远红外辐照升温，具有保温特性。
- 具有良好吸附性能，同时具备抑菌、除臭、防紫外线特性。
- 手感轻柔、亲肤。

④应用领域：休闲服、运动服、贴身内衣等服装领域（图 3-23）；床上寝具等家用纺织品；医用纺织品等产业用纺织品。

图 3-23 咖啡碳细旦聚酰胺 6 纤维应用领域

（4）稀土抑菌再生纤维素纤维。

推荐理由：稀土基纳米抑菌剂的均匀分散与添加改性，赋予再生纤维素纤维非溶出型高效抑菌的功能，效果持久。

①制备技术：通过纺前注射技术将稀土纳米抑菌剂加入再生纤维素纤维纺丝原液中，经高效均匀混合，制得高质量复合纺丝原液，再经湿法纺丝工艺，采用多级梯度牵伸工艺制备而成。

②主要规格：短纤维，1.33dtex×38mm，1.67dtex×38mm，3.33dtex×（38～88）mm。

③性能及制品特点：

- 物理法再生，减轻环保压力。
- 强度高、耐磨性好。
- 产品稳定性高。

④应用领域：休闲服、运动服、工装等服装领域；床上寝具、填充物等家用纺织品；汽车内饰等产业用纺织品。

3. 发布品种之差异化循环再利用化学纤维

回归原点，重新探寻生命轮回，以废旧聚酯瓶、废丝、棉短绒废料为原料，结合纺丝及加弹工艺的创新，开启循环再利用化学纤维再造后质的飞跃，延续传统轨迹，表达对大自然最真诚的礼赞与回报。与 PTT 复合后的弹性提升、经海岛复合工艺制备的仿麂皮纤维、功能重塑后的抑菌与阻燃双特性、来源可追溯的身份识别性能，诠释循环再利用化学纤维的无限可能，传递绿色动能，为可持续时尚增添科技力量（表 3-5）。

表 3-5 差异化循环再利用化学纤维推荐品种及品牌

推荐品种	品牌
循环再利用 PET/PTT 双组分复合纤维	盛虹 Memory
仿麂皮循环再利用聚酯纤维	龙杰 Loo Gee
抑菌阻燃循环再利用聚酯纤维	绿地纶 Redilon
可追溯循环再利用再生纤维素纤维	EcoJilin EcoJilin

（1）循环再利用 PET/PTT 双组分复合纤维。

推荐理由：该复合纤维的 PET 组分来源于废旧聚酯瓶片，PTT 组分源于生物基原料，具有绿色属性。纤维拥有永久卷曲，弹性回复性优异，织物亲肤舒适。

①制备技术：采用再生 PET 切片和 PTT 切片分别进行熔融，通过双螺杆复合纺丝机和并列型喷丝板进行纺丝。由于两种组分黏度和物性差异带来收缩性能的差异，经过热处理后，形成螺旋状的永久卷曲，产生优异的弹性性能。

②主要规格：长丝（图 3-24），55dtex/48F。

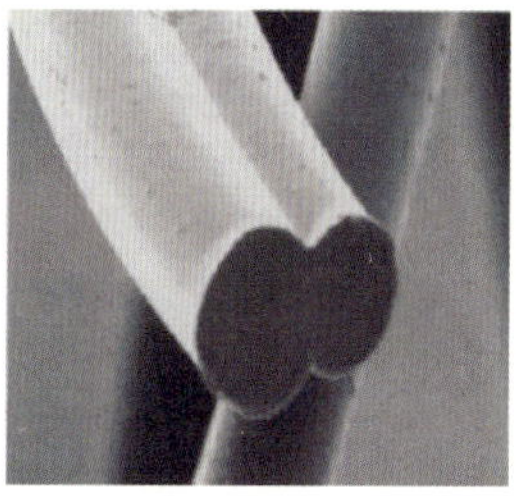

图 3-24 循环再利用 PET/PTT 双组分复合纤维示意图

③性能及制品特点：

- PET来自聚酯瓶片，绿色环保。
- PTT部分原料源于生物基材料。
- 优异的弹性伸长率和弹性回复率。
- 纤维断面呈沟槽状，具有较好的吸湿速干性能。
- 面料棉感触感、吸湿速干、抗皱、挺括、易打理。

④应用领域：运动服、婴儿服、专业运动服等服装领域（图3-25）。

图3-25　循环再利用PET/PTT双组分复合纤维应用领域

（2）仿麂皮循环再利用聚酯纤维。

推荐理由：引领皮制品向可持续、环保方向发展，丰富再生聚酯的应用领域。仿麂皮纤维可替代真皮和皮革，既美观舒适，又为时尚人士诠释最佳道德方案。

①制备技术：以废弃塑料瓶再生聚酯和碱溶性PET为原料，通过高速一步法纺丝工艺，经双螺杆熔融、计量等工序通过各自的导流槽进入纺丝组件，经海岛喷丝板喷出，再经过侧吹风、上油、预网络、GR1、GR2、网络，最后进入卷绕头卷绕成型。

②主要规格：长丝，55.6~83dtex/24F。

③性能及制品特点：

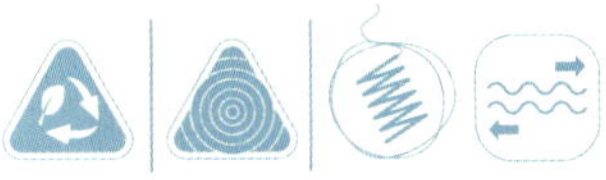

- 再生资源、绿色环保。
- 纤维上色率提高12%，染色时间减少到30分钟左右。
- 易护理，耐磨性、抗拉伸性等性能方面优于天然麂皮，保养护理方便。

④应用领域：箱包、鞋材、高端成衣、帽子等服装领域（图3-26）；沙发布等家用纺织品。

图3-26　仿麂皮循环再利用聚酯纤维应用领域

（3）抑菌阻燃循环再利用聚酯纤维。

推荐理由：循环再利用聚酯纤维功能升级，集阻燃和抑菌于一体，品质接近原生、低碳环保，越来越受到消费者的关注。

①制备技术：以再生聚酯切片为原料，复配锌系抑菌剂（图3-27）和磷系阻燃剂对聚酯基进行共混改性，调整工艺参数，经熔融纺丝工艺制备。

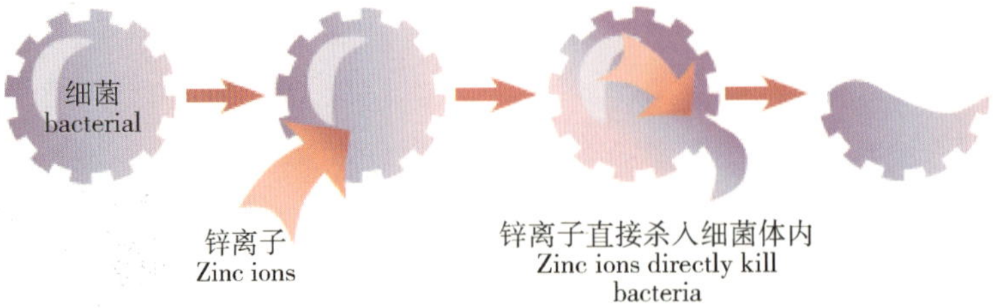

图3-27　制备技术

②主要规格：长丝，（1.33~6.67）dtex×（32~102）mm。

③性能及制品特点：

- 资源再利用，绿色环保。
- 抑菌与阻燃功能复合，有效抑制纤维表面细菌、真菌的繁殖。
- 纯纺面料阴燃和续燃时间少于15s。
- 手感柔软，光泽好、染色性能好。
- 织物吸湿速干、透气性好，具有不易起皱、不易收缩的特点，品质接近原生。

④应用领域：家居服、袜子等服装领域；床上寝具、窗帘、地毯、沙发布等家用纺织品；汽车内饰及配件、户外用品等产业用纺织品（图3-28）。

图3-28　抑菌阻燃循环再利用聚酯纤维应用领域

（4）可追溯循环再利用再生纤维素纤维。

推荐理由：原料100%来源于棉短绒，实现农业废弃物再利用，并通过RCS认证。生产过程加入追踪剂，实现从原材料到终端品牌整体产业链的透明。

①制备技术：以农业废弃物——棉籽轧花后残留的短纤维为原料，通过制浆、碱化黄化、添加可分子追踪特殊成分等工序形成纺丝原液，再经湿法纺丝制备再生纤维素纤维长丝。最终成衣面料可进行追踪剂含量检测，认证再生源头，产品废弃后可完全生物降解，实现生产过程良性循环。

②主要规格：长丝（图3-29），（44.4~666.7）dtex/（4~100）F。

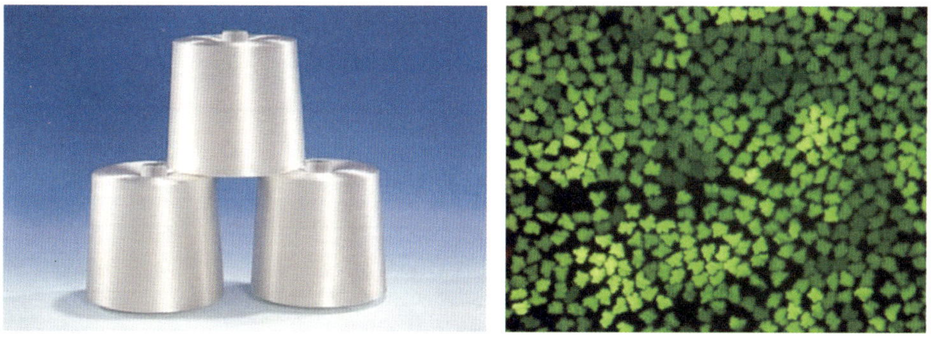

图3-29　可追溯循环再利用再生纤维素纤维示意图

③性能及制品特点：

- 采用特殊成分的分子追踪技术，即使通过纺织品加工过程后，仍可在终端应用中识别原料来源。
- 实现资源再利用，品质接近原生。
- 织物手感柔软、悬垂性好、穿着舒适亲肤。

④应用领域：休闲服、西装、家居服、衬衣、服装里料等服装领域（图3-30）；床上寝具、窗帘、地毯、沙发布等家用纺织品；汽车内饰及配件等产业用纺织品。

图3-30　可追溯循环再利用再生纤维素纤维应用领域

（二）发布篇章之“纤·蝶变新生”

在匠心工艺的淬炼中，每一种纤维诞生之初，精心编辑了它的分子基因，焕然新生、熠熠生辉。钛系催化剂、远红外矿物添加、高效能添加量突破、异纤异构……利用科技创新助力纤维高效抑菌、快速升温、形状记忆、抗紫外等功能升级。低温易染的环保属性、轻盈透气的体贴入微、超强复原的弹力保持，纤维呵护身心，诠释以人为本。质量之魂、存于匠心，在碳纤维、芳纶等高性能纤维及其复合材料工艺方面不断突破，打破了国外垄断，产品应用包括从新能源到汽车、无人机、航天工程，支撑中国制造助力“双碳”、上天入地、星辰大海。纤维关心日新月异的未来，聚力我们向往的生活。

1. 发布品种之低温易染纤维

科技加冕时尚，低温易染纤维以染色温度低、能耗低、效率高为化纤纺织行业增辉生色。阳离子改性设计与循环再利用技术协同增效，与生态钛系催化技术完美融合，品质提升的同时让消费者享受五彩缤纷的视觉盛宴。颜色鲜艳、色谱齐全、降低面料染色能耗，谱写纺织行业浓墨重彩工笔画（表3-6）。

表3-6　低温易染纤维推荐品种及品牌

推荐品种	品牌
钛系阳离子可染聚酯纤维	易染钛纤　FENG MING
阳离子循环再利用聚酯纤维	佳人　GREEN CIRCLE

（1）钛系阳离子可染聚酯纤维。

推荐理由：实现绿色催化剂与阳离子可染技术的协同增效，采用熔体直纺工艺制备阳离子可染聚酯纤维，既符合生态环保发展趋势，又使产品具有竞争力。

①制备技术：采用直接酯化法制备阳离子（5-磺酸钠-1.3-间苯二甲酸羟乙基酯）改性单体，采用聚合在线添加微量改性系统将阳离子和活性高、催化效果好的环保钛系催化剂加入酯化反应釜中进行共聚改性和聚酯酯化催化，后经熔体直纺工艺制得（图3-31）。

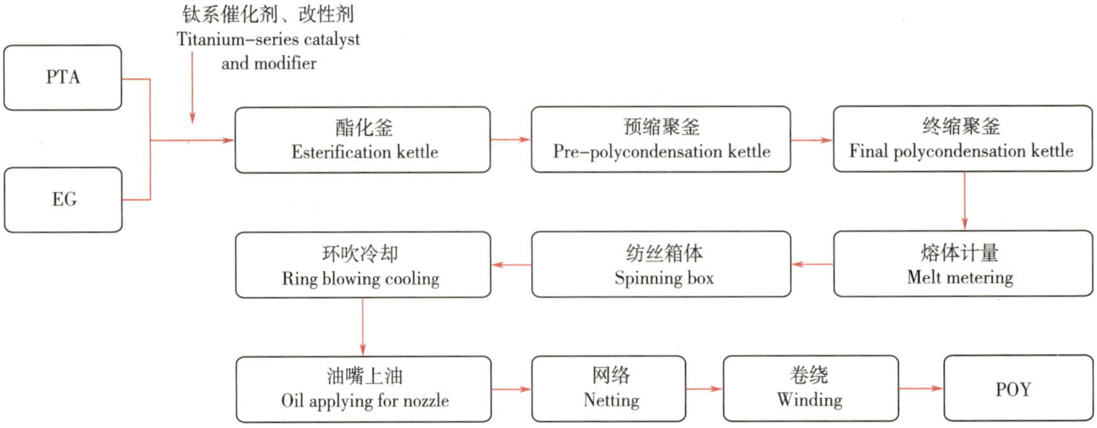

图3-31　钛系阳离子可染聚酯纤维制备技术

②主要规格：长丝，88~130dtex/72F。

③性能及制品特点：

• 绿色环保，后道染整处理时无重金属析出，纺织品对人体无毒无害。

• 色彩鲜艳、色牢度高。

• 织物手感柔软、光泽柔和、悬垂感好。

④应用领域：休闲服、运动服、家居服、牛仔、衬衣等服装领域（图3-32）；床上寝具等家用纺织品。

图3-32 钛系阳离子可染聚酯纤维应用领域

（2）阳离子循环再利用聚酯纤维。

推荐理由：化学法循环再利用技术升级，融合阳离子聚合改性技术，创新循环再利用聚酯纤维的低温染色特性，实现产品高值化开发、低碳效果叠加。

①制备技术：采用化学法循环再生技术与工艺装备，先提纯制得DMT单体，同时利用间苯二甲酸-5-磺酸钠，通过酯化反应合成第三单体间苯二甲酸乙二醇酯-5-磺酸钠，并配制成乙二醇溶液。在聚酯再聚合阶段加入第三单体，制备再生阳离子聚酯切片，最后经熔融纺丝制备纤维（图3-33）。

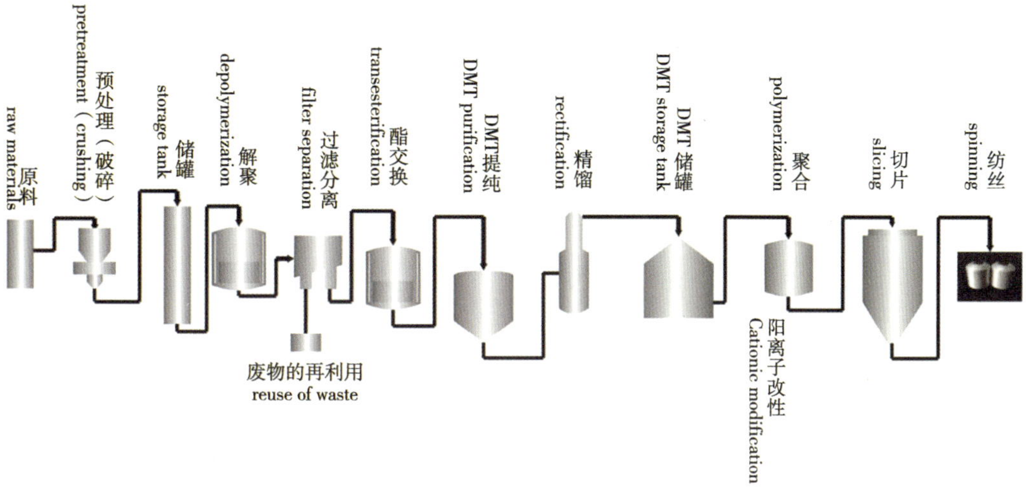

图3-33 阳离子循环再利用聚酯纤维制备技术

②主要规格：长丝，83dtex/36F。

③性能及制品特点：

• 化学法循环再生，实现资源再利用。

• 再生和阳离子同时具备，低温常压染色。

• 细旦化、手感柔软，品质等同原生阳离子产品。

④应用领域：休闲服、运动服、衬衣等服装领域；床上寝具、窗帘等家用纺织品（图3-34）。

2. 发布品种之保暖纤维

科技传递温暖，季节、温度变化给身体机能带来影响，保暖纤维帮助消费者应对季节变迁、寒暑交替。采用高效远红外母粒、4C中空异形设计，纤维吸收阳光与人体辐射并保存热量，平衡人体与外界的温差。在寒冷的冬天，让消费者感受温暖如春的舒适体验，减少空调依赖，践行减碳责任（表3-7）。

图 3-34　阳离子循环再利用聚酯纤维应用领域

表 3-7　保暖纤维推荐品种及品牌

推荐品种	品牌
蓄热保暖仿羊绒聚酯纤维	桐昆　GOLD COCK
远红外聚酰胺 6 纤维	达暖纶　MEIDA

（1）蓄热保暖仿羊绒聚酯纤维。

推荐理由：4C 中空喷丝板创新设计，提升中空度与异形度，保暖效果优异，结合蓄热功能母粒的添加，纤维产品平均温升≥4.4℃；织物具有羊绒般柔软细腻的手感。

①制备技术：创新设计 4C 中空喷丝板、优化在线添加技术，将蓄热功能母粒与半消光聚酯切片熔融共混，通过改进和优化低温低速纺丝工艺和假捻变形技术，制备蓄热保暖仿羊绒聚酯纤维。

②主要规格：长丝（图 3-35），167dtex/288F（DTY）。

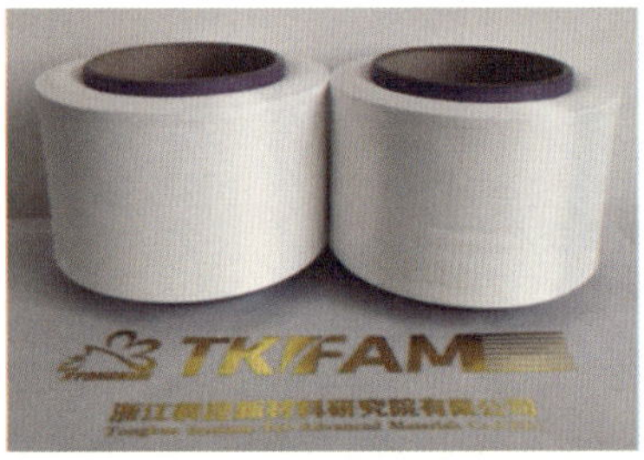

图 3-35　蓄热保暖仿羊绒聚酯纤维示意图

③性能及制品特点：

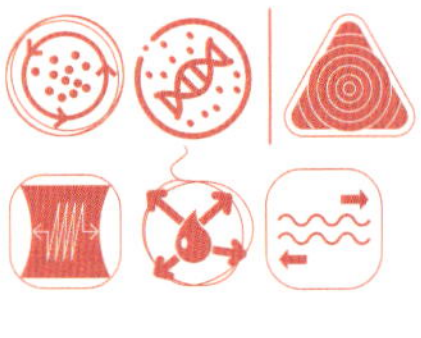

• 截面呈中空异形，具有类似羊绒的卷曲结构及优异的保暖效果。

• 染色性能优异，色牢度高。

• 纤维富有弹性、吸湿性、耐磨性，其织物具有似羊绒般柔软、细腻的手感。

④应用领域：运动服、家居服、毛衣、贴身内衣等服装领域（图 3-36）。

图 3-36　蓄热保暖仿羊绒聚酯纤维应用领域

（2）远红外聚酰胺 6 纤维。

推荐理由：纤维远红外发射波长为 8～15μm，与生物细胞中水分子的律动频率相同，可产生共振，同时融合中空截面设计，保暖效果极大提升。

①制备技术：将高效远红外母粒添加在聚酰胺 6 切片中共混，并对纤维截面进行中空设计，经熔融纺丝制备（图 3-37）。

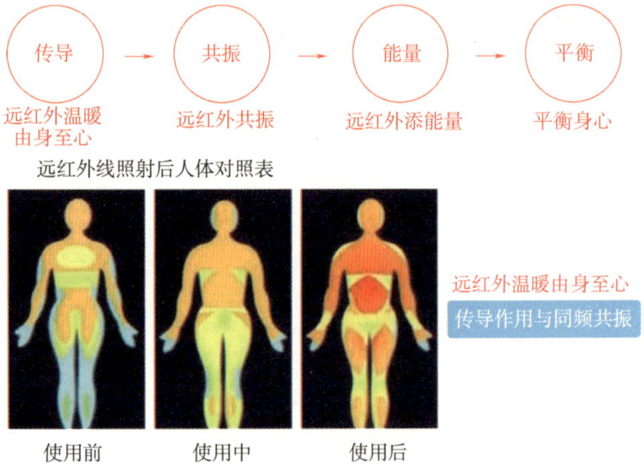

图 3-37　远红外聚酰胺 6 纤维制备技术

②主要规格：长丝，33 dtex/24F、44 dtex/24F、77.7dtex/24F、77.7dtex/48F。

③性能及制品特点：

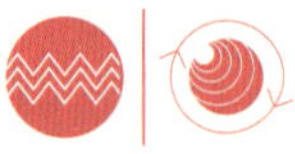

• 纤维异型截面，兼具锦纶 6 纤维自身特点。

• 能够吸收阳光或人体等辐射的远红外线，与人体血液中具有相同振动频率的水分子共振，具有保温、保健效果。

④应用领域：运动服、袜子、羽绒服、鞋材等服装领域（图 3-38）。

图 3-38　远红外聚酰胺 6 纤维应用领域

3. 发布品种之舒弹保型纤维

要弹性，不要束缚；要舒展，不要褶皱；要挺阔，不要熨烫。舒弹保型纤维利用双组分特性调控弹性度，巧思分子链结构设计、优化变形温度，解决细菌滋生繁殖问题，赋予纤维低旦、低应力、高回弹、形状记忆、耐水洗等性能，为消费者提供自由随心之选，升级弹性体验（表 3-8）。

表 3-8　舒弹保型纤维推荐品种及品牌

推荐品种	品牌
抑菌氨纶	千禧　QIANXI
温感形状记忆氨纶	奥神　AOSHEN
低旦数氨纶	白鹭　Bailu
双组分复合聚酯弹性纤维	鑫博纤维　XINBOW POLYMER

（1）抑菌氨纶。

推荐理由：具备高效抑菌和优良的耐水洗性，满足人们对日常生活清洁和舒适性的要求，有效提升纺织品的档次和附加值。

①制备技术：逐步聚合反应生产聚氨酯溶液，通过共混技术将抑菌剂母液与聚氨酯溶液均匀混合，生产具有抑菌特性的聚氨酯脲纺丝液，最后经干法纺丝技术制备。

②主要规格：长丝（图 3-39），15~70D/3F。

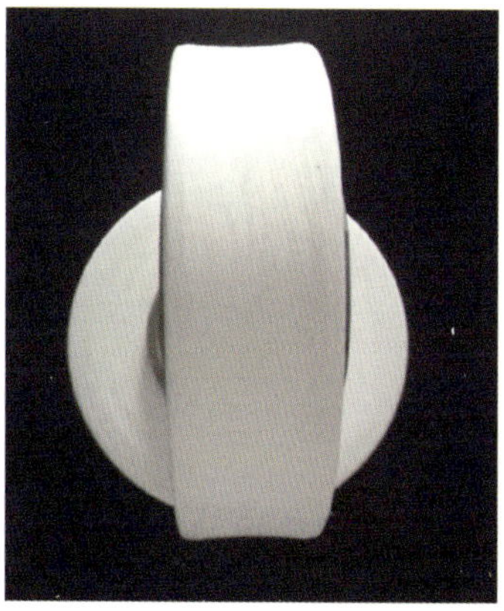

图 3-39　抑菌氨纶示意图

③性能及制品特点：

• 抑菌剂添加量少，高效且持久。

• 水洗 50 次后，对三种常见菌种的抑菌率依旧很高，解决纤维在储存和使用过程中的细菌滋生繁殖问题。

• 耐高温性能佳，可进行高温染色。

④应用领域：运动服、贴身内衣、袜子等服装领域（图 3-40）。

图 3-40　抑菌氨纶应用领域

（2）低旦数氨纶。

推荐理由：细旦化、差别化已经成为氨纶产品的未来趋势之一。通过精确计量、吹风调控等，攻克低旦数氨纶纺丝均匀性与稳定性瓶颈，其制作的服饰兼具美观和轻薄舒适特性。

①制备技术：采用超高精度的计量泵，精确控制泵供量，对空气浴风量、温度、风量分布及比例、纺丝速度等进行调控，保证纤维吹风与冷却的均匀性与一致性，提高生产过程的稳定性与效率，保证丝条的品质，最终得到高品质低旦数氨纶。

②主要规格：长丝，9D/1F。

③性能及制品特点：

• 纤维具有低旦及高伸长的特点，制作的面料不仅具有弹性而且超轻、超薄。

• 纤维静电系数小，退绕时没有静电干扰影响，面料更加平整。

④应用领域：贴身内衣、袜子等服装领域（图3-41）。

图 3-41 低旦数氨纶应用领域

（3）温感形状记忆氨纶。

推荐理由：纤维具有温感张力可调、高回弹性、形状记忆、体感舒适等特点，赋予高弹织物优异穿脱性能。

①制备技术：通过本体聚合合成改性二醇单元，经聚合合成预聚物，再添加扩链剂，采取溶液聚合制备形状记忆聚合物溶液，最后通过干法纺丝制备形状记忆氨纶丝。

②主要规格：20~140D。

③性能及制品特点：

• 该纤维在20℃或低于20℃温度条件下，能够将形变较大程度固定下来，当温度超过32℃时，氨纶丝能够较快恢复到它的初始形状，形变固定率和形变回复率均在90%以上。

• 区别于传统形状记忆面料通过涂层方式获得形状记忆功能，其制作的面料具有优异的透气性和耐洗性，加工更加简单，体感舒适。

④应用领域：贴身内衣、袜子、衬衣、专业运动服等服装领域（图3-42）。

图 3-42 温感形状记忆氨纶应用领域

（4）双组分复合聚酯弹性纤维。

推荐理由：设计合成高黏聚酯弹性体GBT，创新开发GBT/PET双组分复合聚酯弹性纤维。织物手感柔软，弹性性能接近氨纶面料，提升服用舒适性。

①制备技术：开发兼具软硬段的新型嵌段高黏聚酯弹性体GBT，再以GBT和半消光PET切片为原料进行双组分复合纺丝，采用创新的组合上油、两道牵伸的高速一步法工艺，通过复合纺丝技术生产新一代聚酯复合弹性纤维。

②主要规格：长丝，（22.2~333.3）dtex/（60~244）F。

③性能及制品特点：

• 较好的弹性及回弹性，纯织物横向弹力≥

120%，纵向弹力达80%以上。

- 优异的吸水性，抗起毛、起球性。
- 仿棉手感，吸湿速干（图3-43）。

④应用领域：运动服、家居服、泳衣、婚纱、高端成衣等服装领域；沙发布等家用纺织品；汽车内饰及配件等产业用纺织品。

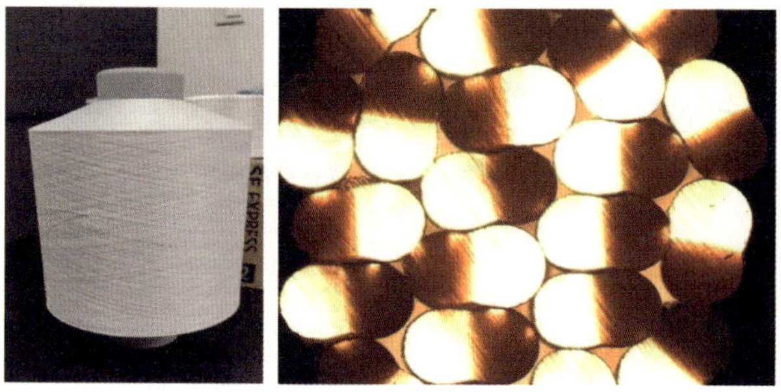

图3-43 双组分复合聚酯弹性纤维示意图

4. 发布品种之安全防护纤维

在安全防护意识全面推进的时代，安全属性成为纤维的核心特质，为人们提供防护屏障。纤维集快速升温、持久抑菌、优异阻燃、耐水洗、耐磨性于一身，大幅提升穿着舒适度，硬核品质延伸至军用阻燃服装，军用睡袋。融合耐候性与力学性能双优异的聚酯工业丝，对接消防织带、户外篷布、土工格栅等更多的安全防护品，彰显轻量化应用优势（表3-9）。

表3-9 安全防护纤维推荐品种及品牌

推荐品种	品牌
光谱发热抑菌阻燃聚酯纤维	桐昆　GOLD COCK
阻燃高强聚酰胺6纤维	恒申　HSCC
高强抗紫外聚酯工业丝	尤夫　UNIFULL

（1）光谱发热抑菌阻燃聚酯纤维。

推荐理由：产品兼具光谱发热、抑菌、阻燃三重功能，可替代羊毛和腈纶混纺织物用于军队床品被服，解决传统军队纺织用品易虫蛀、强度低、成本高的问题，在同类产品中具有很强的市场竞争力。

①制备技术：与设备厂家合作开发具有光谱发热、阻燃、抑菌多功能复合的功能母粒，确保各成分的功能性互不干扰，避免多种功能性成分添加至聚酯熔体后出现团聚和沉积。将母粒按10%比例通过共混的方式添加至聚酯熔体中，经熔融纺丝工艺制备。

②主要规格：长丝（图3-44），330dtex/96F（DTY）。

图3-44 光谱发热抑菌阻燃聚酯纤维示意图

③性能及制品特点：

- 抑菌性能优异，对白色念珠球菌、金黄色葡萄球菌、大肠杆菌的抑菌率均大于97%。
- 保暖、远红外、阻燃图标。
- 远红外发热，光致升温极快，阻燃续燃时间、阴燃时间为0秒（图3-45）。

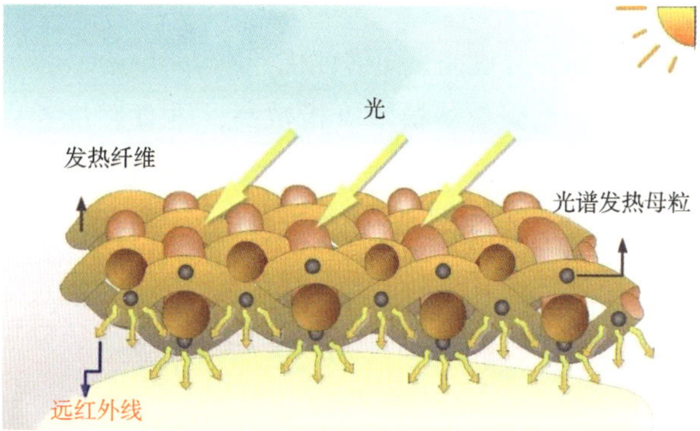

图3-45 光谱蓄能纤维的发热机理

④应用领域：安全防护服、运动服等服装领域；床上寝具、窗帘等家用纺织品（图3-46）；汽车内饰及配件、特殊纺织品、户外用品等产业用纺织品。

图 3-46　光谱发热抑菌阻燃聚酯纤维应用领域

图 3-47　阻燃高强聚酰胺 6 纤维应用领域

（2）阻燃高强聚酰胺 6 纤维。

推荐理由：纤维兼具优异的断裂强度和阻燃性能，可应用于民用及特种防护等领域。

①制备技术：将自主开发的阻燃母粒与聚己内酰胺切片按比例混合，然后将混合物依次经熔融、挤出、喷丝、冷却、上油和卷绕成型，采用高速一步法技术制得阻燃高强聚酰胺 6 纤维。

②主要规格：长丝，（44.4～111.1）dtex/（12～36）F（FDY）。

③性能及制品特点：

• 断裂强度高、耐磨性优异。

• 氮系阻燃，极限氧指数高，垂直燃烧损毁长度小于 100mm。

• 耐水洗性、染色均匀性良好。

• 弹性回复率高、吸湿性优良。

④应用领域：工装、窗帘、特殊纺织品等领域（图 3-47）。

（3）高强抗紫外聚酯工业丝。

推荐理由：兼顾了高强聚酯工业丝的力学性能、赋予纤维耐候性和耐紫外老化性能，延长产品使用寿命，保证使用安全，在安全防护产品的减重轻量化方面优势突出。

①制备技术：采用固相增黏的切片和功能母粒共混熔融纺丝，基于抗紫外聚酯熔体流变特性、热稳定性和结晶动力学，调整纺丝温度、挤出速率、冷却拉伸形变与应力分配，控制纤维微晶和取向结构，制备了高强、抗紫外、尺寸稳定的聚酯工业丝。

②主要规格：长丝，（1100～3300）dtex/（192～384）F。

③性能及制品特点：

• 优异的抗紫外老化性能，紫外老化强度保持率 60%±3%，远高于常规产品老化强度保持率（40±3%）。

• 具有断裂强度高、尺寸稳定性良好等优异的力学性能。

④应用领域：汽车内饰及配件、缆绳、织带、风帆布、土工格栅、篷布等产业用纺织品（图 3-48）。

图 3-48　高强抗紫外聚酯工业丝应用领域

5. 发布品种之专用型高性能纤维

攻克纤维切断时静电黏连问题，实现超高分子量聚乙烯毫米级短纤维制备。开发全套国产化成套技术与装备，突破高强高模、高强中模碳纤维高品质制备技术，为航空航天、压力容器提供强有力原料支撑，为汽车、高端体育用品等提供轻量化方案。打破国际垄断，超临界 CO_2 流体协助活化物质改性技术，增强高强高伸对位芳纶与橡胶黏合度，对接光缆、橡胶领域。原液着色间位芳纶，产品安全性升级，丰富芳纶服用领域（表 3-10）。

表 3-10　专用型高性能纤维推荐品种及品牌

推荐品种	品牌
毫米级超高分子量聚乙烯超短纤维	大川　DACHUAN 星宇　XINGYU
HF40T 高强中模碳纤维	恒神　HS
QM4050 高强高模碳纤维	拓展　TZ
原液着色间位芳纶	泰美达 Tametar
高强高伸对位芳纶	维科华　VICWA

（1）毫米级超高分子量聚乙烯超短纤维。

推荐理由：突破了超短切装备的国产化制备技术，专用纤维经过超短切装备裁切，长度可达毫米级别，产品精度提高，有效解决纤维切断起静电结团黏连情况，同时降低了能耗。

①制备技术：将超高分子量聚乙烯粉末与抗氧剂、分散剂等与易挥发溶剂按照一定比例进行混合配置成纺丝溶液，经螺杆挤出、纺丝后，在纺丝甬道内惰性气体保护下，去除挥发溶剂，经多级超倍热牵伸后收卷，最后经超短纤维变频旋转式裁切机裁切制备。

②主要规格：短纤维（图 3-49），1.66dtex×（1.5~3）mm 长度可定制，精度值±0.1。

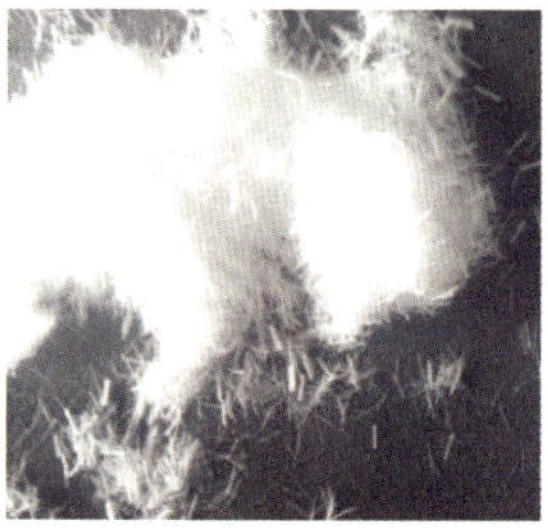

图 3-49　毫米级超高分子量聚乙烯超短纤维示意图

③性能及制品特点：

- 高比强度，高比模量。比强度是同等截面钢丝的十多倍，比模量仅次于特级碳纤维。
- 纤维密度低：（0.94~0.95）g/cm³，可浮于水面；耐化学腐蚀、耐磨。
- 突破了超短切装备的国产化制备技术，短切公差范围小，毫米级超短纤维分散性好。

④应用领域：汽车内饰及配件、造纸、建筑增强、高性能混凝土等产业用纺织品（图 3-50）。

图 3-50　毫米级超高分子量聚乙烯超短纤维应用领域

（2）HF40T 高强中模碳纤维。

推荐理由：HF40T 高强中模碳纤维拉伸强度大于 6000MPa，相比现有的工业品级碳纤维，拉伸模量、碳含量更高，适用于压力容器、民航领域等高端专业领域。

①制备技术：聚丙烯腈纺丝原液经干喷湿法纺丝技术制备出碳纤维原丝，再通过分级预氧化和碳化，控制碳化过程中纤维分子结构转化和取向，从而制备出高强中模碳纤维。

②主要规格：长丝（图 3-51），HF40T-12K。

③性能及制品特点：

图 3-51 HF40T 高强中模碳纤维示意图

- 高比强度、高比模量、耐化学腐蚀。
- 高性能航空结构用碳纤维预浸料力学性能好，拉伸性能大于 2950MPa。同时抗冲击性能优异，单向预浸料冲击后压缩性能（CAI）大于 300MPa。工艺性能满足各项加工工艺，特别是配合自动铺丝/铺带设备操作，保证复合材料构件质量的可靠性和稳定性，经济效益显著。

④应用领域：体育用品、航空航天、能源产品、轨道交通等产业用纺织品（图 3-52）。

图 3-52 HF40T 高强中模碳纤维应用领域

（3）QM4050 高强高模碳纤维。

推荐理由：突破国外对该产品的封锁，提升质量的同时赋予复合材料更优异的力学性能，生产过程精细化、数字化，品质更加稳定，可用于尖端领域。

①制备技术：QM4050 高强高模碳纤维是以丙烯腈等为原材料，二甲基亚砜为溶剂，经聚合制备出高分子量、高特性黏度、高均一性的聚合原液，然后采用湿法纺丝技术制备出超高强度碳纤维原丝，再经预氧化、碳化、石墨化、表面处理等工序制备出高模量碳纤维。

②主要规格：QM4050-6K（图 3-53）。

图 3-53 QM4050 高强高模碳纤维示意图

③性能及制品特点：

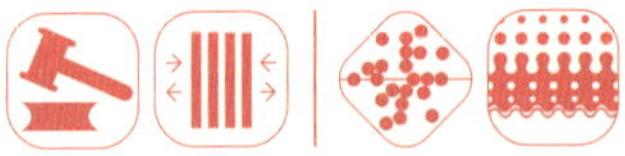

- 作为结构材料，具有高比强度、高比模量等优异的力学性能。
- 作为功能材料，具有耐高温、耐烧蚀等优异的物理化学特性。

④应用领域：体育用品、航空航天等产业用纺织品（图 3-54）。

图 3-54 QM4050 高强高模碳纤维应用领域

（4）原液着色间位芳纶。

推荐理由：具有热稳定性强、绝缘性强、本质阻燃、耐化学腐蚀、抗辐射的特点，融合原液着色技术进一步扩展芳纶的应用领域。此外，纤维中卤素含量极低，产品生态安全性优于同类产品。

①制备技术：以间苯二甲酰氯和间苯二胺为原材料，通过低温溶液聚合及原液着色在线添加技术，制备合格的色液浆料，之后经湿法纺丝成形、拉伸、热处理、切断等工艺制备原液着色间位芳纶。

②主要规格：短纤维（图 3－55），1.66～2.22dtex，长度可定制。

图 3-55　原液着色间位芳纶示意图

③性能及制品特点：

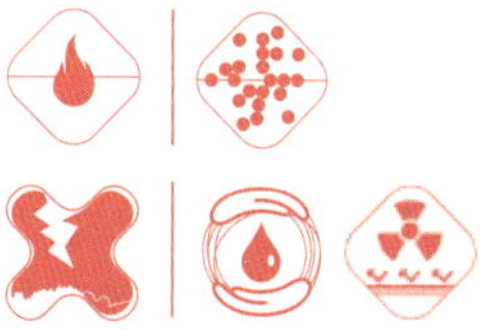

• 本质阻燃，在空气中难以燃烧，不阴燃、不续燃，离焰自熄。

• 热稳定性强，－196～204℃范围内可长期运行，在 250℃时收缩率为 1%，短时间暴露于 300℃高温下不会脆化、软化或熔融，尺寸稳定性极佳。

• 高温下具有良好的电绝缘性能，所制成的绝缘纸耐击穿电压可达 20kV/mm。

• 耐大多高浓无机酸，常温下耐碱性较好，耐 β、α 和 χ 射线辐射。

④应用领域：特殊纺织品、过滤产品、增强骨架、消防用品等产业用纺织品（图 3-56）。

图 3-56　原液着色间位芳纶应用领域

（5）高强高伸对位芳纶。

推荐理由：突破高强高伸长对位芳纶制备的核心关键技术，实现国产化替代。超临界 CO_2 流体协助活化物质改性技术，提升芳纶与树脂的黏结性，专业对接橡胶复合增强材料领域。

①制备技术：先制备对位芳纶的纺丝溶液，经脱泡后通过干喷湿纺工艺制备芳纶纤维，最后采用超临界 CO_2 流体协助活化物质改性芳纶表面，利用超临界 CO_2 的物理溶胀，将携带的活化物质与纤维表面发生化学接枝及扩链反应，增加芳纶纤维表面粗糙度和亲脂性。

②主要规格（图 3-57）：长丝，1100dtex/667F，1670dtex/1000F。

图 3-57　高强高伸对位芳纶示意图

③性能及制品特点：

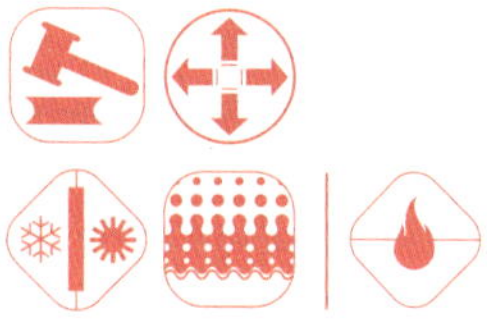

• 高强高伸、高韧性。

• 耐高低温、耐化学腐蚀、耐疲劳。

• 本质阻燃，具有碳化、离焰自熄的特性。

④应用领域：增强骨架、帘子线等产业用纺织品（图 3-58）。

图 3-58　高强高伸对位芳纶应用领域

2022~2023年中国纺织面料流行趋势报告

中国纺织信息中心　国家纺织产品开发中心

2022年，身处中国经济转型新常态的时代洪流，中国纺织产业在党的二十大精神和“十四五”规划纲要精神的指引下，迎来了高质量发展的关键一年。面对复杂多变的市场环境，时尚性、实用性、功能性、可持续性等特征属性成为消费者考量纺织产品的关键标准，而以元宇宙科技为代表的新技术思潮和融合共生的多元文化也为纺织面料在产品研发环节加持了更多的创新能量。

基于以上背景，中国纺织信息中心、国家纺织产品开发中心组织专业力量历经系统化研究后编著了本报告。报告倡导以流行趋势为导向的产品研发理念，通过对生活方式、消费市场、科技工艺、材质外观和风格设计等关键维度的深入洞察，结合中国文化特色和产业发展实际，力求为从事纺织产品研发的专业人员提供更多设计研发理念和趋势方向，并为中国纺织产业的深化发展进一步增效赋能。报告内容具体分为两大部分，分别针对2023年春夏和2023/2024年秋冬两季，在中国纺织面料流行趋势的核心理念、主题方向、流行色彩、关键材质、图案风格和工艺特点等内容进行深入全面的专业解读。此外，报告还与中国流行面料大赛入围产品相结合，充分展示中国纺织产业创新发展的丰硕成果，更对未来春夏、秋冬两季纺织品研发的更多可能进行深入探讨。

一、2023年春夏中国纺织面料流行趋势解读

核心概念——拓

拓，即开拓、创立，意在以拓界之勇气、拓宇之恒心、拓边之毅力、拓造之决心开启无尽之境。世界在持续不断的变化浪潮中洗去万物，又重新创造了万物。人们更专注于对自我的审视与外界的探索，向生命与自然致敬，积极传递将变革视作机遇的乐观心态。可持续发展时代命题下，时尚产业的绿色转型全面推进；中国力量带来前所未有的文化认同感，让世界看到东方时尚话语权的崛起；在超级互联的时代，不断追求跨越虚拟与现实的鸿沟，以尖端技术赋能现代产业，打造人类理想的智慧之城。在未来之路的探索中，人们秉持人类命运共同体的观念，以通透目光凝视往昔，以现有之物锐意革新，以积极心态展望未来，以开拓之心冲破边界（图3-59）。

图3-59　2023年春夏中国纺织面料流行趋势

（一）主题一：自由之境

1. 关键词：内在空间/纯美至上/精致自然/梦幻现实/日常巧思

后疫情时代教会我们更好地倾听自我的情绪、寻觅独处中的愉悦。令人舒缓的自然元素重塑内心秩序。设计回归本质需求，打造轻松而不刻意的精致美学风格；梦幻与现实达成一种微妙平衡，永恒格调诠释出自由且轻盈的简意生活；看似稀松日常的生活独具巧思，将印象中冰冷的极简主义变得更有意趣和富有情感（图 3-60）。

图 3-60　自由之境

2. 色彩

柔光粉蜡色与冥静自然中性色适度柔和，启发诗意日常之上的生活方式。低饱和度的现代中性色凸显柔和细腻，唤起情感共鸣。粉蜡色褪去甜美质感，演变为淡雅浅色调，给人以镇静舒缓的能量感。流沙色在光影变幻中演绎闪烁质感，翠涛色在贝壳白、黏土色与灰白色的明暗渐变下，极具生命张力；色调也以轻巧为主，晴山蓝、霞光紫点缀以温暖如丝的绢丝黄，呈现出如水般淡润的色彩组合（图 3-61）。

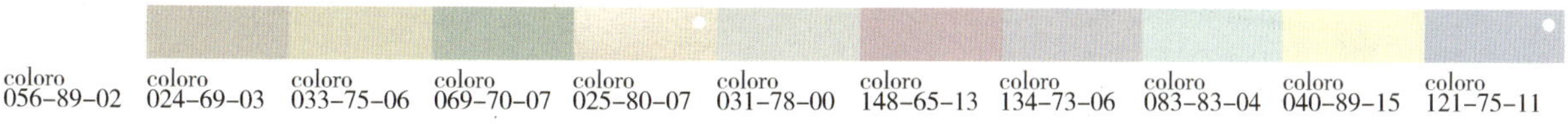

图 3-61　自由之境色彩

3. 面料

新常态下生活方式的改变对舒适性提出了更高要求，兼具舒适和多场景穿着性的面料变得越来越重要。材质呈现轻盈、放松、自由之感，契合人们拓宽视野、享受宁静与自由情绪的需求。夏季凉爽羊毛、优质棉、亚麻等纯纺及混纺材质，轻薄却不失高级质感，面料致密、外表整洁、挺括，以精致悠然的格调呈现简化之趣；质地平滑、垂坠流动感的丝质面料，薄如纸张的皮革材质，轻柔细密的府绸、雪纺、塔夫绸等，以无重感为特点，绽放几分洒脱与轻灵；哑光表面通过棉/涤、棉/锦混纺呈现柔和混色与干爽触感，打造多元实用的休闲风格；大自然所呈现的斑驳感和随机效果启发不规则的肌理表面设计，营造精致自然外观；泡泡纱、竹节效果、细腻褶皱等，意在展现轻松惬意的生活氛围；柔和亲肤的细针距针织宛如人的第二层肌肤，结合护肤、保健等功效提供安心呵护；日常实用针织触感柔软，透视锦纶光泽闪烁，简约锦缎结合光影设计呈现浮雕外观。随性自在的都市美学之下，实用主义与趣意简约兼容并蓄。

（1）静谧空间。新生活常态下兼具舒适性与多场景穿着性的面料成为重点，其高品质和设计巧思将印象中刻板的极简主义变得更富情感和意趣，诠释出崭新、自由的轻简生活理念。材质彰显轻盈、放松、随性之感，营造出宁静祥和的静谧氛围：夏季凉爽羊毛、高支棉、亚麻等纯纺或混纺材质以针织或机织结构呈现，轻薄、致密、整洁、挺括感适宜；丝质面料推陈出新，以匠心的毛织染工艺展现精毛纺外观，光泽含蓄，实用性更强，同时可以弹力包覆丝仿灯芯绒质感；平滑质地上的精巧提花修饰及柔和光泽，于细微之处展现魅力。随性自在的都市美学下，实用主义与趣意简约兼容并蓄（图3-62）。

图3-62　静谧空间

①—鲁泰纺织股份有限公司　②—万姿科技有限公司　③—浙江三德纺织服饰有限公司　④—海宁市天一纺织有限公司　⑤—达利丝绸（浙江）有限公司　⑥—吴江福华织造有限公司　⑦—江苏阳光集团

（2）精美自然。令人舒缓的自然质感面料以轻松而不刻意的精致美学风格呈现，打造舒适高级的多元实用造型。冥静自然中性色映衬闲适惬意的品质生活。哑光表面以棉/麻、棉/涤、棉/锦等混纺材质为主，显露精细化的斑驳混色效果或干爽舒适触感，可加入羊毛升级整体品质；泡泡纱、竹节纱、细腻缩绉等效果展现考究精致的自然细节，满足持续盛行的办公休闲多场景应用需求；自然弹力、炫彩染色、做旧整理、休闲水洗等升级面料表现，闪烁点缀增加浪漫气韵；透气、防风雨、抗菌等功能性提升附加值（图3-63）。

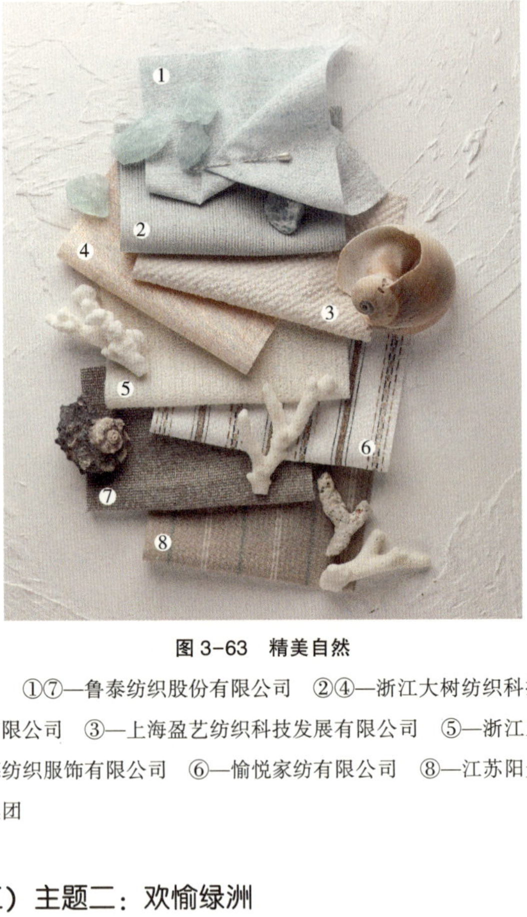

图3-63　精美自然

①⑦—鲁泰纺织股份有限公司　②④—浙江大树纺织科技有限公司　③—上海盈艺纺织科技发展有限公司　⑤—浙江三德纺织服饰有限公司　⑥—愉悦家纺有限公司　⑧—江苏阳光集团

（二）主题二：欢愉绿洲

1. 关键词：欢愉绿洲/阳光疗愈/自由畅想/感官之美/数字浪漫

温暖的阳光抚慰人心，用艺术诠释出想象中的花园，传递幸福和希望之感。通过愉悦的感官体验建立浪漫自由的乌托邦，于随性中唤起迷人气质。游刃于异彩纷呈的全球化时代，数字技术带领我们推开梦境之门，穿梭多重感官世界，探索表达创意的新方法。服装以丰富层次和鲜明色彩重新演绎，诉说不设限的摩登主张，定格属于春夏的惬意时光（图 3-64）。

图 3-64　欢愉绿洲

2. 色彩

柔美色调描摹丰盈魅力，绘就属于夏日的风格畅想。汲取大自然鲜明色彩，打造绚丽多彩的视觉盛宴。花卉元素启发更清晰生动的明艳色调：瓷绿色、果味橘色和明亮玫粉色在春绿色与杏桃色的映衬下焕发活力；乐观基调新粉彩和荧光色带出数码创意的玩味特点；奇幻薰衣草紫、明媚黄与生机绿打造适合陈述大胆年轻风格的鲜明数字风色彩。丰富配色铺陈于多元材质，随轻盈步调传递视觉活力（图 3-65）。

图 3-65　欢愉绿洲色彩

3. 面料

丰富的色彩、触感纹理与数字创意触发夏日活力，以更符合年轻化的审美视角诠释面料质感。轻量化棉质或混纺面料通过印花、刺绣、花边呈现迷人的花卉幻想，锦缎结合明媚色调以大面积提花、剪线和烧花探索植物世界；数字感多彩色革新浪漫风面料，以天丝或环保黏胶为主的纯纺或混纺材质具有丝般柔滑表面和悬垂性，呈现水感湿润的虹彩效果；单色粉彩赋予羊毛与涤纶、莫代尔等材质混纺面料紧致流动感，迷人且如梦似幻；轻质尼龙及仿棉材质色调清晰，触感干爽，强调技术性能和后整理效果：防风、防水、透气、抗菌、防污是基本性能，表面带有轻微褶皱，彰显鲜活风貌；格纹及条纹面料配色大胆、鲜活亮丽，演绎活力四射的假日生活；多元色彩更新蕾丝外观，通过刺绣工艺、集圈镂空、激光切割等手法，彰显优雅浪漫氛围；绚丽扎染元素演变为抽象纹样或更显个性化的手绘风格，清爽的光影印花、渐变滤镜色彩条纹、笔触效果等巧妙融合超现实与数字化风格，结合提花或数字印花技术，在细棉布、府绸、斜纹布以及丝质、机能底布上再现，灵动而充满未来遐想。

(1) 阳光绿洲。丰富而鲜明的色彩、触感纹理与数字创意触发夏日活力，以更符合年轻化审美的视角诠释面料质感，展现阳光疗愈的幸福和希望之感。轻量化的棉质或混纺面料结合清晰生动的明艳色调，通过印花、刺绣等工艺呈现迷人的花卉幻想；数字感多层次幻彩色革新浪漫风面料，可附加更为抽象和个性的艺术化扎染元素；亮丽的单色粉彩赋予肌理感针织生机魅力，辅以提花、蜂巢等不同结构诠释多样视效之美。多元且富有表现力的色彩语言与材质、风格相辅相成，传递乐观愉悦的生活意念（图3-66）。

图3-66 阳光绿洲

①—吴江瑞丽蕾丝刺绣有限公司 ②—常州依丝特纺织服饰有限公司 ③—华纺股份有限公司 ④—绍兴君乾纺织品有限公司 ⑤—江苏联发纺织股份有限公司 ⑥—苏州科美曼纺织科技有限公司 ⑦—佛山市致兴纺织服装有限公司

(2) 浪漫假日。愉悦的感官体验建立起浪漫自由的假日乌托邦。多元设计更新蕾丝外观，毛纱、棉纱等与锦纶单丝、涤纶长丝相结合，大提花工艺织造……诸多工艺达成透与不透不规则分布的仿蕾丝效果，加之明艳的假日色彩的烘托，彰显浪漫，提振情绪；明媚色调融入锦缎等丝质面料，可以大面积印花、提花、烧花等工艺展现植物世界；格纹及条纹面料配色更加大胆、鲜活，宣达新年轻态；盐缩的局部透视花卉面料、多色印花的欧根纱……令人熟悉又充满新鲜感的浪漫风格正激发新一轮假日潮流的回归（图3-67）。

图3-67 浪漫假日

①—浙江大树纺织科技有限公司 ②—江苏联发纺织股份有限公司 ③—苏州多田纺织科技有限公司 ④—海宁市天一纺织有限公司 ⑤⑧—江苏丹毛纺织股份有限公司 ⑥—吴江德伊时装面料有限公司 ⑦—绍兴柯樾纺织品有限公司

(三) 主题三：溯源时空

1. 关键词：原生格调/自然机能/优雅户外/乐享生态/文化基因

乐享生态的共存思维树立新的未来导向，立足当代都市，以新叙事思维展现昔日文化之力。自然与优雅以全新姿态融合呈现，工业机能感与运动风相遇，在原生格调下塑造出别致的视觉效果。今与昔的间隙里，涌动惊艳的灵感，来自东西方的古典元素，通过幻想和再演绎，融入当代背景。唤醒回忆、重拾联结，在追本溯源的同时，将生态与文化基因融蕴现代新颖美学（图3-68）。

图 3-68　溯源时空

2. 色彩

自然色彩被更强烈的色调点燃，同时融合了户外和复古元素，烘托摩登都市氛围。以深浅卡其色和大地中性色为底色，甘草绿、腰果棕与栗黄色点缀绝对现代耀眼的银色金属效果，打造精致优雅的都市户外风格及新都市休闲造型。温暖的泥土、矿物、石头与古老工艺带来灵感，岩青色、丹红、深靛蓝与珍贵的香料金色相结合，沾染时光痕迹的经典元素在被重置历史的背景下，穿越时光，盛放全新生命力（图 3-69）。

图 3-69　溯源时空色彩

3. 面料

生态享乐主义启迪全新都市自然风格，融汇优雅格调与人文光彩。秉承可持续理念，天然有机棉、亚麻、汉麻等有机材质与再生锦纶、再生聚酯等再生纤维融合，增强实用性的同时呈现不完美感的纹理及交织效果；中等克重的亚麻和汉麻面料清爽透气，材质自带的凉爽、抗菌、紫外线防护、快干等功能性升级附加价值；大自然给予面料后整理灵感，涂油表面、生态纸感、光面反射等使轻量化功能材质兼容原生质感和技术性能；略显粗犷的纹理设计通过舒适和触感改良不断升级都市通勤装，如不规则褶皱、泡绉等面料兼具优异弹性、舒适触感和防风雨性能；复古几何、格纹纹样诠释永不过时的优雅，在现代主义加持下，实现经典赋新；金箔、银箔感涂层以及金银线织物、多彩染色焕新金属质感，演绎神秘的复古未来风尚；受民族记忆启发，传统中国色、蓝染、蜡染、流苏、刺绣、编织、镂空等手工艺细节增添原生质感和文化魅力，交织、随意的不对称组合更新民族风几何纹样。在科技与手工艺的双重加持下，面料尽显功能性内涵与质朴优雅外观，原始、野趣而富有智慧。

（1）乐享生态。生态享乐主义启迪全新的都市自然风格，自然与优雅融合呈现，工业机能感与运动风相遇，展现别致的原生格调。以深浅卡其色和大地中性色为基础色，耀眼银色装点了崭新的都市户外风格及新都市休闲造型；秉承可持续理念，天然有机棉、亚麻、汉麻等有机材质与再生尼龙、再生聚酯等再生纤维相辅相成，其中麻类材质显露不完美感的纹理及交织效果，同时自带的快干、凉爽、抗菌、紫外线防护等功能性增强材质实用性；大自然给予的面料后整理灵感，涂油表面、生态纸感、光面反射等使轻量化功能材质兼备原生质感和技术性能（图3-70）。

图3-70　乐享生态

①—浙江神盾纺织有限公司　②⑦—浙江美欣达纺织印染科技有限公司　③—普宁市丽达纺织有限公司　④—苏州琛帛纺织科技有限公司　⑤—昆山华阳新材料股份有限公司　⑥—杭州万事利丝绸科技有限公司

（2）古韵灵感。今与昔的间隙里涌动惊艳时光的灵感，在追本溯源的同时，将生态与文化基因融于现代新颖美学。岩青色、丹红、深靛蓝与珍贵的香料金色源于温暖的泥土、矿物、石头与古老工艺，结合经典元素绽放穿越时光的生命力；复古几何、格纹纹样诠释永不过时的优雅，在现代主义的加持下实现经典赋新；金箔、银箔感涂层焕新金属质感，演绎神秘的复古未来风；在民族记忆的启发下，天然靛蓝染色以现代手法呈现出毛感、棉感等多种轻质自然牛仔外观；灯芯绒在局部不规则褶皱的装饰下展现当代复古魅力。科技与手工艺的双重加持，使面料兼具质朴古韵外观和功能性内涵，原始、野趣而富有智慧（图3-71）。

图3-71　古韵灵感

①—盛意成石墨烯科技（苏州）有限公司　②—江苏华艺服饰有限公司　③—杭州万事利丝绸科技有限公司　④—绍兴中特纺织品有限公司　⑤—绍兴龙孚纺织进出口有限公司　⑥—江苏联发纺织股份有限公司　⑦—江苏丹毛纺织股份有限公司

（四）主题四：灵境能量

1. 关键词：个性演绎/活力玩趣/能量探索/数字文艺复兴/灵境时空

人类探索和改造世界的演绎从未停止，唤醒自己身体的觉知与力量，并在星际漫游的旅途中开启能量探寻之路。乐观的玩趣态度与激进包容的创新精神成为掌握未来的重要利器。强调在框架之外表达自我个性和风格，为多元审美赋活。灵境技术带来震撼而广域的数字文艺复兴，光学效果和虚拟性的全新想象精神融合了未来美学并超越了想象极限。人类与万物再度和解，迎来新一次的时代飞越（图3-72）。

图 3-72　灵境能量

2. 色彩

融合惊艳亮色系与奇幻渐变色，高亮的饱和色彩凸显暗色调的深邃与神秘。乐观基调助力多巴胺亮色觉醒，色彩模拟原色，呈现动态感和图形感，数字蓝、超亮粉、润黄色与落日橙勾绘看不尽的活力玩趣。闪亮的、镜像感的、有光影的色彩组合在超现实的世界里如万花筒般奇幻混合，呈现多彩金属光泽。自由活力的多色组合打破刻板印象，流动的渐变色彩汇聚黑洞般的致命吸引力（图 3-73）。

图 3-73　灵境能量色彩

3. 面料

在这个充斥着想象力与活力的时代，现实和虚拟世界因先进技术实现异次元联结，运动风、科技感与时尚感深度融合。回收利用赋予人造纤维新的生命和价值，特别适用于色彩缤纷、充满活力的运动风格。多色条纹成为本季的主导元素，华丽运动风打造撞色图块，应用于圆机针织物、平纹织物或弹力织物上；棉与高性能合成纤维混纺，以新颖的蜂巢纹理、开放的网状结构和凹凸浮饰呈现功能感运动时尚；水感乳胶、覆膜、橡胶、光泽后整理为弹力平纹针织面料增添科技感；光影折射增强了黑色材质的表现力，缎光表面、漆皮、透明锦纶等由光泽感与哑光结合的设计巧妙呈现；色彩通过马赛克效果、闪闪发光的珠片以及多色印花缤纷呈现，夺目亮片、晶莹丝织、光泽面料，成就新一季的闪亮法则；纤维的梦幻混合，呈现金属光泽感，色彩随温度变化发生改变，或呈现出深色的散粒效果；全新的迷幻图案与数字几何混搭极具视觉冲击力，打造一个万花筒般迷人的幻彩世界，个性张力肆意翻涌。

（1）炫目幻影。自然世界与数字世界的界限愈加模糊，现实和虚拟因科技而联结，运动风、科技感与时尚感正在深度融合。闪亮的、镜像感的、有光影的色彩组合在超现实的世界里如万花筒般奇幻混合；色彩通过马赛克效果、光泽感段染渐变以及多色印花缤纷呈现，结合肌理、视错图案成就新一季的时尚法则；缎光表面、漆皮、锦纶……亮光、哑光等光泽巧妙的对比表达，可以光影效果强化黑色材质的表现力；新意波纹结合迷离印花，营造动态幻影之感（图3-74）。

图3-74　炫目幻影

①—吴江博莱纺织有限公司　②—江苏联发纺织股份有限公司　③—上海盈艺纺织科技发展有限公司　④⑥—常州裕源灵泰面料科技有限公司　⑤—常州旭荣针织印染有限公司　⑦—弘裕纺织（浙江）有限公司

（2）活力多彩。乐观的玩趣态度与激进包容的创新精神激发自我个性和风格的表达，活力多彩的欢乐氛围释放激情四射的振奋之力。乐观基调助力多巴胺亮色觉醒，色彩模拟原色，呈现动态感和图形感，数字蓝、超亮粉、润黄色与落日橙描绘看不尽的活力玩趣；回收利用赋予人造纤维新的生命和价值，特别适用于色彩缤纷、充满活力的运动风格，可与经典格林格、千鸟格等结合；数字感撞色图块、抽象纹样结合印花、植绒、提花等工艺打造活力街头风；超细针距弹力针织面料迎合健身日常需求，焕发全新生命力；精毛纺材质、丝滑缎面经高饱和色调调和，彰显别具一格的高级运动品质（图3-75）。

图3-75　活力多彩

①—晋江万兴隆染织实业有限公司　②—山东如意毛纺服装集团股份有限公司　③—常州裕源灵泰面料科技有限公司　④—常州旭荣针织印染有限公司　⑤—苏州泽帛纺织品有限公司　⑥—弘裕纺织（浙江）有限公司　⑦—苏州新辉秀纺织服装有限公司

二、2023/2024年秋冬中国纺织面料流行趋势解读

核心概念——和

“和合”，中华文化精髓，寓意万物并育、万象共生的包容性理念。世界正处于平稳发展与不确定性波动并存的复杂环境中。从深度自我出发，人们寻求物质与精神生活的原动力和真实体验；可持续思维日趋主流，材料迭代、再生策略、循环发展、“双碳”目标推动消费转型，道德、责任激发价值认同；创新力聚焦于“人本设计”，探索和重塑审美与实用合一的内化价值；华夏文明之力融入时尚脉络，激发时空能量；万物互联的时代，虚拟空间与现实世界正深层融合，重缔超维空间。厘清人与生态、科技、社会、经济、政治，竞争与发展之间的底层逻辑，在保守与开放的两极化中探索和构筑平衡、和谐的“共生生态”（图3-76）。

图 3-76　2023/2024 年秋冬中国纺织面料流行趋势

（一）主题一：心镜

1. 关键词：纯美空间/基础科技/新简约经典/人文关爱/数字治愈

寻意生活本真，纯粹、宁静、健康的造物法则映见柔软真切的心绪表达。刚柔有序的精致材质塑造优雅纯美的日常姿态，基础科技的舒缓功效折射出时尚与实用的崭新平衡点；极简主义被重新诠释，“买专买精、专属专效”彰显物质与精神同步升华的纯粹美学；文化、技艺与现代设计完美交融，散发匠心巧思的人文魅力；透过柔和的滤镜，静谧空间焕发梦幻治愈的数字美感；舒适而百搭，可性别流转也可轻松跨季，尽显灵活自在的轻盈内心（图 3-77）。

图 3-77　心镜

2. 色彩

纯美、宁静、放松身心的新粉质化色彩，通过感官体验传达自由治愈的幸福状态。以耐久实用的舒缓中性色为主，明暗色调相辅相成，打造稳定且舒适的日常精致氛围；源于微生物灵感的明亮色调强化釉面质感，增添鲜活的生命力；冷调半透明感色彩在反射光的烘托下制造浪漫氛围；数字粉蜡色与暖调中性色搭配，展现由内而外的柔性科技；东方美学促使色彩疗愈焕发生机；色彩的跨季节延续性和性别包容性塑造持久吸引力（图 3-78）。

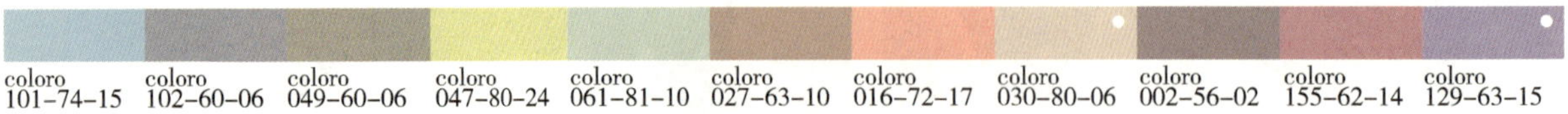

图 3-78 心镜色彩

3. 面料

美观与实用合一成为必然趋势，“基础款+功能”是升级体验的创新密码，舒适性设计依然必不可少。更环保、更健康、更亲肤的材质焕发无穷吸引力，无论是认证的毛、棉、丝、韧皮纤维，还是再生的可降解纤维，其环保本色尽显高质化风格，是展现纯美日常的优质选择；表面质感至关重要，柔和绒面、细腻针织、都市软壳展现超舒适品质，防风雨科技的加持强化去类别化应用；无季感休闲面料以混色、微肌理、斑驳效果彰显返璞归真的优雅风格，自然感的细节刻画入微；技术光泽及渐变虹彩赋予甜美轻奢面料及轻量防护材质梦幻治愈的数字科技感；弹力优异和舒缓功能兼备的基础针织贯穿休闲、街装、轻运动等多领域；印花、提花面料以微生物形态焕发新意；浪漫薄纱、蕾丝、透薄的轻支撑打底针织等彰显季节流动感；生态材料、原色、草木染色、疗愈性、低化学品整理塑造愈加健康、舒适、轻松的生活体验。

（1）舒缓日常。刚柔有序的精致材质塑造优雅纯美的日常姿态，美观与实用合一成为必然趋势，“基础款+功能”是升级体验的关键。更健康、更亲肤的材质焕发无穷吸引力，认证的棉、毛、丝、麻以及天丝、莱赛尔等是展现纯美日常的优质纤维选择，再生或可降解涤纶、锦纶增加面料的挺括感和耐用性；质地设计以优化舒适度为关键，柔和抓绒、超细针距、柔滑弹性表面展现优异的触感和品质，护肤、保湿等性能提升舒缓功效，防风雨科技强化全天实用的耐气候性；混色、微肌理、斑驳效果彰显返璞归真的自然优雅风格；原色、草木染色、低化学品整理塑造愈加健康、放松的日常体验（图 3-79）。

图 3-79 舒缓日常

①—无锡夏利达漂染有限公司 ②—探路者控股集团股份有限公司 ③—广东素色纺织有限公司 ④—绍兴亿河纺织科技有限公司 ⑤—江苏丹毛纺织股份有限公司 ⑥—烟台明远创意生活科技股份有限公司 ⑦—广东前进牛仔布有限公司 ⑧—江苏三丰特种材料科技有限公司

（2）柔感科技。柔和的滤镜下，面料通过色彩、光泽以及舒适性能的相互加持焕发治愈系的科技美感。数字粉蜡色结合科技材质或明暗闪烁的光泽感展现科技柔和的一面；极具文化基因的东方色调用于乱皱、凹凸起伏的提花等丝质面料，彰显轻复古风格的现代时尚表达；都市软壳、柔软针织轻质而触感绵软，混色及仿绗缝外观升级都市休闲感；弹性与舒缓功能是必备要素，赋予面料舒适而愉悦身心的穿着体验；面料可用于休闲、街装、轻运动等多个领域，色彩的跨季节延续性和性别包容性焕发持久吸引力（图 3-80）。

图 3-80　柔感科技

①—五棵松纺织新材料（苏州）有限公司　②—波司登羽绒服装有限公司/延京纺织科技（江苏）有限公司　③—杭州新生印染有限公司　④—常州旭荣针织印染有限公司　⑤⑦—湖州鸿艺丝绸科技有限公司　⑥—浙江台华新材料股份有限公司　⑧—绍兴唧唧纺织科技有限公司　⑨—深圳市尚臻纺织科技有限公司

（二）主题二：本源

1. 关键词：深层生命力/万物智慧/可持续日常/户外能量/共存思维

致敬人与自然，生命共同体在对话与联结之中融万物机妙，奏响可持续与和谐共生的命运交响。设计以万物为本，拥抱有机风格，洞悉隐藏的细节以触发大自然所蕴含的情感能量；重生的愿望孕育无限蜕变，生态在修复与重塑的过程中实现愈合、循环并焕发新生；乐享户外的生活状态催生自然无压的“高质量社交”，时尚运动化、运动时尚化的演变延展新式美学构思；深层生态启发之下的自然主义纹理塑造多重感官之境；万物始于自然，融于生活（图 3-81）。

图 3-81　本源

2. 色彩

充满生命力的有机新自然色组打造生机实用的户外休闲风格。经典的怀旧棕绿色系与现代户外元素邂逅，焕发原生质感与耐用性相结合的持久价值，重塑高级自然风；有机氧化橙色系更新功能性色盘，为休闲经典款式注入活力，提振情绪；暗莓红、蟹青色在传统有机自然色中脱颖而出，与绿色系碰撞呼应，渲染神秘另类的自然吸引力；原生质感与实用功能在多维共生的空间下激发出自然与生命的全新演绎（图3-82）。

图3-82　本源色彩

3. 面料

新自然风格专注于对实用化与时尚化的全面表达，将专业功能性与视觉美学设计深度融入日常生活。材料升级受到空前重视，可持续性是首要评价标准；毛型材质在防风雨、调温等功能升级的推动下成为高级户外的首选；致密、挺括的全天候棉感面料具有树脂般的保护性，干燥外观及斑驳、水洗纹理极具仿旧感；麻感材质以粗细杂色纱、竹节纱、圈圈纱等形成浮雕纹理，质朴而富手工感；毡制效果回归，仿苔藓纹理、夸张格纹以丰富色调渲染自然活力；生物基抓绒、灯芯绒、麂皮绒及罗纹针织在柔软休闲间散发舒适暖意；致密的尼龙或棉混纺面料结合防风雨、弹力、保暖等性能打造轻巧易行的防护服装；立体量感的多样化绗缝可用于全身造型；牛仔专注于升级环保靛蓝；苔藓、地衣、干枯植被、微生物氧化效果等赋予提花、印花丰富的自然观感；“零碳、零污染、零浪费”是本季传递的核心理念。

（1）优雅户外。洞悉自然所蕴藏的细节魅力与情感能量，利用充满生命力的有机新自然色组打造生机实用的优雅户外风格。经典的怀旧棕绿色系与现代户外元素邂逅，重塑高级自然风；有机氧化橙色系更新功能性色盘。面料的毡制效果回归，斑驳混色、仿苔藓纹理等以丰富色调渲染自然活力；挺括的全天候棉感面料通过大尺寸格纹、褶皱绗缝效果为经典款式注入新意；致密的尼龙及仿棉材质结合防风雨、弹性打造轻巧易行的防护服装；深层生态启发下的抽象自然纹理升级感官体验。原生质感与实用功能在多维共生的空间下激发出户外生活的全新演绎（图3-83）。

图3-83　优雅户外

①—佛山市智布互联纺织有限公司　②—临猗县鑫得利纺织印染有限公司　③—常州旭荣针织印染有限公司　④—嘉善东亮纺织科技有限公司　⑤⑦—吴江福华织造有限公司　⑥—广州市祥派纺织品有限公司　⑧—浙江兴茂致尚科技有限公司

（2）新自然风尚。新自然风格借助自然灵感专注于对实用化与时尚化的全面表达，将日常功能性与视觉美学设计深度融入日常生活。暗莓红、浅草绿等新自然色调在传统有机自然色中脱颖而出，与绿色系碰撞呼应，渲染清新悦目的自然吸引力。毛型材质结合防风雨、调温等功能升级，成为高级户外材质的首选；浮雕纹理、装饰纹样通过细节设计焕新经典；轻盈的薄垂面料以自然微皱、泡泡纱肌理展现自然风格的唯美浪漫；触感舒适的花式针织在柔软休闲间散发舒适暖意。设计始于自然，融于生活（图 3-84）。

图 3-84　新自然风尚

①—杭州铭和丝绸有限公司　②—浙江盎唯纺织科技有限公司　③—常州旭荣针织印染有限公司　④—宁波纬一长毛绒有限公司　⑤—吴江福华织造有限公司　⑥—江苏阳光集团　⑦—临猗县鑫得利纺织印染有限公司　⑧—蠡县祥润纺织有限公司

（三）主题三：叠生

1. 关键词：深度自我/突破边界/重构文化基因/实用科技/创意经典美学

去除千篇一律，人们在自我蜕变和自我认同当中突破边界，拥抱独立、个性、极富精神力量的现代都市生活。实用主义被重新审视，多重视角下的自我构念促使设计在创意思维当中重缔经典；科技作为灵感和工具影响都市风格，持续中和运动与正装理念；现代审美背景下的复古表达通过意趣妙想诠释代际传承，追溯怀旧氛围；虚拟空间不再止步于想象，而是作用于现实世界，启发新实用主义实体数字化美学趋势；今与昔合一，缔造自由无限的精神都市（图 3-85）。

2. 色彩

独立的、重叠的、以多种形式组合搭配的活力与能量感色彩描绘积极乐观的新都市氛围。低调的橡木棕色等暗色调作为底色，与枫叶黄、黄土色相得益彰，诠释颇具未来派风格的现代主义造型；以深海藻绿为代表的水感色彩邂逅工业风灰色调，演绎运动与优雅兼顾的新都市风尚；经典复古的克莱

图 3-85　叠生

因蓝与优雅红、紫红色等数字感色彩糅合搭配，启发实体数字化美学之下的动感都市设计；创意、趣味、生动、独特，丰富的色彩表达致敬自由的内在精神（图 3-86）。

图 3-86　叠生色彩

3. 面料

突破传统，结合时代背景下的精湛技艺与独特精神需求，都市材质呈现出质感、活力风格与实用价值全方位考量的设计趋势。中等克重的经典羊毛、羊绒、涤纶混纺材质展现多场景、跨季节、跨类别的实用价值，技术涂层、覆膜等基础科技附加日常防护性；粗花呢质感材质结合混色纱、彩点纱、圈圈纱等的装饰呈现厚实混色外观；立体感的纹理结构、变化的经典图案、黑白撞色的趣味设计升华细节魅力；丝质面料由纹样、光泽、肌理多重烘托，尽显年轻化的都市轻奢感；条纹、格纹在不规则形状、超大尺寸、数字亮色、渐变效果等的更新下，通过自由组合演绎活力氛围；小几何纹样、模块图形抒发现代复古情怀，是针织、机织皆宜的实用跨季品类；优雅牛仔用经典纹理及涂层防护升级设计；再生涤纶和尼龙打造的平纹、双面材质融合动感亮色调，是都市运动与休闲不可替代的基础要素。

（1）创意经典。去除千篇一律，经典设计在多重视角下的创意思维当中被重缔、更新。独立的、重叠的，以多种形式组合搭配的活力与能量感色彩描绘积极乐观的新都市氛围。中等克重的经典羊毛、羊绒、涤纶混纺材质展现多场景、跨季节、跨类别的实用价值，技术涂层、覆膜等基础科技附加日常防护性；格纹呈现不规则形状、超大尺寸、拼接、数字亮色点缀等效果，多样化的自由组合演绎活力都市氛围；再生涤纶、尼龙打造的平纹针织、双面材质融合动感亮色、金属色调等夺目色彩，是都市运动与休闲不可替代的基础材质（图 3-87）。

图 3-87　创意经典

①—苏州欧勋纺织有限公司　②—陕西锦澜科技有限公司　③—浙江神盾纺织有限公司　④—吴江嘉耀纺织有限公司　⑤—烟台明远创意生活科技股份有限公司　⑥—江苏丹毛纺织股份有限公司　⑦—绍兴唧唧纺织科技有限公司　⑧—常州旭荣针织印染有限公司

（2）文化重构。结合时代背景下的精湛技艺与独特的精神需求，文化基因呈现充满意趣妙想的全新表达，演绎具有现代审美特色的新都市复古风格。低调的橡木棕色、炭灰色等暗色调是重要底色，克莱因蓝、枫叶黄、黄土色点缀呼应，营造日常实用的都市风尚；浓郁的绿青色搭配优雅红，启发活泼动感的复古造型；粗花呢材质是诠释手工感与悠远技艺的优质载体，结合混色纱、大肚纱、圈圈纱等升华细节魅力；经典格纹、小几何纹样、民俗纹样等经提花、剪花等工艺，或彰显凹凸立体的高级手工感，或抒发现代时尚的新复古精神，创意、趣味且生动（图 3-88）。

图 3-88　文化重构

①②—诸暨市三千纺织科技有限公司　③—浙江富润纺织有限公司　④—广州市莱纱纺织品有限公司　⑤—山西华晋纺织印染有限公司　⑥—浙江同辉纺织股份有限公司　⑦—浙江三元纺织有限公司　⑧—上海布咖纺织科技有限公司

（四）主题四：极点

1. 关键词：超能感官/数实互动/无限包容/多元化能量/智创未来

融合多样理念，包容多种需求，在多元化中寻求和谐与力量。将不同领域、不同次元、不同时空扁平化并置，构筑不受时尚规则捆缚、容纳更多差异性和个性化、自由且极具创造力的超能感官；以数字还原的超现实态解构实体生活，幻变色泽、光影共振、超感生物、极限算法……数字平行宇宙的再制与镜像分身浸染和补充真实体验；人、自然、人工智能日益交融，高度聚焦的科技原力开启跨越时空与想象边界、数字与实体深层互动的智创乌托邦世界（图 3-89）。

2. 色彩

冬日跃动亮色与神秘暗色调互动调和，虚拟数字感色彩点缀其间，呈现包容活力、奢华、机能的多元化科技迷幻色组。吸睛亮色调具有适度的实用

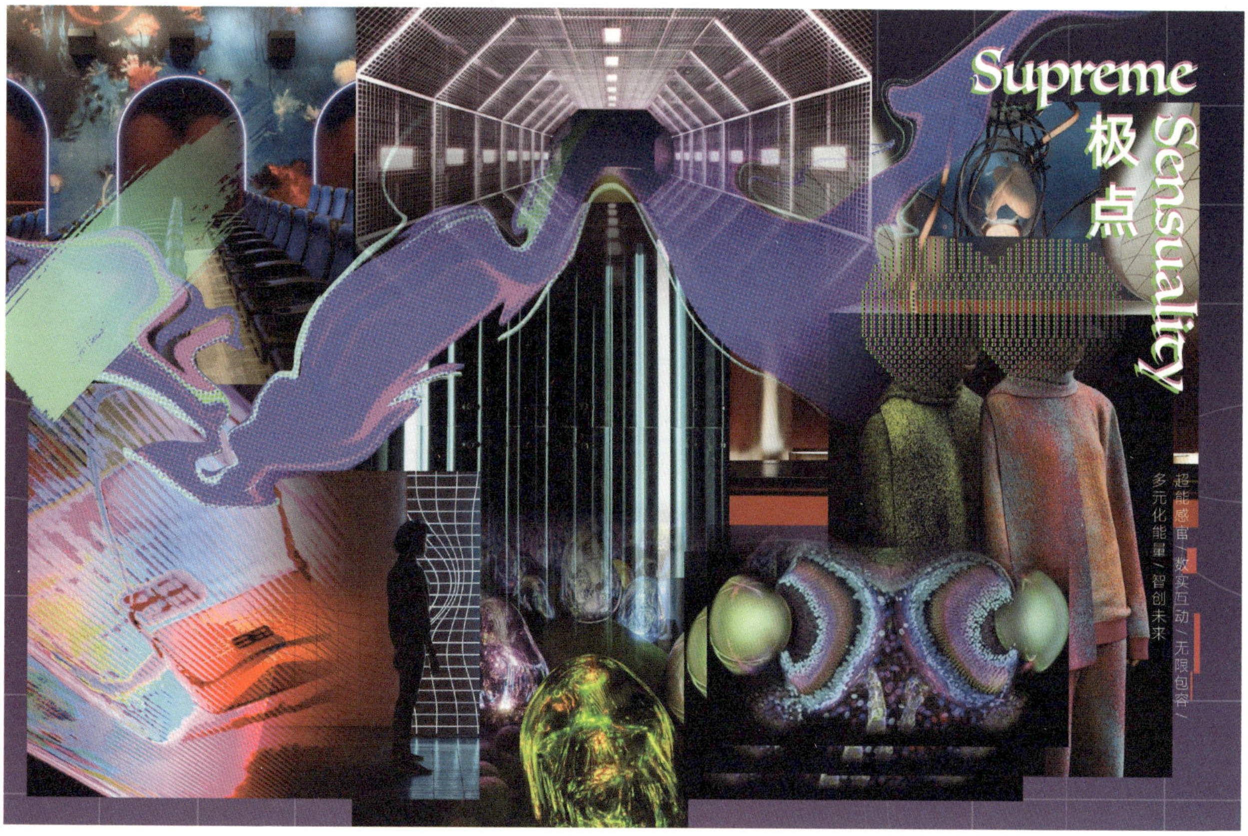

图 3-89　极点

饱和度，在为秋冬系列注入欢乐与能量的同时，绽放日常个性的跨季节魅力；迷幻的赛博霓虹色演绎具有虚拟空间感的避世基调，暗色打底的风格间奏在鲜明与感性之外增添一抹神秘和酷感；饱满的暗系蓝色调浓墨重彩，于细微之处展现自由超脱的轻奢华美；多元且包容的斑斓世界，诠释新鲜与熟悉的适宜平衡（图 3-90）。

图 3-90　极点色彩

3. 面料

在光与色的交互作用下，动感风格、数字艺术与实体材料共振，塑造奇妙智慧的超凡体验。科技打底针织、致密绸缎、功能性塔夫绸等基础材质在变化光泽的映衬下展现未来视觉；提花、锦缎结合光泽的明暗对比营造轻奢日常及派对氛围；丝绒、天鹅绒以双光效果、暗底印花塑造实用派对风；暮色形态、超感纹样、暗影艺术、数字裂变等超现实主义外观在光影交错中构建增强现实的元世界体验；金属流动感面料的闪烁、镜面、虹彩涂层升级晚装及华丽运动装，动态弹力优化服用性；高密度尼龙、涤纶材质打造强韧织物，通过填充、黏合、绗缝等在深色、复古金属感面料上形成轮廓分明的立体肌理，引入特种纤维植入超强性能；塑化织物、乳胶、氯丁橡胶等涂漆和装饰材质以光泽处理增添叛逆新鲜感；多巴胺色彩打造趣味浪漫的实验性外观；手绘图案、Logo、涂鸦、联名设计突出圈层文化之下的部落消费需求。

（1）冬日跃动。在光与色的交互作用下，数字艺术与实体材料共振出全新的动感风格，附加多巴胺色彩打造趣味浪漫的超能量外观。吸睛亮色调具有适度的实用饱和度，为秋冬系列注入欢乐与能量的同时，绽放日常和个性化的跨季节魅力；暗色打底的风格间奏在鲜明与感性之外增添一抹神秘酷感。面料呈现活力动感风格，仿皮草面料蓬松柔软，色彩鲜明；格纹面料以多彩亮色烘托愉悦氛围；提花面料在明暗光泽的对比效果中营造轻奢日常及派对风格；印花材质通过暗底色调与数字亮色的调和展现前卫暗黑艺术；针织表面肌理丰富，融合排汗、保暖、速干等功能性，实现跃动风格与实用价值的完美平衡（图 3-91）。

图 3-91　冬日跃动

①—浙江本意纺织科技有限公司　②—吴江市东恒纺织有限公司　③—广东健业纺织集团有限公司　④—佛山市顺德金纺集团有限公司　⑤⑥—吴江市涂泰克纺织后整理有限公司　⑦—佛山市巨丰盛布业有限公司　⑧—广州市能胜纺织科技有限公司

（2）多元能量。汲取数字平行宇宙的超凡灵感，以数字还原的超现实态诠释无限包容的斑斓世界，展现新鲜与熟悉平衡的多元化能量体验。饱满的暗系蓝色调浓墨重彩，于细微之处展现自由超脱的轻奢华美；迷幻的赛博霓虹色演绎具有虚拟空间感的避世基调。科技针织在虹彩光泽、荧光色调等光与色的变幻下呈现未来视觉；各式金属感涂层材质的闪烁、钢制、镜面效果升级晚装及华丽运动装，动态弹力优化服用性；暮色形态、超感纹样、暗影艺术等超现实主义外观在光影交错中增添叛逆新鲜感，构建增强现实的元世界体验（图3-92）。

图3-92　多元能量

①—龙兴隆（苏州）织造整理有限公司　②—绍兴明晗绣品有限公司　③—浙江兴茂致尚科技有限公司　④弘裕纺织（浙江）有限公司　⑤—苏州金尚豪纺织有限公司　⑥—麦地郎集团有限公司　⑦—上海棱枫纺织有限公司　⑧—苏州迪赛贸易有限公司

研究编著：齐梅　李晓菲　姜蕊　彭丽桦　王玢　渠梦玮　高宇菲

2022~2023 年中国服装印花行业发展报告

中国印染行业协会　黄国光

印花作为服装生产链的重要组成部分，是保证服装内在品质、赋予服装精神文化及功能性的重要环节，为下游服装产品提供重要的技术支撑，为满足人民对服装产品新需求、引领绿色时尚新潮流提供重要保障。服装印花的价值主要表现在高创意感染力、抒发文化内涵、体现印染科技和高产品附加值。2022 年，在受到新冠肺炎疫情的严重冲击和全球经济低迷的影响下，我国服装印花的产量在平稳中有小幅下降，订单数量多、批量小、质量要求高，为了提高竞争力，企业自主开发新产品积极主动。设备数字化和智能化、印花材料创新、绿色印花工艺、文化 T 恤供应链转型、文化服饰研发、AI 图案设计软件、标准化和科普等工作取得新进展，克服了困难和风险的挑战，成绩远超预期。

一、印花设备自动化、数字化、智能化发展迅速

椭圆形自动平网印花机（以下称椭圆机）主要用于服装裁片及成衣的印花，具有花型图案套印精准、套色数量不受限制、刮刀运行的角度压力速度可控、质量稳定、节省人力电力、安全可靠、维修方便等优点。特别是数码喷墨印花机与椭圆机的链接，能够提高数码喷墨印花的生产效率，增加色牢度、降低成本。根据数据分析，预计一台椭圆机每年可节省成本 20 万元左右。

如今，椭圆机已成为全球服装裁片及成衣的平网印花、平网+数码喷墨印花相结合的主流设备，但服装印花企业普遍存在高水平技工短缺、对技术人员依赖过强的现象，印花质量和生产管理存在很多隐患，工艺复杂、批量小、品质高、交货期短、利润薄、用工成本高、原料价格上涨、招工难等实际状况，在此背景下，印花生产线向自动化、数字化和智能化升级是必然趋势。

2022 年，服装印花机械制造企业研制成功一大批先进设备并已陆续进入市场。

（一）数字化 3D 增材热熔叠印制网版机（图 3-93）

图 3-93　数字化 3D 增材热熔叠印制网版机

1. 功能

平面网版制作。

2. 优势

（1）无水干法制版，对环境无任何污染，对人体安全无害。

（2）智慧型数字化生产，明室常温环境，操作简单，节省工序 75%。

（3）图像分辨率为 300dpi×600dpi，套印精准（网孔保持原状）。

（4）制版图像达到宽 60cm×长 180cm。

（5）版膜耐水性强，耐印力可控（版膜一般叠印 20 层为 10000～20000 印）。

（6）制版速度快，图像宽 60cm×长 100cm，10～15min。

（7）投资少，占地面积小（150cm×200cm）。

（8）耗材成本低，图像宽 60cm×长 100cm 的网版，免洗丝网+膜约为 15 元。

（9）投资 8.80 万元/台。

（二）涂料印花色浆智能调色机（图 3-94）

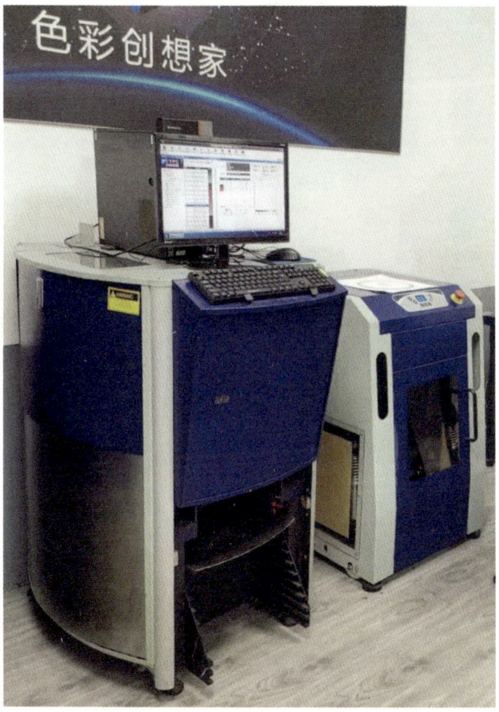

图 3-94　涂料印花色浆智能调色机

1. 功能

涂料印花色浆、彩印胶浆的调色。

2. 优势

（1）提升企业专业化、标准化、数字化水平和柔性化小单快反服务的竞争力。

（2）智能调色准确，色浆最小加入量 0.077mL，重现性好，操作简单。

（3）强大的色彩数据库，除配色宝典中布质色卡 2739 个色外，还有 PANTONE 等 3 万多个色彩数据。

（4）与市场价格持平的 15 种基色的颜料色浆（普通系列、耐高温系列），性能稳定。

（5）调色效率提高，一人操作，每个颜色 8～15min。

（6）色相准确率提高，批次色差范围为：浅色色差 $\Delta E<0.5$，中色色差 $\Delta E<0.8$，深色色差 $\Delta E<1.2$。

（7）采用系统调色，很好地避免出现颜色的同色异谱现象，同时保障了配方组成的经济性，成本降低。

（8）占地面积小，调色机+分散机体积为 2.2m×1.0m×1.4m（长×宽×高）。

（9）投资少，全系统投资 24.98 万元/套，仅是外国同类装备的 30%。

3. 配置

（1）配色宝典（布质色卡 2739 个色样）1 册。

（2）智能调色机 1 台（每种颜料色浆储罐 2000mL，调制印花色浆最大量 20kg）。

（3）调色机驱动程序软件 1 套。

（4）颜色管理软件 1 套。

（5）自动振荡分散机 1 台。

（6）专用分光光度仪 1 台。

（7）分光调色 QC 软件 1 套。

（三）自动吸线头绒毛机（图 3-95）

图 3-95　自动吸线头绒毛机

1. 功能

铺贴在印花台板上的裁片或成衣表面线头、绒毛等异物的去除。

2. 优势

（1）节省人力，降低成本，环境无污染。

（2）吸除面积 50cm×70cm，成功率 100%。

（3）操作和返回速度、循环次数、启动延时、设备高度可调。

（4）触摸屏幕调控。

（5）垃圾集中收集。

（6）投资 1.28 万元/台。

（四）机器手臂自动取片机（图 3-96）

图 3-96　机械手臂自动取片机

1. 功能

椭圆机印花后裁片的自动揭取。

2. 优势

（1）能与任何椭圆机对接。

（2）取片速度为 5s。

（3）揭取裁片成功率 100%。

（4）裁片码放整齐、自动记数。

（5）不同花型图案、规格任意切换。

（6）臂展 1.20~2.00m，取片后可直接平放在烘干机导带上。

（7）投资 13.56 万元/台。

（五）自动洗台板机（图 3-97）

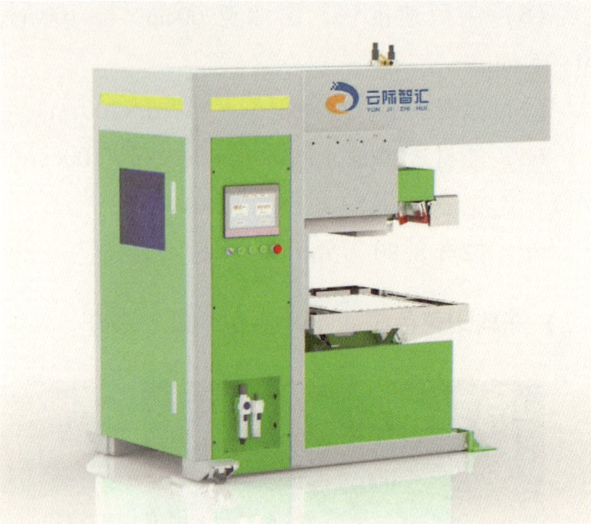

图 3-97　自动洗台板机

1. 功能

椭圆机印花台板的自动清洗。

2. 优势

（1）6s 彻底清除台面杂物。

（2）“常规”“强力”两种模式任意选择。

（3）设有清除杂物的收集装置，环境整洁。

（4）具有物联网搜集和传输数据的功能。

（5）投资 16.95 万元/台。

（六）导带式烘炉自动取片码放机（图 3-98）

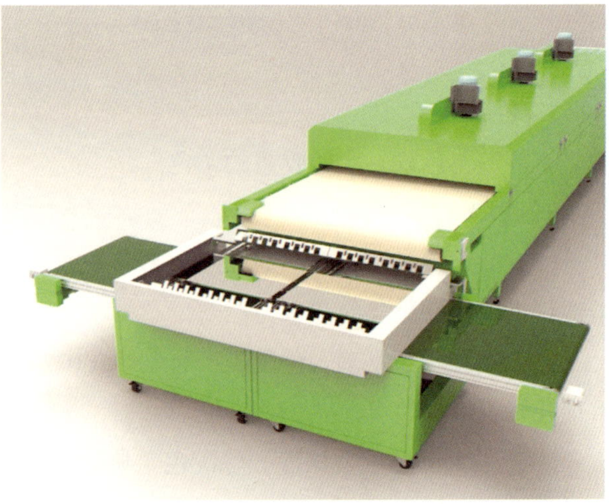

图 3-98　导带式烘炉自动取片码放机

1. 功能

经导带式烘干机固色的印花裁片自动揭取和码放。

2. 优势

（1）裁片取放速度快，仅需 3.5s。

（2）取片成功率 100%，码放整齐。

（3）“一片”“两片”两种取放模式可任意选择。

（4）裁片码放“数量”“高度”两种模式可任意选择。

（5）投资 12.43 万元/台。

随着越来越多的先进设备投入市场，自动化、数字化生产线为裁片或成衣印花智能制造奠定了基础。如今，印花企业可根据生产需求和资金状况逐渐配置设备，如以椭圆机为主机的印花生产线可以增加印花疵点智能识别检验机等设备。同时，通过引用“服装印花生产 ERP 管理软件”中椭圆机印花的数据，编辑“椭圆机印花数字化生产系统”软件，计算机输入花型图案、印花浆种类、面料条件和订单数量等，即可自动显示网版制作、调色配浆、印花色序、刮印、闪烘、烘干固色、成本预算等精准数据。不久的将来，在网络支持下，每台设备的传感器搜集和传输数据给后台，即可以优化生产数据，使印花质量更好、更稳定，充分发挥生产效率、降低成本，充分发挥印花在服装产品中的独立价值。

二、印花材料创新助力服装印花新产品开发

特种印花视觉效果打破了常规印花只能表现图案的色彩，这些特殊水性印花材料与图案有机结合开发的印花新产品受到消费者酷爱，特别是在品牌服装、IP 服装上图案印花的应用，不只增加了服装销售量和附加值，更体现了印花的科技含量。例如，绒面凸起印花、海绵状印花、织物凹凸印花、织物褶皱印花、龟裂纹印花、涤棉织物透明印花、镜面高亮光印花、织物遇水凹凸印花、亮灯印花、凉感印花、仿烫金印花、自干硅胶印花、夜光印花、反光印花、角度变色印花、湿度变色印花、温度变色印花、阳光变色印花等；又如，一些特殊面料的有色织物拔白和着色拔染印花、泳衣高遮盖高弹印花、防水织物高牢度印花、低熔点织物冷烫金印花、涤纶锦纶织物发泡印花等（图 3-99）。

图 3-99

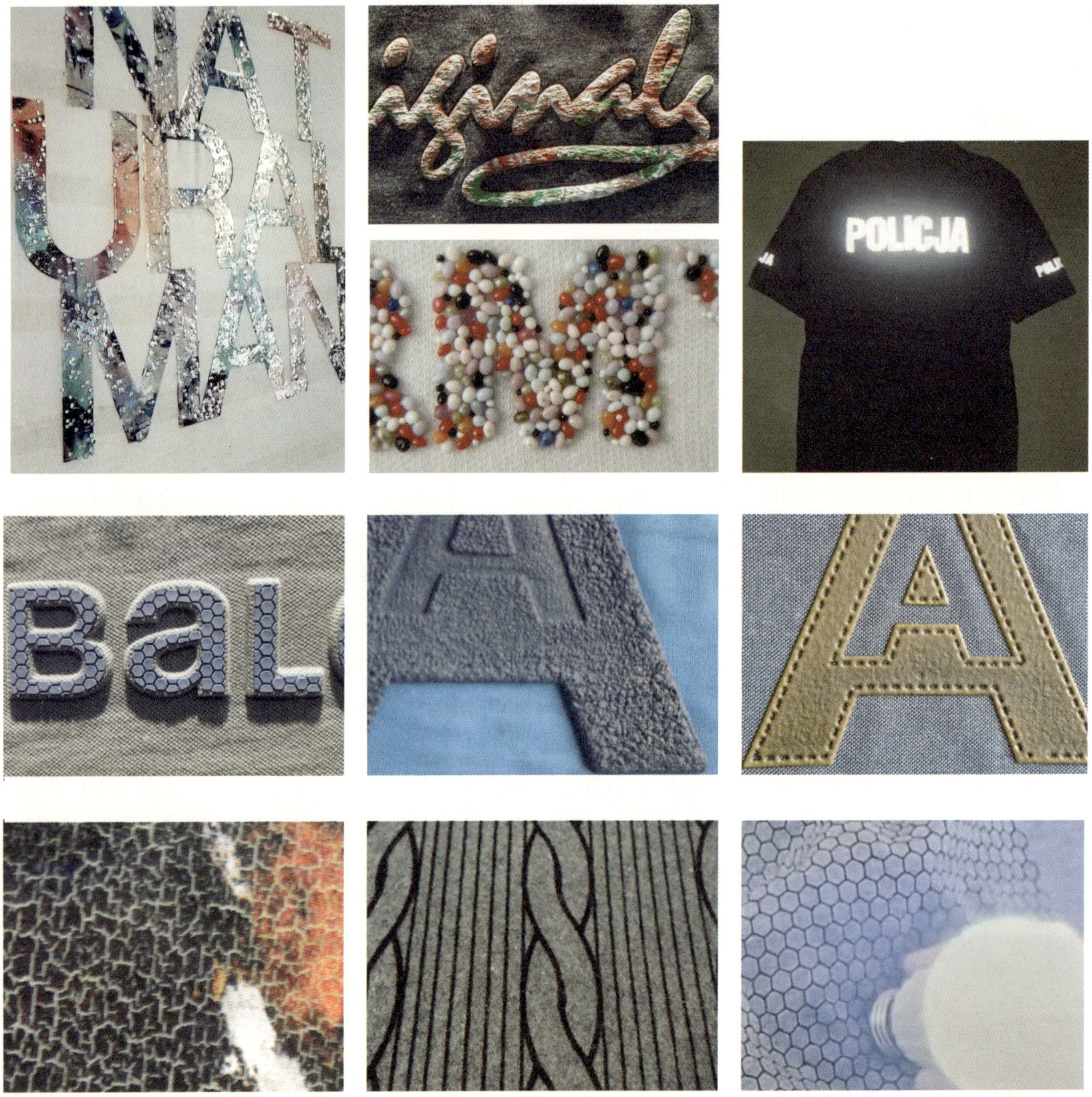

图 3-99 特种印花

三、数码喷墨印花向绿色低碳发展

数码直接喷墨染料印花及数码染料转移印花能耗水耗较大、废水及废气排放较多，已成为制约服装产业迈向中高端的薄弱环节。印染行业的绿色发展，事关人民对美好生活新期待、纺织工业可持续发展和污染防治攻坚战。一些具有前瞻性、先导性、探索性、无印染废水的绿色生产技术已在行业中应用。

（一）数码喷绘活性染料印花膜棉布冷转移印花免蒸洗工艺（图 3-100）

1. 特点

（1）缩短生产流程，交货快。

（2）匹布免上浆、印花后免汽蒸、免水洗，污水零排放。

（3）印花颜色鲜艳、牢固，质量符合国家纺织品安全技术标准要求。

（4）印花成本降低，4.75 元/m^2。

图 3-100

（5）占地面积小，投资少。

2. 工艺流程

（1）棉匹布+处理剂→浸轧（轧余率 70%）。

（2）PET 膜+活性染料墨水→数码喷绘→转移印花膜。

（3）浸轧处理匹布+转移印花膜→冷转印→布膜分离→印花布热固色（140℃）→成品。

（二）棉织物数码直接喷墨活性染料印花免上浆免蒸洗工艺（图 3-101）

图 3-101

1. 特点

（1）省去匹布上浆工序，避免了浆料涂层受潮造成的花纹边缘模糊不清、印花颜色深浅不匀现象。

（2）印花后喷涂后处理剂后烘干，免去汽蒸和水洗，不产生印染废水又无废气排放，真正实现绿色清洁生产。

（3）颜色鲜艳、牢固，质量符合国家纺织品安全标准要求。

（4）工艺流程短，生产线占地面积仅 3m×10m，设备投资少。

（5）印花成本降低，3.00 元/m^2。

（6）操作简单，节约人力，成本显著降低。

2. 工艺流程

棉匹布+数码喷墨活性染料印花→喷涂后处理剂→烘干［120℃×（1~2）min］→成品。

（三）涤纶织物高温分散染料数码直接喷墨印花免上浆免蒸洗工艺（图 3-102）

图 3-102

1. 特点

（1）省去涤纶织物数码升华转移印花工艺的喷印转移印花纸、数码喷墨印花上浆汽蒸水洗工序。

（2）印花流程缩短，生产效率提高，成本降低。

（3）该工艺墨水直接喷印在织物上和独特的固色方式，织物的渗透性染色力可控，解决了数码升华转移印花对高弹力、毛、绒、毛圈类织物露白地、翻纱和破坏织物风格等影响承接订单的痛点，又解决了传统的数码喷墨印花上浆、汽蒸和水洗复杂工艺和质量难控制的老大难问题。

（4）印花图案清晰，色泽鲜艳，手感柔软，符合国家纺织品安全技术标准。

（5）印花成本低，1.30 元 m^2。

2. 工艺流程

涤纶匹布→浸轧预处理剂→烘干→数码喷墨分散染料印花→热固色（200℃×2min）→成品。

（四）涤纶织物数码直接喷墨涂料印花（图 3-103）

图 3-103

1. 特点

（1）不用喷涂织物预处理剂，缩短流程，降低成本。

（2）印花颜色鲜艳、边缘清晰，手感超柔软。

（3）在涤纶织物上有极强的附着力，符合国家纺织品安全技术标准要求。

（4）70℃超低温固色，节省能源。

（5）印花成本降低，3.00 元/m^2。

2. 工艺流程

涤纶匹布→数码喷墨涂料印花→热固色（70℃×2min）→成品。

四、文化 T 恤柔性供应链引领制衣和印花企业转型

由于 T 恤穿着舒适、价廉，对贫富、年龄、性别、季节、场合又没有特殊限制，消费量逐年增长，T 恤已成为全球各地男女老幼穿着最多的服装。IndexBox 的报告“世界 T 恤的市场到 2025 年的分析和预测（*World：T - Shirts - Market Report. Analysis And Forecast To* 2025）”指出，受全球经济复苏、城市化持续发展、人口成长和收入水平日益增高等因素的影响下，T 恤消费量每年将继续增长 1.7%。

另据报告指出，全球的 T 恤市场在近期内将继续保持温和增长，其中最大的涨幅将出现在中国市场。据不完全统计，我国对 T 恤的消费量每年为 28 亿件，其中 0~15 岁平均消费 3 件计算为 7.5 亿件，16~59 岁平均消费 2 件计算为 18 亿件，60 岁及以上平均消费 1 件计算为 2.5 亿件，约占全球 T 恤消费量的 20%。随着我国经济的迅速发展，人们对文化和时尚产品的需求迅猛增加，T 恤中约 90%是印花产品，即具有一定文化元素图案的文化 T 恤，文化 T 恤已成为最流行的文化创意时尚化大众时装，我国的年消费量为 25.2 亿件。

在全球新零售市场的形势下，个性化消费“一件起订”的一站式柔性供应链，运用大数据、数字和智能技术对商品的生产、流通与销售进行升级改造，重塑文化 T 恤供应链的制衣和印花加工业态结构，才能实现零库存“一件起订”小单快反按需生产的服务新业态。前端是客户应用互联网站定制软件和手机小程序来选择 T 恤（仓储现货），图案由客户提供、定制程序中的图库选择，也可以运用 AI 人工智能辅助设计，文化 T 恤效果虚拟预览满意后下单。后端是供应链定制工厂及时输出订单，提取 T 恤、印前处理、图案云输送、数码印花、固色、质检、包装、发运，一般从接单到发货为 24~48 小时。目前，在杭州、泉州、厦门、广州、上海等城市陆续运行（图 3-104~图 3-106）。

图 3-104　T 恤已成为人们穿着最多的服装

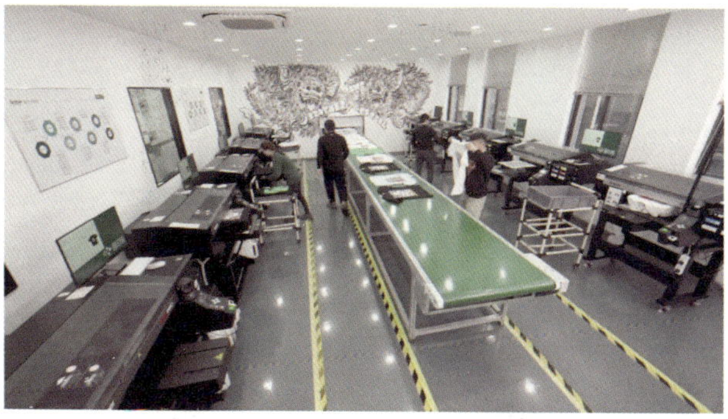

图 3-105　可提供小单快反按需生产服务

图 3-106　约 90% T 恤是印花产品

五、文化 T 恤分类使成衣品种不断扩展

当 T 恤上有了独特的创意图案来表达思想、兴趣、爱好和品位，就不再是一件普通的衣服了，已经成为个人观念与个性的展板，还能传递政治、经济、文化和时尚的信息，是当今一种文化创意、时尚和实用的大众文化服装。为了适应市场需求，文化 T 恤和成衣品种不断扩展。

（一）按图案题材内容和用途分类

（1）大众 T 恤：在超市、商场或电商等大众卖场无限量销售的印花 T 恤（图 3-107）。

图 3-107　大众 T 恤

（2）团体 T 恤：为各种团体、专项活动设计图文或使用专用标识而印花的 T 恤（图 3-108）。

图 3-108　团体 T 恤

（3）广告 T 恤：印有对商品或某些事物宣传图文的 T 恤（图 3-109）。

图 3-109　广告 T 恤

（4）标语 T 恤：印有表达政治主张或思想口号的 T 恤（图 3-110）。

图 3-110　标语 T 恤

（5）旅游 T 恤：以风景区、文旅项目为图案的印花 T 恤，也称旅游纪念 T 恤（图 3-111）。

图 3-111　旅游 T 恤

（6）运动 T 恤：印有著名运动队 Logo、队名、运动员号码或姓名的同款 T 恤（图 3-112）。

图 3-112　运动 T 恤

（7）国潮 T 恤：印有中国特定元素图案的 T 恤（图 3-113）。

图 3-113　国潮 T 恤

（8）科普 T 恤：印有某领域科学普及图案文字的 T 恤（图 3-114）。

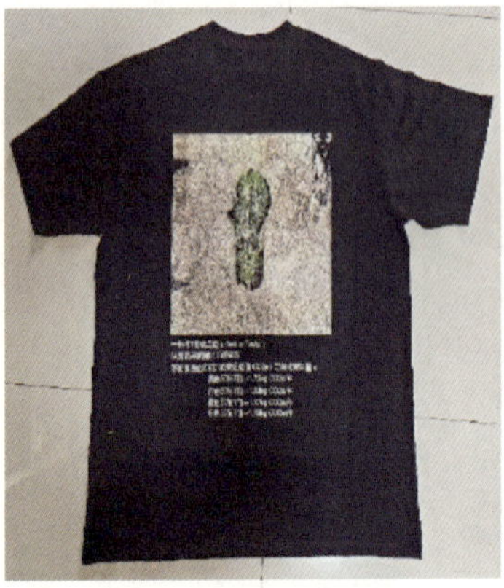

图 3-114　科普 T 恤

（9）礼品 T 恤：按照客户要求而定制作为礼品的印花 T 恤（图 3-115）。

图 3-115　礼品 T 恤

（10）明星同款 T 恤：与明星穿着款式和印花图案相同的 T 恤（图 3-116）。

图 3-116　明星同款 T 恤

（11）影视 T 恤：印有影视海报、剧照和相关文字的 T 恤（图 3-117）。

图 3-117　影视 T 恤

（12）专题 T 恤：以植物、动物、机车、体育、名胜等专题系列为图案的印花 T 恤（图 3-118）。

图 3-118　专题 T 恤

（13）艺术 T 恤：印有艺术家授权作品的 T 恤，也称 IP 授权 T 恤（图 3-119）。

图 3-119　艺术 T 恤

（14）高级定制 T 恤：往往是名人名家为自己专门定制图案的高品质印花 T 恤（图 3-120）。

图 3-120　高级定制 T 恤

（15）纪念 T 恤：以事件、活动和节日等为图案的纪念性印花 T 恤（图 3-121）。

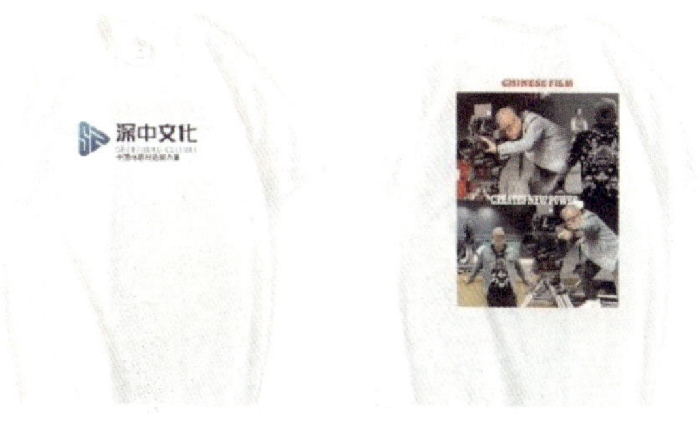

图 3-121　纪念 T 恤

（16）IP 联名 T 恤：品牌服装或品牌企业生产印有 IP 授权图案的 T 恤（图 3-122）。

图 3-122　IP 联名 T 恤

（17）限量 T 恤：以名人、名家艺术作品为题材限量生产或销售的印花 T 恤（图 3-123）。

图 3-123　限量 T 恤

（18）C2M 个性化定制 T 恤：消费者在网店或实体店通过定制软件选择 T 恤、图案（自备图案）经预览下单定制的 T 恤（图 3-124）。

图 3-124　C2M 个性化定制 T 恤

（19）手绘 T 恤：用颜料或染料手工直接绘画的 T 恤（图 3-125）。

图 3-125　手绘 T 恤

（20）扎染 T 恤：手工结扎后染色产生色晕和皱印花纹的 T 恤（图 3-126）。

图 3-126　扎染 T 恤

（21）蜡染 T 恤：用熔蜡（防染）绘画、浸染、退蜡产生各种花纹图案的 T 恤（图 3-127）。

图 3-127　蜡染 T 恤

（22）拍卖 T 恤：公众人物自己穿过、保存、签名或其纪念活动限量制作的印花 T 恤（图 3-128）。

图 3-128　拍卖 T 恤

(二) 按适应不同气候的向中性化扩展分类

(1) 圆领短袖 T 恤、圆领长袖 T 恤、圆领无袖 T 恤及其连帽衫款式（图 3-129~图 3-134）。

图 3-129　圆领短袖 T 恤

图 3-130　圆领长袖 T 恤

图 3-131　圆领无袖 T 恤

图 3-132　圆领短袖 T 恤连帽衫

图 3-133　圆领长袖 T 恤连帽衫

图 3-134　圆领无袖 T 恤连帽衫

（2）圆领长袖卫衣、圆领短袖卫衣及其连帽衫款式（图3-135~图3-138）。

（3）背心及Polo衫等（图3-139、图3-140）。

图3-135　圆领长袖卫衣

图3-136　圆领短袖卫衣

图3-137　圆领长袖卫衣连帽衫

图3-138　圆领短袖卫衣连帽衫

图3-139　背心

图3-140　Polo衫

六、AI快速提升服装印花图案设计降本增效

人工智能（Artificial Intelligence，AI）是一项用文字语言表达、经大数据分析自动生成数字图像的技术。作为灵感工具，能够帮助设计师更快、更好地产生方向满意或不断接近要求的作品。2022年以来，AI图像设计的工具不断涌现，相关软件技术发展和版本更新快速迭代，引发了艺术家、设计师、画家、消费者、产业和资本等多方关注，可谓是AI生成图像的元年。据权威机构Gartner预测，2023年将有20%的内容由AI所创建，到2025年AI所产生的数据将占据10%（今天这个比例不足1%）。可以说，下一个10年，人工智能领域发展的最大机会，来源于通过AI生成的内容（AIGC）。人工智能技术正逼近人类创造力的边界，深刻改变创新创意方式。

作为中国最早一批上海AIGC领域的专业团队联合中山行业机构，将AI绘画领域积累的创作经验与对纺织品印花领域的认知相结合，于今年12月推出了一款1.0版的“AI纺织品印花图案设计软件”，希望给纺织品印花图案设计工作切切实实地带来降本增效，让AI这个革命性的工具为纺织品印花行业赋能，带来新的、颠覆性的改变和创新。随着时代的进步和人类审美素质的提升，AI已成为设计师必备的工具和技能（图3-141）。

图 3-141　AI 辅助图案设计

（一）用途

通过 TTI（文本转图像）的方式，即用语言文字表达经计算机程序分析而自动生成用于纺织品印花的图像。

（二）特点

（1）操作简单，工具设置了多个图像模板，也设置了多种设计模式、风格模式、效果模式、艺术模式、图面比例等供选择，无须培训，即可创作出具有相当水准的作品。

（2）产生作品速度快，工具利用大数据和算法，帮助设计师快速生成图像（创作一幅满意的作品，往往是多幅作品不断优化的过程）。

（3）提升设计质量，降低设计成本，减轻设计师的压力。

（4）适应不同人群，入门、专业设计或艺术家均无门槛。

（5）具备艺术风格自主创新能力，相关工具具有深度学习的功能，可以根据操作和文字内容输入习惯等建立数据模型，用 AI 赋能不同题材的创作。

（6）版权清晰可溯源，用底层区块链+数字签名，实现作品的作者、作者的作品、购买者等多方的数字签名。

（7）生成的作品具有唯一性和独特性，版权归创作者所有。

（8）印花图案素材更加丰富多彩，提升印花纺织品的创新力和竞争力。

（9）实现图案数字化、智能化、个性化定制生产，为企业带来更多的商机等。

（三）操作流程

（1）通过提供的网址进行系统访问。

（2）输入作品描述文本。

（3）选择对应的绘画制作方式。

（4）选择绘画种类、艺术风格、艺术效果、绘画主题、艺术家。

（5）选择图像比例。

（6）绘图（图为生成的作品）。

七、标准化工作赋能服装印花高质量发展

我国既是世界服装生产大国，也是印花服装生产大国，在国际国内印花服装市场复杂多变的情况下，我国服装服饰印花行业不仅要掌握印花国际标准动向，更要完善我国的服装印花标准体系，提升印花质量，使我国服装印花由以量取胜转变为以质取胜，获取更大的经济效益和社会效益，在国际印花服装市场赢得更多的份额。2022 年在基础标准、测试方法标准、产品标准方面又有新的进展。

（一）2022 年公布实施的团体标准

（1）T/SHDSGY 162—2022 数码印花过程控制要求及检验方法

2022 年 11 月 30 日发布、实施

归口单位：上海都市型工业协会

（2）T/CASME 201—2022 服饰印花技术要求

2022 年 12 月 22 日发布，2022 年 12 月 22 日实施

归口单位：中国中小商业企业协会

（3）T/GDTEX 28—2022 涤纶数码升华转移印花织物质量要求

2022 年 12 月 26 日发布，2023 年 1 月 1 日实施

归口单位：广东省纺织协会

（二）2022 年公布实施的行业标准

FZ/T 70017—2022 针织服装印花质量通用技术要求

2022 年 4 月 8 日公布，2022 年 10 月 1 日实施

归口单位：全国纺织品标准化技术委员会针织品分技术委员会

（三）2023 年立项的国家标准

弹力印花针织织物拉伸性能的检测及评价

归口单位：全国纺织品标准化技术委员会针织品分技术委员会

（四）2023 年立项的行业标准

纺织品　印花抗粘连性的检测与评价

归口单位：全国纺织品标准化技术委员会基础标准分技术委员会

（五）2023 年立项的团体标准

文化 T 恤术语

文化 T 恤个性订制通用技术规范

文化 T 恤数码喷墨热熔转移印花及检验方法

归口单位：广东省服饰文化促进会团体标准化技术委员会（图 3-142）

图 3-142　广东省服饰文化促进团标委员会工作会议

八、与科普相结合开展服饰印花精品评比活动

为进一步提高服装和印花企业产品开发能力和工艺技术水平，展示优秀企业的实力和风采，整体推动我国服装服饰印花行业的创新能力和高质量发展，中国印染行业协会于 2022 年 4 月开始启动 2022 年度第六届“中国服装服饰印花精品”的征集工作，本次活动共征集到来自北京、上海、江苏、浙江、广东、福建、山东、海南等省市和香港特别行政区等 40 多个单位的 200 余件作品，包括休闲装、帽衫、T 恤、童装、泳装、衬衣、毛衫、牛仔服、防晒衣、丝巾、手套、帽子、鞋材、面料以及裁片等多个品类。工艺类别包括数码喷墨印花、数码升华转移印花、数码热熔转移印花、网版胶浆和硅胶印花、热固油墨印花、静电植绒印花、高周波印花、刻字膜热熔转移印花和轧染等，一些复合印花工艺，基本涵盖了常用和一些特殊效果的

印花工艺，总体代表了目前国内服装服饰印花行业的总体水平。

评审委员会本着公开、公平、公正的原则，依据图案视觉效果、科技含量、印制难度、色彩搭配、印花精度等评审标准对参赛作品逐一进行综合评判，最终评出金奖、银奖和铜奖，图案原创设计奖、工艺技术奖、印制效果奖、服饰文化奖、设备材料应用创新奖和最具商业价值奖等专项奖，以及优秀奖若干名（图 3-143~图 3-147）。

图 3-143　优秀作品展示

图 3-144　参赛作品一

图 3-145　参赛作品二

图 3-146　参赛作品三

图 3-147　专家对作品进行综合评判

2022~2023年中国缝制机械行业经济运行报告

中国缝制机械协会　吴吉灵　卢芳

2022年，新冠肺炎疫情反复、俄乌战争僵持、全球通胀高企、货币紧缩加剧等冲击和挑战相互交织，世界经济复苏预期转弱，我国缝制机械行业发展下行压力增大。综合来看，行业经济由上年高位运行转入逐季放缓和下行，年内产销“前高后低”、市场“内冷外热”，产销回落到五年前较为低迷的水平，企业普遍承受高库存、低需求、高成本、低利润等压力和考验。

一、2022年行业经济发展概况

（一）生产大幅收缩，年内前高后低

2022年受内需不振和上年高库存影响，行业生产订单逐季减少，呈现产能过剩和生产收缩态势。

根据协会统计的百家整机企业数据显示，前9月行业百家企业工业总产值151亿元，同比下降21.66%，降幅较二季度降幅扩大11个百分点，较一季度降幅扩大15个百分点；缝制设备产量507万台，同比下降24.97%，其中工业缝纫机产量342万台，同比下降29.28%，降幅较二季度降幅扩大8个百分点，较一季度降幅扩大20个百分点。9月，百家企业工业缝纫机产量同比下降44.45%，除部分特种机设备稍有增长外，其他产品生产全面转入负增长。9月末，百家企业从业人员数同比下降4.84%（图3-148）。

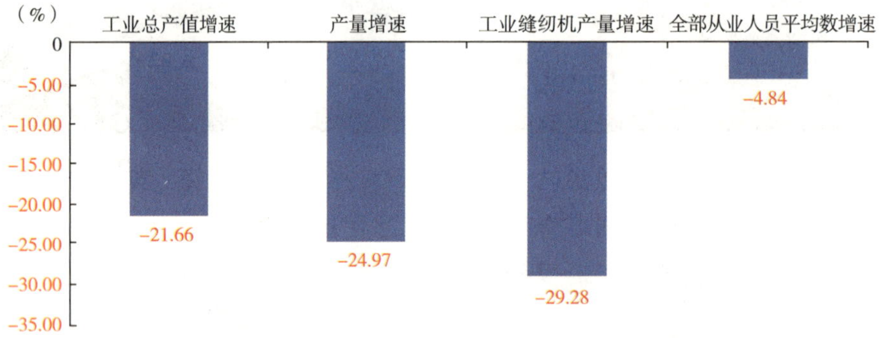

图3-148　2022年前9月行业百家企业主要生产指标增速情况

（数据来源：中国缝制机械协会）

从行业生产情况，尤其是工业缝纫机生产情况来看，2022年年初协会统计的百家整机企业生产形势较上年明显下滑，且年内呈现明显的“前高后低”态势。上半年行业百家整机企业月均产量40余万台，6月产量环比下滑19%，7月产量降至35万台，9月产量低至33万台，行业生产回落到五年前较为低迷的水平（图3-149）。

（二）内需大幅萎缩，内销降幅近四成

2022年受国内新冠肺炎疫情多点频发、散发和封控影响，下游纺织服装等行业开工不足，销售受阻，需求萎缩，发展信心和投资意愿大幅降低，中小型服装企业等减产、关停及倒闭现象明显增加。据国家统计局数据显示，前10月限额以上单位服装鞋帽、针纺织品类商品零售类值同比下降

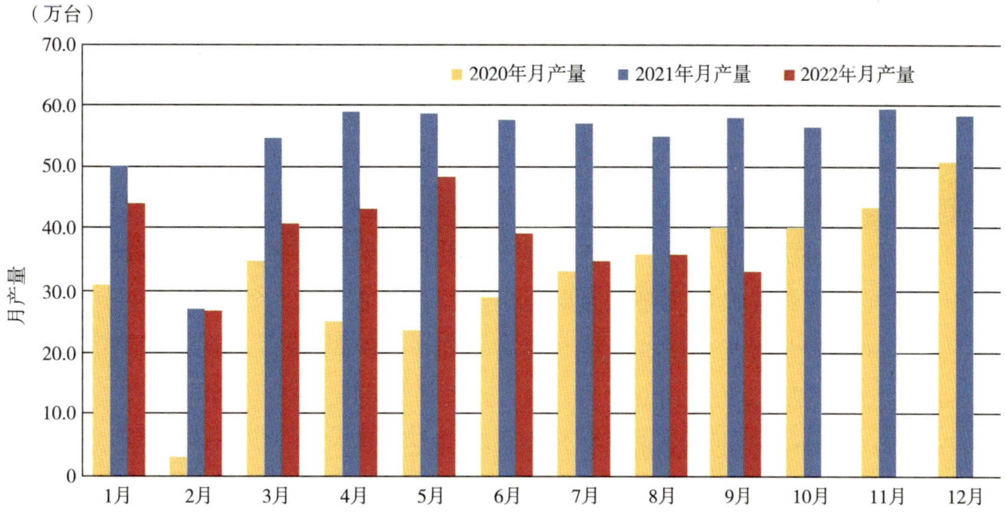

图 3-149　2020~2022 年行业百家企业工业缝纫机月产量情况

（**数据来源**：中国缝制机械协会）

4.4%，其中服装类商品零售类值同比下降 5.5%。而东南亚、南亚、南美等海外服装鞋帽产区快速复产，进一步加剧国内下游纺织服装订单外移、需求萎缩。

我国缝制机械设备内销年初以来一直较为疲软，需求在二三季度更呈现出断崖式下跌态势。至 10 月，行业整机企业内销下降幅度普遍高达 40%，部分企业内销甚至下降幅度超过 50%，市场回落至 2016 年最为低迷的水平。

另据海关总署最新数据显示，2022 年 1~10 月我国缝制机械产品累计进口额 7.2 亿美元，同比下降 9.80%。其中，工业缝纫机进口量 3.77 万台，进口额 8024 万美元，同比分别下降 14.40%和 20.13%，充分显示出内需的疲软和低迷（图 3-150）。

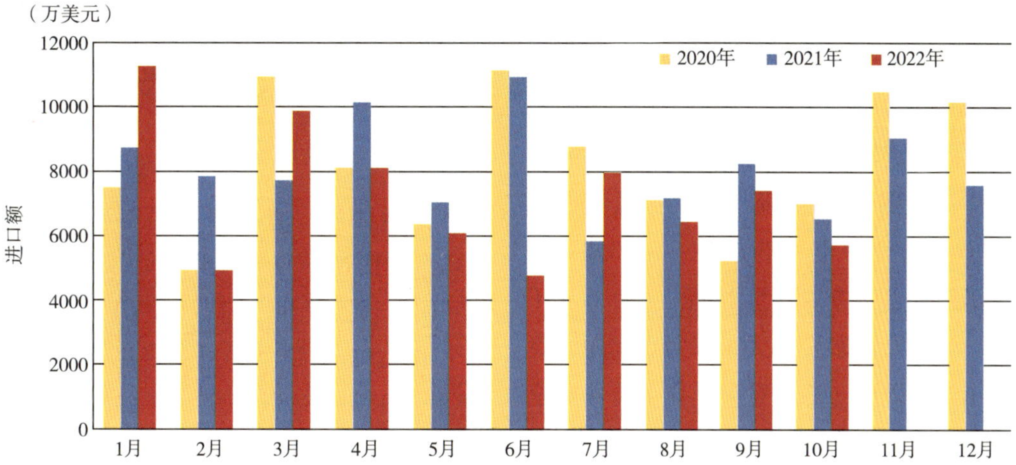

图 3-150　2020~2022 年行业进口缝制机械产品金额情况

（**数据来源**：海关总署）

（三）外需稳中有增，出口高位运行

2022 年，海外大多数国家全面解除疫情防控措施，欧美等发达国家服装、鞋类产品等消费持续释放，东南亚等国服装加工业生产、出口大幅反弹，为行业出口向好提供了重要支撑。据中华人民共和国海关总署数据统计显示，前 10 月我国缝制机械产品出口额 29.2 亿美元，同比增长 15.57%，创行业同期出口新高，呈现稳中有增，高位运行的明显特征，成为今年支撑行业发展的重要动力和亮点。

从月度出口数据来看，1月行业出口额达3.45亿美元高点，随后由于春节假期以及疫情等因素影响，行业月出口额有所下滑，在3～5月维持在2.77美元/月以上，至7月行业出口额再度冲高至3.49亿美元，刷新行业月出口额历史新高，8～9月行业出口额略下滑，保持在2.79亿美元以上。但值得注意的是：四季度，国际高通胀及加息影响持续外溢，欧美消费需求明显收缩，东南亚等海外制衣行业订单萎缩、出口下滑，我国缝制设备出口相对回落，10月行业出口额降至2.58亿美元（图3-151）。

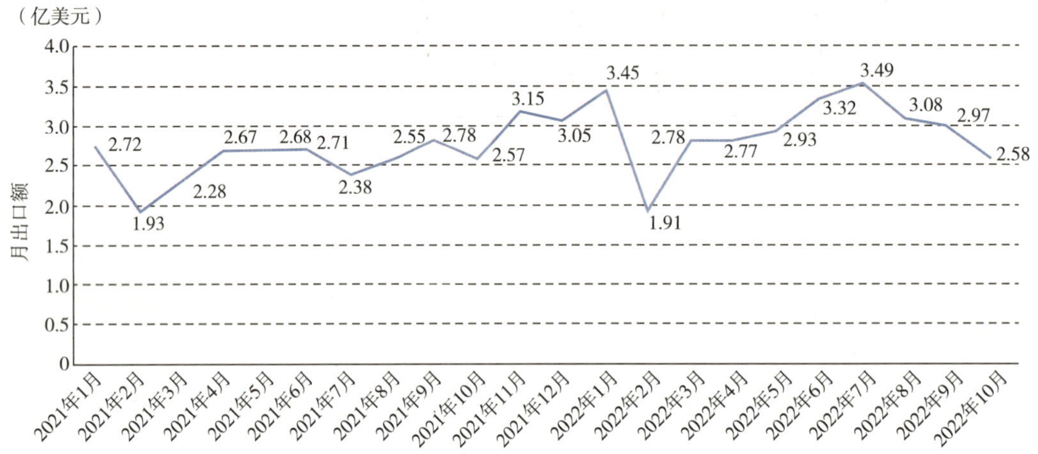

图3-151　2021年1月至2022年10月缝制机械月度出口额趋势

（**数据来源**：海关总署）

从出口产品来看，前10月我国工业缝纫机及其零部件、刺绣机、缝前缝后设备出口额均呈现持续增长，刺绣机量值出口增幅更高达50%以上。具体数据：工业缝纫机出口量、值同比分别增长9.59%和25.18%，刺绣机出口量、值同比分别增长57.18%和52.37%；缝前缝后设备出口保持个位数增长，出口额同比增长9.15%；缝纫机零部件出口量降值增，出口量同比下降1.11%，出口额同比增长4.59%。而家用缝纫机受“宅经济”消退影响，市场需求大幅下滑，出口量、值同比分别下降37.76%和34.94%（图3-152）。

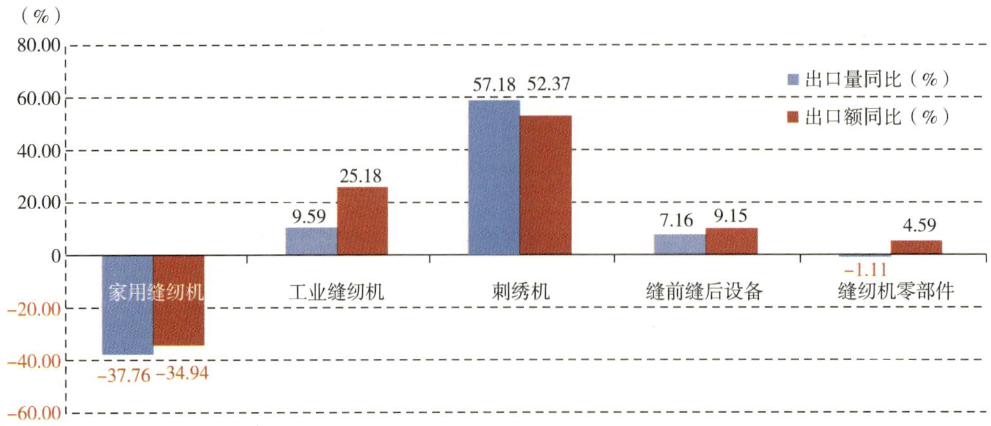

图3-152　2022年1~10月我国缝制机械产品分类出口情况

（**数据来源**：海关总署）

从出口重点区域市场来看，前10月我国缝制机械出口的重点地区依然是东盟、南亚等RECP以及“一带一路”沿线国家。其中对“一带一路”沿线国家出口额19.68亿美元，同比增长24.61%，占行业出口额比重的67.39%，较上年同期比重增长4.89个百分点；对RECP市场出口额9.72亿美元，同比增长22.08%，占行业出口额比重的33.79%，较上年同期比重增长2.27个百分点；对东盟市场出口额8.15亿美元，同比增长28.45%，占行业出口额比重的27.93%，较上年同期比重增长2.80个百分点；对南亚市场出口额6.69亿美元，同比增长37.41%，占行业出口额比重的22.91%，较上年同期比重增长3.64个百分点；对西亚市场出口额2.66亿美元，同比增长36.08%，占行业出口额比重的9.12%，较上年同期比重增长1.37个百分点。另一方面，受俄乌冲突等影响，欧盟等市场高通胀持续，我国对欧盟、东亚、中东欧等市场缝制机械出口同比分别下降20.01%、5.44%、3.92%（图3-153）。

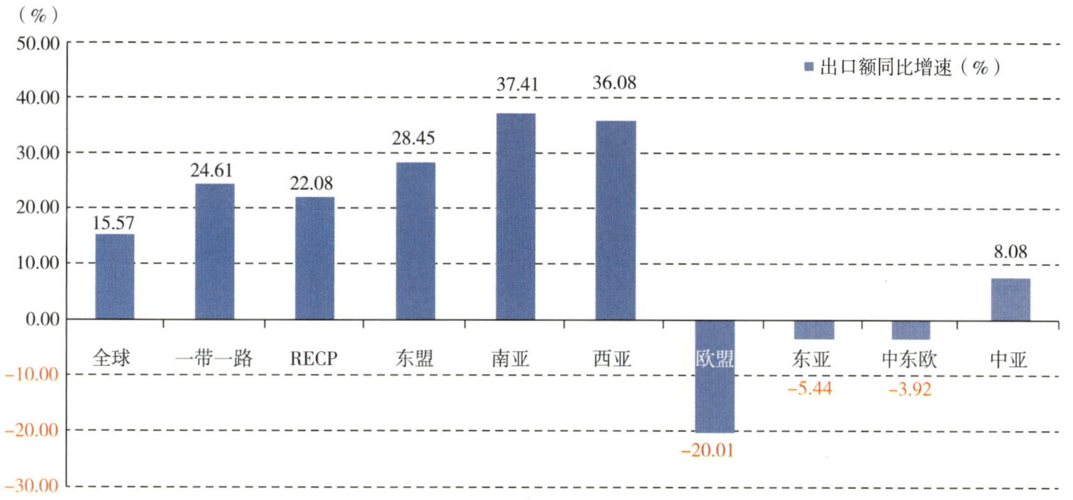

图3-153　2022年1~10月我国缝制机械产品出口主要地区情况

（数据来源：海关总署）

从出口的重点国家与地区来看，前10月我国缝制机械产品出口200个国家与地区，其中近六成市场出口额同比均呈现不同程度的增长态势，前20大出口市场中，15个市场出口额呈现增长态势，其中增幅超两位数的13个，超30%的9个。印度依然位居我国当前最大缝制设备出口市场，我国1~10月对印度累计出口缝制机械产品3.97亿美元，同比增长68.94%，占我国行业出口额比重的13.61%；对越南出口额3.42亿美元，同比增长15.18%，占我国行业出口额比重的11.73%；美国再度超越孟加拉国成为我国当前第三大出口市场，前10月我国对其出口额1.47亿美元，同比下降1.50%，占我国行业出口额比重的5.03%。此外，前10月我国对孟加拉国、新加坡、土耳其、印度尼西亚、马来西亚、柬埔寨、阿联酋、墨西哥、缅甸等市场出口额同比均现大幅增长，而对巴基斯坦、日本、韩国、乌兹别克斯坦、尼日利亚、中国台湾、埃及等区域市场出口同比呈现下滑态势（表3-11、图3-154）。

表3-11　2022年1~10月我国缝制机械产品出口国别与地区情况　（单位：美元,%）

国别与地区	出口额	同比	比重	比重增减
印度	397448697	68.94	13.61	4.30
越南	342435814	15.18	11.73	-0.04

续表

国别与地区	出口额	同比	比重	比重增减
美国	146949329	-1. 50	5. 03	-0. 87
孟加拉国	144377433	36. 96	4. 95	0. 77
新加坡	109608493	32. 16	3. 75	0. 47
土耳其	108976041	14. 86	3. 73	-0. 02
巴基斯坦	105798350	-10. 87	3. 62	-1. 08
印度尼西亚	100328812	31. 25	3. 44	0. 41
日本	99474629	-2. 21	3. 41	-0. 62
马来西亚	81991122	42. 85	2. 81	0. 54
巴西	80872488	6. 29	2. 77	-0. 24
柬埔寨	71924312	34. 55	2. 46	0. 35
俄罗斯联邦	67455285	9. 20	2. 31	-0. 13
阿联酋	60327831	61. 84	2. 07	0. 59
墨西哥	44181677	25. 20	1. 51	0. 12
韩国	41922553	-12. 80	1. 44	-0. 47
乌兹别克斯坦	40129669	-9. 41	1. 37	-0. 38
缅甸	39372825	366. 76	1. 35	1. 01
泰国	38647407	32. 33	1. 32	0. 17
德国	37650613	13. 21	1. 29	-0. 03
伊朗	37369605	80. 73	1. 28	0. 46

（**数据来源**：海关总署）

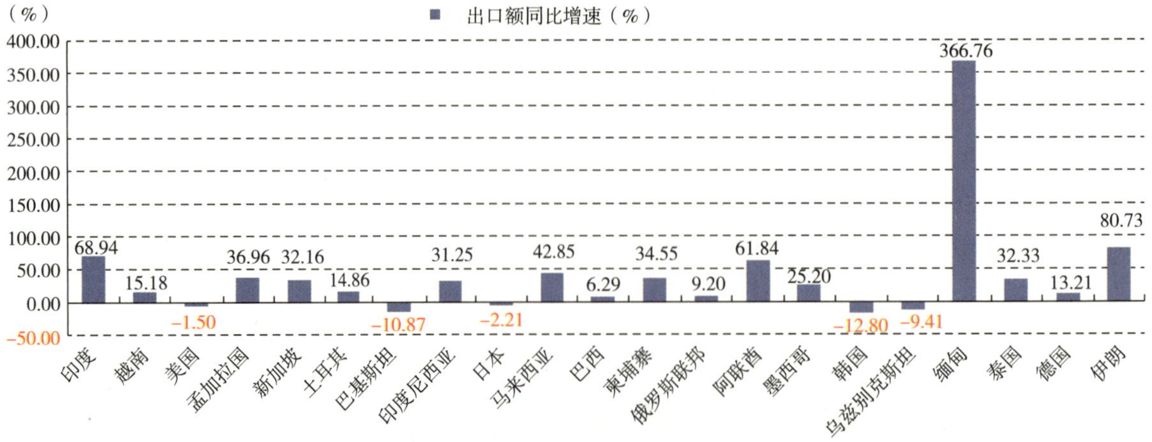

图 3-154　2022 年 1~10 月我国缝制机械产品出口主要市场金额增长情况

（**数据来源**：海关总署）

（四）库存居高不下，减库压力较大

受内需不振和上年高库存影响，2022年行业库存持续居高不下，平均达企业2~3个月产量。2021年年末，行业百家企业工业缝纫机库存量高达149万台的历史最高值，库存积压较大。2022年行业企业进一步积极开拓市场，同时管控生产，有意识持续降低库存量，行业百家企业工业缝纫机库存量从1月的131万台陆续降至一季度末的111万台，至9月行业百家企业工业缝纫机库存量降至98万台，同比下降16.59%，库存数较年初明显下滑，但仍处在库存高位，行业清库减存压力依然较大（图3-155）。

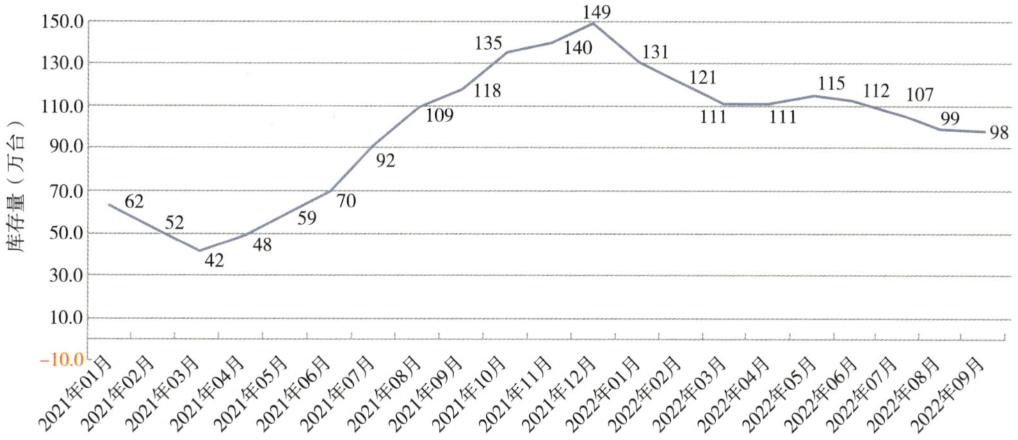

图3-155　2021年1月至2022年9月行业百家企业工业缝纫机月库存量情况

（数据来源：中国缝制机械协会）

（五）成本压力持续，效益明显下滑

2022年，在产销明显下行的影响下，受原材料价格、劳动力、运输成本持续上涨以及汇率波动等因素影响，企业运营成本压力持续增长，缝机企业效益同比下滑。

根据中国缝制机械协会统计的百家整机企业数据显示，前9月行业百家企业累计营业收入151亿元，同比下降21.66%；实现利润总额10.63亿元，同比下降8.19%。而从最新的规上企业数据来看，行业营收负增长，企业存货压力较大，行业亏损面进一步扩大，企业效益尚待提升（图3-156）。

（六）行业攻坚克难，发展韧劲彰显

2022年，面对复杂多变的发展环境，行业企业攻坚克难，发展韧劲彰显。

1. 创新深入成果显著

物联技术、步进技术、机械手抓取技术、视觉纠偏技术等先进技术在应用持续深入，智能产品和数字化成套解决方案增多，在下游重点企业得到示范性应用，个性化研发深入推进，行业专利申请和发布量实现两位数增长。

2. 调结构、练内功、展韧劲

应对市场下行挑战，骨干企业积极调整和创新，打造竞争发展新优势。例如，杰克推出成套智联解决方案及“高保值”系列举措；TP从家纺领域向产业用纺织品领域延伸；中捷、美机、汇宝、顺发、多乐、精上等企业，聚焦优势和战略，推进管理及研发。

3. 聚焦优势做精做专

骨干企业聚焦优势，引进数字化装备，提升智能制造水平，积极转型专精特新，实施精品战略，各领域涌现出一批具有引领和带动作用的专精特新、隐形冠军企业。行业结构持续优化，优质产能进一步向骨干整零企业集中，骨干企业的市场占有率、品牌引领力持续增长。

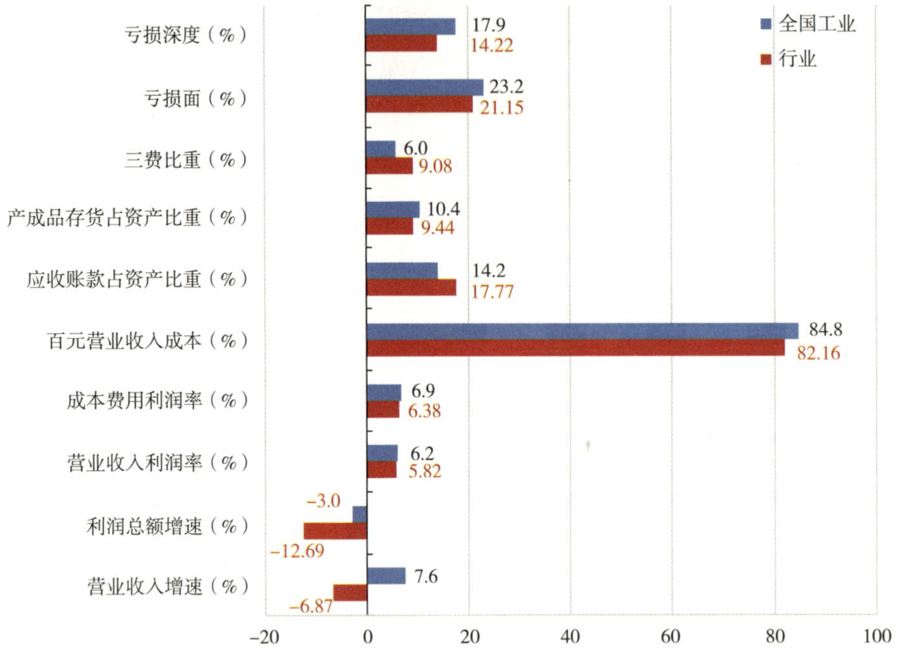

图 3-156　2022 年 1~10 月行业企业经营情况

（数据来源：中国缝制机械协会）

4. 积极构建双循环市场体系

行业一批年轻、有学历、有创新精神的青年企业家加大传承和创新，在国际疫情仍在蔓延的挑战下，率先走出国门，参加国际展会，加强国际交流，完善营销渠道，拓展细分市场，将近年来的新产品、新技术、新方案、新理念加快与国际市场对接，带动我国缝制设备向上提升和持续发展，展现行业攻坚克难、勇毅前行的信心和决心。

二、2023 年行业发展展望

2023 年，新冠肺炎疫情仍在蔓延，大国博弈和地缘政治冲突越演越烈，全球性通胀和加息潮还难以较快终结，各种不确定因素和挑战依然复杂严峻，全球经济持续放缓甚至陷入阶段性衰退的趋势越发明显。综合来看，行业发展面临的挑战远远大于机遇，仍要坚持底线思维，加快创新求变，努力危中寻机，进一步提升抗风险能力。

（一）面临机遇挑战

1. 全球经济持续放缓

2023 年，战争、加息、通胀、疫情等多重因素依然相互交织，全球经济将保持持续放缓态势。经合组织预测 2023 年全球经济增长将放缓至 2.2%，全球产出将损失约 2.8 万亿美元，WTO 预测 2023 年全球货物贸易量增长将从 3.5%降至 1%。

2. 消费需求恢复乏力

国内受疫情持续冲击影响，实体经济发展困难，投资和消费信心不足，预计国内经济和消费的修复将是一个相对缓慢的过程，2023 年上半年预计国内消费大概率还将保持低迷。国外大部分经济体正经历大范围通胀和购买力下降等挑战，世界主要纺织品服装零售市场均呈现需求走弱和下行态势，预计上半年海外需求和消费将持续萎缩，下半年有望企稳回升。

3. 疫情发展仍具不确定性

当前，全球疫情仍处于高位运行，病毒仍在持续变异，是否会重复引发疫情蔓延仍存在较大的不确定性，国人的储蓄理念、消费观念等还将在较长时间保持谨慎，预计疫情短期内对交通出行、消费场景、局部生产和生活等方面依然将造成明显冲击，预计疫情影响在 2023 年下半年有望逐步消退。

（二）行业发展趋势

上半年，我国缝制机械行业预计将遭遇内需低迷、外需放缓的双重压力，行业经济将持续在谷底徘徊。下半年，随着俄乌战争、全球通胀、新冠疫情、货币紧缩等挑战不断趋于缓解，各种积极因素增多，我国缝制机械行业有望先后迎来内外需逐步企稳和回暖的发展机遇。企业将抓住后疫情时代发展机遇，把握下游行业发展需求，加快数字化、智能化发展和转型，加大技术创新和结构调整，迎接新一轮发展高潮的到来。主要趋势如下：

1. 内需谷底徘徊，弱势回升

2023 年，国内疫情影响有望较快消退，经济增长将明显回升，我国内需将延续温和修复态势，行业补库和用户需求的空间将会逐步打开。预计内销在上半年总体仍较低迷，下半年随着消费投资信心的修复，内销有望企稳并呈现阶段性小幅反弹，有望实现两位数的中低速增长。

2. 外需触顶回调，增速转负

受高通胀等影响，欧美发达国家消费能力开始下滑，鞋服零售商库存高企，订单缩减，我国缝制设备外销将进入一个触顶回调、阶段性回落过程。预计 2023 年上半年行业出口持续放缓直至增速转负，下半年随着海外鞋服品牌商进入补库周期，随着通胀缓解和购买力逐渐释放，行业出口有望企稳触底和明显回升，预计行业年出口增速保持持平或呈现个位数的小幅下行。

3. 经济持续低迷，小幅下行

2023 年，行业经济发展面临的压力和挑战总体要比 2022 年更严峻。行业内销弱势回升和外需放缓下行的发展态势，将在一定程度上形成相互对冲，行业较高的库存压力释放预计将持续到上半年，下半年行业将进入生产能力和库存的修复阶段，全年行业经济将总体低迷，经济增长预计将小幅下行。

4. 自动化、智能化和数字化持续引领行业变革

随着下游市场竞争日趋激烈和转型升级要求日趋迫切，智能化生产和数字化管理等未来生产场景，已经成为众多企业转型的重点方向，客户普遍对自动化、高品质、多功能的缝制设备更加关注，并持续释放大量需求，市场新一轮自动化设备更新换代高潮即将到来。缝制设备企业将深挖用户需求，进一步聚焦智能化、数字化发展和向中高端拓展，不断完善和提升智能缝制工厂解决方案，持续推进自动化生产线研发，为下游工厂不断实现少人化、无人化等生产模式而不懈努力。

CHIC
TAILORING
CHIC
2023
定制展
（温州站）
温州大象城
国际面辅料中心
7.26
-28
CNGA
中国服装协会
China National Garment Association
温州市服装商会
CHIC
大象城
参展咨询
温州服装人
和TA的朋友们！

第四部分　专题篇

坚定信心，稳中求进，开启高质量发展新局面

国际纺织制造商联合会（ITMF）主席　中国纺织工业联合会会长　孙瑞哲

2022年极不平凡，是分界线、转折点。

过去一年里，经历过新冠肺炎疫情的空前冲击、地缘政治的深刻影响，世界经济持续低迷，外部环境风高浪急，各种风险挑战远超预期。世界之变、时代之变、历史之变以前所未有的方式展开。面对风险与挑战，在党中央的正确领导下，我们以韧性与耐心、坚定与果断，跨越重重峰峦，逆风翻盘，挺过了最困难时刻，迎来抗击疫情、复苏经济的重大转变。

转变不只体现在发展之机，更体现在恒久之势。

中国共产党第二十次全国代表大会胜利召开，开启了以中国式现代化全面推进中华民族伟大复兴的宏阔图景。党的二十大报告指出，“高质量发展是全面建设社会主义现代化国家的首要任务。”“没有坚实的物质技术基础，就不可能全面建成社会主义现代化强国。”“建设现代化产业体系，坚持把发展经济的着力点放在实体经济上，推进新型工业化。”这为我们下一步工作指明了光明前景，提供了根本遵循。

在时代的转折点上，在中国式现代化的新征程中建功立业，我们需要坚定信心、砥砺奋进。守初心，以人民为中心，不断破解社会主要矛盾，在行业高质量发展过程中稳步推进共同富裕；树勇气，“不信东风唤不回”，敢于斗争、敢于突破、敢于胜利，打开行业发展新局面。

一、行业工作卓有成效，为经济社会稳定发展做出贡献

2022年以来，受需求不足等超预期因素影响，行业发展面临压力。1～10月纺织行业规模以上企业工业增加值同比减少0.9%；全国限额以上单位服装、鞋帽、针纺织品类零售额为10414亿元，同比减少4.4%；规模以上纺织企业实现利润1471.8亿元，同比减少25.7%。中国纺织全行业攻坚克难，保持了行业发展的整体平稳，一些面向未来的结构性指标有突出的表现。

从规模优势看，1～10月全国3.5万户规模以上纺织企业实现营业收入42071.4亿元，同比增长1.7%。线上渠道销售回升，全国网上穿类商品零售额同比增长5.3%，增速较前三季度加快0.6个百分点。

从竞争能力看，1～11月，全国纺织品服装出口2976.3亿美元，同比增长4.5%。其中，纺织品出口1369.3亿美元，同比增长4.7%；服装出口1607亿美元，同比增长4.3%。今年以来我国对东盟出口纺织品服装增速始终保持在20%以上。

从结构调整看，企业智能化、绿色化改造以及产业布局优化需求得到释放，纺织行业投资实现较快增长。1～10月纺织业、服装业、化纤业投资增速分别为6.0%、28.4%、27.0%（图4-1）。

行业的发展在稳定经济发展、平衡国际收支、创造就业空间、促进民生改善等方面发挥着无可替代的作用，是国民经济中的稳定器、压舱石。

面对行业发展压力，中国纺联积极作为，相关工作有力保障和推动了行业平稳健康发展。中国纺联顺利完成新一届理事会选举。以国资委党委巡视工作为契机，以巡视整改促进整个中国纺联系统加强党的全面领导，组织机构建设进一步完善，行业服务能力不断提升。特别是党的二十大以来，中国纺联把学习宣传贯彻党的二十大精神作为首要政治任务来落实，以务实服务保障党的路线方针政策和党中央决策部署在行业落实到位。

（一）问题导向，统筹当前与长远，引导行业健康发展

中国纺联不断完善对行业重点数据的监测统

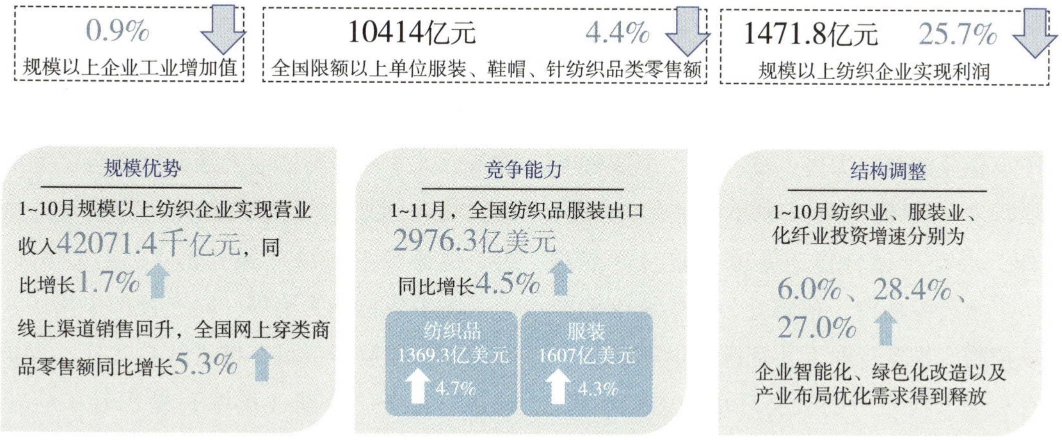

图 4-1　2022 年行业发展情况

计，围绕重点问题开展调研，反映行业运行状况、市场舆情及商务信息。配合政府部门制定发布《关于化纤工业高质量发展的指导意见》《关于产业用纺织品行业高质量发展的指导意见》等政策文件。围绕国际贸易形势、双碳与绿色发展、区域与集群建设，工业设计、品牌发展、科技创新、数字经济等行业重要关切开展项目研究，形成了一批成果，有力支持了政府决策、行业服务和企业发展。

今年两会期间，中国纺联协助纺织行业代表委员形成提案材料。其中，《关于进一步加强产业用纺织品行业战略基础能力建设的建议》和《关于推动国产高性能纤维材料发展与应用的建议》两项提案，被全国人大定为全国重点提案责成办理。

在抗击新冠肺炎疫情紧要时刻，中国纺联通过线上线下多种渠道对重点企业、集群和专业市场进行调研，及时反馈行业诉求，争取产业政策扶持，帮助企业渡过阶段性困境，确保行业平稳发展。

在党的二十大召开之际，中国纺联系统总结新时代十年纺织行业的发展成就与经验，通过多种媒体平台传播正能量、启航新征程。中国纺联第一时间组织全体党员干部职工认真学习宣传贯彻党的二十大精神，展开系统研究将行业的认识和行动凝聚到党的二十大确定的各项任务上来。

（二）市场为先，衔接国内与国际，融入新发展格局

以内需体系构建为重点，推动消费潜力释放与市场复苏。配合工信部开展 2022 纺织服装“优供给促升级”系列活动，有效提振了产业信心。深化产品开发服务，以优质供给创造有效需求。开展了 2022 年度中国纺织工业联合会产品开发贡献奖评定工作，66 家获奖企业在流行趋势研究、时尚创意设计、数字化转型、低碳绿色发展等方面发挥了带动引领作用。通过多种活动载体，推动产业链上下游对接。面对疫情冲击，中国纺联攻坚克难，深化专业市场服务，引导培育直播电商等新业态、新模式健康发展，特色活动、区域展会的举办有效带动了地方经济与产业发展。

链接国际资源，开拓海外市场。坚持精准匹配，帮助企业收获新订单、开拓新市场。成功举办中国纺织品服装贸易展览会纽约展和巴黎展、法兰克福展和巴西圣保罗国际纺织服装采购展等海外展会。深化研究，帮助企业把握新的贸易规则和投资机遇，做好 RCEP 专题培训。中国纺联以纺织国际产能合作企业联盟为工作抓手，不断升级服务方式和服务内容，及时了解海外重点区域情况，为企业海外投资提供对接和咨询服务。充分利用澜湄对话机制、中非纺织业合作平台等，开拓国际资源。跟踪企业海外项目发展动向，建立投资项目监测数据库。

（三）系统推进，平衡安全与发展，保障产业链供应链稳定

面对疫情与国际形势影响，中国纺联多渠道提

供服务，帮助受影响企业尽早复工复产，保障产业链供应链的平稳运行。举办多场企业家云端线上交流活动，了解诉求，为企业出谋划策。加大公共服务平台对中小企业的帮扶力度，支持中小企业做专做精。开展行业“专精特新”中小企业的培育入库申报工作。推动产融合作，促进企业与资本对接。举办纺织服装专场校企招聘会、大中城市和产业集群专场招聘，推动行业人才资源的供需匹配。

营造有利于产业发展的社会环境和国际环境。强化宣传引导，推动社会层面对纺织行业的认知重启。通过中央电视台“焦点访谈”节目、《中国日报》（*China Daily*）及专业媒体等渠道介绍行业发展，在社会上引发积极反响。中国纺联始终坚持维护产业发展的正当利益，发表声明坚决反对美国所谓“涉疆法案”，持续跟进进展，配合政府部门做好应对工作。在国际纺联等平台上，表明立场，增进世界对中国纺织的了解，推动全球纺织产业打造休戚与共的命运共同体。通过世界布商大会、国际毛纺大会、中国国际化纤会议等平台发出行业声音，促进务实合作。

（四）创新驱动，聚焦科技与人才，构筑产业战略支撑体系

持续推动关键技术突破。引导行业高校、科研院所和企业联合申报国家重点研发计划，以国家重点科技项目为牵引，整合产业链创新资源，推动行业核心关键技术协同攻关。2022 年，纺织行业共有 8 个项目获得科技部国家重点研发计划支持。强化行业科技服务，推动科技成果转移转化。举办学术会议、技术论坛等活动，依托技术创新联盟、产品创新联盟、协同创新联合体、创新示范基地等工作，促进技术研发、合作、转化与推广。持续开展行业科技奖励和优秀专利的评选活动。围绕重点领域，统筹推进纺织标准的制修订工作。2022 年制定并发布国家标准 29 项，行业标准 105 项，中国纺联团体标准 44 项。

行业人才队伍建设工作稳步推进。中国纺联在全行业积极弘扬“梦桃精神”、劳模精神、劳动精神和工匠精神。举办了全国纺织工业先进集体、劳动模范和先进工作者表彰大会，发行《中国纺织劳模大典（2021）》。聚焦人的全面发展，推动教育改革、人才培养与产业发展深度融合。完成《中华人民共和国职业分类大典（2022 年版）》修订。组织推荐参评 2022 年第五届“杰出工程师奖”、第十六届中华技能大奖等，向人社部申报了 3 个职业的国家二类竞赛项目。推进社会责任，保护劳动者权益。成立“中国（埃塞）纺织轻工企业可持续发展联盟”。亚洲地区可持续纺织网络（STAR Network）获得首届“国际纺联国际合作奖”。

（五）价值引领，激发活力与潜力，推动行业高质量发展

提升设计与品牌引领能力。研究发布色彩、纤维、纱线、面料、服装、家纺等流行趋势。举办中国国际时装周、各类设计大赛等活动，发掘和培育中国设计力量。举办首届中国时尚产业工业设计大会与首届中国时尚产业工业设计展，探索工业设计驱动产业升级的新可能。完成第三批中国纺织行业工业设计中心的评定以及第一批（2018 年）和第二批（2020 年）设计中心的复核工作。举办第六届中国纺织非物质文化遗产大会，推动纺织非遗创新转化与发展。持续深化品牌研究、竞争力评价、品牌培育和推广。建立区域品牌竞争力评价体系，组织开展评价提升工作。举办 2021 中国纺织服装品牌大会。

提升数字与绿色引领能力。推进行业工业互联网平台、工业互联网示范基地、工业互联网重点实验室等平台的建设，发布了《纺织行业数字化转型三年行动计划（2022—2024）》。推动行业智能制造、智慧设计、智慧营销创新发展，行业绿色发展的理论、方法、工具不断丰富。绿色纤维制品可信平台、纺织绿色产品全生命周期评价工具和数据库开发工作有序推进。开展减排路径研究，确定温室气体排放关键工序及减排技术。推动气候创新 30·60 碳中和加速计划。持续开展行业绿色工厂示范企业培育工作。

（六）协调发展，联动产业与区域，优化产业空间布局

将产业发展融入区域重大发展战略，打造产业与区域协同发展的良性循环。深化集群服务工作，推动巩固拓展脱贫攻坚成果同乡村全面振兴有效衔接，缩小城乡差别、工农差别。

完成对全国纺织产业集群试点地区的第五次复查工作。举办2022年全国纺织产业集群工作会议。2022年新加入试点共建的有9个产业集群地区，截至12月8日，与中国纺联建立试点共建关系的全国纺织服装产业集群地区共计202个，其中包括31个产业基地市，73个特色名城，98个特色名镇。

通过调研、项目合作、规划等形式，加强对区域产业发展的引导。强化优势，继续培育发展世界级纺织产业集群。以项目、会议、展会等活动为载体，引导中西部、东北部、边疆省份根据资源禀赋承接产业转移。2022全球纺织服装供应链大会、2022江西纺织服装周暨江西（赣州）纺织服装产业博览会等活动的举办，推动了相关地区产业的发展。特色鲜明、优势互补、协同发展的产业发展格局加快形成。

二、坚定信心，发现机遇，在中国式现代化进程中开新局

当前，外部环境的不确定性、脆弱性明显增强。地缘政治冲突持续深化，全球经济面临衰退风险，呈现高震荡、低增长特征。世界银行、国际货币基金组织、经合组织等机构均预测2023年全球经济增速将低于2022年。全球债务风险不断累积。《全球债务监测》报告显示，发展中经济体的债务与国内生产总值之比升至254%。需求收缩、供给冲击、预期转弱，正在形成产业发展的现实压力。面对挑战，我们要做坚定的乐观主义者，在冷遇里看到机遇，在挫折中完成转折。

（一）把握市场洗牌中蕴含的集约化发展机遇

2022年以来，受需求萎缩、成本攀升、流通不畅等多重因素影响，全球范围内市场主体的资产负债表普遍承压，很多企业面临生存考验。《2022年全球企业破产报告》预计，全球企业破产率将在2022年和2023年分别回升10%和14%。2022年二季度，英国企业破产数量已经达到了2009年以来的最高水平。市场的快速洗牌，某种程度上为企业全球范围整合优质资源创造了条件。贝恩报告显示，2022年全球并购交易额可能达到4.7万亿美元，成为有记录以来交易量第二高的一年。全球市场的开放化发展也为产业资源的流通和整合创造了条件。经合组织发布的制造业FDI限制指数显示，近年来各国制造业FDI限制指数不断下降，经合组织国家和非经合组织国家的FDI限制指数平均水平分别从2010年的0.018、0.069下降至2020年的0.017、0.050。不少企业在今年进行了并购与整合，如李宁控股英国百年鞋履品牌Clarks；恒申控股集团通过收购安科罗，进一步拓宽了产业链条。另一方面，大浪淘沙，一些具有竞争优势的企业在挺过危机之后，也将获得更大的市场份额与发展空间。要练好内功，做强优势，以关键性投资布局，把握市场洗牌下的集约化发展机遇。

（二）把握消费低迷环境下品牌成长的机遇

全球不平等状况出现数十年来的首次上升，最富有的1%人口在世界总财富中所占的份额已从2020年的44%上升到2021年的46%。国际劳工组织数据显示，2022年上半年全球人均实际月工资下降0.9%，是21世纪以来的首次负增长。新冠肺炎疫情历史性地扩大了全球贫富差距，显著削弱了全球消费能力与消费信心，中端消费市场受到明显挤压。从“双11”快递包裹的大幅下降，到欧洲经历2007年以来最低迷的圣诞购物季，都在传递市场寒意。大雪压青松，青松挺且直。需求不足固然是当前面临的严峻问题，但对性价比的高度关注，也为物美价廉的中国品牌打动消费者特别是中产阶层提供了契机。例如，拼多多的跨境电商平台Temu自2022年9月登陆北美以来，不到50天就登上美国App Store免费购物应用榜首位。中国作

为最大的发展中国家，内需市场也为品牌发展提供了战略纵深，2021 年中国农村只有 20%高收入阶层的收入略高于全国平均水平。麦肯锡报告预测，到 2030 年中国个人消费规模将达到 65.3 万亿元，其中超 66%的增长将来自三线及以下城市、县乡市场，持续升级的下沉市场成为培育用户信任的沃土。我们需要充分利用市场短期分化与长期升级的时间窗口，加快推动产业升级、品牌发展。

（三）把握产业格局调整中多元化布局的机遇

截至 2022 年，全球已有超过 350 项区域贸易协定落地生效。全球供应链的本土化、区域化、多元化趋势不断增强。美国时尚产业协会调研显示，2022 年，有 53.1%的受访美国纺织服装企业采购地超过 10 个国家和地区，高于 2021 年的 36.6%和 2020 年的 42.1%。原有合作体系的改变虽然增添了不确定性，但也为行业提供了更加多元的合作可能。RCEP 协定生效大幅降低了亚太区域内的贸易投资壁垒，区域内 90%以上的货物贸易将最终实现零关税。阿拉伯国家、东盟、非洲等新兴市场和发展中国家正成为产业合作和市场开拓的广阔蓝海。联合国数据显示，预计到 2025 年，非洲大约有 1.5 亿个家庭收入超过 5000 美元，这意味着他们可以将一半以上收入用于自由支配；TikTok 上“穆斯林 #muslim”热门标签，累计播放量超过 600 多亿次。我们要适应全球产业分工的调整，加快构建更加紧密、高效、互利共赢的产业合作体系，以全球产业服务全球市场（图 4-2）。

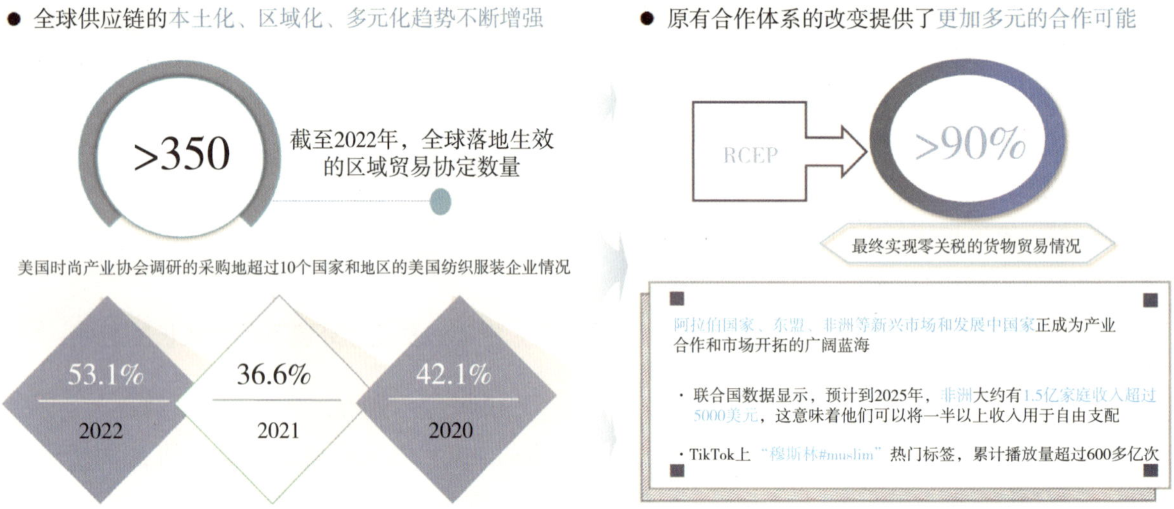

图 4-2　产品格局调整中多元化布局的机遇

党的二十大开启了中国式现代化的新篇章，中华民族伟大复兴进入不可逆转的历史进程。这是行业发展的底气所在、信心所在、时势所在。推进人口规模巨大的现代化，蕴含着将人口优势进一步转变为发展优势和市场优势的巨大潜力；推进全体人民共同富裕的现代化，缩小城乡差距、工农差距、区域差距是产业发展的广阔空间；推进物质文明和精神文明相协调的现代化，夯实着产业发展的物质技术基础、涵养着文化创新势能；推进人与自然和谐共生的现代化，从未来和长远角度构建着产业可持续发展的良好生态与全新优势；推进走和平发展道路的现代化，在资源要素的高效流动、内外循环的有效衔接中形成着产业全球发展的格局。

近期，国家层面适时调整疫情防控相关措施，按下了经济复苏的“快进键”。2022 年 12 月，摩根士丹利调高对中国股市的评级；高盛最新预测，中国 GDP 增速将从 2022 年的 3.0%加速至 2023 年的 4.5%。高配中国、看涨中国正成为资本市场的普遍情绪。围绕稳定经济、发展经济，国家出台了《扩大内需战略规划纲要（2022—2035 年）》，培育完整内需体系，促进投资消费提供战略指引。行业已经挺过最困难时刻，浙江、江苏、四川等多地行业企业包机组团出海，彰显的正是企业的活力与对未来的信心。

面向未来，我们要统筹中华民族伟大复兴战略全局和世界百年未有之大变局，深刻认识内外环境的新特征、新变化，增强机遇意识和风险意识，乘风破浪，勇开新局。

三、把握重点，系统推进质的有效提升和量的合理增长

当前，中国纺织工业已由高速增长阶段转向高质量发展阶段，处于转变发展方式、优化产业结构、转换增长动力的攻关期。从铺天盖地到顶天立地，向价值链高端延伸、建设现代化产业体系是推动高质量发展的必然要求。我们要顺应客观规律、重点发力。

（一）着力提高全要素生产率

要素投入与效率提升是经济增长的两大来源。资源的有限性和稀缺性决定了提高全要素生产率是实现高质量发展的必由之路。提高全要素生产率，是要以创新驱动要素升级、结构优化和规则调整，形成高效能、高品质、高责任、低成本的投入产出关系，在质的大幅提升中实现量的持续增长。

1. 强化科技创新动力

科技创新作为产业创新的源头，是形成新的投入产出关系、打造新的发展范式的根本。以智能制造、增材制造为代表的制造创新，以高性能纤维、生物材料为代表的材料创新，以智能纺织品、功能性纺织品为代表的产品创新，都是技术变革驱动的系统性发展。当前创新呈现高度极化的特征。从实践来看，从精细化工、材料研发到装备制造，越是传统领域、越是底层技术，我国与发达国家的差距越明显，超越难度越大。例如，研发设计类软件、仿真软件的国产化率分别不足10%和5%。实现高水平自立自强，就要把握前沿技术趋势，强化基础创新，聚焦关键技术攻关；同时，要促进基础创新、应用创新的有效转化。

2. 延展融合创新空间

打破边界，万物可织。技术的创新、场景的延展正在加速产业边界消融和资源要素的重新组合。从以合成生物学、现代育种为代表的生物经济，到以医用纺织品、休闲运动装备为代表的大健康领域，再到以甲壳素纤维、海藻纤维开发为代表的海洋经济，融合创新成为产业结构调整的重要趋势，正在塑造着产业未来与未来产业。例如，巴贝集团开创人工饲料工厂化养蚕技术，模式的颠覆极大提高了劳动生产率，蚕丝在食品保鲜、种子包衣、纺织涂层等领域创新也在创造更大价值；愉悦家纺成功用微米级材料编织出可置换人体主动脉人造血管，实现产业链条的延伸。行业要在融合创新和创新融合中推动产业结构升级与价值创造。

3. 提升设计创新价值

纺织服装具有文化属性，设计创新是其灵动所在。从材料设计、花型设计到产品设计，创意设计融合物质创造与精神创造，将情感价值、美学价值和体验价值转化为产品价值与品牌价值，是引领产业向价值链高端攀升的关键途径。近年来，在全球文化与本土文化的交汇中，文化的系统性发掘、创造性转化正成为时尚产业新的价值来源。行业要提升文化自信，深化文化的挖掘与转化，激活中华民族文化的独特基因，以具有中国深度、全球广度、时代特征的设计，打造风格、形成价值。要推动时代的风物、自然的风貌与生活的风情创新融合，打造时尚产业与内容产业、文娱产业、旅游产业融荣共生的发展生态。

4. 推动数字创新融合

2021年数据要素对我国GDP增长的贡献率达到14.7%，数字经济正推动着行业要素和资源更新、流程和场景再造。

从生产方式看，个性化定制、数字化管理、智能化生产、网络化协同、服务化延伸等新模式成为产业升级的新引擎。全球工业机器人市场规模快速扩大，2021年安装量同比增长27%。机器人等正

在塑造全新投入产出关系。

从产业链接看，市场主体与商业场景精准连接，范围经济与规模经济高度统一，跨境电商、直播电商、兴趣电商等新业态持续涌现。工业元宇宙实现虚实协同联动，正在构建全沉浸式、全要素、全体验的复杂数字工业生态。

从创新范式看，数据密集型科研范式加速知识创造进程，DeepMind 已破解超过 2 亿种蛋白质结构，ChatGPT 等生成式 AI 的涌现是今年最重要的科技故事之一。人工智能技术正逼近人类创造力的边界，深刻改变创新创意方式。

行业要以全流程、全场景、全触点、全生命周期的数字化转型，重塑发展的新动能新优势。

5. 构筑绿色创新未来

绿色发展已经成为提升全要素生产率的必然选择。当前，要素资源正以指数级的速度向绿色经济聚集，产业结构加快绿色转型，绿色能源、绿色材料的创新从源头改变要素成本结构。煤化工和生物基材料的发展丰富了产业的原料供给；2022 年 12 月美国首次实现核聚变反应净能量增益，带来未来能源新的想象；碳纤维等高性能纤维复合材料在风电、光伏、交通工具轻量化等领域的低碳正向作用正在逐步发挥。从生产工艺、制造模式到管理体系，产业系统性的绿色转型正在重塑成本结构与竞争优势。2021 年全球废旧纺织品回收价值上升至 20.98 亿美元。碳排放管理成为 ESG 的重要内容，构成新的资产价值。行业要综合理念与实践、平衡现实与未来，加快提升绿色全要素生产率，实现经济效益与生态效益、社会效益的统一。

（二）着力提升产业链供应链韧性和安全水平

供应链是新形势新变局下全球产业发展的核心议题。产业链供应链的安全稳定，是保障经济平稳、供需平衡的重要支撑，是在新发展格局中构筑国际竞争优势的关键所在。当前，要素变化与体系变革相互交织，我们要把握影响产业链供应链的关键因素，适应变化，赢得主动。

1. 应对规则带来的变化

世界格局与力量对比正在发生深刻改变。大国博弈、地缘政治冲突，各国产业政策、贸易政策正在进入密集调整期。2022 年 10 月，美国出台《国家安全战略》，将中国定义为“美国最重要的地缘政治挑战”。从“涉疆法案”到《国家安全战略》，严重影响了全球供应链的稳定合作。2023 年 1 月生效的《澳印经济合作与贸易协定》，也将对我国棉纺织、毛纺织等产业链供应链带来挑战。另一方面，数字经济、绿色经济等新经济的发展带来全球规则的重塑。截至 2022 年 7 月底，全球包含数字贸易的全面协定已达 120 个，涉及约 70% 的 WTO 成员。11 月 28 日，欧盟通过的 ESG 新法《企业可持续发展报告指令 CSRD》，要求将可持续发展纳入企业供应链等各个环节。12 月 18 日，全球首个碳边境税 CBAM 正式批准，开征后将对欧盟供应链价值链上的相关方产生外溢压力。我们要加强国际合作，积极应对规则调整。

2. 适应要素带来的变化

俄乌冲突发生以来，资源要素在供应链中的重要性不断被强化。原料、能源成为影响全球产业链供应链稳定的关键。数据显示，欧洲纺织企业的能源成本占生产成本比例，已从 5% 升至 25% 左右。以德国为代表的欧洲供应链生产体系正在逐步向美国、亚洲转移，如巴斯夫希望在 2022~2026 年将其全球投资额的 15% 用于北美。围绕资源要素强化布局成为重要趋势。作为制造大国、人口大国，我国对原油、棉花、羊毛、亚麻等初级产品的进口依存度较高，其中原油对外依存度超过 70%。中国与阿拉伯国家合作的不断深化，炼化是重要的合作领域。未来，我们要在“一带一路”建设的进程中，围绕资源要素加强国际合作，不断完善产业布局，增强资源整合能力。

3. 迎接实力带来的变化

当前，单一劳动力成本对于产业链供应链布局的影响在弱化，完备的产业体系、完善的基础设施、完整的创新应用生态成为影响全球产业链供应链布局的重要因素和发展韧性的重要来源。《2022

年工业发展报告》研究显示，制造业体系更完善的国家能够比其他国家更好地应对经济危机。2021年，发达国家FDI增长5170亿美元，占到了全球FDI增量的72%。经过多年发展，中国纺织工业产能结构持续优化，高端化、智能化、绿色化，制造能力稳步提升，基础创新与应用创新协同并进，行业科技创新已从“跟跑”进入了“跟跑、并跑、领跑”并存阶段。2021年，我国全员劳动生产率为1.65万美元/人，要高于越南（3905美元/人）、印度（6688美元/人）等国家和地区，但仅为美国的14%、欧盟的20%、日本的18%。面向未来，要保障供应链的稳定，需要进一步强化行业的规模优势和体系优势，增强创新能力、高端制造能力以及基础设施，提升产业链供应链现代化水平。

（三）着力推进产业和区域协调发展

生产力布局的调整是产业优化结构、整合资源、延展市场的重要途径。新时期，我国正在加快形成以区域发展重大战略、区域协调发展战略、主体功能区战略、新型城镇化战略为支撑的区域经济布局和国土空间体系。行业需要加快适应经济发展空间结构的变化，主动融入区域调整的大势，在产业发展和升级、承接和转移中构筑新的发展优势。

1. 在区域协同中推进产业转移

以长江经济带发展战略、黄河流域生态保护和高质量发展战略为支撑，国家正在加快推动长江黄河流域纵向协同发展。资源禀赋予产业结构上的高度互补、文化传统与消费市场上的深度关联、生态保护与环境治理上的协同一体，使得流域经济成为新时期产业跨域合作的重要场景。例如，四川与浙江两省纺织行业已经形成了“浙江企业+四川市场”“浙江资本+四川资源”“浙江研发+四川制造”“浙江产业链+四川要素”的产业融合发展模式，并在政策上不断强化协作。我们要在流域经济的框架下，推动以大型企业、重大项目为牵引的跨区域转移，以产业发展带动中西部以及边疆地区的发展。另一方面，城市群正成为我国现代产业体系的主要空间载体。随着城市更新和功能定位的改变，中心城市的基础设施不断向周边延伸，一批以中小企业为核心的优质产业资源也开始向周边区域加速迁移。例如，海宁许村镇在承接杭州服装产业转移过程中，服装产业实现跨越式发展；广州中大纺织加工制造业向清远转移，一个现代纺织产业集群正在加速崛起。我们要在城市更新、产业更替的进程中加快打造世界级产业集群、高端制造中心，形成全球影响力和引领力。

2. 在城乡融合中发展产业集群

全面推进乡村振兴，是党中央着眼全面建成社会主义现代化强国做出的战略部署。产业振兴是乡村振兴的重中之重。国家出台一系列的政策措施，推动城乡间产业的衔接与转换。在政策引导下，城乡要素自由流动的制度性通道基本打通，县域农村的土地、劳动力、风土人情、自然风光等资源不断被激活。2021年农民工监测调查报告显示，有1.62亿农民工在县城内就业，占到全国农民工总数的55%。拥有我国一半左右人口居住的县域地区，正在形成产业未来发展的市场纵深。纺织产业集群是连接城乡的关键节点，在构建工农互促、协调发展的新型产业关系中，具有特殊作用。2021年底，中国纺联211个试点产业集群的纺织工业产值达3.77万亿元，就业超700万人，企业总数超过25万户，为地方稳增长、保民生、稳就业做出了突出贡献。产业集群的发展，对于巩固拓展脱贫攻坚成果，防止出现规模性返贫，具有战略价值。从现阶段的集群发展看，江苏、浙江、广东、山东、福建等东部五省的集群数量占到行业的70%。未来，行业工作要向中西部和边疆民族地区进一步延展，以民生产业服务民生改善，推动共同富裕、边疆稳定（图4-3）。

四、凝心聚力，求真务实，做好2023年行业服务工作

2023年是全面落实党的二十大精神开局之年，是全面建设社会主义现代化国家新征程起步之年。中国纺联将把学习宣传贯彻党的二十大精神作为当

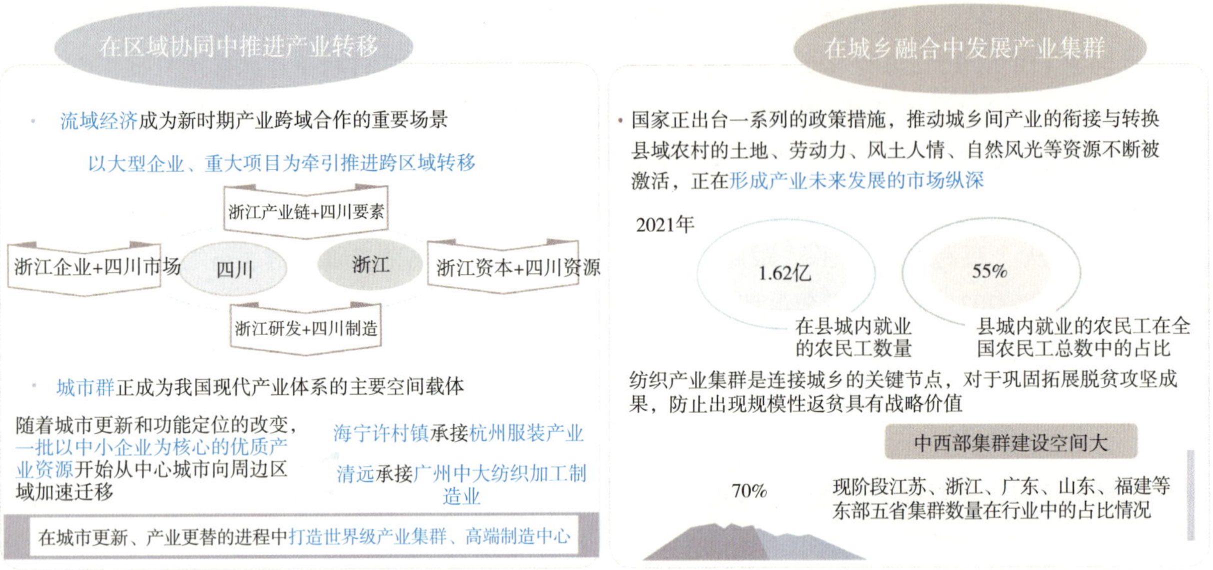

图 4-3 推进产业和区域协调发展

前和今后一个时期纺织全行业的首要政治任务来落实。坚持实事求是、尊重规律、系统观念、底线思维，将行业的认识和行动凝聚到党的二十大确定的各项任务上来，统一到中央经济工作会议确定的 2023 年经济工作部署和要求上来。充分认识 2023 年工作的重要性，增强行业工作的全局观，担负起稳定宏观经济的责任，推动行业在新时代新征程上开好局、起好步。

（一）以改善预期为切入点，引导产业健康发展

我们要从战略全局出发，从改善社会心理预期、提振发展信心入手，纲举目张做好行业引导工作。

1. 察实情，把握时机

面对千头万绪，要将行业调研和统计分析作为基本工作方法和重要决策依据。要扩大调研范围与深度，既要摸清发展难处，也要寻找发展机遇。针对行业当前面临的共性问题、基础问题、关键问题，常态化、多样化组织开展企业、集群和市场调研行动，实地掌握行业发展情况，及时了解企业诉求与痛点。探索用数据驱动服务与创新，做好统计工作，深化数据价值挖掘和行业经济运行分析，增强对行业与形势发展的研判，科学引导行业发展。以全国两会代表委员提案议案工作、政府部门运行分析和政策建议等为重要工作抓手，为政府、企业、社会了解行业提供支持。

2. 强研究，理清方向

不断提升研究的系统性与引领性，把实践实效作为检验各项研究成果的标准。统筹当前形势与长远发展，面向未来开展战略研究。以党的二十大精神为指引，研究发布《建设纺织现代化产业体系行动纲要（2022—2035 年）》和配套文件。从全局高度绘制产业蓝图，为行业更好服务国家战略提供指引。统筹政策热点与产业重点，立足发展实际开展专题研究，与国资委、发改委、工信部、科技部等相关部委以及地方各级政府保持高效沟通。以项目为载体，围绕科技创新、贸易形势、消费引领、工业文化、绿色发展、集群发展等重点领域，持续开展系统化研究，为相关产业政策制定与出台提供有力支撑。

3. 广宣传，营造氛围

做好行业宣传工作，推动社会对纺织的再认识、推动世界对中国纺织的再认识。多形式展现行业应对外部挑战的创新实践，多渠道展现行业新时代新征程上的价值贡献。讲好行业故事，让科技、时尚、绿色的纺织更加深入人心，强化国际交流与

合作，向世界展示中国纺织的责任担当。引导预期、提振信心，努力营造更加友好的国际国内发展环境，让企业敢闯、敢干、敢首创。

（二）以稳中有进为总基调，巩固产业发展基本盘

中央经济工作会议提出要突出做好稳增长、稳就业、稳物价工作，有效防范，化解重大风险，推动经济运行整体好转，实现质的有效提升和量的合理增长。我们要认真落实新阶段新冠肺炎疫情防控各项举措，顺利度过流行期，确保平稳转段和产业健康发展。

1. 保障产业链供应链的安全与稳定

积极应对国际环境与地缘政治的变化，做好风险监测和预警，努力消化和缓解原料等要素价格波动与供应问题。鼓励棉纺企业深入参与国际分工与布局，保障全球产业链供应链安全。巩固制造环节的核心地位，增强生产保障能力，防止产业空心化。充分发挥产业的规模优势、配套优势和部分领域先发优势，在关系供应链安全的关键领域，补短板、锻长板、筑底板，不断提升产业基础能力和产业链现代化水平。

2. 激发企业发展活力和创造力

推动产业集约化发展，支持企业兼并重组和做大做强，加快培育“链主”企业、龙头企业、“专精特新”企业，不断提升企业的创新能力和经营效益。优化行业中小企业公共服务，完善大中小融通、上下游协同的产业生态。深化产融合作，拓宽企业融资渠道，做好行业推荐，积极引导优质要素资源向企业集聚。缓解企业融资难、融资贵问题。

3. 深化企业社会责任和就业服务

加强与有关部门协作，推动完善劳动力供需双方信息发布和对接服务。落实落细就业优先政策，把促进青年特别是高校毕业生就业工作摆在更加突出的位置。开展多层次职业技能培训，促进产业用工需求和职业技能培训有效衔接，破解企业用工难题。积极改善工作环境，提升员工待遇，加强新就业形态劳动者权益保障。提升产业对人才的吸引力，推动人才资源与产业升级间形成正反馈。

（三）以扩大内需为首要任务，打造产业发展的新循环

将实施扩大内需战略同深化供给侧结构性改革有机结合起来，通过高质量供给创造有效需求，充分挖掘国内市场潜力。

1. 打造供给需求间的新循环

把恢复和扩大国内消费摆在优先位置，推动增加高品质产品供给。顺应消费升级的大趋势，以品质提升为核心推进产品创新，更好满足多层次个性化消费需求。引导行业形成绿色消费、体验消费和服务消费风尚。以产业用纺织品为重点，推动产品结构升级，拓展纺织产品在医疗卫生、环境保护、交通工具、土工建筑、航空航天、安全防护和农业等重点领域的应用。鼓励企业加大数字经济、技术改造、产业转移相关领域的有效投资，发挥投资对优化供给结构的关键作用。要把失去的时间赶回来，升级展会、博览会、时装周等活动的内容和形式，推动商品和要素循环。丰富消费场景，推进行业企业线上线下多渠道融合、新模式新业态规范发展。深耕县域、农村等下沉市场，挖掘消费新空间。

2. 打造国内国际间的新循环

围绕构建新发展格局，增强国内大循环内生动力和可靠性，提升国际循环质量和水平。对标高标准国际经贸规则，深化产能合作，改善进出口结构，推进产业高水平对外开放。巩固传统优势，开拓新兴市场，打造多元化的出口市场格局。促进商品、人力等要素资源在更大范围内畅通流动，整合原料、装备、技术、品牌等优质国际资源。组织企业走向国际，推动产业外贸稳规模、优结构，培育国际经贸合作新增长点，承担保出口、保外汇的历史重任。推进行业标准与国际并轨，促进内外贸一体化。

（四）以守正创新为方向，加快建设现代化产业体系

加快建设现代化产业体系，是党中央从全面建

设社会主义现代化国家的高度做出的重大战略部署，是实现高质量发展的必由之路。我们要坚持创新引领、要素协同、提质增效，扎实推进现代纺织产业体系建设。

1. 聚焦创新与转化，提升内生动力

坚持把产业发展建立在科技支撑之上。注重基础研究和原始创新。围绕纤维新材料、先进纺织制品、绿色制造、智能制造等领域着力补短锻长，提升产业自主可控能力。前瞻布局未来产业，开辟新领域新赛道，形成增长新引擎。统筹科技、教育、人才资源完善创新体系建设。打造“科技—产业—金融”良性循环。充分发挥创新平台、创新联盟的作用，推动产学研协作。强化知识产权运用和保护，提高创新质量和成果转化效率。融入全球创新网络，以更开放的态度加强国际合作。

2. 聚焦智能与绿色，推动体系升级

围绕“数字三品”，全面推进行业数字化转型。推动行业工业互联网等设施建设，企业“上云、用数、赋智”，引导元宇宙等在行业的落地应用与创新实践。推进模式创新和业态创新，支持平台企业在优化资源配置、服务行业中小企业等方面发挥更大作用。在落实“双碳”目标任务过程中锻造新优势，加快发展绿色制造新模式，推动绿色工厂、绿色产品、绿色供应链建设。加强国际交流合作，推进企业社会责任建设和行业可持续发展，不断丰富管理和计量的工具、方法。

3. 聚焦设计与品牌，丰富价值内涵

将文化自信转化为产业的软实力、巧实力。深化当代生活方式研究，引领时尚流行趋势。以纺织非遗为切入点，强化文化挖掘与价值转化，打造差异化、特色化的产品。利用人工智能等技术赋能色彩、图案、面料及终端产品开发。强化工业设计平台建设，完善创新设计生态。聚焦“大师、大牌、大事”，推动中国国际时装周等平台发展。强化各细分领域设计师、时尚大师、大工匠的培养塑造。加快品牌培育与推广，开展品牌价值评价研究。

（五）以产业布局为重点，推进城乡融合和区域协调发展

构建优势互补、高质量发展的区域经济布局和国土空间体系是党的二十大做出的一项战略部署。行业需要在新的区域格局中谋划布局，加强产业转型升级与区域发展战略的联动。

1. 持续推动产业集群建设

引导各类要素向集群合理流动和高效集聚。以产业振兴服务乡村振兴，充分挖掘乡村多元价值。聚焦县域经济循序渐进、稳扎稳打，培养选树新的纺织产业集群，向一、二、三产业融合发展要效益，补链条、兴业态、树品牌。充分挖掘贵州、广西、新疆等边疆民族地区的民族资源、非遗资源等，因地制宜发展特色产业。在推动传统产业集群发展的同时，也要强化与新材料、数字经济、大健康等领域的跨界融合与协同创新，构筑具有更高附加值、更具引领力的新型产业集群。

2. 引导产业科学有序转移

充分发挥区域比较优势，围绕流域经济，搭建产业互动平台，引导中西部地区有序承接、高起点承接东部地区的产业转移。围绕城市群生态布局行业活动，引导优质产业资源要素从中心城市向周边城市圈加速转移，以产业发展促进大中小城市和小城镇联动发展，培育世界级产业集群。引导行业更好融入双循环发展格局，充分用好共建“一带一路”、RCEP 协定等协议带来的战略机遇，强化与东盟、非洲、阿拉伯等国家和地区的投资与商贸合作。

时代如炬，信念如磐；春秋作笔，经纬是图。让我们乘时代长风破万里浪，勠力同心、勇毅前行，始终把发展放在自己力量的基点上，开好局、起好步，以沉毅之行、卓越之见、慷慨之节、质实之心，为中国式现代化进程再添锦绣。

中国服装产业集群发展报告

中国服装协会　冯炎君

产业集群是一种高度网络化的产业组织，是我国纺织服装产业发展重要的组织形态。服装集群体量庞大，在落实“六保”“六稳”任务，实现保产业链供应链稳定，保市场主体及保居民就业，有效拉动地方经济“保基本民生”，实现“稳投资”中发挥着不可或缺的作用。

一、基本情况

（一）集群概况

截至2021年12月底，与中国纺织工业联合会建立了产业集群试点共建关系的纺织产业地区210个，其中以服装为主导的产业集群64个，占全部纺织产业集群的30.47%。

64个服装产业集群分布在15个省级区域，从地域分布来看，东南沿海的广东、福建、江苏、浙江四省的集群数量占据了半壁江山，达35个；从产品品类上统计，生产休闲运动服装的集群最多，数量达13个，童装集群的数量紧跟其后，达10个，服装制造集群8个，男装集群6个，羽绒、牛仔及裤业集群各4个，羊毛羊绒集群3个，皮革皮草、泳装、内衣集群各2个，女装、领带、衬衫、婚纱礼服、棉服、西装及防护服集群各1个。

据中国服装协会不完全统计，2021年服装集群共有规模以上企业4259户（全行业12653户），实现营业收入6080亿元（全行业14824亿元），工业总产值6546亿元，其中出口交货值718亿元，利润总额372亿元。

2019~2021年是不平凡的三年，受新冠肺炎疫情冲击、原料价格波动、货运价格高涨、部分地区限电限产等因素影响，2021年服装产业集群各项指标较2018年同期均有不同程度的下降（表4-1），但从各项指数发生变化的比例中可以看出服装产业依旧是有活力、有韧性、有担当的产业，服装集群在整个服装产业中发挥着中流砥柱的作用。

表4-1　2018年和2021年的服装产业集群各项指标比较

指标	2018年	2021年	变化幅度
集群数量（个）	67	64	-3
规模以上企业（户）	5248	4259	-18.85%
工业总产值（亿元）	7349	6546	-10.92%
主营业务收入（亿元）	7128	6080	-14.70%
盈利总额（亿元）	408	372	-8.82%

注　2018年及2022年数据均为不完全统计数据。

（二）分项数据

1. 企业户数

2021年，我国服装产业集群共有企业142526户，其中规模以上企业4259户，占比2.99%；主营业务收入超亿元企业975户，占比0.68%（表4-2）。由此可见，中小微企业占据了服装企业数量的绝大部分比重，中小微企业的健康发展对集群发展、对于服装产业的总体发展都至关重要。

表4-2　服装产业集群企业户数

指标	户数	占比	中位数
规模以上企业	4259	2.99%	42
规模以下企业	138267	97.01%	452
主营业务收入超亿元企业	975	0.68%	7

2. 产值规模

2021年，我国服装产业集群工业总产值10636.99亿元，规模以上企业产值的中间水平接近亿元水平，集群企业平均产值水平为1555.61万元（表4-3）。

表 4-3 服装产业集群产值规模

指标	工业总产值（亿元）	集群企业平均工业总产值（万元）
规模以上企业	6546.27	9955.39
规模以下企业	4090.71	457.85
总计	10636.99	/
中位数	/	1555.61

3. 出口情况

2021 年，服装集群共计出口 1000.28 亿元，约占全国服装及衣着附件出口金额的 9.10%（全国累计出口 1702.63 亿美元，按美元兑人民币平均汇率 6.45 计算）；在所有集群中，有 3 个外向型集群（出口比例大于 50%），其中规模以上企业是出口的主力军，平均每家规模以上企业的出口交货值为 865.37 万元，约占其总产值的 9.90%（表 4-4）。可以看出，我国的服装集群大多是内向型集群，为“内循环”服务。

表 4-4 服装产业集群出口情况

指标	出口交货值（亿元）	集群企业平均出口交货值（万元）	集群企业出口比例
规模以上企业	718.33	865.37	9.90%
规模以下企业	281.94	0.95	0.38%
总计	1000.28	/	/
中位数	/	79.95	4.15%

4. 主营业务收入

2021 年，集群企业主营业务收入总数为 10929.26 亿元，其中规模以上企业平均主营业务收入水平较高，数值已超亿元大关，规模以下企业平均值为 409.15 万元。综合整体数据来看，集群企业平均主营业务收入为 1506.33 万元（表 4-5）。

5. 集群企业利润

2021 年，受各项内外部条件影响，服装集群企业经营成本上升，销售利润率平均水平为 4.86%，略低于全行业 5.18%的平均水平（表 4-6）。

表 4-5 服装产业集群主营业务收入情况

指标	主营业务收入（亿元）	集群企业平均主营业务收入（万元）
规模以上企业	6080.45	10240.31
规模以下企业	4848.80	409.15
总计	10929.26	/
中位数	/	1506.33

表 4-6 服装产业集群利润情况

指标	利润总额（亿元）	集群企业平均利润（万元）	销售利润率
规模以上企业	371.71	382.84	4.6%
规模以下企业	301.03	17.61	4.18%
总计	672.75	/	/
中位数	/	71.28	4.86%

6. 税收情况

产业集群是地方经济的重要组成部分，税收收入是一项重要的地方收入来源。2021 年，我国服装集群应交所得税总计 84.74 亿元，集群企业平均利税值 4.6 亿元，应交增值税总计 173 亿元（表 4-7）。

表 4-7 服装产业集群税收情况

指标	应交所得税（亿元）	集群企业平均利税值（万元）	应交增值税（亿元）
规模以上企业	44.74	44.73	104.01
规模以下企业	40.03	0.70	68.92
总计	84.74	/	173.00
中位数	/	4.6	/

7. 从业人员

2021 年，服装产业集群企业共吸纳从业人数 295 多万人，其中规模以下企业因企业数目较多故用人较多，总数超 200 万人，占全部从业人员的 67.86%；在企业平均人数方面，规模以上企业相较规模以下企业有明显的规模优势，平均人数为 193 人。

全员劳动生产率是指根据产品的价值量指标计算的平均每一个从业人员在单位时间内的产品生产

量，是衡量一个经济体生产技术水平、经营管理水平以及职工技术熟练程度和劳动积极性的综合指标。服装集群内企业的全员劳动生产率中间水平为30.13万元/人，远超14.63万元/人（2021年国民经济和社会发展统计公报数据）的全国全员劳动生产率水平，这一数字可以说明服装行业的经营管理及技术水平具有一定的先进性（表4-8）。

表4-8 服装产业集群从业人员情况

指标	全部从业人员平均人数（人）	集群企业平均人数（人）	全员劳动生产率（万元/人）
规模以上企业	949313	193	48.49
规模以下企业	2004222	23	16.62
总计	2953535	/	/
中位数	/	59	30.13

8. 资产及资产收益率

资产收益率是业界应用最为广泛的衡量企业盈利能力的指标之一，该指标越高，说明企业资产的利用效率越高，利用资产创造的利润越多，整个企业的获利能力也就越强，企业经营管理水平越高。2021年，规模以上服装企业资产收益率高于规模以下企业1.99个百分点，符合管理规律与预期（表4-9）。

表4-9 服装产业集群资产及资产收益率情况

指标	资产总计（亿元）	总资产收益率
规模以上企业	3971.89	3.80%
规模以下企业	3975.93	1.81%
总计	7947.82	/
中位数	/	3.04%

二、发展特点及创新点

（一）世界级产业集群先行区建设持续进行

党的十九大报告中明确提出：支持传统产业优化升级，加快发展现代服务业，瞄准国际标准提高水平。促进我国产业迈向全球价值链中高端，培育若干世界级先进制造业集群，建设世界级先进制造业集群成为国家战略。近年来，中国纺织工业联合会积极开展世界级产业集群先行区试点的共建工作，各项工作陆续展开。2019年以来，经过各地领先集群的申请、中国纺织工业联合会审核通过并建立试点共建关系的“世界级纺织产业集群先行区”共有12个，另有杭州余杭区艺尚小镇以及深圳市龙华区大浪时尚小镇两个“世界级时尚小镇先行区”共建试点。其中，有5个以服装为主导的产业集群参与建设世界级产业集群先行区合作（表4-10）。

表4-10 以服装为主导的世界级纺织产业集群先行区

地区	产业集群先行区名称
山东省青岛市即墨区	世界级童装产业集群先行区
广东省东莞市虎门镇	世界级纺织服装产业集群先行区
江苏省常熟市	世界级秋冬装产业集群先行区
广东省深圳市龙华区大浪时尚小镇	世界级时尚小镇先行区
浙江省杭州市临平区艺尚小镇	世界级时尚小镇先行区

“世界级纺织产业集群先行区”和“世界级时尚小镇先行区”的建设将成为其他集群在发展规划、科技创新、品牌建设、绿色发展等方面的排头兵和引领者，对推进中国服装行业迈向世界产业链中高端，为我国实现时尚强国、制造强国、质量强国目标发挥重要作用。

（二）数智化水平显著提升

三年来，集群积极围绕产业链构建创新链，数智化水平显著提升，企业经营管理及生产制造水平取得了长足进步。江苏省常熟市积极推动与人工智能、大数据、区块链等数字科技融合创新，让数字经济成为推动常熟传统产业转型升级的新动能。积极对接致景科技、飞榴科技等国内纺织服装领域知名数字化服务企业，切入产业链各环节，快速形成对常熟服装产业链的数字化服务能力和集聚效应，加速服装产业数字化转型；福建省石狮市引导纺织服装企业实施“机器换工”，支持纺织服装企业“上云上平台”，以卡宾服饰、鹏泰服饰等数字化改造示范项目为引领，大力推广建设智能制造单元、智能生产线、智能车间、智能工厂。2019～2021年三年间全行业累计投入技改资金82.8亿元，年均增长18.5%。湖州市织里镇通过“童装产业大脑”建设，运用大数据和人工智能，开发“一键设计”“一键用工”“一键智造”“一键团购”“一键金融”五大功能模块，打破数据壁垒，疏通企业堵点，解决企业难点，破解童装设计、产业用工、产能调配、材料采购、金融需求五大问题，实现资源互补和产能高效利用。

（三）产业结构不断优化

消费的分级和直播电商的蓬勃发展加速了渠道的分化，调整优化产品结构和产业结构以适应国内市场需求，成为服装产业必修课。浙江省海宁市是传统的中国皮革皮草服装名城，但皮革皮草类服装有明显的季节性特征，销售淡旺季明显。自2019年起，海宁市凭借完善的产业链资源和雄厚的产业基础由“一季皮装”向“四季时装”扩张发展，并通过举办海宁中国服装（春夏装）展不断提升时尚服装，特别是四季服装实力及对外影响力。河北磁县在童装产业上不断转型升级，服装由童装、劳保装扩展为童装、劳保装、学生装、西装、夹克、衬衣、长短裤、短裙、羽绒服等。品类的丰富不仅能优化产业结构，实现集群增收，更能为集群增强抗风险的能力，为高质量发展打下坚实基础。

步入新时代，高质量发展成为时代和产业发展的主旋律。产业发展空间是实现高质量发展的基础，在各地新增工业用地困难的情况下，盘活存量低效用地非常关键。浙江省平湖市一方面对服装等传统产业低小散企业加快腾退，鼓励企业创建“三名”企业，另一方面加快淘汰落后产能，加大“四无”企业（作坊）清退，三年间共淘汰整治“低小散”企业（作坊）1500家以上。辽宁省兴城市通过“依法退出一批，整合升级一批，培育壮大一批”，实现家庭作坊式生产向专业化生产转变并通过提供技术改造、金融扶持、供应链整合等措施，打造集工业厂房、仓储物流、孵化中心、库房及基本设施于一体的泳装产业园区。通过“腾笼换鸟”，集群的产业结构得到优化。

（四）区域合作多向深化

当前，城乡融合和城市群建设成为推动区域经济融合平衡发展的重要方向。随着时尚资源向东南沿海及中心城市迁移，卫星城市及中西部地区逐渐承接了制造产能。江西省于都县凭借良好的区位条件及丰富的劳动力资源，近年来大力推动服装业发展，从土地、资金等层面出台具有比较优势的“服装十条”优惠政策，加快产业承接、招大引强步伐，吸引了200余个国内知名品牌入驻，实现产业规模化集聚，形成了近三年年均复合增长率5.91%的“于都速度”；海宁市牢牢抓住杭州杭派女装优质产业资源向外加速转移的契机，依托杭海新区完善的时尚产业配套成为杭派女装的主要承接地，2021年的工业生产总值较2018年逆势增长15.57%。

他山之石可以攻玉。产业集群间走访、协作、联动不断。中山市沙溪镇探索“飞地”联动发展，联合国内、省内、市内集聚基地资源，组织企业到杭州、宁波、江阴、石狮等集群地学习产业发展先进经验，形成优势互补、错位发展、产业联动、合作共赢的区域经济格局，提高集群吸引力，协同参与“粤港澳大湾区时尚走廊”建设。2020年，虎门童装品牌企业联合会在赴江浙考察交流期间，与温州市瓯海区童装批发商会正式签订了《友好商会协议书》，双方成为友好合作商会。还常态化举办虎门服装服饰企业交流会，整合协会内部资源，促进协会会员面辅料企业与服装企业现场对接，促进产业链上下游企业合作。

（五）彰显社会责任与行业担当

2020年初，新冠肺炎疫情突如其来，防护服等抗疫物资告急。服装产业积极响应国家部署和号召，再一次承担起应有的社会责任，以高度的国家情怀和行业担当转产防疫物资，为我国的防疫工作做出了基本保障与重要贡献。辽宁省丹东市、河北保定市容城县、江苏省常熟市、福建省晋江市、山东省汶上县等多地纷纷出台相关措施，鼓励并引导具有资质的企业转产防疫物资，为疫情防控应急物资储备保障做出了重要贡献。作为老牌轻纺名城，丹东纺织产业基础雄厚，但没有一家企业专门生产防护服，企业纷纷临危受命、快速转产。2020年12月，高新区被中国纺织工业联合会授予“中国防护纺织名城”称号。如今，丹东市已发展成为我国东北地区最大的防护服生产基地，高新区防护服日产能已达到40万套/天，医用口罩日产能达到180万个/天，产量占辽宁省产量的80%，出口量占全国的15%。福建省晋江市工信局牵头出台鼓励企业转产疫情防护应急物资11条措施，争取市财政1400万元专项资金定向激励企业转产疫情防控应急物资，并组建工作专班全面包办、代办转产企业除生产之外的一切事务，以保障转产企业全身心投入生产组织。2019~2020年疫情期间，全市累计有超过278家企业转产防疫应急物资，口罩、防护服等产品从零起步，至高峰期时日产量达到2000万片、20万套以上，实现了“半个月造出一个新产业”的晋江速度。

（六）全面服务纵深推进

纺织服装行业具有多业态融合、产业纵深长的特征，服装产业的发展不仅离不开链上各环节企业的运转，离不开跨地区、跨产业的合作，也离不开物流、金融等产业的辅助和支持。时至今日，单一部门的引领与支持力度已显力道不足。产业的发展需要从更高层次、更大范围调动各路资源，全方位畅通产业链要素循环。

纺织服装产业是很多省份重点发展的产业方向之一。截至2022年5月底，全国共有7个省级行政区在纺织服装产业链/开发区中实行链长制，由省级领导牵头，直接负责产业链的发展。

在服装集群所属的44个市县中，有21个采取了“链长制”工作机制，政府的全面服务向纵深推进。2019年2月，山东省汶上县委、县政府相继出台了《关于实施县级领导包保重点工业企业的通知》，13位县级领导负责包保30家重点企业，以季度为频率对重点企业进行深度走访，并制定个性化扶持政策，精准扶持，推动全县工业经济高质量发展。2020年5月，荆州市沙市区岑河镇出台政策，对所有落户项目实行“一个项目、一名区领导、一个工作专班、一个项目秘书”的专项服务，替企业解决后顾之忧。2021年3月，市委办公室市政府办公室印发《市领导挂钩联系重点产业链工作方案》的通知，明确聚焦品牌服装等4条特色优势产业链。通过强链专班支撑保障、专属政策固链稳企等措施，加快推动创新链和产业链“双向融合”，着力增强产业链的稳定性和竞争力。

（七）绿色发展深入人心

近年来，暴雨、高温等极端天气频发，人们深感恶劣气候带来的不便性与绿色发展的紧迫性，“双碳”目标被纳入经济社会发展全局，绿色发展成为各行各业的价值共识。中国纺织工业联合会于2021年6月正式启动了“中国时尚品牌气候创新碳中和加速计划”，计划将在有关部门指导下和技术机构支持下，推动一批中国纺织服装行业品牌企业、制造企业参加“3060中国纺织服装碳中和加速计划”，推动重点产业集群开展“气候创新2030行动”，并引导气候创新行动碳中和先行示范。随后集群纷纷支持响应，盛泽镇发布了《盛泽纺织产业集群碳中和愿景》，柯桥区发布了《中国绍兴·柯桥气候行动宣言》，艺尚小镇所在的杭州市临平区发布了《“碳达峰、碳中和加速计划”倡议书》，三个集群先后官宣加入中国纺织工业联合会“气候创新2030行动”。

根据“绿色”这一中国纺织服装行业的新定位，三年来各地集群协心勠力并取得了一定的成效，企业用能结构逐渐优化、单位产品综合能效明显下降。青岛市即墨区通过推进清洁生产和精益生产来降低消耗，减少回修，提高坯布利用率，减少废品率；通过工艺创新，重点突破节能、节水、节材及环保清洁型关键共性技术，积极研究采用少水或无水印染工艺技术，缩短工艺时间，实现节能降耗。通过推进精益生产，加强生产环节的精细化管理，杜绝在采购、过量生产、库存、运输、质量缺陷等方面的浪费，以最有效的方式降低成本、提高工效、增加效益；中山市大涌镇内所有重点污染物工业废水处理率达100%，污水回用率达60%以上，处理后排放的工业废水中COD（生化需氧量）不高于50mg/L，低于国家和省标准达标排放，镇内洗水企业均通过专家组验收成为清洁生产企业。

（八）时尚高地建设步伐加快

伴随我国新消费的转型升级和文化自信的重新树立，以国风国潮为代表的“中国风尚”已深入人心。各产业集群不遗余力地挖掘自身区域文化，发挥各自特长，试图让传统文化焕发新机。潮州大力推动传统工艺美术产业与婚纱礼服产业的深度融合和创新发展，加快文化产业发展步伐，推动中国刺绣艺术研究院成立，举办了中国刺绣艺术（各绣种）交流展等全国性活动，进一步加强与全国各地刺绣艺术等传统工艺文化的学习交流，推动刺绣与婚纱礼服等产业的深度融合和创新发展，鼓励企业积极探索区域特色产业发展新模式。泉州市丰泽区企业加强与时尚流行、文化创意元素有机结合，不断挖掘“海丝”千年历史文化名城的内涵，打造富有闽南特色的时尚产业集群。

各地还通过举办各类大赛促进时尚资源与人才的聚集。泉州丰泽区举办首届“刺桐杯”国际设计大赛，组织专家对10733件参赛作品进行初评、复评、终点评，深入企业定向推介大赛优秀作品，并通过举办优秀人才设计成果对接会，促进优秀设计作品和设计人才落地。深圳市龙华区大浪小镇的“大浪杯”中国女装设计大赛、东莞市虎门镇的“虎门杯”国际青年设计（女装）大赛、浙江省海宁市的“中国服装好设计”、浙江省嵊州市的“中国领带名城杯”国际丝品花型设计大赛等赛事均是地方选拔优秀作品及人才的闪亮舞台，年轻的设计人才和他们极富创造力的作品对促进集群时尚度、引领力、多元化、高端化起到了重要推动作用，集群在时尚高地的建设上更进一步。

三、集群发展的影响因素

（一）全球产业链布局调整

近年来，全球化遭遇逆流，保护主义抬头。2018年以来的中美贸易摩擦和2020年以来的新冠肺炎疫情跌宕，更是加速了全球产业链布局调整。效率与安全的平衡成为供应链布局的重要考量。许多跨国订单选择了回迁原国或转移他国，全球产业链面临短链化、内向化、聚集化的趋势，这让深嵌全球价值链（GVC）的中国产业链出现了空心化的风险。产业集群作为产业链密集分布的阵地，面临重大的风险与不确定性。

（二）国内外市场需求不足

服装作为一种可选消费品，其销售深受经济景气程度的影响。从国际方面来看，无论是以美国、欧盟、日本市场为代表的全球主要消费市场，还是以“一带一路”国家为代表的新兴经济体都深受疫情反复、供应链中断、通货膨胀等因素的影响，消费需求走弱、复苏形势起伏。从国内市场来看，虽然我国宏观经济持续恢复，但是经济增速回落比较明显，反映出我国经济存在下行压力。疫情对就业、收入的冲击深度影响居民的消费信心与购买力，消费特别是可选消费品复苏难度进一步加大。

（三）劳动力结构及需求改变

近年来，随着社会经济的发展，“鲍莫尔”现象现身中国，劳动力特别是年轻的劳动力加速从“进步部门”的制造业流转至“停滞部门”的服务业。这种现象一方面是中国经济发展的标志，一方面也是制造企业正面临的一大难题。不仅仅是一线技工以及传统专业技能人才紧缺，随着信息基础设计和新生产范式、商业模式的更迭，行业的人才需求结构也随之改变，经营管理、设计研发、市场营销等环节的中创新型、实用型、复合型人才也一样紧缺。同时，劳动力要素的地域偏好也在强化，一些内陆及中西部省份更有人才“引不进、留不住”的尴尬局面。

（四）企业融资难度加大

中小微企业是服装产业的“毛细血管”，是产业发展的重要支柱，但一直被融资难、融资贵等问题所困扰。究其缘由，大概可以分为三个方面。首先，2021 年国家经济刺激力度较大，融资环境较为宽松，但随着经济逐步复苏，央行两次上调准备金率，信贷政策趋向紧缩，各银行也逐步收紧融资金额，贷款审核和发放手续更加严格，企业融资难度加大；其次，中小微企业在企业经营的过程中经常面临货款拖欠严重、账期不匹配的难题，信用体制不完善和信用环境缺失导致资金流动性不足；最后，中小微企业因固定资产少、存货价值低等现实也容易造成在传统的金融机构出现抵押担保的价值较低，财产抵押实力不足的状况。

四、集群升级的指导意见

（一）提升集群治理和服务能力

充分发挥地方政府对服装行业的规划引导和政策支持，结合当地实际，聘请专家学者、专业机构制定切实可行的产业规划及行动方案；出台相关政策鼓励引导企业以高端化、数智化、绿色化、时尚化、品牌化为发展方向，在技术升级、扩展规模、创立品牌、产品质量、改善服务方面作出提升，以促进区域产业的快速健康发展；推动构建制造服务一体化的产业政策体系，精简行政审批事项，简化办事环节，推行“一站式”政府服务，提高服务质量和办事效率，让企业办事更为方便快捷，树立“保姆式”服务理念，解决企业除生产外的后顾之忧。

加大财税政策支持力度，落实增值税留抵退税、研发费用加计扣除、社保费缓缴政策等相关政策，助力企业纾困解难；发挥财政资金的引导作用，加大对服装产业载体建设、科技创新、设计研发、节事活动、人才选育等项目的支持力度，引导产业加快升级；增强金融支持力度，支持金融机构根据服装产业特点创新金融产品和服务，加大信贷支持力度，对小微企业给予担保额度、期限、费率等政策倾斜，加速“活水”注入企业生产运营步伐。

（二）坚守产业新定位

坚守新时代产业的新定位，围绕“科技、时尚、绿色”方面持续发力。在科技方面，抓住新一轮产业革命带来的机遇，通过技术创新和模式创新不断提高集群的生产技术水平和经营管理水平，鼓励企业“上云、用数、赋智”，推动服装产业在设计、生产、管理及服务等各个环节向数字化、智能化、网络化方向发展，提高行业的精益化、柔性化、服务化水平，形成向全球价值链高端延伸的竞争力。在时尚方面，深度挖掘集群各地、各区域的文化价值，形成特色化、差异化的价值 IP、品牌及产品，推进中华优秀传统文化在服装中的创新性发展和创造性转化，构建具有文化自信的时尚护城河。在绿色方面，鼓励集群积极加入“气候创新 2030 行动”，科学引导当地产业有序开展碳达峰、碳中和工作。鼓励龙头企业先行先试、树立样板。在产业园区、工业园等产业载体实行能耗监测和生态环境监测，高标准处理工业三废，向生产清洁化、能耗低碳化、工艺绿色化方向发展。

（三）强化内核自练内功

精准定位集群主导产业，有针对性地进行固链强链补链延链工作。以地域资源禀赋为基础，以核心特色产业为支撑，以未来发展为导向开展精准招商，做到“断链补链”“短链延链”，打造稳定又强大的产业链条。培育壮大“链主”企业，增强专业化配套能力，打造上下游联动、分工明确、优势互补、高效协作、抱团发展的新产业组织体系。

在产业结构方面，打造“各美其美、美美与共”的和谐局面。大型集群要具有更高的格局与眼光，聚焦聚力产业基础高级化、产业链现代化方向，向世界级产业集群努力发展；中小型集群关注自身特色和细分领域，加强深耕细作，培养更多的“隐形冠军”和“专精特新”企业，向特色化、专业化方向发展。

在人才队伍建设方面，根据产业链布局人才链。通过政府、行业、企业及院校联动，深化校企合作、产学研融合，根据产业转型升级的新目标及新需求不断丰富拓展行业培训的内容、渠道和手段。鼓励集群以优惠的政策引进高端技能和设计人才落户及就业，提升企业和集群的技术工艺和创意设计水平。

（四）深化集群外部协同

积极融入国内国际双循环的新发展格局。国际方面，全球经济复苏的不确定性和地缘政治问题正在对我国的服装行业产生深刻影响，积极抓住RECP协定与“一带一路”建设的机遇，开展更全面、更深入的区域产业合作，引导并鼓励企业参与全球产业链供应链布局重构。国内方面，立足国家发展战略和区域发展体系，高质量优化区域布局，深化区域产业合作。各集群在绿色低碳成为共识的当下，以流域经济的视角统筹区域协同和产业布局，东部沿海加强对创新资源、时尚资源集聚，中西部地区加快产业配套建设，承接产业转移，服务乡村振兴，力争培育成为特色制造基地。深化集群开放合作，形成上下游联动、分工明确、优势互补、高效协作、抱团发展的新产业组织体系，促进服装产业良性发展。

中国服装行业产业集群名录参见“附录三”。

2022年中国新汉服行业发展白皮书

中国服装协会、天猫服饰、艾瑞咨询、十三余

2022年9月23日，中国服装协会、天猫服饰、艾瑞咨询、中国浪漫新汉服品牌十三余在杭州联合发布《2022年中国新汉服行业发展白皮书》（以下简称“白皮书”）。《2022年中国新汉服行业发展白皮书》分为中国新汉服行业基本现状、新汉服行业升级外部机遇、新汉服“破圈”驱动因素、新汉服行业发展趋势初探四大章节，系统梳理了新汉服行业面临的机遇与挑战，基于深度调研对近期破圈机会点和未来发展趋势进行了详尽分析。《白皮书》调研指出：2021年我国新汉服行业已经突破百亿级市场规模，但产业链仍未成熟；符合当代审美及日常穿着情境的新汉服发展潜力巨大，以此为关键破局点，行业市场规模有望突破千亿。

一、中国新汉服行业基本现状

百亿级市场，千万级用户，产业链日趋成熟，新汉服期待突破瓶颈并实现“破圈”

（一）中国新汉服行业规模

新汉服，也称为现代汉服，是来源于汉民族传统经典服饰样式并保留其典型形制特征，结合当下大众的多元穿着情境和时尚美学加以创新的汉服体系。新汉服的核心特点是：先锋创新性、大众开放性和情境多元性。

正是由于新汉服与时俱进的特性，其更容易打开大众市场，并推动行业市场和消费者规模节节攀升。

1. 新汉服行业市场规模

2021年新汉服行业市场规模为101亿元，同比增长6.4%，增长速度相对过往明显放缓。一方面是受新冠肺炎疫情等因素的影响，消费者的购买能力和意愿都出现了下滑；另一方面则是新汉服的设计需要进一步拓宽边界，以适应消费者的使用需求（图4-4）。

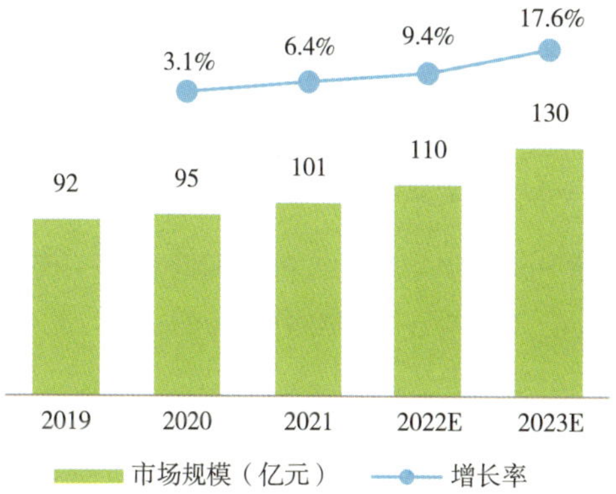

图4-4　2019~2023年中国新汉服行业市场规模

（数据来源：根据艾瑞统计模型核算）

当前新汉服仅占服装市场的0.8%，但随着新汉服设计风格、穿着习惯更符合现代需求审美，整个行业有望实现出圈并成为社会大众主流服饰类型，届时新汉服市场将进入千亿时代，届时渗透率也将达到约5.0%，从而真正成为大众生活的一部分（图4-5）。

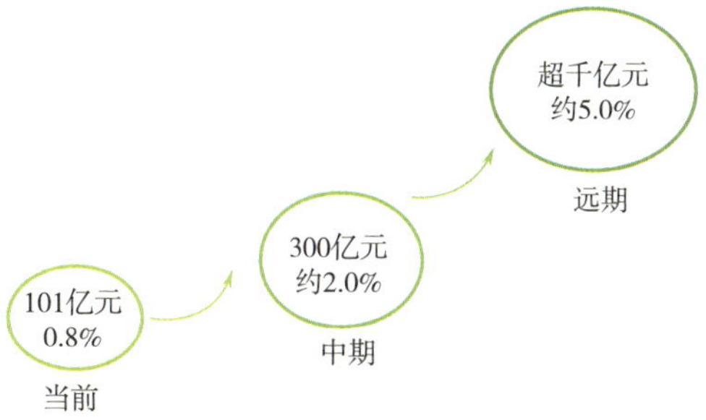

图4-5　新汉服在服装市场渗透率预测

（数据来源：根据艾瑞统计模型核算）

2. 新汉服行业消费者规模

2021年中国新汉服行业消费者规模1021万人，同比增长14.4%。受新冠肺炎疫情影响，汉服相关

线下节礼活动、旅游出行等受到很大限制，而且在此阶段消费者的娱乐需求也更多转向线上，从而使新汉服消费者规模增速在2020年开始放缓（图4-6）。

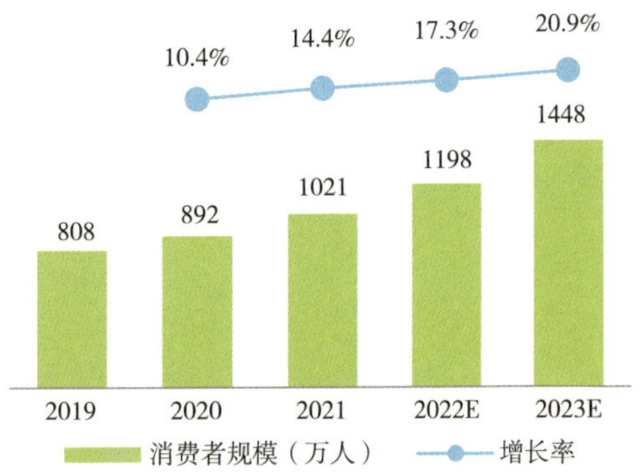

图4-6　2019~2023年中国新汉服消费者规模

（数据来源：根据艾瑞统计模型核算）

不过，随着未来疫情阴影逐渐散去，以及汉服文化的复兴，新汉服将更多的出现在社会生活的方方面面，进入大家的衣柜之中，并逐渐成为大众日常服饰的重要品类之一。届时新汉服消费者规模增长将重新加速，并实现更高的ARPU（图4-7）。

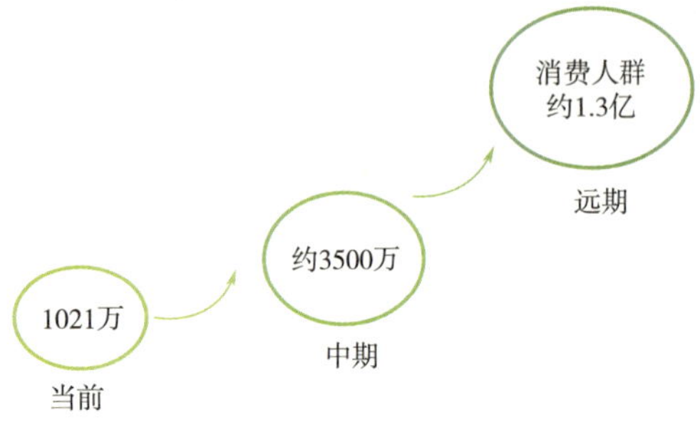

图4-7　新汉服消费者规模长期预测

（数据来源：根据艾瑞统计模型核算）

（二）新汉服行业市场及消费者现状

在新汉服目标消费者中，男性占比25.2%，女性占比74.8%，女性用户优势明显，是绝对的核心群体。从年龄分布来看，35岁以下的消费者群体占71.4%，其中18~25岁占比接近30%，这表明新汉服的主要消费人群是35岁以下的年轻人，未来消费增量潜力巨大（图4-8）。

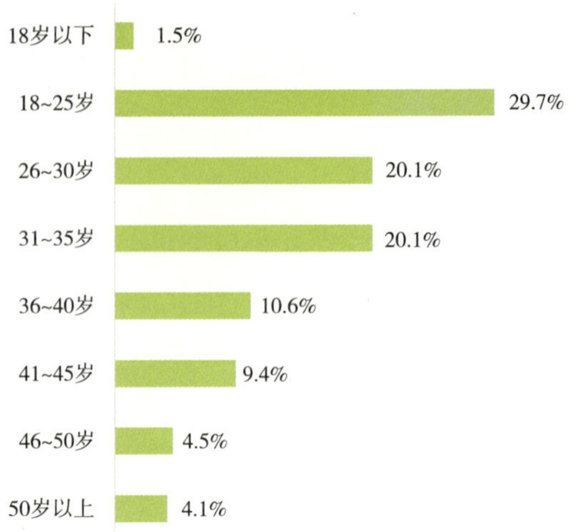

图4-8　2022年新汉服目标消费者年龄分布

（资料来源：样本 $N=956$，2022年8月通过艾瑞调研获得）

（三）中国新汉服产业基本情况

1. 新汉服行业核心产地及特色

近几年新汉服的快速发展，造就了一批优秀的新汉服生产制造企业，培养了一些地区的新汉服产业。目前，江浙地区、山东曹县、川渝地区和广东广州在汉服生产制造方面最为突出，是中国四大汉服主要生产区。

（1）江浙地区。

渊源：自宋朝起，江浙一带的丝织业和棉纺业就逐渐兴盛起来，并在日后成为我国纺织业的核心。随着其声望的增加，纺织品已经成为江浙地区的一张名片。

特点：作为鱼米之乡、膏腴之地的江南，烟柳画桥、杏花春雨的温柔婉约是其文化深处的烙印。因此，配色仙美、灵动大气的仙气风格是其新汉服设计的核心特征。

（2）山东菏泽。

渊源：作为“商汤开国地”和“华夏第一都”的曹县是完全不缺乏历史底蕴的，在汉服相关文化元素和技艺方面均有深厚基础，并且也是最早将汉服制造产业化的地区。

特点：产业化程度最高，具备最强的生产能力，供货迅速且价格较低；但是在产品品质和精美度方面有所欠缺。

（3）川渝地区。

渊源：四川是桑蚕文化的发源地之一，而蜀锦历来都是备受欢迎的名锦，至今已经有两千多年的历史。在此基础上衍生而来的汉服，在四川本地也具备深厚的历史基础。

特点：本地对汉服接受度更高，各类汉服相关活动丰富，穿着需求较高。这就使川渝地区的新汉服产品还原度相对更高、整体品质更好，设计更加多样。

（4）广东广州。

渊源：作为改革开放的前沿阵地，紧靠中国香港，广州服装行业发展迅速，并成长为全国最重要的服装生产地。其服装产业链优势明显，迅速切入新汉服行业并实现规模化。

特点：借助现有女装产业链，生产能力强，设计能力较好；但其产线多数并非专产汉服，垂直度较低，导致其新汉服产品更偏向国风时装类。

2. 新汉服产业化基本情况

新汉服产业链尚在发展之中，当前仍存在种种问题，尤其是出圈成破局关键。

（1）同质化竞争。当前新汉服行业正处于快速发展期，品牌和新品呈现百花齐放的态势。但除少数头部品牌具备较强的设计能力外，大部分都存在产品高度同质化的问题。

缺乏设计能力就只能不停地去做老款、“经典款”，甚至出现抄袭的情况，使行业同质化现象进一步加剧，陷入深度内卷之中。

（2）利润空间小。在激烈竞争之下，多数厂商的产品价格难以提升。但在成本端，由于汉服特有的刺绣、剪裁等工艺，使其生产成本相对其他日常服饰更高。

考虑到当前汉服的受众范围，实际上还不足以支撑其产生规模效应降低制造成本。这就使新汉服整体利润空间偏小，盈利能力尚有不足。

（3）产业链未成熟。由于新汉服在生产制造过程中在“绣花、印染、剪裁、材料”等多方面有诸多要求，现有产业链其实并未发展到可以完全解决以上各个环节问题的成熟阶段。

这就导致行业内依然存在生产周期不可控、制衣材料难以满足要求、绣花印染工艺不达标的情况，从而影响了行业的进一步发展。

（4）破圈压力大。近几年，新汉服的热度在持续提升，乐于接受汉服文化的人群也在扩大。在此基础上“破圈”走向大众就变成了行业发展的关键。

但是，走向大众这一步并不容易。如何破解大众对于汉服的认知误区，降低由形制特异性带来的心理负担成为推动汉服“破圈”的关键。

3. 新汉服行业产业链问题及突破方向

新汉服产业链上仍然存在诸多问题，如绣花、印染等工艺十分复杂，不少环节人工因素较高，导致品控差、交货慢、转产难；设计能力尚有不足，亮眼新品有限；制作面料吸湿排汗性能差、质地偏硬等问题。

针对这些问题，头部品牌已经在积极做出努力。尤其是作为行业龙头的十三余，更是针对刺绣、材料、批量生产和标准制定等多个关键领域积极探索，为新汉服行业产业链的进一步发展，做出了积极贡献（图 4-9）。

（1）刺绣。在新汉服的生产加工过程中，刺绣工艺至关重要，如何实现精准、大批量的进行大面积的复杂绣花尤为关键。十三余在绣花设备方面进行创新改造，在保持了绣花精度的情况下，大幅提升了生产效率，曾实现一个月内完成 25 万件重工汉服的绣花，展现了极强的研发能力。

（2）智能生产。现阶段新汉服生产依然较依赖技术高超的师傅，这就导致汉服生产存在周期长、成本高、转产难等问题。基于这个大背景，十三余开启了智能生产线的研发工作，将通过完全数据化的生产，降低人工参与度，提升生产效率、转产速度和加工精度，同时降低成本。

（3）面料。在满足刺绣、印染工艺要求，且需要控制成本的前提下，许多产品所使用的面料普遍存在不透气、质感硬、吸湿排汗性能差的问题。在此基础上，十三余研发了质地柔软，吸湿、排汗性

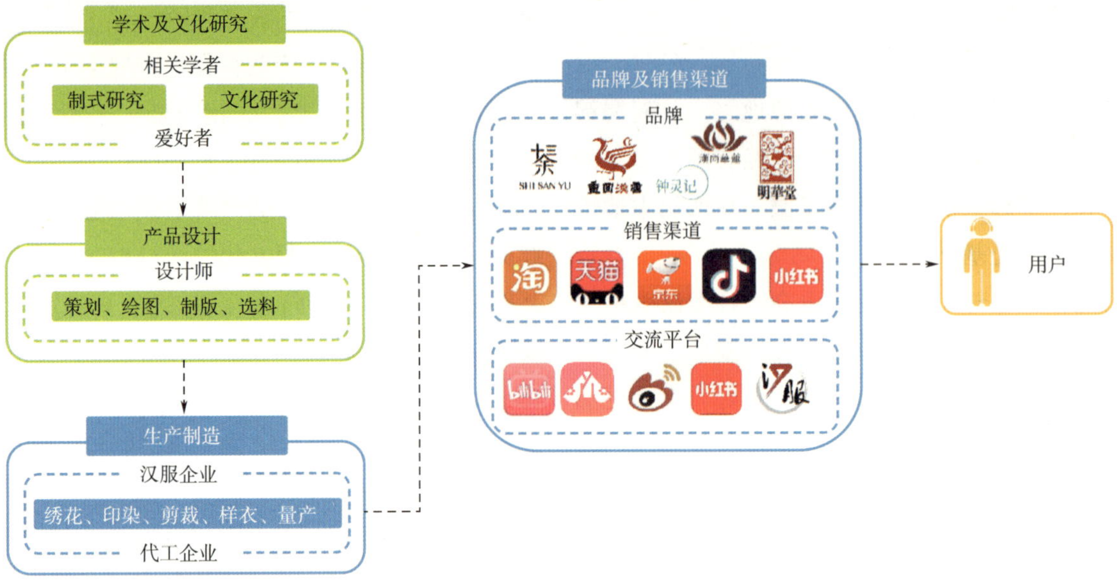

图 4-9　中国新汉服行业产业链

（资料来源：艾瑞研究院自主研究及绘制，排名不分先后）

更好的创新型面料，极大地提升了新汉服消费者的穿着舒适性。

（4）标准探索。近年来，新汉服市场快速成长，但行业标准还处在起步阶段，尚无权威行业标准和国家标准。十三余通过对古汉服体制、款式、类别等方面进行研究，基于对市场的调研感知，着手推进行业标准的制定。这无论是对约束自己的设计、生产还是推动行业标准化，都有积极的意义。

二、新汉服行业升级外部机遇

政策助推和热点事件进一步提升新汉服关注度

（一）政策活动支持

随着我国综合实力的日益增强、民族自信日益提升，弘扬中华传统文化成为各级政府重点关注的事项。其中，汉服作为最重要的文化符号之一，自然获得了大量支持。

2017 年，中共中央办公厅、国务院办公厅印发《关于实施中华优秀传统文化传承发展工程的意见》中强调：“切实把中华优秀传统文化传承发展工作摆上重要日程，支持中华优秀传统文化传承发展重点项目，对中华优秀传统文化传承发展有关工作作出制度性安排。”这既是中华传统文化重新腾飞的重要节点，也是汉服崛起的重要开端。

各地政府也纷纷出台政策，促进本地汉服产业发展：

- 修武县推出《修武县促进汉服产业发展的若干政策（试行）》，从厂房、各方面补贴、招商以及各类奖励等方面给出了全方位的优惠政策。以加快其汉服产业发展，打造“中国汉服之都”，推动县域经济高质量发展。
- 曹县政府通过将汉服写入政府工作计划、举办“汉服产业、数字乡村经济发展座谈会”“汉服电商企业法律风险专题交流会”等一系列措施，成功奠定了其行业地位。
- 2021 年 9 月 16 日，上海汉服版权中心在东华大学揭牌成立，旨在开展强化“汉服”版权维护、促进“汉服”资源整合、推动“汉服”IP 创新以及加速“文化事业”和“文化产业”路径打通等方面的相关工作。

汉服主题活动缤彩纷呈：

- 第十届西塘汉服文化周，于 2022 年 10 月 29 日至 11 月 2 日在浙江西塘举办。
- 第四届云台山汉服花朝节，于 2022 年 3 月 5 日在云台山景区开幕。

● 2022年春季，在江苏的苏州盘门景区和鹅湖玫瑰文化园、福建的客家母亲缘广场、贵阳的青岩古镇景区等地，均举办了穿汉服可免费入园的活动。

● 各地小学及幼儿园，纷纷举办汉服主题节礼活动和体验，将汉服活动日常化。

（二）中华传统文化推动

在大众对中华传统文化的态度方面，有92.4%的人表达了热爱、喜欢的态度，在剩余人群中，持中立态度的仅占6.7%，这表明绝大多数人对传统文化都有着相当高的认同感，持负面态度的寥寥无几。

而聚焦到大众对融合民族文化商品的态度方面，有43.7%的消费者表达了喜爱之情，还有49.7%的消费者会优先考虑相关产品。而在这些消费者之中，有93.4%的消费者表示可以接受民族文化相关设计带来的溢价（图4-10）。

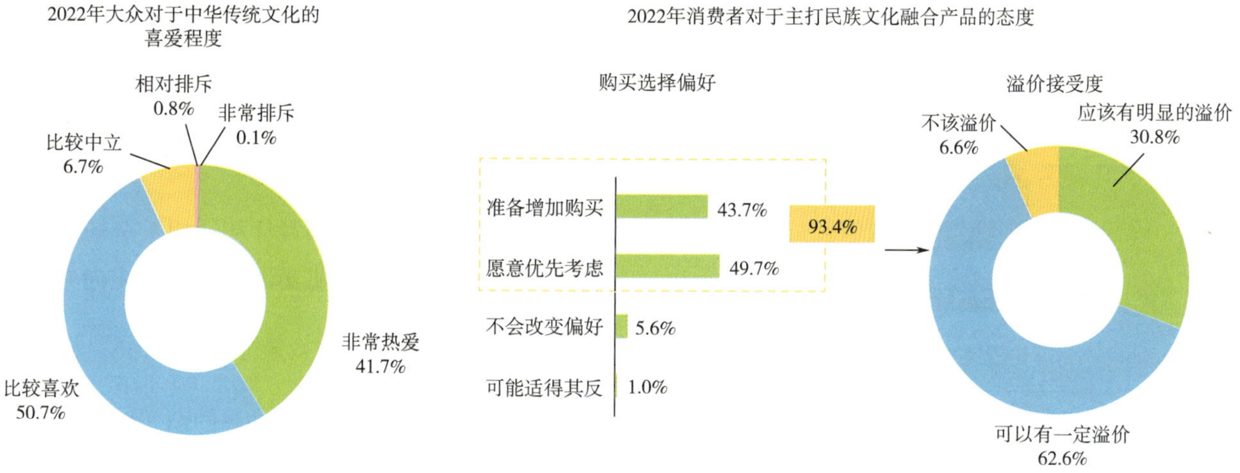

图4-10　2022年大众对于中华传统文化及主打民族文化融合产品的态度

注：C_1. 请问您是怎样看待中华传统文化的？C_4. 请问您是如何看待融合民族文化的商品？C_5. 请问您对主打民族文化的服饰类商品存在一定溢价的情况是如何看待的？

（**资料来源**：样本 $N(C_1)=956$，$N(C_4)=956$，$N(C_5)=893$，于2022年8月通过艾瑞调研获得）

（三）热点事件引流

前段时间，迪奥推出的一款半身裙引发了极大的争议。在迪奥的商品介绍中明确写道：“采用标志性的Dior廓型”，而随后便被相关人士发现，该款半身裙的设计源自中国古代的“马面裙”，这一事件在短时间内引起了极大争议和热度。

在争议之余，许多人也纷纷表达了遗憾和惋惜的态度，认为没有充分开发和发扬自己民族的优秀文化遗产，反而被别人抢先，确实有很多工作没有做到位。

针对此次事件，大众的看法比较多样。但支持维护传统文化的人群占多数。其中认为“迪奥应当说明设计来源，尊重中华文化”的人群占到了59.4%，这也反映出汉服在大众心目中作为文化传承代表的重要地位。

大家在支持维权的同时，惋惜汉服未被充分开发、从中汲取经验为己所用的声音也很多。经历了此次“抄袭”事件，汉服热度进一步上升，更多国人借此认识并更加认可汉服的价值（图4-11）。

（四）大众汉服认知变化

文化属性显然是汉服吸引消费者的最主要因素，其中中华传统文化占比高达85.5%，汉服符号/元素符合审美占比79.6%，拍照以及凸显个人气质等因素占比也达到50%左右，可以看出文化属性软指标是汉服这轮快速增长的核心原因（图4-12）。

此外在大众对汉服的认知里，有85.5%的人群

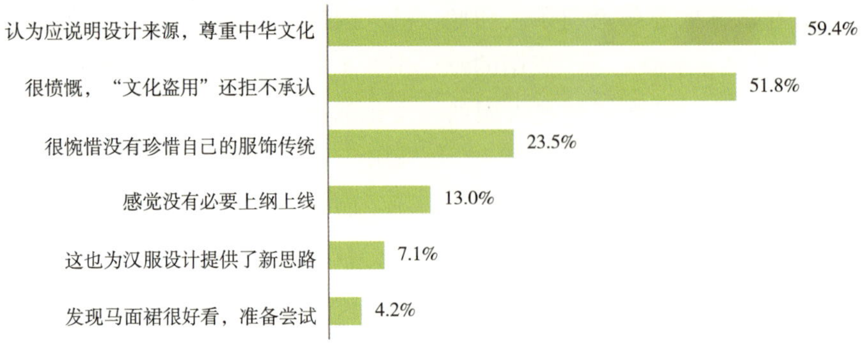

图 4-11　大众对于“马面裙”事件的看法

注：C_7. 请问您是如何看待迪奥“马面裙”事件的？

（**资料来源**：样本 N=786，于 2022 年 8 月通过艾瑞调研获得）

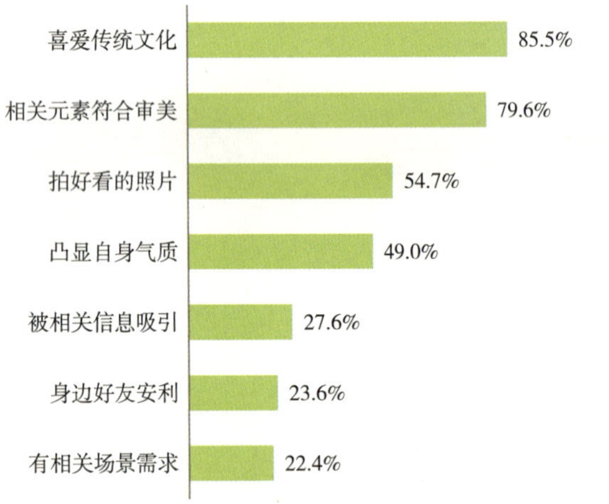

图 4-12　2022 年消费者选择青睐汉服的原因

注：A_1. 请问您选择购买汉服的原因有哪些？

（**资料来源**：样本 N=406，2022 年 8 月通过艾瑞调研获得）

认为“穿什么是他人的自由，没有特别的感觉”，仅有 4.5%的人表达了“不解”，这表明大众对于身着汉服这一现象的态度明显更倾向包容（图 4-13）。

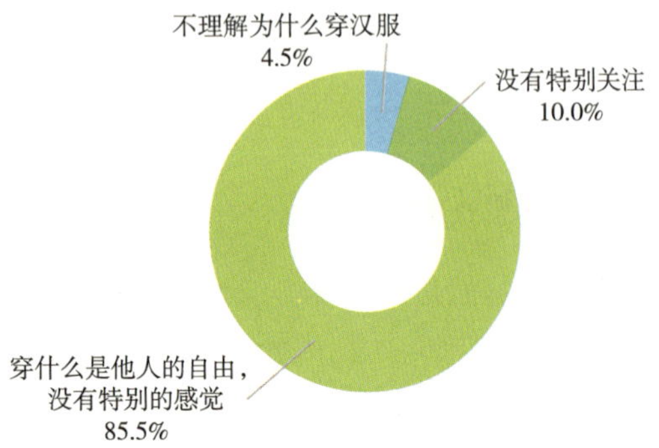

图 4-13　2022 年大众对于身着汉服的态度

注：S_6. 您是怎样看待穿着汉服这一现象的？

（**资料来源**：样本 N=4964，2022 年 8 月通过艾瑞调研获得）

三、新汉服“破圈”驱动因素

符合现代审美的服饰设计和适用于全场景穿着的产品矩阵，助推新汉服实现“破圈”走向大众

（一）新汉服精准定位大众需求

在受访者中，有高达 80.4%的消费者表示对新汉服感兴趣，其中非常感兴趣的人群占 36.0%，而表示一般或不感兴趣的人群则不足 20%，其中明确表示不感兴趣的人群仅占 3.4%。这足以说明，结合时代性进行重新设计后的新汉服，对大众的吸引力大幅提升，绝大部分消费者都是有兴趣和意愿去尝试的（图 4-14）。

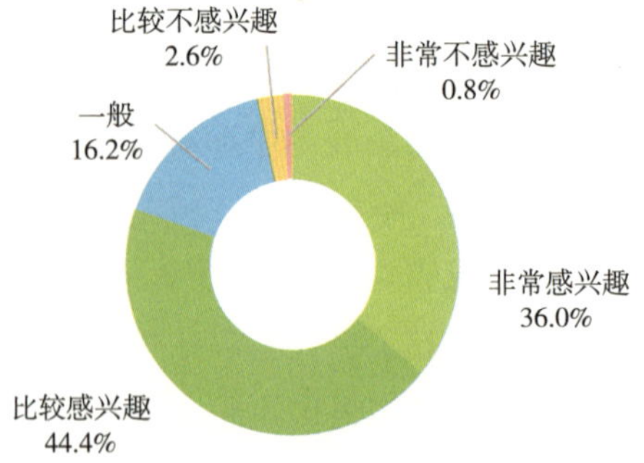

图 4-14　消费者对新汉服的兴趣度

注：S_7&S_8. 请问您对上述新汉服感兴趣程度？

（**资料来源**：样本 N=1162，2022 年 8 月通过艾瑞调研获得）

在对新汉服感兴趣的消费者当中，有超过 60%的消费者表示，更符合当前穿衣习惯并且能在更多的场合穿着，是他们青睐新汉服的主要原因；同时，更加现代的审美和款式也得到了50%消费者的青睐。这表明，新汉服在全面覆盖汉服经典穿着场景的情况下，其更符合现代审美和穿着习惯的特征，将会吸引更多消费者选择全场景穿着新汉服，从而扩大新汉服的整体消费群体（图4-15）。

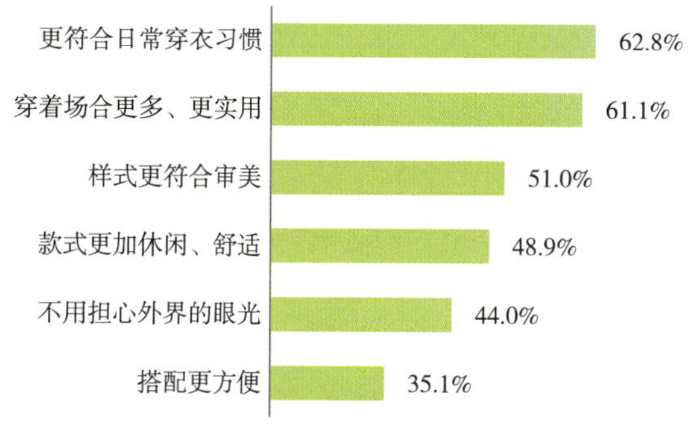

图4-15　消费者对新汉服的兴趣度

注：B_1. 请问对新汉服感兴趣的主要原因是？

（**资料来源**：样本 $N=934$，2022年8月通过艾瑞调研获得）

（二）新汉服消费者消费驱动因素分析

1. 塑造形象风格是核心，全场景穿着的新汉服更具吸引力

对消费者来说，购买新汉服的核心动因是“个人形象/风格的塑造”，其占比高达74.2%。另外“博主/明星推荐”和“熟人/朋友推荐”的占比也分别达到47.8%和45.6%，是消费者做出购买新汉服决策的三大核心因素。另外，身边其他人的穿着也会比较明显地影响到消费者对新汉服的购买决策，而冲动消费的情况就相对较低（图4-16）。

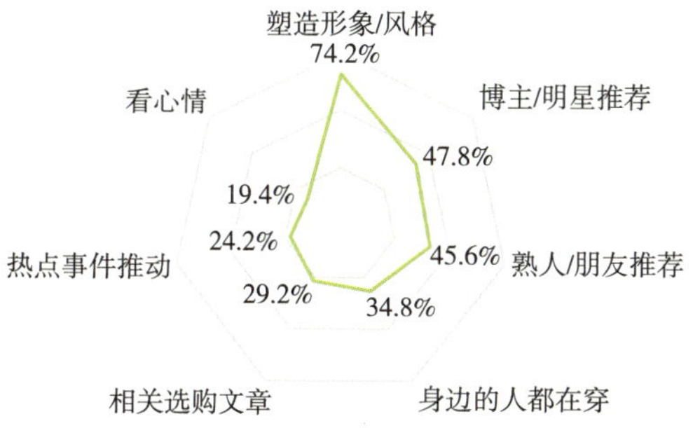

图4-16　消费者购买新汉服的决策动因

注：B_2. 请问那些因素会影响您的购买决策？

（**资料来源**：样本 $N=934$，2022年8月通过艾瑞调研获得）

在购买选择要素方面，“丰富的穿着场景”占比最高为62.3%，这体现出消费者期待着新汉服能够提供更为全面的穿着选择；紧随其后的要素是“性价比/价格区间”占比60.5%，说明消费者对于价格的敏感度相对较高；此外，产品设计、用料、性价比、品牌、销量口碑等因素对消费者也都有一定的影响。总体来说，新汉服的选择逻辑更类似现在的日常服饰，实用至上（图4-17）。

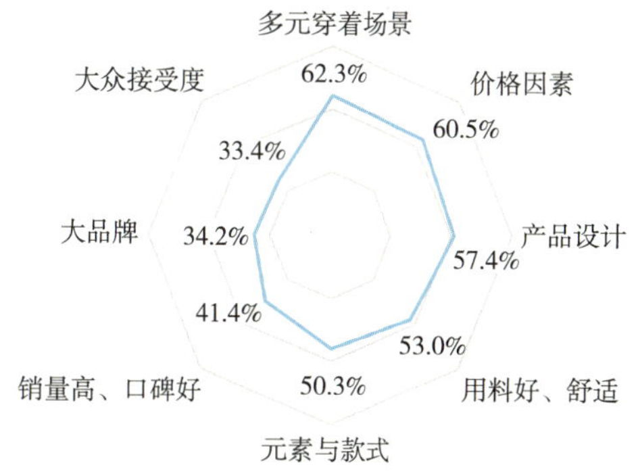

图4-17　消费者购买新汉服的选择要素

注：B_4. 请问您选择新汉服时，哪些因素会产生影响？

（**数据来源**：样本 $N=934$，2022年8月通过艾瑞调研获得）

2. 线上购买为主，期待更低的消费门槛

随着近年来大家消费渠道逐渐转移至线上，从而更加习惯这种以线上为主、线下为辅的购买渠道分布。所以，选择在电商平台进行购买的消费者比例达到78.2%。但是，选择线下门店购买的消费者比例虽然明显不及电商平台，52.3%的占比也证明线下门店依然是消费者最重要的购买渠道之一（图4-18）。

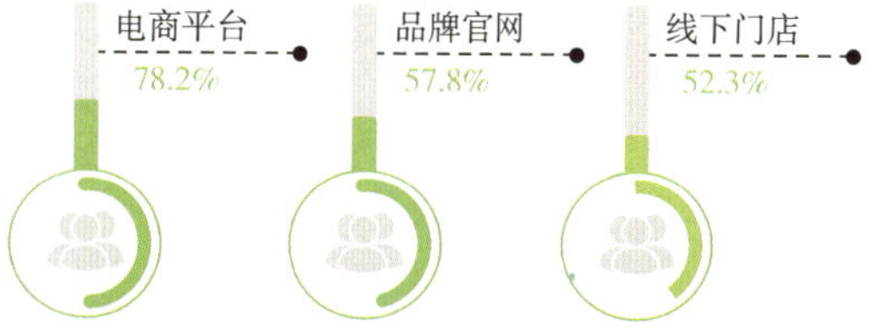

图4-18　消费者习惯购买渠道TOP3

注：B_3. 请问您从什么渠道购买服饰鞋靴的？

（**资料来源**：样本 $N=934$，2022年8月通过艾瑞调研获得）

在此基础上，商家需要在继续拓展线上销售渠道的基础上，同步进行线下门店的开发，毕竟实体

店在展示、试穿、品牌宣传等方面依然存在着重要意义。

在消费者对新汉服的预期价格方面，其核心价格区间是100～699元，占比91.5%。其中100～199元的占比更高，而400元以上占比相对稍低。这一方面是由于新汉服日常性等多元场景品类占比更高，使新汉服整体价位区间集中在与主流服饰类型类似的100～399元；另一方面也表明，消费者期待新汉服能够有更低的准入门槛，降低购买负担，可以更加从容地进行购买（图4-19）。

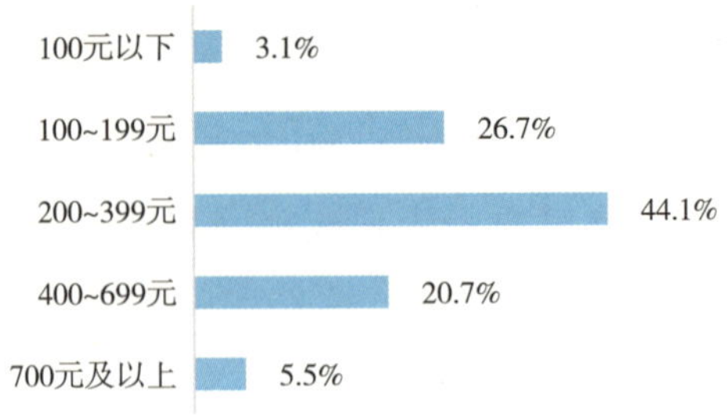

图4-19 消费者对新汉服预期消费价格区间

注：B_6. 请问您能接受的新汉服价格区间是怎样的？

（资料来源：样本 N=934，2022年8月通过艾瑞调研获得）

3. 出行旅游、逛街通勤成为核心拓展场景

在新汉服主要穿着场景方面，节礼活动、礼仪性场合等典型穿着场景的选择率在50%左右；在出行旅游、逛街通勤、表演拍照等方面，新汉服的表现甚至更加突出。消费者中有67.0%会选择穿着新汉服出行旅游、57.5%会在日常逛街通勤穿着，而表演拍照场景的选择比例也达到了51.0%。

这表明在消费者眼中，新汉服在胜任汉服典型使用场景的同时，能够适应更多的穿着场景，从而能够在各种场景下找到适合自己的汉服，进一步拓宽了汉服的场景边界，这也是新汉服未来“破圈”的重要基础（图4-20）。

图4-20 新汉服场景选择率

注：B_7. 请问您期待新汉服的穿着场景是？

（资料来源：样本 N=934，于2022年8月通过艾瑞调研获得）

（三）新汉服“破圈”机会点

1. 新汉服消费者更倾向休闲国风类服饰，对国货态度友好

新汉服目标消费者最喜爱的服饰类型除国风复古之外，就是休闲居家类，占比达80.2%，运动舒适类也有66.0%。同时，在潮流个性、中性洒脱乃至商务正式等风格中，也存在一定比例新汉服目标消费者，这说明了新汉服场景覆盖方面的全能性，也是未来实现出圈的关键支撑（图4-21）。

2. “通勤汉元素”让小需求变大生意

随着汉服行业设计能力的提升，部分商家已经推出更符合当代全场景化穿搭需求和审美的原创产品。

汉服的消费群体中，35岁以下和女性消费者占据主体地位，也是“通勤汉元素”风格的核心消费者（图4-22）。这类消费者在日常生活中，通常很注重穿搭妆容、追求精致的美感，并且对传统文化、传统手工艺品、传统饮食等都有着浓厚的兴趣。其中相当一部分宝妈群体，会主动追求古风穿

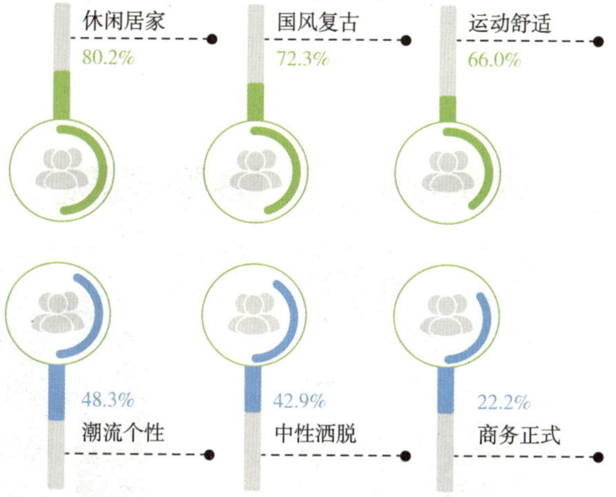

图 4-21　新汉服消费者服饰类型偏好

注：S_3. 请问您对包含哪些元素或功能的服饰感兴趣？

（**资料来源**：样本 $N=934$，2022 年 8 月通过艾瑞调研获得）

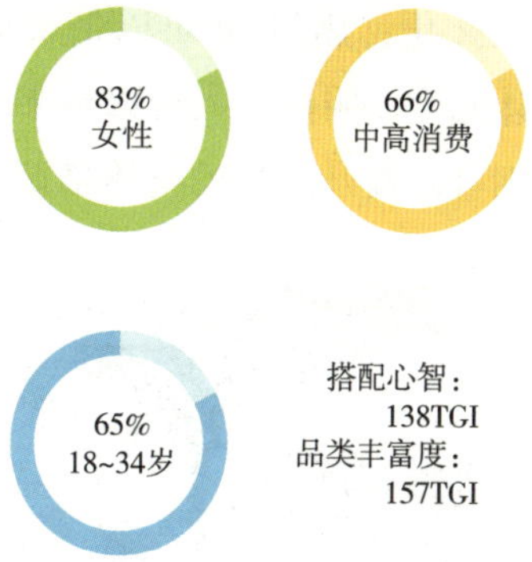

图 4-22　通勤汉元素消费者特征

资料来源：公开资料研究，《2022 年淘宝天猫服饰行业趋势白皮书》，艾瑞研究院自主研究及绘制）

搭，并且出于亲子穿搭一致性的考虑，往往也会为孩子选购汉服和国风服饰（图 4-23）。

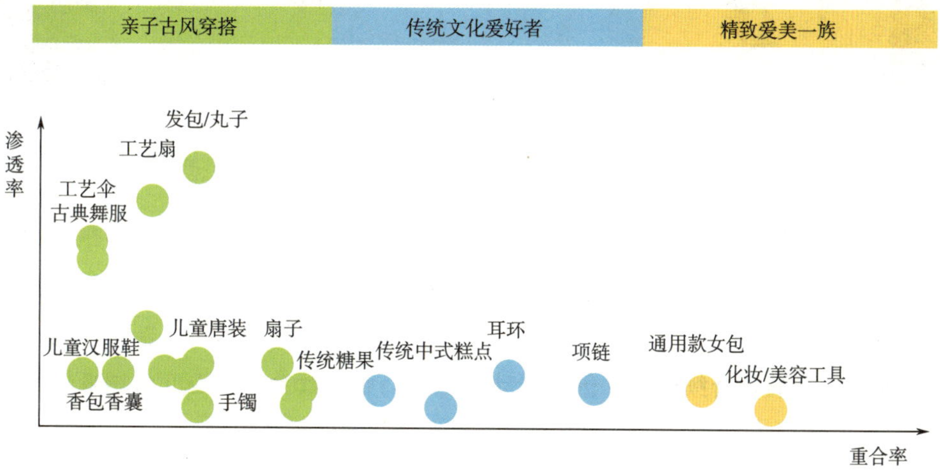

图 4-23　通勤汉元素消费者跨类目偏好

（**资料来源**：公开资料研究，《2022 年淘宝天猫服饰行业趋势白皮书》，艾瑞研究院自主研究及绘制）

在淘宝上，2021 年汉服品类年成交同比增长超过 47%，8 月下旬举行的新势力周期间，“通勤汉元素”入围 2022 淘宝天猫秋冬九大风格趋势，其中部分汉服原创品牌成交环比增长超 430%。从圈层文化到一门大生意，如今淘宝天猫已成为汉服品牌运营的主阵地，孵化和助力汉服的市场规模成功迈入百亿级新阶段。

3. 以点带面，逐步突破

在跨界合作之外，挖掘汉服当中兼具现代审美的款式、形制，作为重点款式倾斜设计、宣传资源进行推广，以点带面，让部分款式先行转化为日常服饰走入大众的衣柜，再进一步带动汉服整体破圈，并成为大众服饰的重要分类。

例如，马面裙就具备较强的出圈潜力，在传统板型的基础上进行中西方元素结合的自由度很高，而且长款与短款让其具备覆盖四季的实用性。除此之外，相关配饰系列由于其设计空间大、入门门槛低，也具备较强的出圈潜力，更容易融入大众主流消费圈层。

4. 跨界合作，打破次元壁

新汉服走向大众仍需要提升自身声量，让产品更多地被大众看到，并乐于去接受。在此背景下，跨界合作将是快速提升新汉服声量的一条捷径。与博物馆合作能够最大限度开发其文化属性，以服饰之美致敬传统文化；热门 IP 可以带来更持久的热度和部分设计元素；明星艺人可以带来粉丝圈的关注；艺术家则可以提升产品的整体格调，这些精心设计的跨界合作都能够给汉服品牌方带来更多热度（图 4-24）。

图 4-24 跨界合作典型案例

（资料来源：艾瑞研究院自主研究及绘制）

四、新汉服行业发展趋势初探

产业链走向成熟，标准化持续推进，创新驱动多元发展

（一）行业基础越加稳固

近年来，无论是从政府态度和政策、还是民众态度，新汉服的支持度和友好度都在快速增加。同时，其产业链也在快速发展，持续扩大自身影响力和规模。

1. 政府推动

近年来各级、各地政府，纷纷在文化和产业政策方面给予有力的扶持。尤其是教育系统，全国各地许多幼儿园、小学，积极开展汉服相关活动。下一代从小开始培养穿汉服的习惯，接受汉服的审美，为新汉服的进一步普及打下了坚实的基础。

2. 民众态度

随着我国国力的增强，民族自信和文化自豪感也在不断提升。而汉服作为中华传统文化的重要符号，近些年开始受到越来越多的追捧和喜爱。随着民众的接受度越来越高，新汉服的基本盘也在同步扩大，整体社会氛围也变得越来越友好。

3. 设计与时俱进

汉服是随朝代更迭而持续变化，同样，新汉服也是基于时代特征进行改良调整，从而具备更符合当代穿衣习惯的板型、接受度更高的审美特征、更加丰富实用的穿着场景，成为当代汉服的主流形态，并进而成为当代服饰的重要分支。

4. 完善供应链

现阶段新汉服生产依赖时尚类服装供应链，而导致生产周期长、良品率低等问题。将新汉服供应链独立出来进行专业化、精细化生产，确保刺绣、印染等高工艺要求环节完全可控，是推动供应链进一步成熟，提升生产效率的关键。

（二）标准化进程持续推进

新汉服行业发展过程中，标准化作为行业进一步发展的关键一环，重点推进。

1. 标准制定

目前新汉服行业已经具备相当的体量，现阶段，一个专业、权威的行业标准将是行业进一步发展的关键步骤。因此，汉服行业标准制定也进入了加速阶段。

当前，以十三余为代表的头部品牌纷纷启动自己标准的制定工作，在此基础上，行业标准和国家标准也将陆续推出，届时会更有力地推动行业规范化和专业化进程。

2. 人才培养标准化

当前新汉服领域的学术研究和专业培养仍存在缺失。这代表着新汉服从业者往往并没有经历系统的专业教育，这对行业持续发展是十分不利的。随着标准制定工作的推进，系统化的专业教育也必须同步跟进，尤其是汉服相关的高等教育、职业教育。只有足够数量的高质量人才输入，才能保证行业的持续蓬勃发展。

3. 供应链标准化

未来在新汉服行业标准和国家标准的基础上，结合行业头部企业的设计生产经验，摸索出一套切实可行的标准化操作流程，构建专注于新汉服生产，高效率、高质量、可快速复制的标准化供应链。同时标准化的供应链可以有效提升新汉服企业从设计到制造的速度和质量，从而为消费者源源不断地提供优质新品，并推动新汉服行业进一步发展。

（三）创新驱动多元发展

新汉服正在通过现代化、多元素的设计来丰富款式，使其更符合现代审美，并具备全场景穿着能力；与此同时，还需要积极拓展渠道，推进线上线下融合。

1. 设计更加多元

新汉服当前亟须在设计层面针对现代审美和当代穿衣习惯加以改进，以满足消费者的相关需求。这可以从鼓励创新、多元融合出发，推出更加丰富且贴合现代审美的款式，降低大众消费者“特立独行”感，从而适应更多场景的穿着。最终实现新汉服在休闲、居家、商务、婚礼、通勤等场景下的全覆盖。

2. 品类更加多元

随着行业规模的持续扩大，新汉服及其衍生品类势必更加多元。除传统服饰类产品外，鞋子、头饰、配饰以及包包等衍生品类也将逐渐丰富起来。随着这些细分领域的发展，未来新汉服商家的经营模式可能不再是大而全的状态，而是在各个细分领域中涌现出一批业务高度垂直的品牌。

3. 渠道更加多元

目前新汉服销售渠道仍以线上为主，线下渠道开拓尚不成熟。但随着新汉服自身规模和潜在消费者规模的扩大，线下渠道在产品展示、服装试穿和推广宣传方面的优势仍然难以忽视。同时，除汉服一条街这种形式外，类似诗与万花镜通过大店聚合打造品牌认知和氛围感的城市店铺形式，结合潮玩类综合体的目标消费者叠加形式，以及进驻有汉服相关规划的商业综合体（如万达），都是新汉服拓展线下渠道的可选方向。

"双碳"目标下，我国服装行业绿色低碳循环经济发展模式及路径探究

北京服装学院　郭燕

2020年9月22日，习近平主席在第七十五届联合国大会一般性辩论上郑重宣布：中国将提高国家自主贡献力度，采取更加有力的政策和措施，二氧化碳排放力争于2030年前达到峰值，努力争取2060年前实现碳中和。自此，中国经济和社会进入"双碳"发展阶段。

中国"双碳"目标提出两年来，围绕"双碳"目标，我国一系列相关政策和规定相继出台，各行业制定了实现"双碳"目标的时间表和推进计划，为行业和企业实现绿色低碳循环，可持续发展指明方向。由"双碳"目标带来的全新的经济发展模式，也正在影响我国服装行业转型升级，改变服装企业的经营理念、产品设计、生产方式及技术创新。

一、循环经济助力"双碳"目标实现

（一）发展循环经济具有显著的资源节约与碳减排协同效应

传统的经济发展模式为"线性经济"，即"资源—产品—废弃物"的单向流动，线性经济以市场消费为驱动力，高度依赖于自然资源，产品短暂使用后被淘汰，最终作为垃圾废弃，造成巨大的资源浪费和环境污染。

循环经济发展模式是以"资源—产品—再生资源"和"生产—消费—再循环"的"闭路循环"模式。循环经济以资源的高效利用和循环利用为核心，以"减量化、再利用、资源化"为原则，其基本特征是低消耗、低排放、高效率，与"双碳"发展的目标是协同一致的。

发展循环经济可以有效减少产品的加工和制造步骤，减少原材料种植、开采、初加工等造成的能源消耗和碳排放。循环经济以较小发展成本获取较大经济效益、社会效益和环境效益，成为驱动商业模式变革的新力量。

（二）法规政策体系的完善有效助推循环经济发展

在政策层面上，国家推动循环经济发展。2005年，国务院发布了《关于加快发展循环经济的若干意见》，提出发展循环经济的指导思想、基本原则、主要目标、重点工作和重点环节、标准体系建设等，成为我国发展循环经济的纲领性文件，为循环经济的发展提供了更加明确的政策依据。

2008年，我国颁布了《中华人民共和国循环经济促进法》，明确发展循环经济是国家经济社会发展的一项重大战略，完善我国相关法律法规制度建设：建立循环经济规划制度；建立抑制资源浪费和污染物排放的总量调控制度；建立以生产者为主的责任延伸制度；加强对高耗能、高耗水企业的监督管理。

2013年，国务院发布《循环经济发展战略及近期行动计划》，提出指导"十二五"时期循环经济发展目标任务，包括：构建循环型工业体系、构建循环型农业体系及推进社会层面循环经济发展，实施循环经济"十百千"示范行动等。

2017年，国家发展改革委等14个部委联合发布《循环发展引领行动》，对"十三五"期间我国循环经济发展工作做出整体部署和十项重大专项行动的实施。

2021年2月，国务院印发《关于加快建立健全绿色低碳循环经济发展体系的指导意见》，明确建立健全绿色低碳循环发展经济体系，是促进经济社会发展全面绿色转型，是解决我国资源环境生态

问题的基础之策。提出加快建立健全绿色低碳循环发展的经济体系的指导思想、原则及主要目标。

2021年7月，国家发改委发布的《“十四五”循环经济发展规划》中提出：大力发展循环经济，推进资源节约集约利用，构建资源循环型产业体系和废旧物资循环利用体系，对保障国家资源安全，推动实现碳达峰、碳中和，促进生态文明建设具有重大意义（图4-25）。

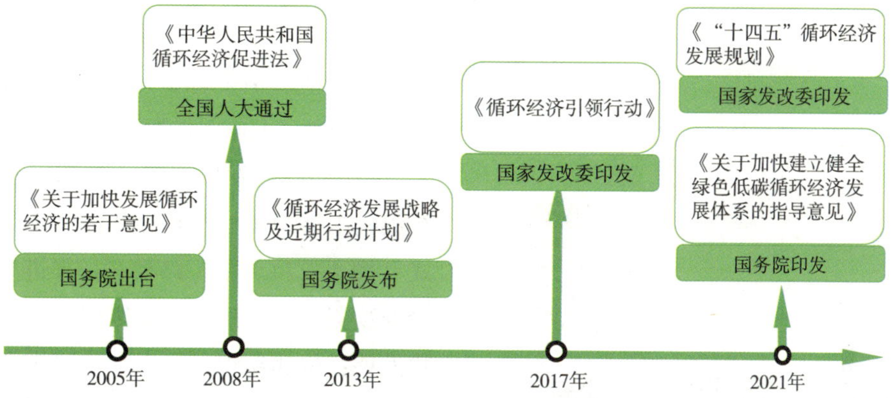

图4-25 我国循环经济法律及政策体系构成

（三）“双碳”目标赋予循环经济发展新的使命

党的十八大报告将发展循环经济作为全面促进资源节约的重要途径。党的十九大报告将推进资源全面节约和循环利用作为推进绿色发展的重要内容。党的二十大报告提出实施全面节约战略；推进各类资源节约集约利用；加快构建废弃物循环利用体系。

2020年，我国“双碳”目标提出后，生态文明建设进入以降碳为重点战略方向的新阶段，循环经济发展被赋予了新的使命和要求。

2021年2月，国务院印发《关于加快建立健全绿色低碳循环经济发展体系的指导意见》，提出：健全绿色低碳循环发展的生产体系。推进工业绿色升级。加快实施纺织、皮革等行业绿色化改造。推行产品绿色设计，建设绿色制造体系。

2021年7月，国家发改委印发《“十四五”循环经济发展规划》，指明“十四五”时期我国循环经济发展路径，构建绿色低碳循环的经济体系，助力“双碳”目标的实现。

《关于加快建立健全绿色低碳循环经济发展体系的指导意见》和《“十四五”循环经济发展规划》等相关政策，成为落实我国“双碳”目标、指导服装行业及企业绿色低碳循环经济发展的重要指导性文件。

在“双碳”目标转型新格局下，我国循环经济进入快速增长时期，循环经济对碳减排的贡献持续提升，循环经济在助力碳达峰、碳中和行动中将发挥更加重要的作用。据中国循环经济协会测算，“十三五”期间，发展循环经济对我国碳减排的综合贡献率约为25%；2020年，通过发展循环经济共计减少二氧化碳排放量约26亿吨。预计“十四五”期间发展循环经济对我国碳减排的综合贡献率将达30%，到2030年将达到35%。

二、“双碳”目标下，中国服装行业绿色低碳循环经济发展模式

（一）服装行业传统发展模式

从服装设计、生产、销售、消费及废弃整个生命周期看，服装产业链包括上游的纺织原料→纤维加工→面料生产，到服装生产环节的设计→缝制加工，再到下游的运输→零售→消费，最终进入废弃环节。

服装企业传统的经营方式，往往关注上游的原材料，企业的服装设计、生产和销售，而并不关心

服装消费环节及消费后废弃环节。消费后的旧衣物，如果捐赠或送亲戚朋友，属于延长服装使用时间；如果是闲置在家中，属于纺织资源被闲置；如果将旧衣物作为垃圾填埋或焚烧，属于没有作为资源进入闭环循环利用（图 4-26）。

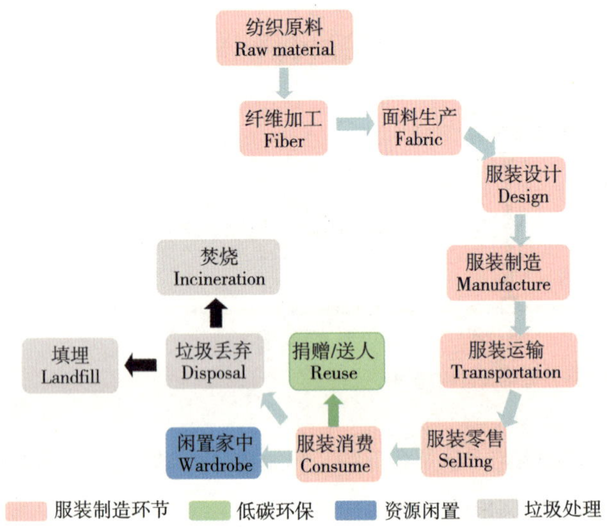

图 4-26　传统服装产业设计、生产、销售、消费及废弃后处置方式

（二）服装产业循环经济发展模式

早在 2013 年国务院发布的《循环经济发展战略及近期行动计划》中，提出十个工业行业构建循环型工业体系。在工业领域全面推行循环型生产方式，实施清洁生产，促进源头减量。到 2015 年，单位工业增加值能耗、用水量分别比 2010 年降低 21%、30%，工业固体废物综合利用率达到 72%。

《循环经济发展战略及近期行动计划》中，描绘出我国纺织工业构建循环经济工业体系的基本模式（图 4-27）。主要路径有：推进节能降耗；加强废弃物资源化利用；推动废旧纺织品再生利用规范化发展；构建纺织行业循环经济产业链，如构建纺织—边角料—纺织、纺织品—废旧纺织品—再利用产成品—纺织品、纺织品—废旧纺织品—保温材料等产业链。并提出到 2015 年，纺织行业单位工业增加值能耗、取水量比 2010 年分别下降 20%、30%，纺织纤维再利用总量达到 800 万吨。

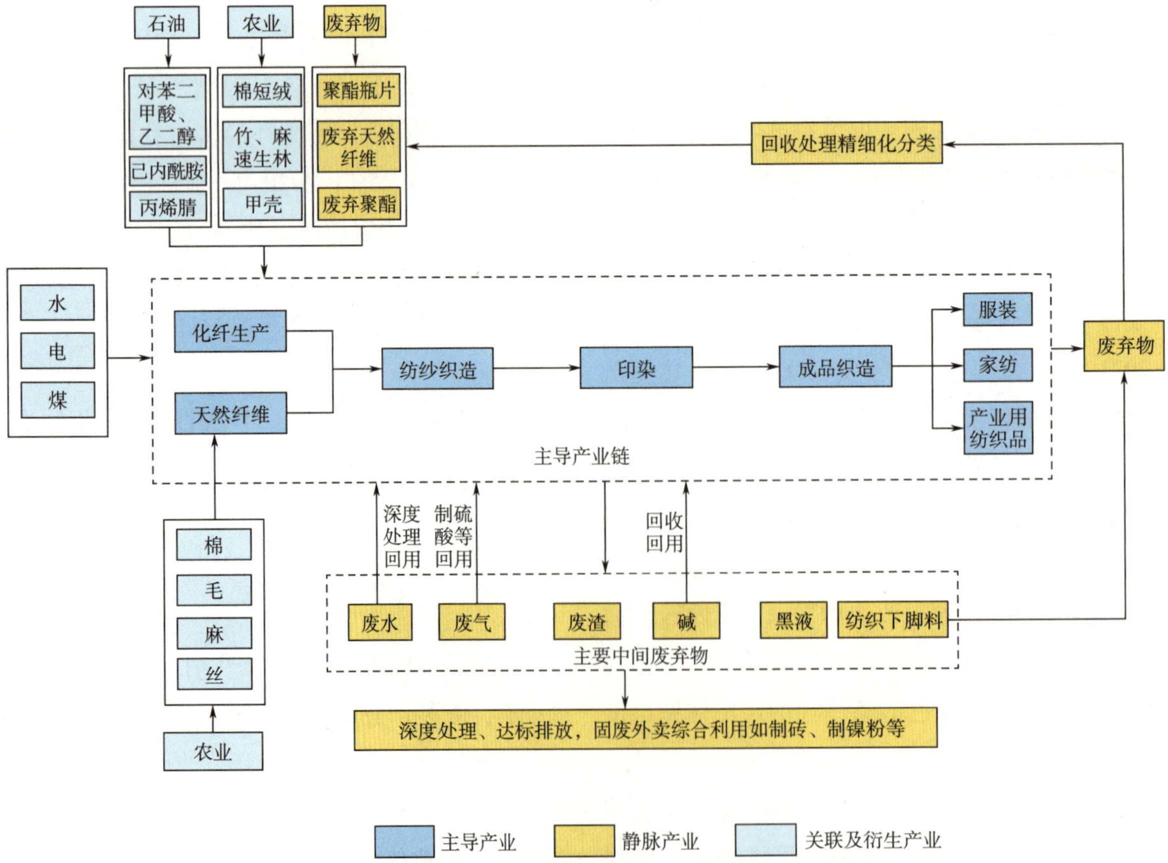

图 4-27　纺织工业发展循环经济基本模式图

在循环经济体系下，服装全生命周期延伸至服装废弃后的旧衣物的回收环节，被分拣后的旧衣物回收利用，通过4Rs途径进入资源再利用过程。

从纺织原料到服装消费后的资源循环利用闭环体系，整个服装产业价值链包括上游的纺织原料→纤维加工→面料生产，到服装设计→缝制加工，再到下游的运输→零售→消费，最终进入废弃环节的旧衣物回收、分拣→经过不同途径进行再利用，其中，一部分作为再生纤维与原生纤维混合，加工成含有一定比例的再生纤维→再加工成含有再生纤维面料。由此，经回收、分拣后的旧衣物得到资源化再利用，并纳入循环经济系统中，实现服装产业"闭路循环"（图4-28）。

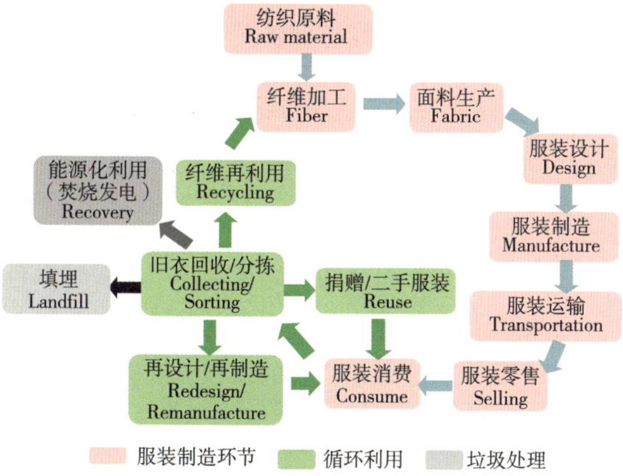

图4-28　循环经济发展模式下的服装产业闭环体系构建

2008年，欧盟推出《废物框架指令》（2008/98/EC），首先提出"废物管理的优先顺序"。依次顺序为：优先级是废弃物预防（Prevention），从源头减少废弃物的产生；其次是再使用（Reuse），二次使用、再设计或再制造；最后是无法再使用，可采取再生利用（Recycling），资源化再生利用，形成资源闭环循环。当时无法被再使用和再生利用的废弃物，可焚烧发电，将废弃物能源化利用（Recovery），减小废物的体积，最终减少填埋量。经过层级利用，最后剩下的废物（Waste）采用填埋，填埋被视为废物处理的最后一步（图4-29）。

在循环经济发展模式中，服装产业链的闭路循环是通过4Rs，即预防（Prevention），在设计环节

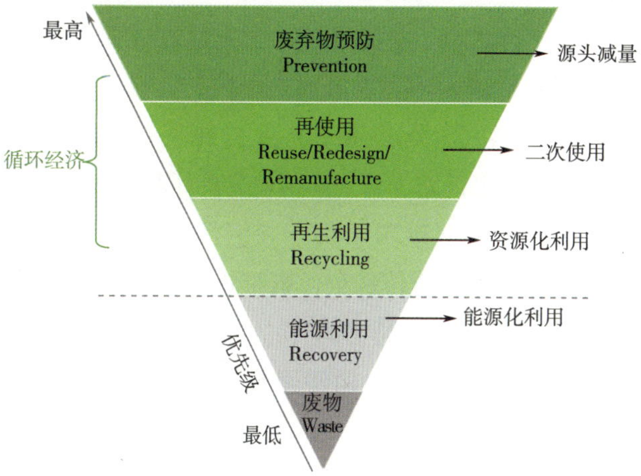

图4-29　欧盟废物管理的优先顺序

从面料选择上考虑服装废弃后的可回收、再生利用问题；再使用（Reuse），也被称为二次使用、再设计或再制造（Redesign/ Remanufacture）、再生利用（Recycling），尽可能将旧衣物捐赠、销售，得到二次穿着使用，或旧衣再造延长服装使用寿命。循环经济发展模式下，服装企业开始重视消费后的旧衣物的循环使用和资源化利用，构建闭环路径。

（三）"双碳"目标下，服装产业绿色低碳循环发展模式

2021年2月，国务院印发的《关于加快建立健全绿色低碳循环发展经济体系的指导意见》中提出：全方位全过程推行绿色规划、绿色设计、绿色投资、绿色建设、绿色生产、绿色流通、绿色生活、绿色消费，使发展建立在高效利用资源、严格保护生态环境、有效控制温室气体排放的基础上，统筹推进高质量发展和高水平保护，建立健全绿色低碳循环发展的经济体系，确保实现碳达峰、碳中和目标，推动我国绿色发展迈上新台阶。

我国进入新发展阶段，发展循环经济作为推动国民经济绿色化的重要途径，也是保障国家资源安全的重要途径，更是实现碳达峰、碳中和的有力抓手。

"双碳"目标下，服装企业要从一件服装全生命周期管理角度，以绿色、低碳、循环发展理念，对前端的原材料采购、中端的加工制造、后端的流

通和消费、到最终的废弃阶段资源利用，整个服装价值链上、中、下游各环节、全方位进行管理。

绿色低碳循环发展模式是服装产业循环经济发展的高级形式，是依赖于企业自我约束、自觉行动、自愿信息披露、自主承担社会责任和环境责任。

为落实“双碳”目标，在资源循环再利用基础上，服装产业价值链全过程推进绿色低碳循环发展理念，推动产业链各环节的绿色化，也被称为“变绿”（图4-30），构建服装产业绿色低碳循环发展模式。

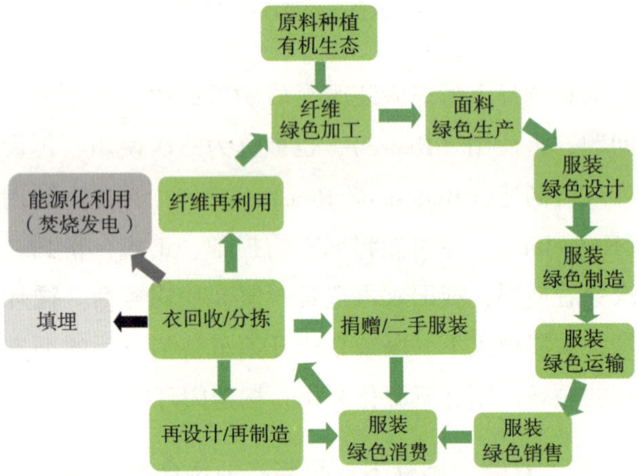

图4-30 “双碳”目标下服装产业绿色低碳循环发展模式构建

服装产业绿色低碳循环发展模式，强调纺织原料环节，生态有机和绿色采购；纤维和面料环节的绿色生产，禁止使用有害染料；服装绿色设计，设计环节考虑选择可回收利用、可再生面料；服装加工环节的绿色制造，突出节能降碳；运输和销售环节，通过绿色运输和绿色销售，实现绿色物流，减少照明能耗；服装消费环境的绿色消费，倡导洗涤过程的节水节能；服装废弃环节，再使用、资源循环利用等。

三、“双碳”目标下，我国服装产业绿色低碳循环发展实现路径及建议

服装产业绿色低碳循环发展模式的实现路径，即前端引领后端和后端倒逼前端。“双碳”目标，已成为我国服装产业绿色低碳循环发展的驱动力。

（一）“前端引领后端”服装产业绿色低碳循环发展模式实现路径

1. 前端引领后端

前端引领后端是由纺织绿色生产引领服装绿色设计、服装绿色设计引领服装绿色制造、服装绿色产品引领大众服装绿色消费的绿色、低碳、环保发展模式（图4-31）。

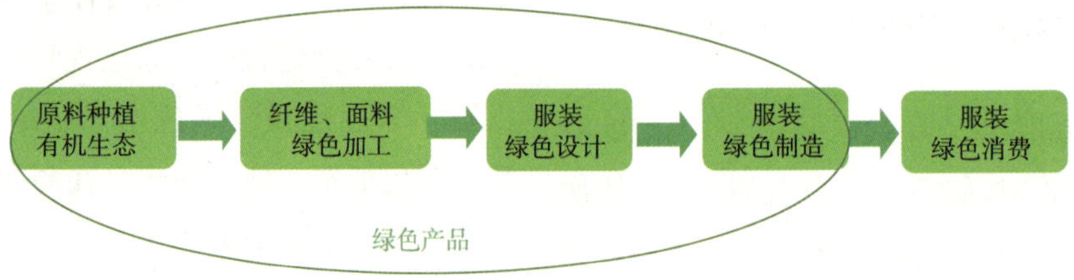

图4-31 服装产业绿色低碳循环发展模式实现路径之“前端引领后端”

首先，生态环保面料是基于纺织原料种植环节的无害化、有机、生态，以及纺织纤维和面料加工环节的清洁生产、节水、节能，选择环境友好型染料和助剂等。

其次，在服装设计阶段，设计师选择生态环保面料，设计过程考虑减少服装裁剪中的不必要面料浪费，同时，兼顾服装废弃后，能够被再利用和资源化利用。

最终，经过服装加工环节绿色制造，消费者可以买到服装绿色产品，因此，由前端绿色纤维、清洁生产、绿色设计、绿色制造引领后端消费者选择和购买绿色服装产品。

2. “前端引领后端”实现路径的建议依据

（1）依据我国绿色制造体系政策措施。“十三五”期间，工业和信息化部出台一系列绿色制造体系建设相关政策（图4-32）。2016年7月，工信部

印发《工业绿色发展规划（2016—2020 年）》。2016 年 9 月，先后出台了《绿色制造工程实施指南（2016—2020 年）》和《关于开展绿色制造体系建设的通知》，提出“十三五”期间绿色制造体系初步建立，包括绿色制造标准体系基本建立，绿色设计与评价得到广泛应用，建立百家绿色示范园区和千家绿色示范工厂，推广普及万种绿色产品，主要产业初步形成绿色供应链的发展目标。

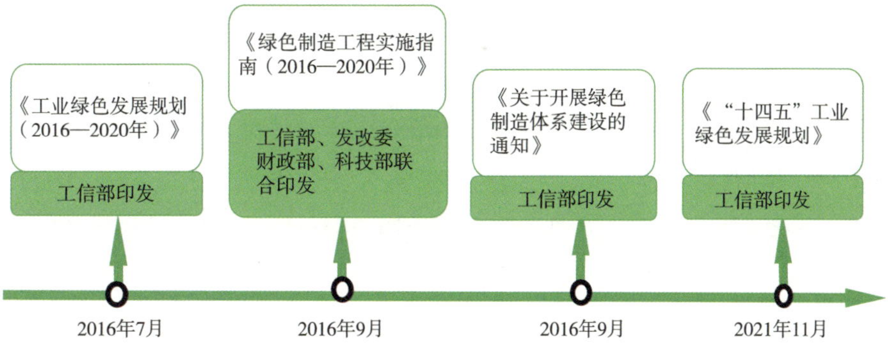

图 4-32　绿色制造体系建设相关政策

“十三五”期间，工业领域以传统行业绿色化改造为重点，以绿色科技创新为支撑，以法规标准制度建设为保障，大力实施绿色制造工程，工业绿色发展取得显著的成效。

绿色制造体系建设（图 4-33），包括绿色工厂、绿色产品、绿色园区、绿色供应链，以及绿色制造标准体系、绿色制造评价机制和绿色制造服务平台七个方面。其中，绿色工厂、绿色产品、绿色园区、绿色供应链是绿色制造体系建设的主要内容，是推动制造业绿色低碳转型升级的领军力量。

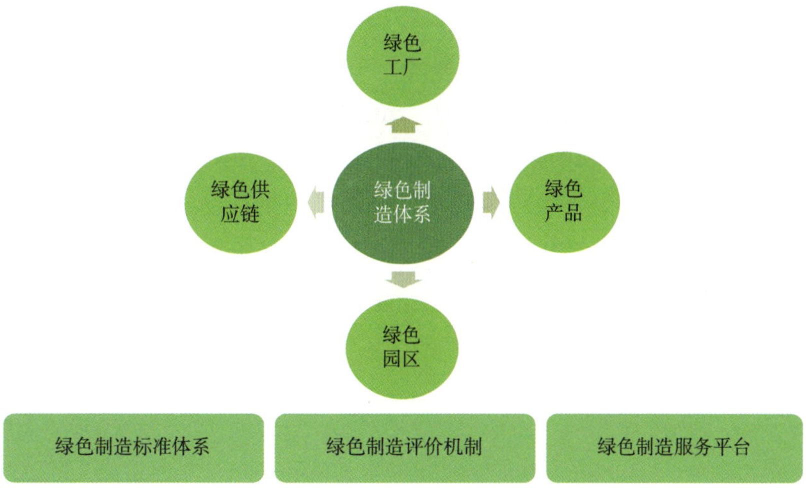

图 4-33　绿色制造体系建设内容

“十三五”时期，工信部公布了五批绿色制造名单，我国绿色制造体系建设的主要成效：研究制定 468 项节能与绿色发展行业标准，建设 2121 家绿色工厂、172 家绿色工业园区、189 家绿色供应链企业、绿色产品 2170 种。绿色制造体系建设为工业绿色转型提供了重要的支撑。

进入“十四五”以来，为加快构建以高效、绿色、低碳、循环为特征的现代化产业体系，2021 年 11 月，工信部印发我国《“十四五”工业绿色发展规划》，围绕重点行业和重要领域，持续推进绿色产品、绿色工厂、绿色工业园区和绿色供应链管理企业建设，遴选发布“绿色制造名单”（表 4-11）。

表 4-11 工信部“绿色制造名单”

时期	年份	第几批	绿色工厂（家）		绿色设计产品（种）		绿色园区（家）	绿色供应链管理企业（家）	
			总数	纺织	总数	纺织	总数	总数	纺织
“十三五”	2017 年	第一批	201	6	193	0	24	15	0
	2018 年	第二批	208	15	53	7	22	4	0
	2018 年	第三批	391	17	480	35	34	21	3
	2019 年	第四批	602	26	371	46	39	50	1
	2020 年	第五批	719	18	1073	162	53	99	8
“十四五”	2021 年	第六批	662	14	989	113	52	107	4
总计			2783	96	3159	363	224	296	16

（**数据来源**：作者根据 2017~2022 年工信部公布的历次“绿色制造名单”整理）

《“十四五”工业绿色发展规划》提出：到 2025 年，工业产业结构、生产方式绿色低碳转型取得显著成效，绿色低碳技术装备广泛应用，能源资源利用效率大幅提高，绿色制造水平全面提升，为 2030 年工业领域碳达峰奠定坚实基础。重点行业和重点区域绿色制造体系基本建成，完善工业绿色低碳标准体系，推广万种绿色产品。

截至 2021 年底，我国绿色制造体系建设，已累计推动建设绿色工厂 2783 家、绿色园区 224 家、绿色供应链管理示范企业 296 家、绿色产品 3159 种，发挥典型示范引领作用，成为绿色增长的新动能。

绿色制造体系建设成为我国服装产业绿色转型的重要支撑。截至 2021 年底，工信部开展了六批绿色制造名单推荐，其中，纺织工业有 363 种绿色产品、96 家绿色工厂、16 家绿色供应链企业被工信部列入绿色制造体系建设名单中。

（2）依据绿色设计促进工业绿色低碳循环发展政策措施。早在 2013 年 1 月，工信部、发改委、生态环境部出台了《关于开展工业产品生态设计的指导意见》，旨在引导企业开展工业产品生态设计，促进生产方式、消费模式向绿色低碳、清洁安全转变。并提出：到 2015 年，初步建立政策引导与市场推动相结合的工业产品生态设计推进机制。

2014 年 7 月，工信部出台了《生态设计示范企业创建工作方案》，提出：经过 2~3 年试点，每个行业树立 1~2 家示范企业；探索建立不同行业和产品的生态设计评价体系；总结示范企业推进模式和有益经验在全行业推广，引导工业行业和企业走绿色低碳循环发展之路。同时，启动“工业产品生态（绿色）设计试点企业”工作（图 4-34）。

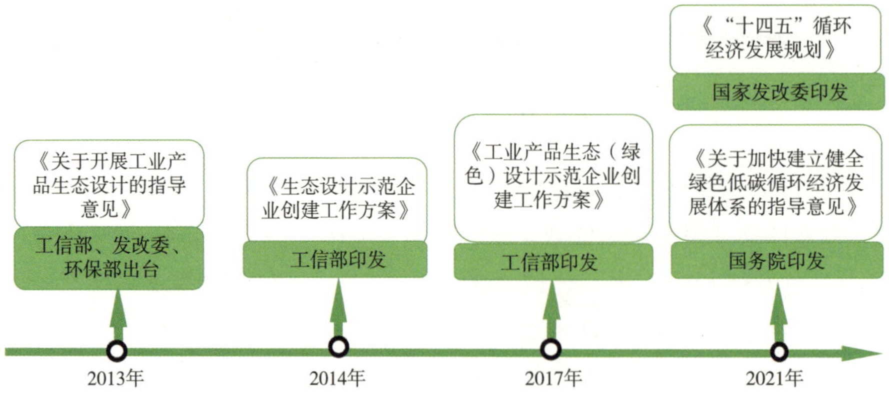

图 4-34 工业产品生态（绿色）设计示范企业相关政策

工信部于2015年组织开展第一批“工业产品生态（绿色）设计试点企业”工作，2016年组织开展第二批“工业产品生态（绿色）设计示范企业”创建工作。共有99家企业获得“工业产品生态（绿色）设计示范企业”，其中，纺织行业有7家企业（表4-12）。

表4-12 工信部“工业产品生态（绿色）设计试点企业”名单

年份	第几批	企业总数（家）	行业总数（个）	纺织行业企业（家）
2015年	第一批	41	8	4
2016年	第二批	58	6	3
合计		99	14	7

（**数据来源：**作者根据2015~2016年工信部公布的两批“工业产品生态（绿色）设计试点企业”整理）

“十三五”时期，为加快推行绿色设计，促进工业绿色低碳循环发展，2017年5月，工信部出台了《工业产品生态（绿色）设计示范企业创建工作方案》，提出：到2020年，绿色发展理念成为工业全领域全过程的普遍要求，工业绿色发展推进机制基本形成，绿色制造产业成为经济增长新引擎和国际竞争新优势，工业绿色发展整体水平显著提升。

其中，绿色产品设计示范工程，包括推进绿色设计试点示范，开展典型产品绿色设计水平评价试点，培育一批绿色设计示范企业，制定绿色产品标准。到2020年，创建百家绿色设计示范企业、百家绿色设计中心，力争开发推广万种绿色产品。

2018年，工信部对2015~2016年确定的两批共99家“工业产品绿色（生态）设计试点企业”进行了验收，共有61家试点企业通过验收。

2019年，工信部最终确定61家企业为第一批“工业产品绿色设计示范企业”，对未通过验收的其他38家试点企业，不再列为工业产品绿色设计试点企业名单。

2020年，工信部组织开展第二批“工业产品绿色设计示范企业”推荐工作，最终有67家企业确定为第二批“工业产品绿色设计示范企业”。

进入“十四五”以来，为贯彻落实我国《“十四五”工业绿色发展规划》，2021年11月，国务院出台《关于加快建立健全绿色低碳循环发展经济体系的指导意见》，提出：全方位全过程推行工业产品绿色设计，促进工业绿色低碳循环发展，助力碳达峰碳中和目标实现。

2019~2022年，工信部公布了四批工业产品绿色设计示范企业名单，全国共有344家企业认定为“工业产品绿色设计示范企业”。其中，纺织行业有29家企业确定为工业产品绿色设计示范企业（表4-13）。

表4-13 工信部“工业产品绿色设计示范企业”名单

时期	年份	第几批	企业总数（家）	行业总数（个）	纺织行业企业（家）
“十三五”	2019年	第一批	61	9	6
	2020年	第二批	67	8	5
“十四五”	2021年	第三批	117	8	9
	2022年	第四批	99	8	9
合计			344	33	29

（**数据来源：**作者根据2019~2022年工信部公布的历次“工业产品绿色设计示范企业名单”整理）

（3）依据绿色制造标准体系。为做好绿色制造标准化顶层设计，2016年9月，工信部和国家标准化管理委员会印发《绿色制造标准体系建设指南》，推进绿色制造标准化工作，形成较为完善的绿色制造标准体系，在推行绿色制造体系建设中，进一步发挥标准的规范和引领作用。

绿色制造标准体系分为综合基础、绿色产品、绿色工厂、绿色企业、绿色园区、绿色供应链和绿色评价与服务七个子体系（图 4-35）。其中，绿色产品、绿色工厂、绿色企业、绿色园区、绿色供应链子体系是绿色制造标准化建设的重点对象，综合基础和绿色评价与服务子体系提供基础设施、技术、管理、评价、服务方面的支撑。

绿色工厂评价依据国家标准《绿色工厂评价通则》（GB/T 36132—2018），各行业绿色工厂评价导则标准 41 项，其中纺织行业绿色工厂评价行业标准有 4 项（表 4-14）。

绿色产品评价依据国家标准《生态设计产品评价通则》（GB/T 32161—2015）和《生态设计产品标识》（GB/T 32162—2015），行业标准有 159 项，其中与纺织行业绿色产品评价相关的标准有 3 项，团体标准有 18 项（表 4-15）。

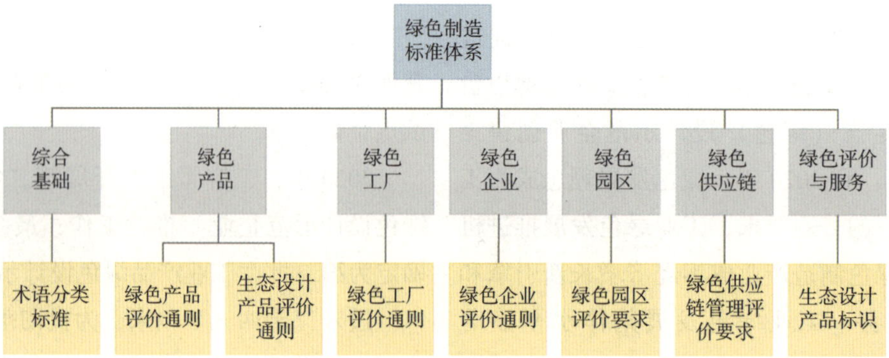

图 4-35 绿色制造标准体系建设

表 4-14 与纺织行业相关的绿色工厂评价标准

国家标准	纺织行业标准
《绿色工厂评价通则》GB/T 36132—2018	《丝绸行业绿色工厂评价要求》FZ/T 07006—2020
	《筒子纱智能染色绿色工厂评价要求》FZ/T 07009—2020
	《色纺纱行业绿色工厂评价要求》FZ/T 07022—2021
	《毛纺织行业绿色工厂评价要求》FZ/T 07021—2021

［资料来源：工信部公布的绿色工厂评价行业标准（2022 年 9 月更新）整理］

表 4-15 与纺织行业相关的绿色产品评价标准

国家标准	纺织行业标准
《生态设计产品评价通则》GB/T 32161—2015	《绿色设计产品评价技术规范 涤纶磨毛印染布》T/CAGP 0030—2018T/CAB 0030—2018
《生态设计产品标识》GB/T 32162—2015	《绿色设计产品评价技术规范 户外多用途面料》T/CAGP 0034—2018T/CAB 0034—2018
	《绿色设计产品评价技术规范 丝绸制品》FZ/T 07003—2019
	《绿色设计产品评价技术规范 聚酯涤纶》T/CNTAC 33—2019
	《绿色设计产品评价技术规范 巾被织物》T/CNTAC 34—2019
	《绿色设计产品评价技术规范 皮服》T/CNTAC 35—2019
	《绿色设计产品评价技术规范 羊绒产品》T/CNTAC 38—2019

续表

国家标准	纺织行业标准
《生态设计产品标识》GB/T 32162—2015	《绿色设计产品评价技术规范　毛精纺产品》T/CNTAC 39—2019
	《绿色设计产品评价技术规范　针织印染布》T/CNTAC 40—2019
	《绿色设计产品评价技术规范　布艺类产品》T/CNTAC 41—2019
	《绿色设计产品评价技术规范　色纺纱》T/CNTAC 51—2020 《绿色设计产品评价技术规范　再生涤纶》T/CNTAC 52—2020
	《绿色设计产品评价技术规范　针织服装》FZ/T 07010—2021
	《绿色设计产品评价技术规范　毛毯产品》T/CNTAC 74—2021
	《绿色设计产品评价技术规范　床上用品》T/CNTAC 75—2021
	《绿色设计产品评价技术规范　化纤长丝织造产品》T/CNTAC 77—2021
	《绿色设计产品评价技术规范　牛仔面料》T/CNTAC 78—2021
	《绿色设计产品评价技术规范　再生纤维素纤维本色纱》T/CNTAC 80—2021
	《绿色设计产品评价技术规范　氨纶》T/CNTAC 95—2022
	《绿色设计产品评价技术规范　粘胶纤维》T/CNTAC 96—2022

[**数据来源**：工信部公布的绿色设计产品标准清单（2022 年 9 月更新）整理]

绿色园区评价依据是 2016 年工信部发布的《绿色园区评价要求》，绿色园区评价指标体系包括能源利用绿色化指标、资源利用绿色化指标、基础设施绿色化指标、产业绿色化指标、生态环境绿色化指标、运行管理绿色化指标 6 个方面。目前，尚无纺织服装类绿色园区入围。

绿色供应链评价依据是 2016 年工信部发布的《绿色供应链管理评价要求》，之后出台了三个行业评价指标体系有：机械行业绿色供应链管理企业评价指标体系、汽车行业绿色供应链管理企业评价指标体系、电子电器行业绿色供应链管理企业评价指标体系。纺织服装行业绿色供应链评价是依据《绿色供应链管理评价要求》。

3. “前端引领后端” 实现路径的建议

经过十年的建设，我国绿色制造体系基本建立，形成以绿色工厂、绿色产品、绿色园区、绿色供应链为绿色制造体系的主要内容，以绿色制造标准体系和评价机制为基础，以推动我国“双碳”目标实现为产业结构调整、促进工业全面绿色低碳转型的总体导向，全面统领减污降碳和能源资源高效利用。

在我国绿色制造体系建设中，服装企业可以从绿色工厂、绿色产品、绿色供应链和工业产品绿色设计示范企业四个方面，构建绿色低碳循环发展的生产体系和流通体系。

（1）推动绿色工厂建设。绿色工厂是制造业的生产单元，是绿色制造的实施主体，属于绿色制造体系的核心支撑单元，侧重于生产过程的绿色化。绿色工厂应生产符合绿色产品要求的产品。

服装绿色工厂评价，依据国家标准《绿色工厂评价通则》（GB/T 36132—2018），目前尚无针对服装企业绿色工厂评价行业标准。《绿色工厂评价通则》规定了绿色工厂评价的指标体系及通用要求。

绿色工厂应在保证产品功能、质量以及生产过程中的人职业健康安全的前提下，引入生命周期思想，优先选用绿色材料、工艺、技术和设备，满足基础设施、管理体系、能源与资源投入、产品、环境排放、环境绩效的综合评价要求，并进行持续改进，绿色工厂评价体系框架（图 4-36）。

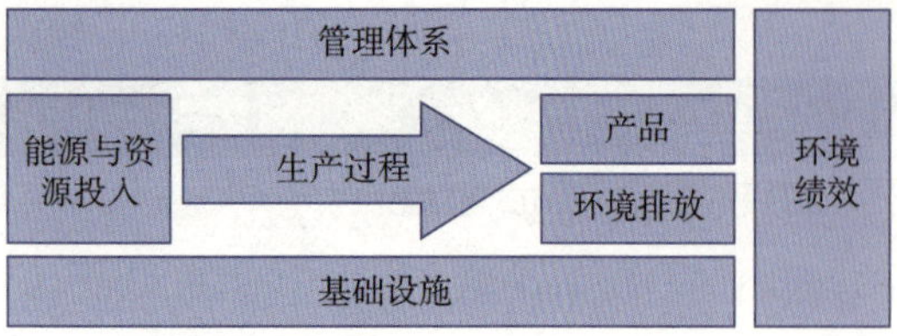

图 4-36 绿色工厂评价指标体系框架

［**图片来源**：国家标准《绿色工厂评价通则》（GB/T 36132—2018）及工信部《绿色工厂评价要求》］

服装绿色工厂自我评价，可依据工信部发布的《绿色工厂评价要求》（表 4-16）。绿色工厂评价指标分为 7 个一级指标和 26 个二级指标。服装企业转变观念，将建设绿色工厂作为企业发展方向，按照《绿色工厂评价要求》指标体系要求，推进绿色工厂建设，积极进行升级改造，达到绿色工厂的基本要求。

表 4-16 《绿色工厂评价要求》评价指标体系

一级指标	一般要求	基础设施	管理体系	能源资源投入	产品	环境排放	绩效
二级指标	合规性与相关方要求	建筑	管理体系基本要求	能源投入	生态设计	污染物处理设备	用地集约化
	管理职责	计量设备	环境管理体系	资源投入	节能	大气污染物排放	生产洁净化
		照明	能源管理体系	采购	碳足迹	水体污染物排放	废物资源化
			社会责任		有害物质限制使用	固体废物排放	能源低碳化
						噪声排放	
						温室气体排放	

（**数据来源**：作者根据工信部《绿色工厂评价要求》整理）

（2）开展绿色产品设计。绿色产品是以绿色制造实现供给侧结构性改革的最终体现，侧重于产品全生命周期的绿色化。按照全生命周期的理念，在产品设计开发阶段系统考虑原材料选用、生产、销售、使用、回收、处理等各个环节对资源环境造成的影响，实现产品对能源资源消耗最低化、生态环境影响最小化、可再生率最大化。

现行的国家标准《生态设计产品评价通则》（GB/T 32161—2015），规定了生态设计产品评价规范。依据产品生命周期评价方法编制产品生命周期评价报告，用于披露产品生态设计情况以及全生命周期环境影响信息的报告。

评价原则以生命周期评价与指标评价相结合。生命周期评价方法，考虑工业产品的整个生命周期，从产品设计、原材料获取、产品生产、产品使用、废弃后回收处理等阶段，深入分析各阶段的资源消耗、生态环境、人体健康影响因素，选取不同阶段的、可评价的指标构成评价指标体系。绿色产品设计评价一级指标，包括资源属性、能源属性、环境属性和产品属性。

目前，绿色设计产品认定要在“绿色设计产品标准清单”范围内，申请产品仅限清单中载明标准的产品。根据绿色设计标准的具体要求，编写企业绿色设计产品自评价报告。

现有的“绿色设计产品标准清单”中，与服装相关的标准有两个：团体标准《绿色设计产品评价技术规范 皮服》（T/CNTAC 35—2019）和纺织行业标准《绿色设计产品评价技术规范 针织服装》（FZ/T 07010—2021）。团体标准《绿色设计产品评价技术规范 皮服》（T/CNTAC 35—2019），适用于以真毛（包括毛革）为主要面料加工而成的皮服的绿色设计产品评价。2019 年，安徽银河皮革有限公司生产的鹿纹皮服，获得工信部第四批绿色设计产品。纺织行业标准《绿色设计产品评价技术规范 针织服装》（FZ/T 07010—2021），适用于以棉或化学纤维为主要原料生产的各类针织服装的绿色设计评价。自标准颁布后，还没有企业的产品获得工信部绿色产品。

（3）打造绿色供应链。绿色供应链是绿色制造理论与供应链管理技术结合的产物，侧重于供应链节点上企业的协调与协作。打造绿色供应链，企业要建立以资源节约、环境友好为导向的采购、生产、营销、回收及物流体系，推动上下游企业共同提升资源利用效率，改善环境绩效，达到资源利用高效化、环境影响最小化、链上企业绿色化的目标。

按照产品全生命周期理念，加强供应链上下游企业间的协调与协作，发挥核心龙头企业的引领带动作用，确立企业可持续的绿色供应链管理战略，实施绿色伙伴式供应商管理，优先纳入绿色工厂为合格供应商和采购绿色产品，强化绿色生产，建设绿色回收体系，搭建供应链绿色信息管理平台，带动上下游企业实现绿色发展。

绿色供应链的评价依据2016年工信部发布的《绿色供应链评价要求》。绿色供应链是将环境保护和资源节约的理念贯穿于企业从产品设计到原材料采购、生产、运输、储存、销售、使用和报废处理的全过程，使企业的经济活动与环境保护相协调的上下游供应关系。

绿色供应链管理范围：按照产品生命周期要求，对设计、采购、生产、物流、回收等业务流程进行管理，其中涉及供应商、制造企业、物流商、销售商、最终用户以及回收、拆解等企业的协作。2018~2021年，纺织行业有15家企业确定为“绿色供应链管理企业”，其中多家为服装品牌企业（表4-17）。

企业绿色供应链管理关键环节：确立可持续的绿色供应链管理战略；实施绿色供应商管理；强化绿色生产；建设绿色回收体系；搭建绿色信息收集监测披露平台，带动上下游企业实现绿色发展。

表 4-17 “绿色供应链管理企业名单”

年度	第几批	数量	纺织行业
2018年	第三批	3家	康赛妮集团有限公司 安徽三宝棉纺织投资有限公司 广东溢达纺织有限
2019年	第四批	1家	浙江美欣达纺织印染科技有限公司
2020年	第五批	8家	上海依拓纺织有限公司 晨风（江苏）服装有限公司 波司登羽绒服装有限公司 浙江米皇服饰股份有限公司 浙江盛泰服装集团股份有限公司 浙江米皇新材股份有限公司 安徽银河皮革有限公司 宁波中鑫毛纺集团有限公司
2021年	第六批	3家	江苏阳光集团有限公司 三六一度（中国）有限公司 浙江森马服饰股份有限公司 衣拉拉集团股份有限公司

（**资料来源**：作者根据2018~2022年工信部公布的历次“绿色制造名单”整理）

（4）创建工业产品绿色设计示范企业。以探索建立我国工业产品绿色设计的激励机制和推行模式，引导工业污染防治从“末端治理”向“全生命周期控制”转变为目标，在资源消耗高、环境污染重、产业关联度大、产品影响广泛的工业行业，选择一批代表性强、产品市场影响力大、设计开发基础好、管理水平高、经济实力强的企业，开展绿色设计示范企业创建试点工作。

以提高企业绿色发展意识和绿色设计能力为核心，以企业为主体，充分发挥绿色设计在企业实施绿色发展战略中的作用，充分体现企业在产品设计开发过程中绿色设计水平。

工业产品绿色设计示范企业应：贯彻落实绿色设计理念和低碳发展要求，开展产品生命周期碳足迹、水足迹和环境影响分析评价，应用评价结果制定企业绿色低碳发展战略及产品绿色化措施；企业应用数字化、低碳化、轻量化、循环化、模块化、集成化、设计制造一体化等方面绿色设计关键技术，开发高性能、高质量的绿色低碳环保产品；企业在绿色产品推广的成效，参与制定绿色产品相关的技术规范、标准或政策，绿色产品在产品结构中比重、销量及产值情况，绿色品牌培育和发展经验。

工业产品绿色设计示范企业的评价指标包括：企业绿色低碳发展战略和措施；管理能力；市场竞争力；市场影响力；企业运营；绿色设计实力；绿色设计基础和关键技术应用；绿色设计产品情况；绿色发展水平。

（二）“后端倒逼前端”服装产业绿色低碳循环发展模式实现路径

1. 后端倒逼前端

随着人们生活水平的提高，更加关注产品的安全性和品质。由后端倒逼前端（图 4-37），是消费者开始寻求购买绿色、生态、安全的产品，倒逼企业改变原有的生产方式，主动推进绿色产品设计和开发，重视生产过程的低碳、环保，通过清洁生产、绿色制造，提供绿色产品满足消费者的绿色消费需求。

2. “后端倒逼前端”实现路径的建议依据

为深入贯彻落实《中共中央、国务院关于完整准确全面贯彻新发展理念做好碳达峰碳中和工作的意见》和《2030 年前碳达峰行动方案》有关要求，2022 年 1 月，国家发改委等部门印发《促进绿色消费实施方案》提出：到 2025 年，绿色消费理念深入人心，奢侈浪费得到有效遏制，绿色低碳产品市场占有率大幅提升，重点领域消费绿色转型取得明显成效，绿色消费方式得到普遍推行，绿色低碳循环发展的消费体系初步形成。到 2030 年，绿色消费方式成为公众自觉选择，绿色低碳产品成为市场主流，重点领域消费绿色低碳发展模式基本形成，绿色消费制度政策体系和体制机制基本健全。

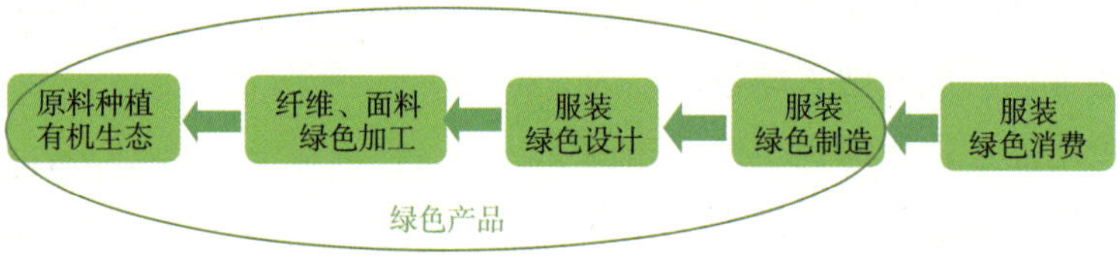

图 4-37 服装产业绿色低碳循环发展模式实现路径之“后端倒逼前端”

《促进绿色消费实施方案》中提出：鼓励推行绿色衣着消费。倡导消费者理性消费，按照实际需要合理、适度购买衣物。规范旧衣公益捐赠，鼓励企业和居民通过慈善组织向有需要的困难群众依法捐赠合适的旧衣物。鼓励单位、小区、服装店等合理布局旧衣回收点，强化再利用。支持开展废旧纺织品服装综合利用示范基地建设。

3. “后端倒逼前端”现实路径建议

（1）把握服装消费绿色升级机遇。绿色消费与绿色产品紧密相关，既表现为绿色产品可以创造绿色消费，同时绿色消费可以反作用于绿色产品生产，特别是在买方市场占主导的商业环境中，消费端绿色消费对绿色产品的牵引与倒逼作用更加明显。

服装绿色消费使消费者选择服装绿色产品或增加购买服装绿色产品的行为，将传导至服装设计、服装生产及服装销售端，服装企业关注消费绿色升级，主动调整产品结构，增加绿色产品投资与供给。

引入消费端力量，发挥消费行为对绿色产品的设计、生产和销售的驱动作用，倒逼服装企业以绿色设计、绿色生产和绿色供应链满足消费需求。因此，服装绿色消费不仅仅是消费结构的升级，更是直接牵引着服装企业绿色转型升级动力。

（2）拥抱服装绿色消费方式。服装绿色消费是消费者在消费全过程中，秉承绿色低碳理念的消费行为。其中，共享经济催生服装消费新趋势，如服装租赁、二手服装等服装绿色消费方式。

共享经济模糊了所有权与使用权的边界，通过短期让渡物品所有权的形式避免资源的闲置与低效，使那些只穿着了一次的服装，因闲置造成的浪费，通过服装租赁方式将使用权转让给新的消费者，在增加收益同时，也帮助闲置服装在恰当的时间匹配合适的需求对象，保证了服装再使用，提高其利用率、延长使用年限。

随着消费观念的转变，越来越多的年轻消费者接受，并愿意购买二手服装，服装在消费端的二度流通及循环，让循环成为一种生活方式。在手机App上，时尚单品在用户之间循环流转起来，焕发新的生命。从可持续发展的环保理念出发，通过闲置服装在不同人群之间进行循环，消费者在交易中践行低碳环保的理念，潜移默化地完成消费理念的升级，减少资源消耗，是服装绿色消费方式，与“双碳”目标高度契合。

（3）关注服装绿色消费需求。消费者对服装绿色消费需求日益增长，如纤维面料的绿色、安全、可再生，生产过程低碳环保、无污染，使用后的服装可回收，服装中含有一定比例的再生纤维成分等。倒逼服装企业向绿色设计、绿色生产和绿色供应链升级，从供给端满足服装绿色消费需求。

消费者追求“简约”，成为服装绿色消费的主流。服装简约风格，更容易让消费者“一衣多搭”，无论时尚的潮流如何变化，当下流行哪种风格，简约风都不会轻易过时，成为常见又实用的穿搭风格。

四、结论

自“十三五”时期以来，我国绿色制造系统基本建成。“十四五”时期，我国服装产业绿色低碳循环发展模式，是助力我国“双碳”目标实现的重要途径。服装企业秉承绿色低碳循环发展理念，加强企业自身的绿色设计、绿色生产、绿色供应链管理，创建工业产品绿色设计企业，实现供给端的绿色转型。服装绿色消费新趋势、新需求，已经引领消费端的绿色消费升级，主动提供绿色产品是未来服装企业的必然选择。

中国纺织服装行业 ESG 现状与发展趋势

中国纺织工业联合会社会责任办公室　刘卉

ESG 即环境（Environment）、社会（Social）和公司治理（Governance）三个英文单词的首字母，是一种关注环境、社会责任和公司治理的评价体系，主要用在投资领域，评估企业经营的可持续性与对社会价值观的影响。ESG 作为一种新兴的投资理念和企业评价标准，起源于欧美。近年来，在应对全球气候变化危机的大背景下，ESG 理念的环境要素包括气候变化、资源消耗、废弃物、污染和砍伐森林等问题，与联合国可持续发展目标一致，与中国政府新发展理念、高质量增长和“双碳”目标等战略也高度契合，因此 ESG 日益受到国内外社会各界的关注和重视。

ESG 对我国纺织服装产业的绿色发展转型同样具有重要意义，是行业可持续发展的价值新标杆，夯实了纺织服装作为责任导向的绿色产业定位基础。随着 ESG 理念日益普及，中国纺织服装行业的 ESG 绩效水平日渐提升，成为贡献联合国可持续发展目标和中国政府“双碳”目标的重要主体。

一、ESG 发展及全球实践概述

2004 年，联合国环境规划署首次提出 ESG 投资概念，提倡在投资中关注环境、社会、治理问题。2006 年，联合国负责任投资原则（UNPRI）发布，确立了社会责任投资原则，对 ESG 概念发展和领域设定起到了关键性作用。同年，高盛集团发布 ESG 研究报告，将“环境、社会、治理”整合到一起，标志 ESG 概念正式形成。此后，国际组织、投资机构等市场主体不断深化和丰富 ESG 概念，逐步完善并形成了 ESG 理念。ESG 从环境、社会及公司治理三个非财务维度来评价企业或投资对象在促进经济可持续发展、履行社会责任等方面的贡献，在国际资本市场日益受到投资者和客户的关注和重视，成为衡量可持续发展的重要指标。

（一）ESG 评价体系

ESG 评价体系又称 ESG 评级（ESG Ratings），是由商业和非营利组织创建，以评估企业的承诺、业绩、商业模式和结构如何与可持续发展目标相一致。因为 ESG 至今尚未有全球统一的定义和披露标准，各评级体系往往会基于全球报告倡议组织（GRI）、可持续发展会计准则委员会（SASB）等的 ESG 披露标准，根据行业分类选取不同的指标并构建方法论，形成评价体系。

ESG 评价体系以环境、社会以及公司治理三方面为核心，向下细分为三到四层具体指标进行评分。经过多年发展，国际上已经形成了一些成熟 ESG 指标体系。据统计，当前全球 ESG 评级机构超过 600 家，包括评级公司和非盈利团体。目前国外比较有影响力的 ESG 评级体系有：明晟（MSCI）、富时罗素（FTSE Russell）、道琼斯可持续发展指数（DJSI）、标普全球（Sustainable1）、路孚特（Refinitiv）、汤姆森路透（Thomson Reuters）、晨星（Sustainalytics）等。

ESG 在我国起步较晚，国际主流的 ESG 评级考量的议题和指标内容并不都适用于中国上市公司，因此我国的投资机构和研究院校等也在积极研究和发展适合本土国情的 ESG 评级体系，如中证指数、中财绿金院、商道融绿、万得等，但是国内的 ESG 评级体系还处于探索发展初期，当前缺少国际影响力。

（二）ESG 信息披露

ESG 信息披露，即企业按照一定的披露标准和要求进行实质性信息披露。如果说 ESG 评级是 ESG 建设的关键环节，ESG 披露则是整个资本市场投资和资源配置的一项基础性工作。通常来说，信息披露可以分为两大类，一是强制披露，二是自愿披露。强制披露一般是政府行政或者监管部门要求企业向社会公众披露信息。

当前，最为广泛应用的ESG披露标准来自全球报告倡议组织（Global Reporting Initiative，GRI）标准。目前，国际主流ESG披露标准形成三足鼎立，其中包括：欧盟委员会推出的《欧盟可持续报告准则》ESRS（European Sustainability Reporting Standard）、美国的TCFD（气候相关的财务信息披露）及国际可持续发展准则理事会SASB的ISDS（International Sustainability Disclosure Standard）。此外，港交所对于ESG报告披露相比国内较为完善，自2012年12月31日出台实施《ESG指引》以来，经过多次修订和审查，进一步强化ESG信息披露要求。国内沪深两市相关可持续发展报告标准、上海证券交易所上市公司环境信息披露指引、《公司履行社会责任的报告》编制指引、深交所各板块上市公司规范运作指引，都有ESG报告的要求与指引。

（三）ESG理念引发关注的原因

经过近20年的发展和应用，ESG体系已具有了通用、量化、全面、系统等基本特征，因而成为国际上被普遍认可和接受的企业管控风险和创造综合价值的有效工具。ESG理念满足资本市场的监管需要，是金融机构和投资机构考察投资标的时使用的普遍策略，是绿色金融体系的重要支撑，并且也是负责任投资，特别是企业海外投资的重要资质证明和价值筹码。双碳背景下，不仅仅是关注能源企业或者高耗能企业的可持续发展，每一家企业的环境责任都在被更加量化和显化，ESG信披日益成为国际主流共识。

ESG能激发企业可持续发展的内生动力，是企业提质增效的助推器，有助于提升企业的现代绿色治理水平，是实现高质量发展的重要工作抓手。有效的ESG信息披露和报告，可为企业带来诸多益处：第一，有效的披露有助于企业建立起全面风险管理的体系，加强环境与社会风险管理，提升企业应对系统性风险，预防非系统性风险；第二，可以满足监管要求，多维度系统展现企业价值，有助于吸引更多的资本关注，提升企业的融资能力，并且提高企业在创新和技术更新的投入，为企业持续发展蓄力，增加创新发展动力；第三，有助于树立良好的品牌形象和社会地位，提高企业声誉，推动可持续发展能力的提升；第四，注重企业内部员工的成长，吸引并保留人才；第五，注重供应商管理，关注客户和消费者的诉求，有利于提高产品的社会认可度，实现降本增效；第六，持续对社区做出贡献，企业与社会共赢。

如今，越来越多的投资方将ESG引入公司投资决策框架，ESG变成企业价值新的评估标准。那些不披露ESG信息或ESG表现不佳的企业，将很难进入知名投资机构投资名录，并且会影响企业市值和投资者关系。

二、纺织服装行业ESG发展现状

（一）政策背景

健全企业依法信息披露制度是当前一项重要改革任务。随着我国“双碳”目标的实施，国内监管政策和信息披露的要求趋严。近几年，国家政策层面开始不断出台鼓励和指导企业ESG发展的相关政策文件（表4-18）。

表4-18　国家层面ESG发展相关政策和措施

时间	文件名称	文件主要内容
2018年9月	中国证监会修订《上市公司治理准则》	首次确立了ESG信息披露的基本框架
2020年9月	深交所修订《深圳证券交易所上市公司信息披露工作考核办法》	明确其对上市公司履行社会责任情况的考核将重点关注“是否主动披露ESG履行情况，报告内容是否充实、完整

续表

时间	文件名称	文件主要内容
2020 年 12 月	中央深改委审议通过的《环境信息依法披露制度改革方案》	提出到 2025 年环境信息强制性披露制度基本形成
2020 年 12 月	上交所发布《科创板上市公司自律监管规则适用指引第 2 号——自愿信息披露》	将 ESG 履行情况纳入上市公司信息披露范畴中
2021 年 12 月 11 日	生态环境部发布《企业环境信息依法披露管理办法》	进一步建立健全企业环境信息依法披露制度，明确规定、落实责任、规范行为；对环境信息依法披露主体、披露内容和时限、监督管理等基本内容进行了规定
2022 年 1 月	上交所发布《关于做好科创板上市公司 2021 年度报告披露工作的通知》	明确提出科创板上市公司应当在年度报告中披露 ESG 信息，并“视情况”单独出具报告；其中科创 50 指数成分公司，则应当在本次年报披露的同时，单独出具社会责任报告或 ESG 报告
2022 年 4 月	证监会发布《上市公司投资者关系管理工作指引》	正式将 ESG 纳入其中，作为投资者关系管理中上市公司与投资者沟通的内容之一
2022 年 5 月	国务院国资委成立“社会责任局”	其职责包括推广和实施 ESG，推动更多央企控股上市公司披露 ESG 专项报告，力争到 2023 年实现相关专项报告披露的“全覆盖”

（二）行业 ESG 的建设成果

1. ESG 工作机制日渐完善规范

相比于国家政策层面，中国纺织服装行业的 ESG 关注和研究起步要更早，并逐渐发展和深入研究。自从 2005 年率先成立了首个行业社会责任建设和可持续发展的工作委员会，建立了有效的 ESG 管理体系和运作机制。通过多年累积的实践经验，形成了标准开发、体系推广、能力建设、行业网络、政策倡导、国际交流和经验推广等既互相支持，又形成改进闭环的行业 ESG 工作方法和推广路径。

近年来，中国纺织工业联合会也陆续发布相关意见指南和指导性文件，指导行业 ESG 理念的落实和实施，保障 ESG 体系建设，并及时督导 ESG 绩效，评估可持续领域的风险和机遇，为下一步建设可评估、可认证、可追溯的 ESG 绩效评估体系和 ESG 信息披露工作打下了坚实基础。

2. 初步建立系统化的 ESG 信息披露框架和评价标准

从 2005 年编制的第一份《中国纺织服装企业社会责任管理体系》，即 CSC9000T 的行业社会责任建设指导文件和实践工具以来，不断完善和丰富 ESG 绩效提升的工具和方法。2022 年，中国纺织工业联合会依托多年行业社会责任建设和可持续发展的实践经验，开发和制定了《中国纺织服装行业 ESG 绩效管理指标体系》，建立了服务中国纺织服装企业的“ESG 指标体系及能力提升平台”，为上千家优秀的中国纺织服装企业的 ESG 绩效和能力提升，实现行业高质量发展，对标国际资本市场提供了一套专业而切实的工具（图 4-38）。

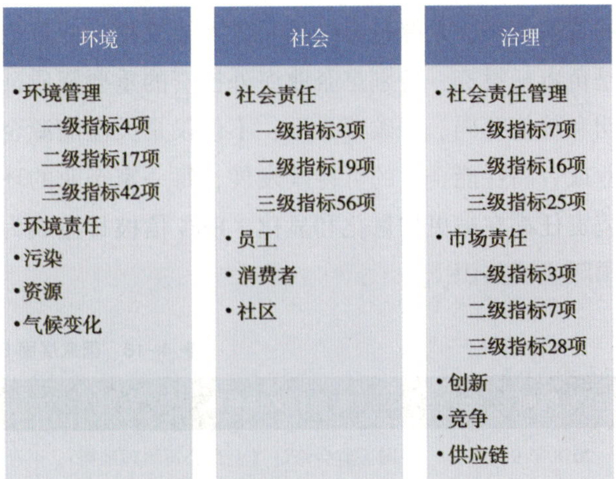

图 4-38　中国纺织服装企业 ESG 指标体系

3. ESG 实践和信息披露水平逐步提高

ESG 报告是 ESG 信息披露的重要内容和主要来源之一。近年来，中国纺织工业联合会指导行业优秀企业和品牌，包括在产业链细分子行业层面开展了全方位、多维度、高标准的行业 ESG 建设和实践行动。随着 ESG 理念深入，行业企业和本土品牌发布 ESG 报告的数量持续增长，ESG 信披日趋活跃，ESG 绩效水平不断提高。

时至今日，多家优秀企业坚持进行信息披露达十年以上，如报喜鸟、七匹狼、伟星股份、爱慕、雅戈尔等。其中，波司登已经发布了 6 份 ESG 报告，2021 年度 ESG 报告被 MSCI ESG 评级 BBB 级，居行业领先水平；鲁泰作为中国 A 股上市公司 ESG 绩效表现优秀的企业，公司编制的社会责任报告连续多次获得较好的评级成绩，是 A 股服装服饰行业 ESG 的典范企业；安踏发布 2021 年度 ESG 报告则围绕“1+3+5”环境共生目标，提出 2050 年前实现碳中和；特步 2021 年 ESG 报告的重点之一，是特步宣布了“10 年可持续发展计划”，专注供应链管理、环境保护及社会责任三大议题。此外，嘉麟杰等 6 家企业也首次发布《2021 年度社会责任报告》，把可持续发展融入企业战略（表 4-19）。

表 4-19　2022A 股服装服饰行业 ESG 评级 TOP20

排名	证券代码	证券简称	ESG 评级
1	002486. SZ	嘉麟杰	A
2	002029. SZ	七匹狼	A-
3	002404. SZ	嘉欣丝绸	A-
4	600177. SH	雅戈尔	A-
5	002003. SZ	伟星股份	B+
6	300005. SZ	探路者	B
7	002634. SZ	棒杰股份	B
8	300840. SZ	酷特智能	B-
9	002875. SZ	安奈儿	B-
10	002563. SZ	森马服饰	B-
11	603511. SH	爱慕股份	B-
12	002612. SZ	朗姿股份	B-
13	600400. SH	红豆股份	C+
14	002687. SZ	乔治白	C+
15	003016. SZ	欣贺股份	C+
16	002291. SZ	星期六	C+
17	002763. SZ	汇洁股份	C+
18	603908. SH	牧高笛	C
19	603587. SH	地素时尚	C-
20	603808. SH	歌力思	C-

（**数据来源**：每日经济新闻与中央财经大学绿色金融国际研究院联合发布“ESG 行动派”数据平台采集 2021 年数据）

三、行业 ESG 发展存在的问题和挑战

众所周知，纺织服装行业产业链长、涉及的生产环节多，需要科学高效地践行 ESG 理念，平衡产能和生态之间的关系。对于纺织服装企业而言，通过提升 ESG 绩效水平，可以增强企业应对潜在负面影响和危机的能力，更快建设产品质量控制、供应链管理监督体系，降低和减少潜在的风险和损失。因此，行业已经形成了 ESG 理念快速发展的外部环境和诉求。然而，在 ESG 管理、披露和绩效评价三个维度上与国际 ESG 相比较而言整体水平依然较低，这些短板要素甚至严重制约了我国纺织服装产业可持续发展新征程，行业 ESG 生态系统建设还面临着一系列的严峻挑战。

第一，ESG 信息披露制度需要进一步完善和健全，企业发布 ESG 报告的比例较低。截至 2022 年 8 月，在 A 股的纺织服装、服饰行业 38 家企业中，已有 16 家企业披露了 2021 年社会责任报告或 ESG 报告，总体披露率达 42%。同比沪深 300 指数成分股公司有 272 家发布了 ESG 报告，占总体的 91%。而能源行业、金融行业、公共事业都实现了 2021 年 ESG 报告的 100%发布。

第二，ESG 绩效表现和评级整体水平有待提高。这与 ESG 在国内起步较晚，发展过程不充分，研究体系不完善，整体表现水平低具有一致性。截至 2022 年 3 月 1 日，MSCI 对中国大陆地区的 776

家企业进行了 ESG 评级，仅有 73 家（不足 10%）的企业评级得分为 A 级以上，被评为最低得分 CCC 的则有 150 家企业。而纺织服务企业受制于行业属性、规模以及管理水平等因素，ESG 评级分数整体更差，导致纺织服装企业在金融市场受到欢迎的程度较低。

第三，ESG 资产规模和行业渗透率远低于发达经济体，真正了解行业特性的第三方服务机构数量较少，专业服务能力不足。据全球可持续投资联盟（Global Sustainable Investment Alliance，GSIA）统计，全球 ESG 投资的资产管理规模已由 2012 年的 13.20 万亿美元，增至 2022 年的 41 万亿美元，年复合增速为 13.02%。彭博预测，这一数字到 2025 年将达到 50 万亿美元，占全球所有管理资产的三分之一。随着“双碳”政策的持续落实，中国的 ESG 投资也将迎来黄金时代。据中金公司预计，2025 年时中国 ESG 投资规模可达到 20 万亿~30 万亿元，占资产管理行业总规模的 20%~30%。纺织服装行业 ESG 投资规模和增长速度依然具有很大差距。

四、行业 ESG 发展趋势及建议

ESG 让企业的环境责任量化和显化，越来越多的投资方将 ESG 因素引入公司投资决策框架，成为衡量一个企业价值的新评估标准。ESG 理念与我国纺织服装行业实现“双碳”目标，推进生产方式绿色转型的目标不谋而合。伴随着全球供应链产业链在后疫情时代的加速重构，推动 ESG 发展的外部环境正在发生趋势性变化。全球对 ESG 发展的重视程度依然在持续增加，关注和推动 ESG 发展的主体越来越多，企业 ESG 报告数量越来越多，ESG 责任投资的规模越来越大。气候变化影响广泛深远，成为 ESG 发展的重大议题。数字化技术应用增长，支撑行业 ESG 绩效和能力提升。

伴随我国政府 ESG 政策法规日益完善，ESG 信息披露趋势强制化，成为主流共识。加快完善中国纺织服装行业的 ESG 体系建设，是实现产业可持续发展的关键要素，也是行业积极参与全球治理的重要抓手。未来，要充分考虑双碳的战略目标要求、乡村振兴的宏伟布局等中国议题；同时，要顺应全球趋势，接轨国际前沿，加强和深化 ESG 领域的国际合作，坚持长期主义，不断提升行业 ESG 管理能力和绩效表现。

第五部分　大事记篇

2022 年中国服装行业大事记

《中国服饰》 兰兰

1 月

1 月 1 日，《区域全面经济伙伴关系协定》（RCEP）正式生效，标志着全球人口最多、经贸规模最大、最具发展潜力的自贸区启航，将为我国纺织服装产品出口创造明显利好和制度红利。

1 月 8 日，央视财经频道聚焦新年消费，报道了大众定制新年服装受到市场追捧，一批服装企业创新销售模式，通过网上下单、远程量体等拉动定制服装消费热潮（图 5-1）。

图 5-1　央视财经频道报道定制新年服装

1 月 11 日，国务院办公厅印发《关于做好跨周期调节进一步稳外贸的意见》，指出对纺织品、服装等劳动密集型产品出口企业，要落实好各项减负稳岗扩就业政策措施，并暂免征收加工贸易企业内销税款缓税利息至 2022 年底，促进外贸平稳发展。

1 月 11 日，中国服装协会·中国校服产业研究中心发布国内首份校服采购专项调查报告——《中国校服采购现状调查》，填补了国内校服采购专项研究的空白。

1 月 18 日，劲霸男装旗下高端系列 KB HONG 在米兰时装周发布 2022 秋冬系列“睎·望”，诠释演绎东方美学。这是劲霸男装连续三年参加米兰时装周并登上官方日程（图 5-2）。

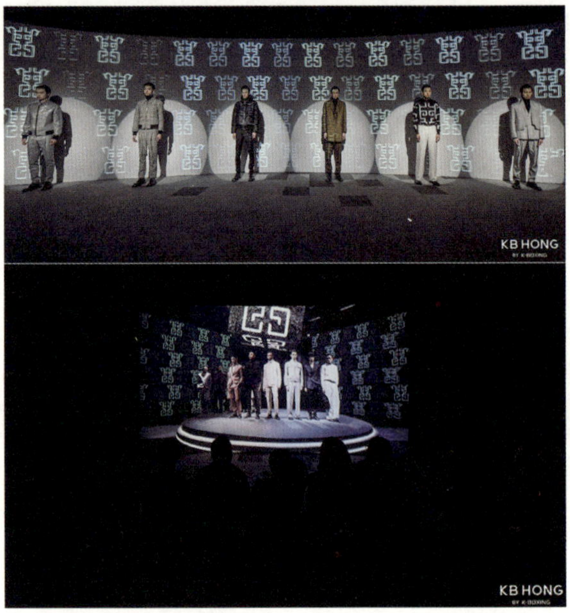

图 5-2　劲霸男装旗下 KB HONG 米兰时装周

1 月 18 日，国家发展改革委、商务部等七部门印发《促进绿色消费实施方案》，提出大力发展绿色消费的 22 项重点任务和政策措施，全面促进绿色衣着消费等重点领域消费绿色转型。

1 月 24 日，由江苏阳光集团参与设计制作的“中国冰雪·运动员商务正装”发布，国家冬季运动管理中心正式授予江苏阳光集团“中国冰雪商务正装合作伙伴”称号（图 5-3）。

图 5-3　江苏阳光集团“中国冰雪·运动员商务正装”发布

2月

2月4~20日，在北京举行的第二十四届冬季奥林匹克运动会期间，短道速滑比赛服等纺织服装创新科技应用惊艳亮相。同时，随着冬奥效应带热“冰雪经济”快速增长，冰雪运动服饰消费持续升温。

2月14日，工业和信息化部公布2021年度智能制造试点示范工厂揭榜单位和优秀场景名单，纺织服装行业的波司登羽绒服装有限公司等110家纺织服装企业入选2021年度智能制造试点示范工厂，赢家时装（赣州）有限公司的大批量定制和精益生产管理等241个场景入选优秀场景名单。

2月21日，中国纺织工业联合会副会长、中国服装协会会长陈大鹏等一行人赴中国服装科创研究院调研指导，了解研究院在当前工作中的重点难点问题，并听取全年工作规划（图5-4）。

图5-4 陈大鹏等一行人赴中国服装科创研究院调研指导

2月23日，摩根士丹利资本国际公司（英文简称“MSCI”）将中国服装协会副会长单位波司登的ESG（环境、社会和公司治理）评级从“BB”级上调至“BBB”，意味着波司登在实现品牌全球领先方面得到进一步认可（图5-5）。

图5-5 波司登

3月

3月4日，CHIC大讲堂首开线上直播间，持续邀请知名企业家、设计师、主理人、网红博主等做客直播间，分享品牌故事与商业经验，探讨未来趋势与企业价值。

3月7日，中国服装协会批准发布《高品质商务男装》《婴幼儿及儿童纱布服饰》《服用弹性面料对人体压迫性能测试方法》《服装个性化定制 模块化设计规范》等7项CNGA标准。

3月17日，在福建泉州本土疫情引发广泛关注后，多家运动企业捐资、捐物支援抗疫。安踏集团捐赠3000万元物资；特步集团捐赠1000万元物资；361°集团捐赠1000万元物资；乔丹捐款800万元物资；鸿星尔克捐赠价值500万元物资，并提供近500套人才公寓作临时隔离点（图5-6）；七匹狼集团捐赠500万元物资；匹克捐款500万元物资。

图5-6 鸿星尔克驰援疫区

3月23日，美国贸易代表办公室宣布，重新豁免从2021年10月12日到2022年12月31日期间进口自中国的352项商品关税，税号3926.20.905服装和服装配件等多项纺织产品名列其中（图5-7）。

图 5-7　美国贸易代表办公室豁免关税

4 月

4 月 10 日，国务院发布《关于加快建设全国统一大市场的意见》，全面推动我国市场由大到强转变，为服装行业抢抓国内大市场建设机遇、增强内循环发展竞争力带来了良好的市场机遇和政策预期。

4 月 11 日，国家发展改革委、商务部、工业和信息化部联合印发《关于加快推进废旧纺织品循环利用的实施意见》，聚焦短板弱项精准发力施策，着力构建废旧纺织品循环利用体系。

4 月 19 日，“刘畊宏女孩”火爆全网，带动疫情下的居家健身热潮，令运动休闲服再度成为大众消费的“宠儿”（图 5-8）。

图 5-8　刘畊宏女孩

4 月 22 日，中国服装协会副会长单位歌力思以虚拟数字人@飒 ELISA 的多元宇宙为主题，发布 300 份限量的品牌首款 NFT 藏品（图 5-9）。

图 5-9　歌力思

4 月 22 日，中国服装协会发布的《2022 年春季中国服装行业运行情况调研分析报告》显示，3 月以来受上海等多地疫情影响，服装市场需求下降趋势愈加突显，叠加原材料价格高位攀升、物流受阻等不利因素，服装行业复苏发展面临着前所未有的巨大压力和挑战。

4 月 24 日，工业和信息化部发布《关于做好 2022 年工业质量提升和品牌建设工作的通知》，提出加强在化妆品、纺织服装等领域的品牌培育，持续提升“中国制造”品牌形象。

5 月

5 月 7 日，2022 年中国纺织服装品牌竞争力评价结果对外发布，爱慕股份有限公司等 57 家企业品牌价值超过 50 亿元，被评为 2022 年中国纺织服装品牌竞争力优势企业。

5 月 16 日，中央电视台《焦点访谈》以《领跑的密码：转型升级赋能中国“织”造》为题，全面报道了改革开放以来，特别是党的十八大以来，中国从纺织服装大国向纺织服装强国跃迁的光辉历程，以及所取得的重大成就（图 5-10）。

图 5-10　领跑的密码

5 月 20 日，2022 年“大浪杯”中国女装设计大赛启动（图 5-11）。作为服装领域的品牌赛事，本届大赛以“元音#东方”为主题，关注创意设计与元宇宙的融合创新，并首次设立“金浪奖”。

图 5-11　大浪杯

5 月 21 日，中国服装协会联合 WWD 发起“中国有大美”倡议，“以时尚为媒，与世界对话”，持续邀请时尚企业家、时装设计师、文化艺术界知名人士、影视明星及非物质文化遗产传承人分享东方文化之美，号召大家共同关注中国时尚文化的创新与发展（图 5-12）。

图 5-12　“中国有大美”倡议

5 月 25 日，国务院召开全国稳住经济大盘电视电话会议，强调要把稳增长放在更加突出的位置，着力保市场主体以保就业、保民生，保护中国经济韧性。

6 月

6 月 8 日，为期两天的第十三届俄罗斯国际纺织行业展销会期间，虎门服装企业抱团参展，通过视频连线的方式与俄罗斯客商进行洽谈（图 5-13）。

图 5-13　虎门服装企业抱团参加俄罗斯国际纺织行业展销会

6 月 16 日，中国服装协会联合 28 家中国服装品牌和企业，向全行业发布《中国服装行业知识产权保护自律公约》，并与中国服装协会联合会刊《中国服饰》杂志共同策划推出“保护知识产权”专题报道，倡导维护中国服装行业知识产权。

6 月 21 日，美国海关和边境保护局依据所谓“涉疆法案”，将中国新疆地区生产的全部产品均推定为所谓“强迫劳动”产品，并禁止进口与新疆相关的任何产品。对此，中国纺织工业联合会有关负责人发表谈话，表示强烈反对。

6 月 24 日，第六届世界智能大会在天津举行，中国服装协会常务理事单位山东南山智尚科技股份有限公司作为本届大会的合作伙伴，为组委会工作人员、新闻记者、志愿者赞助全套服饰（图 5-14）。

6 月 27 日，中国纺织工业联合会第五次会员代表大会暨五届一次理事会五届一次常务理事会召开，大会选举孙瑞哲为第五届理事会会长，夏令敏为秘书长，徐迎新、陈大鹏、李陵申、端小平、杨兆华为副会长（图 5-15）。

6 月 28 日，在中国国际服装服饰博览会（CHIC）30 周年之际，CHIC 联合中国服装协会会刊《中国服饰》特别推出 CHIC 30 系列报道，回顾往昔峥嵘岁月，砥砺奋进勇前行。

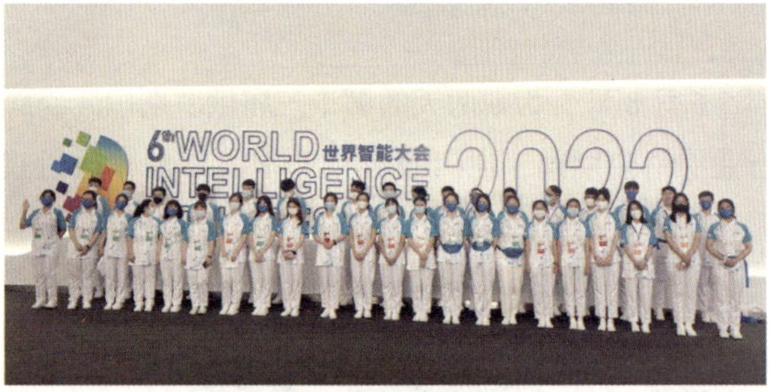

图 5-14　南山智尚服饰亮相智能大会

图 5-15　中国纺织工业联合会第五次会员代表大会暨五届一次理事会五届一次常务理事会召开

7 月

7 月 2 日，工业和信息化部、商务部、国家市场监督管理总局、国家药品监督管理局、国家知识产权局五部门联合印发《数字化助力消费品工业“三品”行动方案（2022—2025 年）》，提出在纺织服装等行业培育 200 家智能制造示范工厂，打造 200 家百亿规模知名品牌，培育 50 个数字化服务平台，推广 300 个示范带动作用强的应用场景典型案例。

7 月 14~15 日，由中国服装协会、中国财贸轻纺烟草工会联合主办的“全国服装行业技能人才培训交流活动·石家庄站”在河北井陉县举办，旨在引导更多职工走技能成才、技能报国之路，为纺织服装行业高质量发展提供人才支撑（图 5-16）。

图 5-16　全国服装行业技能人才培训交流活动·石家庄站

7 月 27~31 日，第五届 CCFW 中国国际儿童时尚周在杭州艺尚小镇举办。在数字技术赋能下，本届中国国际儿童时尚周携手童装品牌在虚拟时尚领域进行全新的探索与畅想，呈现数字时尚盛宴（图 5-17）。

图 5-17　第五届 CCFW 中国国际儿童时尚周

7 月 29 日，以“全链协同·多元定制”为主题的第五届中国服装定制高峰论坛暨 2022 年中国服装协会定制专业委员会年会在江苏盛泽举办，同期还举行了“定制之夜”服装品牌联合发布秀，集中彰显了中国服装定制风采（图 5-18）。

7 月 29 日，“中国服装好设计”第三季在浙江海宁启动。该活动举办三年来延续了让作品与市场直接对话的传统，汇聚国内各大品牌企业总监、各

图 5-18 “定制之夜”服装品牌联合发布秀

产业基地制造企业主、专业买手等，共同以市场之力检验原创之道。

8 月

8 月 4 日，由中国服装协会、中国纺织建设规划院、红豆男装三方共建的服装新消费（舒适男装）研究中心成立，并发布国内首份舒适男装行业创新发展趋势报告（图 5-19）。

图 5-19 红豆集团

8 月 13 日，2022 年中国服装版师大联盟年会在浙江杭州举行，与会人士分享交流技术与心得，赋能服装版师人才发展，弘扬大国工匠精神（图 5-20）。

8 月 17 日，中国服装协会发布“2021 年服装行业百强企业”名单，雅戈尔集团股份有限公司、海澜集团有限公司等 130 家企业榜上有名。

图 5-20 2022 年中国服装版师大联盟年会

8 月 18～19 日，凌迪 Style 3D · 2022 中国服装论坛在京举办，主要围绕元宇宙、元数据、元创新、元动力等议题展开智慧碰撞，探讨多元的品牌化未来（图 5-21）。

图 5-21 凌迪 Style 3D · 2022 中国服装论坛

8 月 25 日，以“新技术 · 新产品 科技驱动新发展”为主题的 2022 年中国服装科技大会在浙江杭州临平区举行，聚焦服装行业科技创新领域，通过一系列活动构建开放、多元的交流平台，加速行业内科研成果普及与运用（图 5-22）。

图 5-22 中国服装科技大会

8月29日，浙江省经济和信息化厅发布《关于2022年省级工业互联网平台创建名单的公示》，中国服装科创研究院作为运营主体的橙织服装工业互联网平台成功入选。

9月

9月1日，为期29天的2022年中国服装行业“9.9定制周”启动，汇聚服装行业全链路力量，共同打造中国服装定制全行业品质购物节，持续宣传服装定制文化与服务，带动服装定制消费模式融入大众消费习惯中（图5-23）。

图5-23　9.9定制周

9月4~12日，2023年春夏中国国际时装周在北京举行。为提振时尚消费信心、探寻产业发展新路、彰显中国时尚力量，中国国际时装周围绕“恒动焕新”主题举办了时装秀、时尚论坛、设计师大赛等134场活动（图5-24）。

图5-24　2023年春夏中国国际时装周

9月6日，中国服装协会副会长单位福建七匹狼实业股份有限公司发布《中国时尚茄克流行趋势白皮书》，探索夹克设计迭代新路径（图5-25）。

图5-25　七匹狼发布《中国时尚茄克流行趋势白皮书》

9月23日，“聚焦纺织业ESG建设　共创时尚可持续未来”主题研讨会在新华网举行，与会嘉宾围绕ESG体系构建的趋势、企业实施ESG管理的举措，ESG构建与经济效益之间的平衡，ESG构建对可持续时尚产业的发展意义等问题进行深入交流与讨论（图5-26）。

图5-26　纺织业ESG建设主题研讨会

9月23日，中国服装协会联合中国浪漫新汉服品牌十三余、天猫服饰、艾瑞咨询在杭州举办《2022中国新汉服行业发展白皮书》发布会，并进行新汉服产业发展研讨（图5-27）。

9月29日，2022年度“可持续时尚践行者”评选启动，通过发现和展现中国服装行业优秀企业对环境保护、产业结构转型升级等方向的思考和行动，助力行业“双碳”目标达成。

图 5-27　2022 中国新汉服行业发展白皮书

10 月

10 月 11～14 日，国际标准化组织 ISO/TC 133 “服装尺寸系列—尺寸代号，尺寸测量方法和数字化试衣”技术委员会第 15 届全体会议及工作组会议以网络会议的形式召开，与会中外专家深入交流了各自在研的标准项目，不断规范统一全球服装尺寸和标识，促进全球服装行业的生产、贸易及消费。

10 月 14 日，2022 年纺织服装“优供给促升级”活动在京启动，涵盖产业链上下游合作、行业内对接交流、智能化绿色化发展等 5 个方面 34 项内容，旨在推动纺织服装行业“三品”战略实施，加快行业高端化、绿色化、数字化转型，提振行业发展信心，促进行业高质量发展（图 5-28）。

图 5-28　2022 年纺织服装“优供给促升级”活动

10 月 16 日，中国共产党第二十次全国代表大会在京召开，全行业深入学习贯彻落实党的二十大精神，努力开创服装行业高质量发展新局面，为实现中华民族伟大复兴贡献服装力量。

10 月 25～26 日，以“时代育新机 信心铸未来”为主题的 2022 年中国服装大会在江苏盛泽举行，中国服装人齐聚一堂，共同探寻新时代产业发展的全新路径，约有 3.8 万人观看大会直播。同期，2022CHIC 定制展（苏州盛泽站）在江苏（盛泽）纺织品博览会举行，全方位地呈现出中国服装定制行业的蓬勃面貌（图 5-29）。

图 5-29　2022 中国服装大会

10 月 26 日，中国服装协会七届四次会长会在江苏盛泽召开。会议围绕“稳增长、强信心”展开，一致认为在这不确定的时代，企业更要始终保持战略定力，以稳应变，守正创新，构建越加确定的企业发展逻辑和运行系统，打造基于市场适应甚至引导市场的内生动力。

11 月

11 月 5 日，第二届中国（温州）绅装文化节在浙江温州举行，充分展示了当代男士的穿着理念与生活态度，焕新了大众对绅装概念的认知。

11 月 8~9 日，2022 年中国职业装产业大会在浙江宁波举行。会议通过“会、展、赛”形式多维度展现中国职业装产业发展，积极打造职业装产业在“科技、绿色、时尚”的产业新定位下的竞争优势（图 5-30）。

11 月 18～19 日，以“时尚新征程，迈向高精尖”为主题的 2022 年中国服装论坛高精尖创新峰

图 5-30 2022 年中国职业装产业大会

会在江西于都举行，力推以高精尖产业发展带动区域科技创新与成果转化，打造世界级品牌的高端制造高地。同期还举行了 2022 中国（江西）服装品牌供应链资源对接会，吸引超 100 家优秀面辅料供应商和优质制造企业进行深度交流与商贸对接（图 5-31）。

图 5-31 2022 中国服装论坛高精尖创新峰会

11 月 21 日，工业和信息化部公布重点培育纺织服装百家品牌名单（2022 版），确定中国服装协会副会长单位爱慕股份有限公司等 124 家品牌为重点培育对象，其中消费品牌 53 家、制造品牌 54 家、区域品牌 17 家。

11 月 24 日，中国服装协会与抖音电商服饰鞋包行业联合发布“羽绒服装好物榜”，在为广大消费者提供冬季羽绒服趋势好物购置指南的同时，助力企业品牌借势抖音流量加速撬动销量。

11 月 24 日，继 2 月国务院同意批复在鄂尔多斯等 27 个城市设立跨境电商综合试验区后，又新增廊坊等 33 个跨境电商综合试验区，目前已覆盖全国 31 个省份，有力地推动了我国跨境电商的快速发展，上半年跨境电商进出口交易额同比增长 28.6%。

11 月 29 日，第五届全国服装标准化技术委员会换届大会暨 2021—2022 年年会在江苏苏州召开。会议总结了本届服装标准化技术委员会期间服装标准化工作的进展情况，并对先进个人、先进单位和特殊贡献奖单位进行表彰。

12 月

12 月 13 日，由中国服装协会与探路者集团举办的中国服装好设计时尚户外设计沙龙暨 LINKINGplus 设计产业链 X 探路者对接会在杭州举办，近 40 家公司走进探路者集团，开展了时尚户外设计沙龙活动（图 5-32）。

图 5-32 中国服装好设计

12 月 28 日，中国服装协会批准发布《服装手工缝纫技法术语》《太极服》《高品质领带》《服装视觉遮蔽性的测定方法》《防刺材料柔性检测方法及评定》5 项 CNGA 标准。

12 月 29 日，2022 年中国纺织大会以线上线下的形式在北京举行，梳理总结过去一年行业发展情况，分析研判行业未来发展趋势。会上还通报表扬了中国纺织服装行业气候创新行动先锋单位和贡献者，中国服装协会副会长单位爱慕股份有限公司、晨风集团股份有限公司等55家企业和65名个人获得殊荣。

12月31日，《2022—2023中国服装行业科技创新白皮书》发布，从新材料应用、智能营销、智能研发、智能产品、智能供应链、智能制造、工业互联网、元宇宙、可持续发展等多维度，对服装行业科技创新现状和重点关键领域的技术发展应用情况进行梳理和诠释，为行业科技进步提供有益的探讨与有指导性的重要参考。

扫码观看数字资源

第六部分　附　录

附录一　2022 年中国服装行业运行数据集总

2022 年纺织行业经济指标完成情况汇总表（规模以上企业）

序号	指标	单位	1~12 月累计	去年同期累计	同比（±%）
1	企业单位数	户	36269	36269	—
2	亏损企业数	户	7762	5691	36.39
3	亏损面	%	21.40	15.69	—
4	营业收入	万元	525636384	530203373	-0.86
5	营业成本	万元	464832204	461360789	0.75
6	销售费用	万元	11112434	11704544	-5.06
7	管理费用	万元	18543168	18498665	0.24
8	财务费用	万元	3927571	4898053	-19.81
9	利润总额	万元	20666158	27485564	-24.81
10	亏损企业亏损额	万元	5326642	2943461	80.97
11	资产总计	万元	463574726	449059894	3.23
12	其中：流动资产合计	万元	256611308	250375805	2.49
13	其中：应收票据及应收账款	万元	58262798	56866071	2.46
14	存货	万元	68063145	67108269	1.42
15	其中：产成品	万元	35836996	33738134	6.22
16	负债合计	万元	261216880	249615680	4.65
17	出口交货值	万元	68022955	65971037	3.11

（**数据来源**：国家统计局）

2022 年服装行业经济指标完成情况汇总表（规模以上企业）

序号	指标	单位	1~12 月累计	去年同期累计	同比（±%）
1	企业单位数	户	13219	13219	—
2	亏损单位数	户	2561	2228	14.90
3	亏损面	%	19.37	16.85	—
4	营业收入	万元	145388930	152332402	-4.56

续表

序号	指标	单位	1~12月累计	去年同期累计	同比（±%）
5	营业成本	万元	124041662	129241474	-4.02
6	销售费用	万元	5215752	5636858	-7.47
7	管理费用	万元	7123180	7367225	-3.31
8	财务费用	万元	488208	983371	-50.35
9	利润总额	万元	7638225	8154844	-6.34
10	亏损企业亏损额	万元	966372	859335	12.46
11	资产合计	万元	114185819	115312128	-0.98
12	其中：流动资产合计	万元	70850295	71169815	-0.45
13	其中：应收票据及应收账款	万元	18396350	18407137	-0.06
14	存货	万元	18759174	18788792	-0.16
15	其中：产成品	万元	9907206	9819321	0.90
16	负债合计	万元	58174667	58896606	-1.23
17	出口交货值	万元	32268064	31376287	2.84

（**数据来源**：国家统计局）

2022年服装行业固定资产投资（不含农户）增速情况表
（计划总投资500万元以上的固定资产项目）

月份	制造业固定资产投资累计增长（%）	纺织业固定资产投资累计增长（%）	纺织服装、服饰业固定资产投资累计增长（%）
1~2月	20.9	36.3	46.2
3月	15.6	23.8	37.3
4月	12.2	16.1	36.3
5月	10.6	13.1	32.7
6月	10.4	11.9	33.8
7月	9.9	11.1	32.8
8月	10	7.6	30.9
9月	10.1	6.3	30.8
10月	9.7	6	28.4
11月	9.3	5.4	28.1
12月	9.1	4.7	25.3

（**数据来源**：国家统计局）

2022年服装行业产量汇总表（规模以上企业）

序号	指标	单位	12月当月	1~12月累计	累计同比（±%）
1	服装	万件	210725	2324182	-3.36
2	1. 梭织服装	万件	86962	880224	-5.15
3	其中：羽绒服装	万件	1173	12286	-10.00
4	西服套装	万件	3036	22531	5.94
5	衬衫	万件	3133	36233	-0.83
6	2. 针织服装	万件	123763	1443958	-2.24

（数据来源：国家统计局）

2022年服装行业进出口情况表

指标	出口		进口	
	金额（万美元）	同比（%）	金额（万美元）	同比（%）
服装及衣着附件	1753.97	3.2	105.33	-12.4
针织或钩编的服装及衣着附件	909.42	5.3	41.81	-10.3
非针织或非钩编的服装及衣着附件	768.74	9.9	53.86	-11.3

（数据来源：中国海关）

2022年对部分国家和地区服装出口情况表

国家和地区	服装及衣着附件		针织或钩编的服装及衣着附件		非针织或非钩编的服装及衣着附件	
	出口金额（万美元）	同比（%）	出口金额（万美元）	同比（%）	出口金额（万美元）	同比（%）
美国	3860598	-2.2	2167426	0.3	1515616	16.1
欧盟	3331668	3.0	1659914	7.3	1575434	7.0
东盟	1692766	23.9	970365	25.1	666621	23.2
日本	1461191	-0.3	778124	0.8	630463	3.4
吉尔吉斯斯坦	732121	70.9	220864	112.0	482511	52.5
韩国	705296	4.6	320905	6.7	341997	7.4
英国	584558	-12.6	289959	-8.4	265419	-13.4
澳大利亚	564078	14.9	297920	12.1	253431	20.3
俄罗斯联邦	380075	-19.4	149459	3.1	131947	-16.5
哈萨克斯坦	347869	28.9	103593	8.4	233683	44.0
加拿大	321235	-16.0	173459	-7.1	131165	-2.2
智利	279858	10.7	162819	6.2	111783	25.1
阿联酋	268257	-7.4	163858	-1.4	98222	-14.1
沙特阿拉伯	250346	-23.5	149856	-18.8	94347	-27.3

续表

国家和地区	服装及衣着附件		针织或钩编的服装及衣着附件		非针织或非钩编的服装及衣着附件	
	出口金额（万美元）	同比（%）	出口金额（万美元）	同比（%）	出口金额（万美元）	同比（%）
中国香港	237409	-7.6	93013	-22.6	115577	5.5
墨西哥	233678	41.7	131164	40.0	95956	48.0
中国台湾	178801	-3.3	118616	2.4	54419	-13.8
南非	152820	0.1	82233	4.4	67508	-3.0
尼日利亚	139419	-27.9	42311	-16.8	95644	-32.2
以色列	135068	-2.7	89516	-4.1	42869	4.5
印度	132073	8.5	79421	16.2	45468	-0.2
巴西	114856	40.1	61552	54.5	44394	53.2
巴拿马	107643	1.0	57728	-2.5	48695	5.5
伊拉克	88049	20.1	50284	9.2	36424	40.6
新西兰	68126	-2.8	36924	-6.4	29760	4.8
肯尼亚	63756	35.1	39780	16.0	22949	93.0
坦桑尼亚	54286	16.9	28875	-4.2	24507	65.2
挪威	49111	19.4	22678	24.3	25415	26.0
秘鲁	47769	14.3	26052	11.8	19924	29.4
巴基斯坦	43582	11.7	25727	17.7	16665	7.1
约旦	40914	3.7	29540	4.1	10473	1.4
哥伦比亚	39795	-4.8	22578	-9.2	14651	10.1
多哥	39189	8.0	24331	-8.7	14545	58.3
土耳其	38790	50.1	12890	68.9	20620	65.4
阿尔及利亚	36944	-18.7	20293	-21.5	16271	-15.0
也门	33013	25.8	23330	27.9	8589	23.4
塔吉克斯坦	31780	52.1	9837	49.1	20446	46.7
科威特	29697	-12.2	19815	-4.2	9002	-17.4
瑞士	27881	11.7	14425	18.2	12709	14.1
加纳	27618	-17.9	16908	-21.0	9660	-12.2
利比亚	23581	12.7	15128	11.0	8215	19.8
塞内加尔	23210	10.4	11972	-23.6	10802	115.8
危地马拉	21887	-2.3	13053	2.1	8498	-6.8
安哥拉	21401	42.5	12907	23.6	8210	95.0
孟加拉国	20973	14.6	5262	6.2	13204	21.3
埃塞俄比亚	20865	-35.4	14378	-31.4	3991	-60.3
喀麦隆	20231	-53.7	14517	-18.7	5385	-78.9
阿根廷	19491	51.4	6789	46.0	10817	89.8
乌拉圭	18745	21.2	10756	27.0	7505	14.8
尼泊尔联邦民主共和国	18023	-29.2	8956	-26.3	8849	-31.7

（数据来源：中国海关）

附录二 2021 年中国服装行业百强企业名单

一、2021 年服装行业“营业收入”百强企业名单

雅戈尔集团股份有限公司
海澜集团有限公司
红豆集团有限公司
杉杉控股有限公司
太平鸟集团有限公司
波司登股份有限公司
山东如意时尚投资控股有限公司
迪尚集团有限公司
浙江森马服饰股份有限公司
江苏阳光集团有限公司
即发集团有限公司
巴龙国际集团有限公司
广州纺织工贸企业集团有限公司
江苏东渡纺织集团有限公司
罗蒙集团股份有限公司
江苏虎豹集团有限公司
狮丹努集团股份有限公司
江苏苏美达轻纺国际贸易有限公司
鑫缘茧丝绸集团股份有限公司
鲁泰纺织股份有限公司
江苏华瑞时尚集团有限公司
山东岱银纺织集团股份有限公司
报喜鸟控股股份有限公司
山东希努尔男装有限公司
四川圣山莫林实业集团有限公司
锦泓时装集团股份有限公司
江南布衣有限公司
汇孚集团有限公司
朗姿股份有限公司
爱慕股份有限公司
福建七匹狼实业股份有限公司
雅莹集团股份有限公司
浙江伟星实业发展股份有限公司
法派服饰股份有限公司
安正时尚集团股份有限公司
九牧王股份有限公司
地素时尚股份有限公司
浙江乔治白服饰股份有限公司
四川琪达实业集团有限公司
山东桑莎制衣集团有限公司
无锡市金茂对外贸易有限公司
深圳市珂莱蒂尔服饰有限公司
三六一度（福建）体育用品有限公司
大杨集团有限责任公司
欣贺股份有限公司
深圳市娜尔思时装有限公司
特步（中国）有限公司
石狮市大帝集团有限公司
浙江巴贝领带有限公司
山东耶莉娅服装集团有限公司
国人服饰股份有限公司
宁波培罗成集团有限公司
山东仙霞服装有限公司
洛兹服饰科技有限公司
江苏卡思迪莱服饰有限公司
浙江华城实业投资集团有限公司
常州东奥服装有限公司
福建柒牌时装科技股份有限公司
宁波博洋服饰集团有限公司
山东南山智尚科技股份有限公司
北京雪莲集团有限公司
北京铜牛集团有限公司

苏州天源服装有限公司
湖南东方时装有限公司
际华三五零二职业装有限公司
青岛雪达集团有限公司
湖南省忘不了服饰有限公司
江苏三润服装集团股份有限公司
探路者控股集团股份有限公司
北京嘉曼服饰股份有限公司
浙江蓝天制衣有限公司
无锡市金茂服装有限公司
依文服饰股份有限公司
北京格雷时尚科技有限公司
雅鹿控股股份有限公司
深圳华丝企业股份有限公司
浙江爱伊美服装有限公司
际华三五三六实业有限公司
宜禾股份有限公司
富绅集团有限公司
上海嘉麟杰纺织科技有限公司
达利（中国）有限公司
际华三五三四制衣有限公司
湖南派意特服饰有限公司
山西兵娟制衣有限公司
江苏刘潭集团有限公司
江苏泰慕士针纺科技股份有限公司
江苏苏美达伊顿纪德品牌管理有限公司
浙江达成凯悦纺织服装有限公司
北京大华时尚科技发展有限公司
日禾戎美股份有限公司
广州市汇美时尚集团股份有限公司
安莉芳（上海）有限公司
北京卓文时尚纺织股份有限公司
陕西金翼服装有限责任公司
无锡恒博纺织有限公司
郑州市娅丽达服饰有限公司
山东傲饰集团有限公司
江苏华佳控股集团有限公司
青岛耀杰时装有限公司

二、2021年服装行业“利润总额”百强企业名单

雅戈尔集团股份有限公司
波司登股份有限公司
海澜集团有限公司
杉杉控股有限公司
山东如意时尚投资控股有限公司
浙江森马服饰股份有限公司
迪尚集团有限公司
江苏东渡纺织集团有限公司
太平鸟集团有限公司
江苏虎豹集团有限公司
江苏阳光集团有限公司
巴龙国际集团有限公司
罗蒙集团股份有限公司
地素时尚股份有限公司
江南布衣有限公司
比音勒芬服饰股份有限公司
报喜鸟控股股份有限公司
雅莹集团股份有限公司
狮丹努集团股份有限公司
浙江伟星实业发展股份有限公司
江苏苏美达轻纺国际贸易有限公司
深圳市珂莱蒂尔服饰有限公司
即发集团有限公司
欣贺股份有限公司
爱慕股份有限公司
国人服饰股份有限公司
鲁泰纺织股份有限公司
福建七匹狼实业股份有限公司
深圳市娜尔思时装有限公司
锦泓时装集团股份有限公司
特步（中国）有限公司
法派服饰股份有限公司
鑫缘茧丝绸集团股份有限公司
三六一度（福建）体育用品有限公司

江苏卡思迪莱服饰有限公司
北京嘉曼服饰股份有限公司
福建柒牌时装科技股份有限公司
浙江乔治白服饰股份有限公司
日禾戎美股份有限公司
山东岱银纺织集团股份有限公司
九牧王股份有限公司
朗姿股份有限公司
山东耶莉娅服装集团有限公司
山东南山智尚科技股份有限公司
山东桑莎制衣集团有限公司
四川琪达实业集团有限公司
苏州天源服装有限公司
湖南东方时装有限公司
山东希努尔男装有限公司
北京格雷时尚科技有限公司
湖南派意特服饰有限公司
江苏苏美达伊顿纪德品牌管理有限公司
湖南省忘不了服饰有限公司
宁波培罗成集团有限公司
洛兹服饰科技有限公司
依文服饰股份有限公司
江苏泰慕士针纺科技股份有限公司
达利（中国）有限公司
安正时尚集团股份有限公司
青岛雪达集团有限公司
山东傲饰集团有限公司
大杨集团有限责任公司
浙江华城实业投资集团有限公司
江苏华瑞时尚集团有限公司
青岛酷特智能股份有限公司
陕西金翼服装有限责任公司
浙江爱伊美服装有限公司
探路者控股集团股份有限公司
宁波博洋服饰集团有限公司
江苏华佳控股集团有限公司
江苏刘潭集团有限公司
郑州市娅丽达服饰有限公司
山东仙霞服装有限公司
际华三五零二职业装有限公司
上海沙驰服饰有限公司
凯森蒙集团有限公司
深圳市三木希色服饰有限公司
江苏三润服装集团股份有限公司
石狮市大帝集团有限公司
北京红都集团有限公司
浙江巴贝领带有限公司
贝德服装集团股份有限公司
际华三五三四制衣有限公司
江苏玉人服装有限公司
浙江蓝天制衣有限公司
富绅集团有限公司
浙江乔顿服饰股份有限公司
宜禾股份有限公司
山东淏宝服饰有限公司
四川圣山莫林实业集团有限公司
苏州市青田企业发展有限公司
山西兵娟制衣有限公司
浙江依爱夫游戏装文化产业有限公司
浙江达成凯悦纺织服装有限公司
四川祥和鸟服饰有限公司
上海嘉麟杰纺织科技有限公司
上海东隆羽绒制品有限公司
际华三五三六实业有限公司
江苏笛莎公主文化产业股份有限公司
河北格雷服装股份有限公司

三、2021 年服装行业“营业收入利润率”百强企业名单

地素时尚股份有限公司
比音勒芬服饰股份有限公司
日禾戎美股份有限公司
北京嘉曼服饰股份有限公司
江南布衣有限公司
国人服饰股份有限公司

欣贺股份有限公司
深圳市珂莱蒂尔服饰有限公司
河北格雷服装股份有限公司
北京红都集团有限公司
波司登股份有限公司
雅莹集团股份有限公司
江苏卡思迪莱服饰有限公司
深圳市娜尔思时装有限公司
浙江伟星实业发展股份有限公司
特步（中国）有限公司
四川祥和鸟服饰有限公司
福建柒牌时装科技股份有限公司
报喜鸟控股股份有限公司
江苏苏美达伊顿纪德品牌管理有限公司
湖南派意特服饰有限公司
三六一度（福建）体育用品有限公司
青岛酷特智能股份有限公司
江苏东渡纺织集团有限公司
江苏虎豹集团有限公司
山东南山智尚科技股份有限公司
浙江森马服饰股份有限公司
山东傲饰集团有限公司
苏州天源服装有限公司
贝德服装集团股份有限公司
上海沙驰服饰有限公司
北京格雷时尚科技有限公司
北京中和珍贝科技有限公司
上海东隆羽绒制品有限公司
浙江步森服饰股份有限公司
江苏天利服饰有限公司
罗蒙集团股份有限公司
爱慕股份有限公司
湖南东方时装有限公司
江苏泰慕士针纺科技股份有限公司
重庆立泰服饰集团有限公司
凯森蒙集团有限公司
巴龙国际集团有限公司
山东如意时尚投资控股有限公司
山东淏宝服饰有限公司
山东耶莉娅服装集团有限公司
江苏华佳控股集团有限公司
湖南省忘不了服饰有限公司
达利（中国）有限公司
江苏阳光集团有限公司
陕西金翼服装有限责任公司
福建七匹狼实业股份有限公司
郑州市娅丽达服饰有限公司
法派服饰股份有限公司
安徽武鹰制衣有限公司
依文服饰股份有限公司
浙江乔治白服饰股份有限公司
江苏玉人服装有限公司
浙江依爱夫游戏装文化产业有限公司
山东桑莎制衣集团有限公司
浙江乔顿服饰股份有限公司
北京大德和隆庆祥服装有限公司
四川琪达实业集团有限公司
苏州市青田企业发展有限公司
青岛雪达集团有限公司
杉杉控股有限公司
鲁泰纺织股份有限公司
狮丹努集团股份有限公司
浙江爱伊美服装有限公司
九牧王股份有限公司
江苏苏美达轻纺国际贸易有限公司
重庆梦之诗服饰有限公司
洛兹服饰科技有限公司
际华三五三四制衣有限公司
南京海尔曼斯集团有限公司
朗姿股份有限公司
富绅集团有限公司
安徽红爱实业股份有限公司
际华三五零二职业装有限公司
浙江华城实业投资集团有限公司
江苏笛莎公主文化产业股份有限公司
南通富士美帽业有限公司

鑫缘茧丝绸集团股份有限公司
雅戈尔集团股份有限公司
江苏三润服装集团股份有限公司
北京方圣时尚科技集团有限公司
宁波博洋服饰集团有限公司
江苏世纪燎原针织有限公司
宜禾股份有限公司
浙江达成凯悦纺织服装有限公司
浙江蓝天制衣有限公司
山西兵娟制衣有限公司
山东岱银纺织集团股份有限公司
安徽东锦服饰有限公司
山东仙霞服装有限公司
大杨集团有限责任公司
即发集团有限公司
际华三五三六实业有限公司
江苏联宏纺织有限公司
太平鸟集团有限公司

附录三　中国服装产业集群试点地区名单

序号	集群地区	命名称号
1	河北省保定市容城县	中国男装名城
2	河北省邯郸市磁县	中国童装加工名城
3	辽宁省海城市西柳镇	中国裤业名镇 中国棉服名镇
4	辽宁省兴城市	中国泳装名城
5	辽宁省灯塔市佟二堡镇	中国皮革皮草服装名镇
6	辽宁省大连市普兰店区	中国西装名城
7	江苏省常熟市（世界级）	中国休闲服装名城
8	江苏省常熟市海虞镇	中国休闲服装名镇
9	江苏省常熟市沙家浜镇	中国休闲服装名镇
10	江苏省常熟市古里镇	中国羽绒服装名镇
11	江苏省高邮市	中国羽绒服装制造名城
12	浙江省海宁市	中国皮革皮草服装名城
13	浙江省平湖市	中国服装制造名城
14	浙江省瑞安市	中国男装名城
15	浙江省嵊州市	中国领带名城
16	浙江省义乌市大陈镇	中国衬衫名镇
17	浙江省湖州市织里镇	中国童装名镇 中国品牌羊绒服装名镇
18	安徽省繁昌县孙村镇	中国出口服装制造名镇
19	福建省石狮市	中国休闲服装名城
20	福建省石狮市蚶江镇	中国裤业名镇
21	福建省石狮市灵秀镇	中国运动休闲服装名镇
22	福建省石狮市宝盖镇	中国服装辅料服饰名镇
23	福建省石狮市凤里街道	中国童装名镇
24	福建省晋江市	中国纺织产业基地市 中国泳装产业名城
25	福建省晋江市英林镇	中国休闲服装名镇
26	福建省泉州市丰泽区	中国童装名城
27	江西省共青城市	中国羽绒服装名城
28	山东省即墨区	中国童装名城
29	山东省诸城市	中国男装名城
30	山东省汶上县	中国休闲服装制造名城

续表

序号	集群地区	命名称号
31	湖北省荆州市沙市区岑河镇	中国婴童装名镇
32	湖南省株洲市芦淞区	中国服装商贸名城 中国女裤名城
33	湖南省醴陵市船湾镇	中国职业服装名镇
34	广东省东莞市虎门镇	中国女装名镇 中国童装名镇
35	广东省开平市三埠街道	中国牛仔服装名镇
36	广东省中山市沙溪镇	中国休闲服装名镇
37	广东省中山市大涌镇	中国牛仔服装名镇
38	广东省普宁市流沙东街道	中国内衣名镇
39	广东省潮州市	中国婚纱礼服名城
40	广东省佛山市南海区大沥镇	中国内衣名镇
41	广东省佛山市禅城区祖庙街道	中国童装名镇
42	广东省佛山市顺德区均安镇	中国牛仔服装名镇
43	广东省汕头市潮南区峡山街道	中国家居服装名镇
44	广东省博罗县园洲镇	中国休闲服装名镇
45	广西壮族自治区玉林市福绵区	中国休闲服装名城
46	四川省彭州市	中国休闲服装名城
47	陕西省榆林市	中国羊毛防寒服名城
48	辽宁省东港市	中国运动户外服装名城
49	四川省乐山市井研县	中国工装面料名城
50	河南省新密市	中国品牌服装制造名城
51	河南省安阳市北关区柏庄镇	中国童装名镇
52	河南省邓州市穰东镇	中国女裤名镇
53	江西省于都县	中国品牌制造名城
54	河南省西平县	中国服装制造名城
55	河南省光山县	中国羽绒服产业名城
56	广东省深圳市龙华区大浪时尚小镇	中国品牌服装名镇
57	辽宁省丹东市高新技术开发区	中国防护用品名城
58	广西壮族自治区桂平市木乐镇	中国休闲运动服装名镇
59	湖北省汉川市	中国服装制造名城
60	江苏省苏州市吴江区桃源镇	中国出口服装制造名镇
61	广东省东莞市茶山镇	中国品牌服装制造名镇
62	山东省郯城县	中国男装加工名城
63	广东省广州市增城区新塘镇	中国牛仔服装名镇
64	广东省惠州市惠城区	中国男装名城

附录四　2022 年中国服装科技大会奖项授予名单

一、2022 年中国服装专利奖

2022 年中国服装专利金奖（排名不分先后）

序号	专利号	专利名称	专利权人
1	ZL201610265469. 7	自动车缝袋口系统	广东溢达纺织有限公司 桂林溢达纺织有限公司
2	ZL201310238923. 6	一种防风保暖复合服装面料	圣华盾防护科技股份有限公司 江南大学
3	ZL201510562756. X	自动配套方法和应用该自动配套方法的吊挂系统	浙江衣拿智能科技股份有限公司

2022 年中国服装专利银奖（排名不分先后）

序号	专利号	专利名称	专利权人
1	ZL201510997298. 2	文胸优化数据提取方法	爱慕股份有限公司
2	ZL201510374213. 5	防水阻燃功能性服装面料加工方法	安徽东锦服饰有限公司
3	ZL201810659731. 5	一种可自动上料的自调式铺布机	安徽红爱实业股份有限公司
4	ZL201410520666. X	一种皮革切割机的校正系统及其校正方法	广东新瑞洲数控技术有限公司
5	ZL201611181478. 4	一种基于安全理念的智能母子服装	江南大学
6	ZL201610327548. 6	云锦直径纱的织造方法	南京云锦研究所有限公司

2022 年中国服装专利优秀奖（排名不分先后）

序号	专利号	专利名称	专利权人
1	ZL201810836714. 4	容量可调节的孕产文胸	爱慕股份有限公司
2	ZL201611264567. 5	一种切割机头	广东瑞洲科技有限公司
3	ZL201710007138. 8	基于视觉的自动开纽门机及基于视觉的自动开纽门方法	广东溢达纺织有限公司 桂林溢达纺织有限公司
4	CN201910843195. 9	一种两色浮线提花的编织方法	惠州学院
5	ZL201410259284. 6	一种手持式加热切布装置	江苏阳光股份有限公司
6	ZL202021791022. 1	一种免烫抗菌衬衫	金利来（中国）有限公司
7	ZL202120079415. 8	止口缝制模具	诸城市普兰尼奥男装有限公司

二、2022年中国服装数字化转型供应商选型目录（排名不分先后）

序号	单位	产品名称
1	北京市百层服装机械技术研究所	服装用蒸汽节能系统
2	北京市百层服装机械技术研究所	全蒸汽胶衬黏合机
3	北京研华兴业电子科技有限公司	USC-130 系列 RISC 架构多功能触控一体机
4	北京研华兴业电子科技有限公司	DeviceOn 远程云端设备实时监控与管理软件
5	常州纳捷机电科技有限公司	“小单快反”智能裁剪系统
6	广东志华软件科技有限公司	志华软件 X2 企业中台
7	广州春晓信息科技有限公司	春晓智能化工艺数据分析软件 V1.0
8	广州春晓信息科技有限公司	iGST 春晓协同工艺分析软件
9	广州衣智互联科技有限公司	衣智互联云制造平台 V1.0
10	广州亿澳斯软件股份有限公司	IOS-APS 亿澳斯 APS 高级生产计划与排产优化系统
11	海织云物联科技（青岛）有限公司	服装大规模定制软硬一体集成解决方案
12	海织云物联科技（青岛）有限公司	服装 RFID 软硬一体集成解决方案
13	杭州灏实科技有限责任公司	Inspectorio Sight 供应链质量解决方案
14	杭州柚凡信息科技有限公司	领猫 SCM SaaS 服饰供应链生态协同管理系统
15	杭州知衣科技有限公司	“知衣”电商大数据爆款挖掘与趋势分析系统
16	杰克科技股份有限公司	A7 智能送布平缝机
17	杰克科技股份有限公司	C6 厚薄自适应智能包缝机
18	杰克科技股份有限公司	IoT 三屏合一智能物联设备
19	杰克科技股份有限公司	4650 型数字化自适应全自动裤襻机
20	杰克科技股份有限公司	全自动贴袋机
21	杰克科技股份有限公司	FE 分拣系统
22	杰克科技股份有限公司	HS6 智能吊挂
23	杰克科技股份有限公司	D8002S 高精度智能裁床
24	杰克科技股份有限公司	KW2000E 针梭两用铺布机
25	Kornit Digital Asia Pacific	康丽纺织品数码印花解决方案
26	力克系统（上海）有限公司	Flex Offer byLectra 云端排料软件
27	宁波经纬数控设备有限公司	服装面料智能视觉裁剪系统
28	宁波圣瑞思工业自动化有限公司	智能服装生产吊挂输送系统
29	派程（上海）软件科技有限公司	Asprova APS 高级排程系统
30	赛趋科软件（上海）有限公司	Centric PLM 数字化管理平台

续表

序号	单位	产品名称
31	上工申贝（集团）股份有限公司	DA 自动开袋机缝制单元
32	上海百琪迈科技（集团）有限公司	Aphro3D-三维虚拟仿真建模系统
33	上海百琪迈科技（集团）有限公司	Super Nest-超级用料核算系统
34	上海百琪迈科技（集团）有限公司	TC2. 5/6/8 Super Jeans 多层裁床
35	上海百琪迈科技（集团）有限公司	Ultracut 2516/2518/6015/6018 单层裁床
36	上海百胜软件股份有限公司	百胜软件 E3+企业中台
37	上海富山精密机械科技有限公司	H89S 电脑步进平缝机
38	上海富山精密机械科技有限公司	HAST-K4 自动贴袋机
39	上海富山精密机械科技有限公司	HX8V-14-03C 电脑超高速步进包缝机
40	上海匡敦科技有限公司	WS004B 袖口单元缝制系统
41	上海迈外迪网络科技有限公司	迈小热 WiMatrix——迈外迪门店客流解决方案
42	上海企兰科技有限公司	SCM 数智供应链协同管理平台
43	上海威士机械有限公司	衬衫自动缝制单元
44	上海威士机械有限公司	WS-8001 袖克夫机器人工作站
45	上海威士机械有限公司	GFCS-B3900 服装物流分拣仓储输送数字化系统
46	上海意利信息科技股份有限公司	PDM 产品开发数据管理系统
47	上海意利信息科技股份有限公司	SCM 生产供应链协同管理系统
48	深圳市博克时代科技开发有限公司	以智能样板为核心的服装柔性化生产系统方案
49	深圳市秦丝科技有限公司	秦丝服装商铺数字化进销存系统
50	舒普智能技术股份有限公司	计算机控制花样缝缝纫机
51	舒普智能技术股份有限公司	全自动转印标机
52	苏州佰奥衣缝智能科技有限公司	基于 MES 系统的吊挂传输与 AGV 搬运协同解决方案
53	苏州飞榴科技有限公司	SewSmart（针聪明）智慧生产协同系统
54	苏州优王电子科技有限公司	优王服装灯控智能流水槽
55	渭南领智三维科技有限公司	IRBodyScan-BE 智能体感人体扫描系统
56	渭南领智三维科技有限公司	脚型扫描系统
57	武汉亘星智能技术有限公司	3D-Sim 智能缝合软件系统
58	武汉亘星智能技术有限公司	亘星 DPC 数字产品平台
59	武汉亘星智能技术有限公司	3D Body 智能量体程序
60	兄弟机械商业（上海）有限公司	GTXPRO B 服装数码打印机
61	浙江凌迪数字科技有限公司	Style3D 时尚产业 3D 数字化服务平台
62	浙江衣拿智能科技股份有限公司	INA（衣拿）TS 系列云端直控吊挂系统 5G 版

附录五 “纺织服装创意设计试点示范园区（平台）”名单

（工业和信息化部确定的52个试点，其中16个示范）

批次（入围年份）	序号	所在地	园区（平台）名称	备注
第一批（2016年）	1	北京市	751D·PARK 北京时尚设计广场	示范
	2		北服创新园	
	3	辽宁省	兴城泳装创意设计产业园	
	4	江苏省	常熟纺织服装创意产业园	示范
	5	浙江省	余杭艺尚小镇	
	6		绍兴市柯桥区纺织工业创意设计基地	示范
	7	山东省	迪尚智慧时尚生活方式集成创新平台	示范
	8	湖北省	红T时尚创意街区	示范
	9	广东省	广州轻纺交易园	
	10	青岛市	纺织谷	
	11	厦门市	海峡两岸龙山文创园	
第二批（2017年）	12	上海市	尚街 loft 时尚生活园区	
	13	浙江省	桐乡濮院针织产业园区创意设计平台（濮院320创意广场）	
	14		临平家纺产业设计园（品牌布艺总部基地）	示范
	15	山东省	舒朗国际时尚创意设计平台	
	16	广东省	红棉国际时装城	示范
	17	陕西省	西咸纺织服装创新园	
	18	青岛市	东方时尚中心	
	19	宁波市	创客157创业创新园	示范
第三批（2018年）	20	北京市	依文纺织服装创意设计平台	
	21	河北省	永清云裳小镇	
	22	上海市	POP时尚创意综合服务平台	示范
	23	浙江省	平湖服装文化创意园	
	24	江西省	南昌青山湖纺织服装创意设计园区	
	25	山东省	宁阳纺织服装文化创意园	
	26	湖南省	新芦淞（白关）国际服饰创意园	
	27	广东省	广州T.I.T创意园	
	28		梧桐台原创服饰供应链服务平台	示范

续表

批次（入围年份）	序号	所在地	园区（平台）名称	备注
第四批（2019年）	29	河北省	清河羊绒小镇	示范
	30	内蒙古自治区	鄂尔多斯现代羊绒园	
	31	辽宁省	辽宁西柳服装创意设计产业园	
	32	江苏省	晨风服装创意设计平台	
	33		吴江丝绸文化创意产业园	示范
	34	浙江省	湖州织里童装设计中心	
	35	安徽省	红爱云时尚创意设计平台	
	36	山东省	明远大家居时尚创意中心	
	37		如意国际时尚创意设计平台	
	38	河南省	河南旗帜纺织服装创意设计平台	
	39		郑州锦荣服装创意园	示范
	40	广东省	广州国际轻纺城	
	41		唯品同创汇	
	42	宁波市	宁波智尚国际服装产业园	
	43		云裳谷时尚科技园	示范
	44	深圳市	深圳大浪时尚小镇	示范
第五批（2020年）	45	北京市	格雷服装文创设计产业园	
	46	江苏省	虎丘婚纱城	
	47	浙江省	海宁中国皮革城纺织服装创意设计园区	
	48	山东省	鲁泰纺织服装创意设计平台	示范
	49	湖北省	宜昌服饰创意平台	
	50	大连市	大连服装设计师孵化平台	
	51	宁波市	太平鸟时尚中心	
	52		前洋26创业园	

附录六　第四届中国职业装优势企业评价推介活动评审结果
（以下排名不分先后，以首字拼音字母顺序排名）

中国职业装十大领军企业

海澜之家集团股份有限公司
际华三五零二职业装有限公司
江苏虎豹集团有限公司
江苏阳光集团有限公司
宁波雅戈尔服饰有限公司
山东希努尔男装有限公司
山东耶莉娅服装集团有限公司
四川琪达实业集团有限公司
宜禾股份有限公司
浙江乔治白服饰股份有限公司

中国职业装50强企业

北京大华天坛服装有限公司
北京新益纺织品有限公司
长春际华三五零四实业有限公司
大连新新服装制造有限公司
大杨集团有限责任公司
法派服饰股份有限公司
佛山市南海No.1实业有限公司
福建七匹狼实业股份有限公司
福建柒牌时装科技股份有限公司
杭州骄娇服饰有限公司
河南省宇达服饰科技集团有限公司
湖南东方时装有限公司
湖南国盛服饰有限公司
湖南派意特服饰有限公司
湖南省韶峰服饰有限公司
湖南省忘不了服饰有限公司
湖南旭荣制衣有限公司
际华三五三四制衣有限公司
江苏红豆实业股份有限公司
江苏飒美特服饰有限公司
江苏苏美达伊顿纪德品牌管理有限公司
九牧王股份有限公司
凯森蒙集团有限公司
辽宁顺成实业有限公司
鲁泰纺织股份有限公司
洛兹服饰科技有限公司
宁波博洋服饰集团有限公司
宁波金鸟服饰有限公司
宁波马骑顿儿童用品有限公司
宁波培罗成集团有限公司
青岛酷特智能股份有限公司
山东岱银纺织集团股份有限公司
山东淏宝服饰有限公司
山东靓华制衣有限公司
山东如意毛纺服装集团股份有限公司
杉杉品牌运营股份有限公司
陕西金翼服装有限责任公司
上海宝鸟服饰有限公司
深圳市中南活力实业股份有限公司
沈阳蓝天标志服装有限公司
圣华盾防护科技股份有限公司
石狮市大帝集团有限公司
四川圣山白玉兰实业有限公司
四川伟虎着装服饰有限公司
特步（中国）有限公司
潍坊尚德服饰有限公司

武汉天鸣集团有限公司
新疆际华七五五五职业装有限公司
新疆舒特工贸有限公司
新乡市新科防护科技有限公司
依文服饰股份有限公司
浙江爱伊美服装有限公司
浙江蓝天制衣有限公司
浙江乔顿服饰股份有限公司

中国职业装十大新锐企业

福建七匹狼实业股份有限公司
福建柒牌时装科技股份有限公司
杭州骄娇服饰有限公司
河南省宇达服饰科技集团有限公司
湖南省忘不了服饰有限公司
九牧王股份有限公司
宁波博洋服饰集团有限公司
特步（中国）有限公司
浙江蓝天制衣有限公司
浙江乔顿服饰股份有限公司

中国校服十强企业

北京新益纺织品有限公司
湖南旭荣制衣有限公司
江苏飒美特服饰有限公司
江苏苏美达伊顿纪德品牌管理有限公司
宁波金鸟服饰有限公司
宁波马骑顿儿童用品有限公司
深圳市中南活力实业股份有限公司
石狮市大帝集团有限公司
潍坊尚德服饰有限公司
浙江乔治白服饰股份有限公司

中国功能防护服十强企业

大连新新服装制造有限公司
际华三五零二职业装有限公司
江苏红豆实业股份有限公司
山东耶莉娅服装集团有限公司
陕西金翼服装有限责任公司
圣华盾防护科技股份有限公司
新疆舒特工贸有限公司
新乡市新科防护科技有限公司
宜禾股份有限公司
浙江蓝天制衣有限公司

中国西服（含衬衫）十强企业

佛山市南海 No. 1 实业有限公司
海澜之家集团股份有限公司
江苏虎豹集团有限公司
江苏阳光集团有限公司
宁波雅戈尔服饰有限公司
山东希努尔男装有限公司
山东耶莉娅服装集团有限公司
上海宝鸟服饰有限公司
浙江乔顿服饰股份有限公司
浙江乔治白服饰股份有限公司

附录七　2022年中国职业装、校园服装设计大赛获奖名单

一、2022年中国职业装设计大赛获奖名单

奖项	作品名称	获奖单位
金奖	星芒	宁波博洋服饰集团有限公司
	自然之力	圣华盾防护科技股份有限公司
银奖	感观心与电	圣华盾防护科技股份有限公司
	火师	西安工程大学
	编号759	陕西金翼服装有限责任公司
	防爆突击	山东耶莉娅服装集团有限公司
铜奖	星光	陕西金翼服装有限责任公司
	中国配送员	西安工程大学
	逆行勇士	际华三五零二职业装有限公司
	憧憬	山东希努尔男装有限公司
	梦之光	山西青年职业学院
	遇见青绿	深圳市鹰腾服饰有限公司

二、2022年中国校园服装设计大赛获奖名单

奖项	作品名称	获奖单位
金奖	引以为“奥”Stay Active	江苏大卫卢克教育科技有限公司
	天天向上	青岛弘诚体育用品有限公司
银奖	学院俱乐部	百裕世纪（集团）有限公司
	青春少年	青岛威达体育用品有限公司
	归渔	宁波恒驰服饰有限公司（浙江纺织服装职业技术学院）
	多彩世界	北京新益纺织品有限公司
铜奖	海定波宁	宁波恒驰服饰有限公司（浙江纺织服装职业技术学院）
	光@感	北京新益纺织品有限公司
	ENERGY STAR	陕西金翼服装有限责任公司
	如虎添翼	犇鑫服饰（重庆）股份有限公司
	快乐中国梦	北京金特优教育科技有限公司
	恰同学少年	潍坊尚德服饰有限公司

编 后

《2022-2023 中国服装行业发展报告》的编撰，旨在总结 2022 年中国服装行业发展状况，解析行业热点问题，展望行业发展趋势，探索行业发展路径。

本报告由六部分组成：

第一部分总报告篇。本部分由中国服装协会研究完成 2022~2023 年中国服装行业经济运行发展报告，该报告认真总结分析了 2022 年中国服装产业生产、市场、投资情况，深入分析影响行业发展主要因素以及行业运行特点，并就 2023 年中国服装行业发展趋势进行了前瞻性预测。

第二部分分报告篇。本部分由中国服装协会、中国国际贸易促进委员会纺织行业分会、中华全国商业信息中心、中国国际电子商务中心研究院、申万宏源证券、知萌咨询等单位共同研究，完成 2022~2023 年中国服装消费市场发展报告、2022~2023 年中国纺织服装行业对外贸易发展报告、2022~2023 年中国服装电子商务发展报告、2022~2023 年中国服装行业资本市场报告、2022~2023 年中国消费趋势报告、2022~2023 年中国服装行业科技创新发展报告。六篇报告数据翔实，观点鲜明，分别就 2022 年中国服装市场、全球服装贸易、电子商务、品牌发展、资本市场、消费趋势、服装科技等领域进行了全面、深入地总结和分析。由于各单位统计口径和计算方法存在不同，报告中部分数据可能略有差异。

第三部分产业链报告篇。本部分收录中国棉纺织行业协会、中国化学纤维工业协会、中国纺织信息中心/国家纺织产品开发中心、中国印染行业协会、中国缝制机械协会别编撰的 2022~2023 年中国棉纺织行业发展报告、2022~2023 年中国纤维流行趋势发布报告、2022~2023 年中国纺织面料流行趋势报告、2022~2023 年中国服装印花行业发展报告、2022~2023 年中国缝制机械行业经济运行报告，分别就产业链相关方面的产品创新、流行趋势以及经济态势进行了详尽分析，为产业链融合以及企业经营提供必要的决策参考。

第四部分专题篇。本部分是对 2022 年热点问题探讨和研究成果的汇总，由中国纺织工业联合会、中国服装协会、北京服装学院、天猫服饰、艾瑞咨询、十三余汉服等单位和机构共同完成，内容涉及行业发展、产业集群概况、绿色制造、服饰文化、社会责任等内容。

第五部分大事记篇。本部分由《中国服饰》杂志梳理 2022 年行业发展重大事件，并对事件意义进行了简洁诠释。

第六部分附录。本部分收录 2022 年服装产业经济数据、重要奖项等内容，以备不同人士按需查询。

本报告编撰工作得到众多业内外人士、机构和企业的大力支持，中国服装协会及本报告编委会在此谨表示衷心感谢。

不当之处，恳请指正。

中国服装协会会刊
——在这里读懂服装界
中国服饰
CHINA FASHION
明星合作 新闻传播 品牌策划 活动执行
视频拍摄 流行发布 刊物出版 调研报告
联络方式：
010-87155910
13718895146
追梦强国
中国服装协会30周年特刊
北京时装周
2016-2020
五周年特刊
WWD
GREEN ISSUE